Die Rechtsfigur des Amicus curiae im Kartellzivilprozess

Europäische Hochschulschriften
European University Studies
Publications Universitaires Européennes

Reihe II	**Rechtswissenschaft**
Series II	Law
Série II	Droit

Band/Volume **5658**

Annemarie Grimm

Die Rechtsfigur des Amicus curiae im Kartellzivilprozess

Entwicklungen, Funktionen und Problemstellungen

PL ACADEMIC RESEARCH

Bibliografische Information der Deutschen Nationalbibliothek
Die Deutsche Nationalbibliothek verzeichnet diese Publikation in der Deutschen Nationalbibliografie; detaillierte bibliografische Daten sind im Internet über http://dnb.d-nb.de abrufbar.

Zugl.: Mainz, Univ., Diss., 2014

D 77
ISSN 0531-7312
ISBN 978-3-631-65503-0 (Print)
E-ISBN 978-3-653-04807-0 (E-Book)
DOI 10.3726/978-3-653-04807-0

PL Academic Research ist ein Imprint der Peter Lang GmbH.
Peter Lang – Frankfurt am Main · Bern · Bruxelles · New York · Oxford · Warszawa · Wien

Diese Publikation wurde begutachtet.

www.peterlang.com

Meinen Eltern

Vorwort

Die vorliegende Arbeit wurde im Wintersemester 2013/2014 vom Fachbereich Rechts- und Wirtschaftswissenschaften der Johannes Gutenberg-Universität Mainz als Dissertation angenommen. Die inhaltlichen Arbeiten waren zum Ende des Jahres 2013 abgeschlossen; dem entsprechend konnte nach diesem Zeitpunkt erschienene Literatur hier keine Berücksichtigung mehr finden.

Die Zeit der Erstellung der Dissertation war in vielerlei Hinsicht eine sehr intensive.

Von Anfang an stellte sich die Auseinandersetzung mit dem „Amicus curiae" als deshalb besonders reizvoll dar, weil er – obwohl er mittlerweile seinen Platz im deutschen und europäischen (Kartellverfahrens-)Recht gefunden hat – nicht zu den im Fokus der juristischen Betrachtung stehenden Rechtsfiguren gehört. Zu Unrecht, denn bei näherer Betrachtung erwies er sich gerade wegen seiner Entstehung, Entwicklung und Bezüge zu ganz verschiedenen Rechtsordnungen als äußerst vielschichtiges Thema.

Die selbstbestimmte und eigenverantwortliche intensive wissenschaftliche Durchdringung einer Thematik als solche bedeutete dabei eine einzigartige Erfahrung und – trotz aller damit verbundenen Schwierigkeiten, insbesondere bei den Recherchearbeiten zum Common Law – ein besonderes Vergnügen.

Rückblickend kann ich sagen, dass den Entstehungsprozess der Arbeit eine weitere überaus positive Erfahrung maßgeblich geprägt hat. Es ist dies die Hilfsbereitschaft, die mir von verschiedenen Seiten zuteil wurde – nicht nur von Personen aus meinem persönlichen Umfeld. Sie alle zu nennen, lässt dieser Rahmen nicht zu. Ihnen allen danke ich an dieser Stelle ganz herzlich!

Einige von ihnen seien dennoch im Einzelnen genannt:

Es sind dies die Bibliotheken der *Max-Planck-Institute für europäische Rechtsgeschichte* in *Frankfurt* und *für ausländisches öffentliches Recht und Völkerrecht* in *Heidelberg*, die mir freundlicherweise für Recherchen zugänglich gemacht wurden. Ein herzlicher Dank gilt zudem der Bibliothek des *Max-Planck-Instituts für ausländisches und internationales Privatrecht* in *Hamburg*, die mich für einen mehrtägigen Rechercheaufenthalt als Gastwissenschaftlerin aufnahm. Ihr und ihren Mitarbeitern danke ich für ihre engagierte und kompetente Unterstützung und ihre Gastfreundschaft.

Finanziell gefördert wurde dieser Aufenthalt dankenswerterweise vom *Frauenförderfonds des Fachbereichs Rechts- und Wirtschaftswissenschaften* der Johannes Gutenberg-Universität Mainz.

Bei *Daniel Felz* bedanke ich mich für die informativen (und unterhaltsamen) Gespräche über das US-amerikanische Recht, er hat mit seinen Ratschlägen die Entstehung dieser Arbeit begleitet.

Mein Dank für ihre Ratschläge geht zudem an *Prof. Peter B. Rutledge* (University of Giorgia), *Prof. Frances Winch* (University of the West of England, Bristol) und *Prof. Jim Murdoch* (University of Glasgow).

Mein ganz besonderer Dank gilt *Herrn Prof. Dr. Jürgen Oechsler*: Die Arbeit entstand im Wesentlichen während meiner Zeit als Wissenschaftliche Mitarbeiterin an seinem Lehrstuhl. Er machte mich auf den „Amicus curiae" als mögliches Thema der Doktorarbeit aufmerksam und gab als Betreuer wertvolle Impulse für ihre Entstehung, ließ mir zugleich aber auch große Freiheiten.

Ihm und *Herrn Prof. Dr. Curt W. Hergenröder* danke ich zudem für die rasche Erstellung des Erst- und des Zweitgutachtens.

Herzlich danken möchte ich außerdem *Herrn Prof. Dr. Peter O. Mülbert*, der es mir ermöglicht hat, die Promotion als Wissenschaftliche Mitarbeiterin an seinem Lehrstuhl abzuschließen.

Für ihre kollegiale und freundschaftliche Unterstützung, Motivation und Geduld danke ich *Dr. Christina Globke, Karin Hohensee, Nina Krewel, Matthias Taggeselle, Annika Ramb und Dr. Helmut Schäfer*.

Zum guten Schluss danke ich meinem Bruder und meinen Eltern, ohne deren bedingungslose Unterstützung die Promotion nicht möglich gewesen wäre.

Ihnen ist diese Arbeit gewidmet.

Annemarie Grimm

Mainz, im Juli 2014

Abkürzungsverzeichnis

a. A.	andere(r) Ansicht
abgedr.	abgedruckt
ABl. EG	Amtsblatt der Europäischen Gemeinschaften
ACLU	American Civil Liberties Union
AEUV	Vertrag über die Arbeitsweise der Europäischen Union
Alb. L. Rev.	Albany Law Review (Zeitschrift)
All. E.R.	All England Law Reports
am.	amerikanisch(e)
a. M.	am Main
Am. J. Int'l L.	The American Journal of International Law (Zeitschrift)
Art(t).	Artikel
art(t).	article(s)
Aufl.	Auflage
Aug.	August
AULR	The American University Law Review (Zeitschrift)
BAnz.	Bundesanzeiger
Bd.	Band/Bände
Bekanntmachung ABl. 1993 Nr. C 39/6	Bekanntmachung über die Zusammenarbeit zwischen der Kommission und den Gerichten der Mitgliedstaaten bei der Anwendung der Artikel 85 und 86 des EWG-Vertrags, ABl. (EG) Nr. C 39, S. 6 v. 13.2.1993
Bekanntmachung ABl. 2004 Nr. C 101/43	Bekanntmachung der Kommission über die Zusammenarbeit innerhalb des Netzes der Wettbewerbsbehörden, ABl. (EU) Nr. C 101, S. 43 v. 27.4.2004

Bekanntmachung ABl. 2004 Nr. C 101/54	Bekanntmachung der Kommission über die Zusammenarbeit zwischen der Kommission und den Gerichten der EU-Mitgliedstaaten bei der Anwendung der Artikel 81 und 82 des Vertrags, ABl. (EU) Nr. C 101, S. 54 v. 27.4.2004
BGBl.	Bundesgesetzblatt
BKartA	Bundeskartellamt
BlPMZ	Blatt für Patent-, Muster- und Zeichenwesen (Zeitschrift)
BR-Drucks.	Bundesratsdrucksache
brit.	britisch(e)
BT-Drucks.	Bundestagsdrucksache
BV	Besloten vennotschap met beperkte aansprakelijkheid (= niederländische Gesellschaft mit beschränkter Haftung)
BVerfG	Bundesverfassungsgericht
BVerfGE	Entscheidungen des Bundesverfassungsgerichts (Amtliche Sammlung)
Case W. Res. L. Rev.	Case Western Reserve Law Review (Zeitschrift)
Ch.	(Court of) Chancery
Chap.	Chapter
Co.	Company
C.J.Q.	Civil Justice Quarterly (Zeitschrift)
Comb.	Comberbach
Complete Collection of State-Trials and Proceedings for High-Treason, 4th Ed., 1777	A Complete Collection Of State-Trials And Proceedings For High-Treason, And Other Crimes and Misdemeanours; The Fourth Edition; Commencing With The Eleventh Year of the Reign of King Richard II. And Ending with The Sixteenth Year of the Reign of King George III. With Two Alphabetical Tables To The Whole. To Which Is Prefixed, A New Preface, By *Francis Hargrave*, Volume The Fourth, London 1777
CO. Rep.	Coke Reports
CPR	Civil Procedure Rules 1998

Cumb. L. Rev.	Cumberland Law Review (Zeitschrift)
DAJV-NL	Deutsch-Amerikanische Juristen-Vereinigung Newsletter (Zeitschrift)
DePaul L. Rev.	DePaul Law Review (Zeitschrift)
DOJ	U.S. Department of Justice
E.C.L.R.	European Competition Law Review (Zeitschrift)
ECN	European Competition Network
Ed.	Edition
EGKS	Europäische Gemeinschaft für Kohle und Stahl
EG(V)	Vertrag zur Gründung der Europäischen Gemeinschaft
ELR	European Law Reporter (Zeitschrift)
EMRK	Konvention zum Schutz der Menschenrechte und Grundfreiheiten
Eng. Rep.	The English Reports (Entscheidungssammlung)
EU	Europäische Union
EuG	Europäisches Gericht erster Instanz
EU-GR-Charta	Charta der Grundrechte der Europäischen Union
EuR	Europarecht (Zeitschrift)
EuZW	Europäische Zeitschrift für Wirtschaftsrecht (Zeitschrift)
evtl.	eventuell
EWR-Abkommen	Abkommen über den Europäischen Wirtschaftsraum
EWG(-Vertrag)	Vertrag zur Gründung der Europäischen Wirtschaftsgemeinschaft
ff.	folgende Seite(n)/Randnummer(n)
Fn.	Fußnote(n)
Fordham Int'l L.J.	Fordham International Law Journal (Zeitschrift)
Fordham L. Rev.	Fordham Law Review (Zeitschrift)
FS	Festschrift
FTC	Federal Trade Commission
GA	Generalanwalt

GG	Grundgesetz der Bundesrepublik Deutschland
ggf.	gegebenenfalls
GK	Gemeinschaftskommentar
Green Bag	The Green Bag (Zeitschrift)
GRUR	Gewerblicher Rechtsschutz und Urheberrecht (Zeitschrift)
GVG	Gerichtsverfassungsgesetz
GWB	Gesetz gegen Wettbewerbsbeschränkungen
GWB 1958	Gesetz gegen Wettbewerbsbeschränkungen in der Fassung vom 1.1.1958
Harv. L. Rev.	Harvard Law Review (Zeitschrift)
Hrsg.	Herausgeber
ICLQ	International Comparative Law Quarterly (Zeitschrift)
i. d. Fass. v.	in der Fassung vom
i. e. S.	im engeren Sinne
I.G. Farben	Interessengemeinschaft Farbenindustrie AG
Int. Comp. L. Qu.	The International and Comparative Law Quarterly (Zeitschrift)
Int'l L.	The International Lawyer (Zeitschrift)
i. V. m.	in Verbindung mit
Jan.	January
jew.	jeweils
Jh.	Jahrhundert
JuS	Juristische Schulung (Zeitschrift)
Just. Sys. J.	The Justice System Journal (Zeitschrift)
JVEG	Gesetz über die Vergütung von Sachverständigen, Dolmetscherinnen, Dolmetschern, Übersetzerinnen und Übersetzern sowie die Entschädigung von ehrenamtlichen Richterinnen, ehrenamtlichen Richtern, Zeuginnen, Zeugen und Dritten (Justizvergütungs- und -entschädigungsgesetz)
JW	Juristische Wochenschrift (Zeitschrift)

KartB	Kartellbehörde(n)
Kartellverfahrensordnung	Verordnung (EG) Nr. 1/2003 des Rates vom 16. Dezember 2002 zur Durchführung der in den Artikeln 81 und 82 des Vertrags niedergelegten Wettbewerbsregeln, ABl. (EG) Nr. L 1, S. 1 v. 4.1.2003
K. B.	King's Bench
Lfg.	Lieferung
L.J.	Lord Justice
Ltd.	Limited
Mass.	Massachusetts
MdP	Mitteilungen der deutschen Patentanwälte (Zeitschrift)
MilReg.	Militärregierung
Mont. Bank. Rep.	Montagu's English Bankruptcy Reports (Entscheidungssammlung)
MRG	Militärregierungsgesetz(e)
m. N.	mit Nachweis(en)
m. w. N.	mit weiteren/m Nachweis(en)
NAACP	National Association for the Advancement of Colored People
n. Chr.	nach Christi Geburt
NGO	Non-governmental organization (= Nicht-Regierungsorganisation)
Nr.	Nummer(n)
OWiG	Gesetz über Ordnungswidrigkeiten
PatG	Patentgesetz
RabelsZ	Rabels Zeitschrift für ausländisches und internationales Privatrecht (Zeitschrift)
Red.	Redaktion
RegE	Regierungsentwurf
RGBl.	Reichsgesetzblatt
RIW	Recht der internationalen Wirtschaft (Zeitschrift)
s.	siehe

S.	Satz/Sätze; Seite(n)
S.Ct.	Supreme Court of the United States (in Entscheidungen)
Sec.; sec.	Section(s); sction(s)
SJZ	Schweizerische Juristen-Zeitung (Zeitschrift)
sog.	sogenannt(e(n/r))
StPO	Strafprozeßordnung
str.	streitig
S. C. A. 1981	Supreme Court Act 1981
Tulane L.R.	Tulane Law Review (Zeitschrift)
t. v. A.	teilweise vertretene Ansicht
u. a.	und andere; unter anderem
U. PA. L. Rev.	The University of Pennsylvania Law Review (Zeitschrift)
U.S.	United States
USA	United States of America
U.S.C.	United States Code (Code of Laws of the United States of America)
v.	versus; vom
v. a.	vor allem
v. Chr.	vor Christi Geburt
Verf.	Verfasser/in
Ves. Sen.	Vesey Senior
vgl.	vergleiche
VO	Verordnung(en)
VO 17/62	Erste Durchführungsverordnung zu den Artikeln 85 und 86 des Vertrages, ABl. Nr. 13, S. 204 v. 21.2.1962
VO Nr. 1/2003	Verordnung (EG) Nr. 1/2003 des Rates vom 16. Dezember 2002 zur Durchführung der in den Artikeln 81 und 82 des Vertrags niedergelegten Wettbewerbsregeln, ABl. (EG) Nr. L 1, S. 1 v. 4.1.2003

Weißbuch 1999	Weißbuch über die Modernisierung der Vorschriften zur Anwendung der Artikel 85 und 86 EG-Vertrag, ABl. (EG) Nr. C 132, S. 1, v. 12.5.1999
Wheat.	Wheaton's Supreme Court Reports (Entscheidungssammlung)
WL	Westlaw (Datenbank)
W.L.R.	Weekly Law Reports (Entscheidungssammlung)
wrp	Wettbewerb in Recht und Praxis (Zeitschrift)
WuW	Wirtschaft und Wettbewerb (Zeitschrift)
Yale L. J.	The Yale Law Journal (Zeitschrift)
ZfRV	Zeitschrift für Europarecht, Internationales Privatrecht und Rechtsvergleichung (Zeitschrift)
Ziff.	Ziffer(n)
zit.	zitiert
ZPO	Zivilprozessordnung
ZVglRWiss	Zeitschrift für Vergleichende Rechtswissenschaft (Zeitschrift)
ZWeR	Zeitschrift für Wettbewerbsrecht (Zeitschrift)
ZZP	Zeitschrift für Zivilprozeß (Zeitschrift)
ZZPInt	Zeitschrift für Zivilprozeß International (Zeitschrift)

Inhaltsverzeichnis

Einleitung

Seit dem 1. Mai 2004 gilt im europäischen Kartellrecht die „Verordnung (EG) Nr. 1/2003 des Rates vom 16. Dezember 2002 zur Durchführung der in den Artikeln 81 und 82 des Vertrags niedergelegten Wettbewerbsregeln"[1] (sog. „Kartellverfahrensordnung"). Sie ersetzte die bis dahin geltende „Verordnung Nr. 17 – Erste Durchführungsverordnung zu den Artikeln 85 und 86 des Vertrages"[2] und brachte erhebliche Neuerungen u. a. für das Kartellverfahrensrecht auf europäischer Ebene.

Mit Art. 15 VO Nr. 1/2003 fand auch die Rechtsfigur des sog. *Amicus curiae* erstmals eine verbindliche gesetzliche Regelung im europäischen Kartellrecht. Diese eröffnet den Wettbewerbsbehörden die Möglichkeit, sich entweder auf Bitte des Gerichts oder auf eigene Initiative hin unter bestimmten Voraussetzungen mittels einer Stellungnahme oder der Übermittlung von Informationen in einen gerichtlichen Kartellrechtsstreit einzubringen. Die Zusammenarbeit der mitgliedsstaatlichen Gerichte und der Kommission bestimmte sich bis zu diesem Zeitpunkt nach durch die Rechtsprechung des EuGH aufgestellten Grundsätzen und einer Bekanntmachung der Kommission[3]. Eine Art. 15 VO Nr. 1/2003 vergleichbare Amicus-curiae-Regelung existierte mit § 90 GWB im deutschen Kartellrecht hingegen bereits seit dem Jahr 1958, die im Nachgang dieser umfassenden gemeinschaftlichen Neuerungen ebenfalls Veränderungen erfuhr und zu der § 90a GWB hinzutrat.

Damit hat die Rechtsfigur des Amicus curiae einen festen Platz nicht nur im deutschen, sondern auch im europäischen (Kartell-)Recht gefunden. Wer aber ist dieser „Amicus curiae", dieser *„Freund des Gerichts"* – und v. a.: Welche Funktion hat er?

Dieses sind Fragen, die sich insbesondere im Hinblick auf den kartellrechtlichen Zivilprozess stellen, denn dieser findet in der Regel zwischen zwei Privaten statt. Insbesondere sieht die ZPO für die Beteiligung Dritter am Rechtsstreit die

1 ABl. (EG) Nr. L 1, S. 1 v. 4.1.2003.
2 ABl. (EWG) Nr. P 13, S. 204 v. 21.2.1962.
3 Bekanntmachung über die Zusammenarbeit zwischen der Kommission und den Gerichten der Mitgliedsstaaten bei der Anwendung der Artikel 85 und 86 des EWG-Vertrags, ABl. Nr. C 39, S. 6 v. 13.2.1993.

Formen der Haupt- und Nebenintervention sowie der Streitverkündung nach den §§ 64 ff. ZPO vor; für das deutsche Zivilprozessrecht stellt der Amicus curiae somit zunächst einen „Fremdkörper“ dar.

Anders hingegen im Rechtskreis des Common Law, in dem der Amicus curiae seine größte Bedeutung hatte und hat; denn es wurde mit diesem eine aus dem Common Law bekannte und dort auf eine lange Tradition zurückblickende Rechtsfigur ins deutsche und europäische Recht eingeführt.

Gegenstand dieser Arbeit soll daher die Rechtsfigur des Amicus curiae als solche – ihre Herkunft, ihre Entwicklung, mit ihrer Teilnahme am Verfahren verbundene Problemstellungen, v. a. aber ihre Funktionen – sowohl im Common Law wie auch im deutschen und europäischen Recht sein. Dabei konzentriert sich die Darstellung auf den Kartellzivilprozess; insbesondere auf das Beschwerdeverfahren in Kartellsachen (§§ 63 ff. GWB) wird insoweit nur am Rande eingegangen.

In einem ersten Teil wird der Frage nach den Wurzeln des Amicus curiae (Teil 1, A) sowie den Gründen seiner Entstehung und seinen Entwicklungen im Common Law Englands (Teil 1, B I und II) und der USA (Teil 1, B III) unter besonderer Berücksichtigung der ihm danach jeweils verliehenen Funktionen nachgegangen.

Der zweite Teil der Arbeit widmet sich dem Amicus curiae im deutschen und v. a. europäischen Recht (Teil 2).

Insoweit findet zunächst die erste deutsche kartellrechtliche Amicus-curiae-Regelung des GWB von 1958 eine v. a. funktionale Betrachtung (Teil 2, A und B). Sodann erfolgt eine Bestandsaufnahme der heutigen Amicus-curiae-Regelungen im deutschen und europäischen Kartellrecht (Teil 2, C). Auf deren Grundlage werden dann die Regelungen im Hinblick auf ihre durch den Gesetzgeber verliehenen Funktionen untersucht (Teil 2, D). Dies erfolgt derart, dass zunächst die Entstehungsgründe und die Konzeption der VO Nr. 1/2003 dargestellt (Teil 2, D I und II 1)) und sodann eine systematische Einordnung des Art. 15 VO Nr. 1/2003 als der zentralen Regelung zum Amicus curiae innerhalb dieser vorgenommen (Teil 2, D II 2) 1. bis 3.) wird. Im Anschluss finden die durch Art. 15 VO Nr. 1/2003 sowie §§ 90, 90a GWB begründeten Formen der Amicus-curiae-Beteiligung im Einzelnen eine konkrete funktionale Betrachtung (Teil 2, D II 2) 4.). Untersucht wird in diesem Zusammenhang schließlich eine Entscheidung des EuGH zum Anwendungsbereich des Art. 15 VO Nr. 1/2003; sie wird vor dem Hintergrund der vorausgehenden Ausführungen kritisch beleuchtet (Teil 2, D II 3)). Dieser allein den Amicus curiae im europäischen und deutschen Recht betreffende zweite Teil mündet in der Darstellung, inwieweit und unter welchen

Voraussetzungen der Beitrag eines Amicus curiae im Zivilprozess Berücksichtigung finden kann, und welche Konflikte und Grenzen sich dabei, insbesondere im Hinblick auf das deutsche Verfahrensrecht, ergeben können (Teil 2, E).

Eine Zusammenfassung der gefundenen Ergebnisse bildet den Schluss dieser Arbeit (Teil 3), bei dem den wesentlichen funktionalen Gemeinsamkeiten von und Unterschieden zwischen einerseits dem Amicus curiae nach dem Common Law und andererseits dieser Rechtsfigur, wie sie gemäß dem deutschen und europäischen Kartellrecht existiert, ein besonderes Augenmerk gilt (Teil 3, A).

Teil 1: Herkunft und Entwicklung der Rechtsfigur des Amicus curiae im Common Law

Um sich der Rechtsfigur des Amicus curiae anzunähern und insbesondere ihre Funktionen zu verstehen, wird in diesem Teil zunächst der Frage ihrer Herkunft und Entstehung nachgegangen (unten Teil 1, A sowie B I und II).

Zudem wird ihre weitere funktionale Entwicklung im Rechtskreis des Common Law, in dem der Amicus curiae heute auf eine lange Tradition zurückschauen kann (unten Teil 1, B II) nachvollzogen. Der Schwerpunkt der Betrachtung liegt dabei auf dem US-amerikanischen Common Law (unten Teil 1, B III), in dem er heute seine größte Bedeutung hat.

A. Ursprung im Römischen Recht?

Häufig wird der Ursprung der Rechtsfigur des Amicus curiae als bereits im (Alt-) Römischen Recht („Roman Law")[4] liegend gesehen.[5] Das Römische (Zivilprozess-)Recht indes kannte weder den Begriff des „Amicus curiae" als solchen[6] noch eine ihm entsprechende Einrichtung, worauf an dieser Stelle in der gebotenen Kürze näher eingegangen werden soll (dazu sogleich).

Es handelt sich vielmehr um eine im Mittelalter aufgekommene und weiterentwickelte Rechtsfigur des englischen Common Law (dazu ausführlich unten Teil 1, B II).[7]

---

4 Im anglo-amerikanischen Rechtskreis wird dieses sprachlich vom sog. „Civil Law", dem in Westeuropa rezipierten und dort als „Gemeines Recht" bezeichneten Römischen Recht unterschieden.

5 *Harper/Etherington*, 101 U. PA. L. Rev. 1172, 1176 (1953); *Harrington*, 55 Case W. Res. L. Rev. 667 (2005); jew. m. w. N.: *Angell*, 16 Int. Comp. L. Qu. 1017 (1967); *Hirte*, ZZP 104 (1991) 11, 14; *Krislov*, 72 Yale L. J. 694 (1963); *Lowman*, 41 AULR 1243, 1244 und 1248 (1992); *Simpson/Vasaly*, The Amicus Brief – How to Be a Good Friend of the Court, 2004, S. 1; vgl. auch *Beckwith/Sobernheim*, 17 Fordham L. Rev. 38, 39 f. (1948); *Mohan*, Sing. J. Legal Stud. 352, 353, 355, 360 ff., 371, 373 (2010) und *Wiggins*, 7 Cumb. L. Rev. 293 ff. (1976–1977).

6 So auch *Koch*, Prozeßführung im öffentlichen Interesse, 1983, S. 117 f.; *Mohan*, Sing. J. Legal Stud. 352, 364 (2010).

7 *Koch*, Prozeßführung im öffentlichen Interesse, 1983, S. 117 f.; s. auch *Haller*, Supreme Court und Politik in den USA, 1972, S. 108; *Flango/Bross/Corbally*, 27 Just. Sys. J. 180 (2006); offen lassend *Otte*, DAJV-NL 3/90, S. 37.

Bereits in der altrömischen Gemeinschaft, die bäuerlich geprägt und in der die beim König liegende Gerichtsbarkeit deutlich magisch-sakral bestimmt war,[8] private Rechte insbesondere in den streng formalisierten Verfahren der sog. *Legisaktionen* verfolgt werden mussten,[9] fand sich das sog. *consilium*, das – wenn auch in unterschiedlichem Umfang – in sämtlichen nachfolgenden Epochen des römischen Rechts eine maßgebliche Rolle bei der Rechtsprechung und damit auch der Rechtsentwicklung spielte. Indes kann dieses consilium – wie noch zu zeigen sein wird – trotz einiger Parallelen zum Amicus curiae nicht als dessen Ursprung oder Vorbild betrachtet werden.[10]

Schon in diesem frühesten Entwicklungsstadium des Legisaktionenverfahrens, das auch in der Zeit nach der XII-Tafel-Gesetzgebung (451 v. Chr.) im Wesentlichen nach gleichen Grundsätzen ablief,[11] war der Prozess geteilt:[12] In einem ersten Teil entschied der König als Gerichtsherr über die Zulassung des einzelnen Verfahrens, die Einsetzung des aus Privaten bestehenden Gerichts und die Konsequenzen des Urteils, das wiederum im zweiten Verfahrensteil durch das eingesetzte, über das Bestehen oder Nichtbestehen des eingeklagten Anspruchs entscheidende Gericht (sog. *iudex* oder *arbiter* als Einzelrichter[13] bzw. die sog. *decemviri* oder *centumviri* als Kollegialgericht[14]) gefällt wurde.[15] Da sowohl Gerichtsherr wie auch entscheidendes Gericht in der Regel nicht rechtskundig, somit auf den Rechtsrat Dritter angewiesen waren, bedienten sie sich des consiliums zur Beratung, einem Kreis von selbstgewählten rechtskundigen, in dieser Frühphase aus der Priesterschaft stammenden Personen (sog. *pontifices*).[16] Ihnen oblag die Feststellung und Auslegung des Rechts.

An diesen Grundsätzen änderte sich auch in der dem Ende der Königsherrschaft (um 509 v. Chr.) nachfolgenden Zeit, die vom Ständekampf des herrschenden Adels der Patrizier und dem einfachen Volk, den Plebejern, gekennzeichnet

---

8 *Kaser/Hackl*, Zivilprozessrecht, § 3 III.

9 *Kaser/Hackl*, Zivilprozessrecht, § 4 I.

10 A. A. *Wiggins*, 7 Cumb. L. Rev. 293, 295 (1976–1977); vgl. auch *Bouvier's Law Dictionary*, 1914, Vol. 1, S. 188; *Beckwith/Sobernheim*, 17 Fordham L. Rev. 38, 39 f. (1948); *Mohan*, Sing. J. Legal Stud. 352, 355 f., 362 ff. (2010); kritisch dazu, aber offen lassend *Covey*, 9 DePaul L. Rev. 30, 33 ff. und 37 (1959–1960).

11 Vgl. *Kaser/Hackl*, Zivilprozessrecht, §§ 5 und 6.

12 Im Einzelnen str., dazu *Kaser/Hackl*, Zivilprozessrecht, § 3 III 2.

13 Näher dazu *Kaser/Hackl*, Zivilprozessrecht, § 8.

14 Näher dazu *Kaser/Hackl*, Zivilprozessrecht, § 7.

15 *Kaser/Hackl*, Zivilprozessrecht, § 3 III 2 und § 6 II.

16 Vgl. *Kaser/Hackl*, Zivilprozessrecht, §§ 5 IV und 8 III.

war und schließlich 451/452 v. Chr. zur Kodifikation und teilweisen Weiterentwicklung des bestehenden (Gewohnheits-)Rechtes in den XII-Tafeln führte,[17] kaum etwas. Die Fortbildung des Rechts der XII-Tafeln im Wege der sog. *interpretatio* sowie die Feststellung des außerhalb dieses Gesetzeswerkes geltenden Rechts war auch in dieser Zeit der frühen Republik Aufgabe der *pontifices*.[18] Die insbesondere durch Erteilung von Rechtsgutachten (sog. *responsa*) wahrgenommene Beraterfunktion der *pontifices* erfuhr schließlich mit der öffentlichen Gutachtertätigkeit des ersten plebejischen Priesters ab ca. dem 3. Jh. v. Chr. eine zunehmende Verweltlichung,[19] indem der seit 367 v. Chr. als Gerichtsmagistrat für die Entscheidung über die Zulassung des Verfahrens zuständige Prätor ebenso wie das zur Urteilsfindung eingesetzte Gericht sich immer stärker weltlicher Rechtskundiger als consilium bedienten.[20] Maßgebliche Ursachen für diese Entwicklung dürften neben der Entwicklung Roms zur Handels- und Weltmacht[21] einerseits die mit den XII-Tafeln eingeführte neue Klage der *legis actio per iudicis arbitrive postulationem*[22] und andererseits die in der Republik um 242 v. Chr. erfolgte Einführung des sog. Formularprozesses,[23] dessen Ausgestaltung das Werk der prätorischen Berater war,[24] sein. Beide bewirkten eine Loslösung von dem bis dato gegebenen formalisierten Legisaktionenverfahren.[25] Besonders deutlich wird der Einfluss des consiliums zudem an den Edikten des Prätors, die Verkündung aufgrund des *ius edicendi* erlassener allgemein gültiger Anordnungen, die vom Amtsnachfolger jeweils im Großen und Ganzen unverändert übernommen wurden[26] und schließlich 130 n. Chr. auf Geheiß *Kaiser Hadrians* (117 bis 138 n. Chr.) durch *Publius Salvius Iulianus* im sog. *edictum perpetuum* abschließend kodifiziert wurden.[27]

---

17 Vgl. *Harke*, Römisches Recht, § 1 Rn. 1; *Hausmaninger/Selb*, Römisches Privatrecht, S. 16 f.

18 *Harke*, Römisches Recht, § 1 Rn. 9; *Hausmaninger/Selb*, Römisches Privatrecht, S. 19 f.

19 *Harke*, Römisches Recht, § 1 Rn. 9.

20 Vgl. *Kaser/Hackl*, Zivilprozessrecht, § 5 IV; vgl. auch *Hausmaninger/Selb*, Römisches Privatrecht, S. 25; *Buckland/McNair*, Roman Law and Common Law, Cambridge 1965, S. 3 und 6.

21 *Harke*, Römisches Recht, § 1 Rn. 8.

22 Dazu *Kaser/Hackl*, Zivilprozessrecht, § 15.

23 Dazu *Kaser/Hackl*, Zivilprozessrecht, §§ 22 f.

24 *Kaser/Hackl*, Zivilprozessrecht, § 23 I.

25 Vgl. *Harke*, Römisches Recht, § 1 Rn. 2 und 6; *Kaser/Hackl*, Zivilprozessrecht, §§ 15 I und 22 I.

26 *Hausmaninger/Selb*, Römisches Privatrecht, S. 23.

27 *Harke*, Römisches Recht, § 1 Rn. 13 und 15; *Honsell*, Römisches Recht, § 2 IV.

Wie sehr die Rechtsprechung und Rechtsfortbildung von den als Berater der Gerichtsmagistrate und Gerichte auftretenden Juristen bestimmt war, zeigt sich weiter an dem auf *Kaiser Augustus* (31 v. Chr. bis 14 n. Chr.) zurückgehenden, aus der klassischen Zeit stammenden sog. Respondierrecht (*ius respondendi ex auctoritate principis*), der Befugnis in seinem Namen Rechtsgutachten (*responsa*) zu erteilen.[28] Ob diese damit Ausschlusswirkung gegenüber anderen Juristen und Bindungskraft gegenüber Richtern entfalteten, ist unklar.[29] Letztere bestand jedenfalls nach Verfügung *Hadrians* für den Fall vorliegender übereinstimmender *responsa*, diesen kam Gesetzeskraft zu.[30]

Auch im in der nachklassischen Zeit des Prinzipats zunächst als Ausnahmefall aufgekommenen sog. Kognitionsprozess[31], der das Formularverfahren im Jahre 342 n. Chr. vollständig ablöste und sich v. a. in seiner „Einstufigkeit", der Entscheidung des gesamten Rechtsstreits in tatsächlicher und rechtlicher Hinsicht durch einen staatlichen Amtsträger, ganz wesentlich von den bis dato bekannten Verfahren unterschied,[32] gab es das consilium als Beratungsorgan.[33] Diese Epoche zeichnet sich weiter dadurch aus, dass Rechtsfortbildung und Rechtsprechung zunehmend durch den Kaiser bzw. seine Kanzlei bestimmt wurden.[34] Auf Ersuchen eines Bürgers um Entscheidung einer Rechtsfrage erhielt dieser dort in Form eines sog. Reskripts eine den Richter im konkreten Rechtsstreit bindende Antwort, die Gesetzeskraft hatte.[35] Die bekanntesten und rechtsprägendsten Leiter dieser Kanzlei waren wohl *Papinian* und *Ulpian*.[36]

Aufgabe und Funktion des consiliums während der gesamten Entwicklung des römischen Zivilrechts stellen sich nach dem Ausgeführten folglich derart dar, dass sie v. a. in der umfassenden und rechtlichen Beratung der Gerichtsmagistrate und Gerichte lagen. Als nicht nur in einzelnen Rechtsstreitigkeiten auftretende, sondern ständige Einrichtung bot das consilium die Gewähr dafür, dass trotz der justiziellen Aufgabenwahrnehmung durch in der Regel rechtsunkundige Personen (jedenfalls grundsätzlich) eine gesetzmäßige gerichtliche Entscheidung ergehen konnte. Dem entspricht es auch, dass sich Gerichtsmagistrat

---

28 Vgl. *Hausmaninger/Selb*, Römisches Privatrecht, S. 34 f.
29 *Hausmaninger/Selb*, Römisches Privatrecht, S. 35.
30 *Hausmaninger/Selb*, Römisches Privatrecht, S. 35.
31 Dazu *Kaser/Hackl*, Zivilprozessrecht, §§ 66 ff.
32 *Harke*, Römisches Recht, § 1 Rn. 22; *Kaser/Hackl*, Zivilprozessrecht, § 66 I.
33 *Kaser/Hackl*, Zivilprozessrecht, § 69 IV.
34 Vgl. dazu *Kaser/Hackl*, Zivilprozessrecht, § 80.
35 *Harke*, Römisches Recht, § 1 Rn. 20.
36 Zu diesen *Harke*, Römisches Recht, § 1 Rn. 17.

und Gericht des consiliums bedienten, Rechtsrat also (ständig) erfragten, dieser aber nicht auf eigene Initiative des Ratgebenden im Einzelfall erteilt wurde, wie dies beim Amicus curiae in seiner frühsten Erscheinungsform und in seiner klassischen Funktion überwiegend der Fall war (dazu unten Teil 1, B II 1) bis 3));[37] insoweit bestehen also grundsätzliche Unterschiede zwischen diesen beiden Einrichtungen.

In diesem Zusammenhang ist ergänzend auf die besondere Funktion des Amicus curiae im Strafverfahren des frühen Common Law hinzuweisen, der für einen rechtlich unkundigen Beschuldigten die einzige Möglichkeit bot, im Prozess auf (Rechts-)Fehler des Gerichts hinzuweisen:[38] Denn dem wegen Hochverrats oder eines anderen schweren gegen die Krone begangenen Verbrechens Beschuldigten war es bis ins Mittelalter hinein nicht gestattet, sich eines Rechtsbeistandes zu seiner Verteidigung zu bedienen, vor fehlerhaften Entscheidungen war er also v. a. durch einen aus eigener Initiative heraus auftretenden Amicus curiae geschützt. Weil dieser zudem – im Gegensatz zum consilium – nicht zum *Nach*teil eines Beschuldigten auftreten konnte, kann hierin eine weitere Ursache für das Entstehen des Amicus curiae gerade in der Rechtsordnung des Common Law gesehen werden.[39]

Aber nicht nur in der eingangs dargestellten, gleichsam „quantitativen" Hinsicht unterscheidet sich die Einrichtung des consiliums von der des Amicus curiae. Auch „qualitativ" bestehen erhebliche Unterschiede: Der Amicus curiae erbringt auch Tatsachenvortrag und weist regelmäßig auf einzelne, mit der Entscheidung eines bestimmten Rechtsstreits ggf. verbundene Konsequenzen von erheblicher Bedeutung für Dritte oder die Gesamtgesellschaft hin (dazu unten Teil 1, B II 1) und 2)). Dabei war er zu Beginn seiner Entwicklung zwar noch unparteiisch und wie sein Name sagt als „Freund des Gerichts" primär an einer gerechten bzw. richtigen Entscheidung interessiert, wurde vielmehr erst später, insbesondere im US-amerikanischen Recht, zu einer Parteiinteressen vertretenden Figur (vgl. unten Teil 1, B III 2) sowie 3) 1. und 2.);[40] er weist in seiner frühesten Form insoweit also durchaus eine gewisse Ähnlichkeit mit dem consilium auf. Das consilium fungierte im Unterschied dazu jedoch als vollumfängliches

---

37 Vgl. *Covey*, 9 DePaul L. Rev. 30, 34 (1959–1960); anders sehen dieses zum Teil *Beckwith/Sobernheim*, 17 Fordham L. Rev. 38, 39 f. (1948) sowie *Wiggins*, 7 Cumb. L. Rev. 293, 295 (1976–1977) und betrachten daher den „*consiliarius*" wohl als Vorläufer des Amicus curiae.

38 Vgl. *Covey*, 9 DePaul L. Rev. 30, 34 f. (1959–1960).

39 *Covey*, 9 DePaul L. Rev. 30, 34 f. (1959–1960); im Anschluss an diesen, aber kritisch *Mohan*, Sing. J. Legal Stud. 352, 361 (2010).

40 Siehe an dieser Stelle nur *Krislov*, 72 Yale L. J. 694 ff. (1963).

Beratungsorgan mit Fachwissen, seine Hilfe für das Gericht ging bis hin zum konkreten Entscheidungsvorschlag, erschöpfte sich somit nicht im Hinweis auf einzelne Aspekte oder bestimmte Folgen eines Urteils.

Consilium und Amicus curiae unterscheiden sich also zudem insoweit, als ersteres, obwohl es – wie auch der Amicus curiae im „adversary system" des Common Law (dazu unten Teil 1, B II 2)) – in einem Rechtssystem, das die Wahrung und Durchsetzung der Rechte des Einzelnen primär diesem selbst überlässt,[41] zwar ebenfalls beratend wirkt, dieses aber anders als der Amicus curiae[42] nicht auch um der Wahrung komplexer Drittinteressen willen (unten Teil 1, B II 1) und 2)), sondern einzig mit dem Ziel der Herbeiführung einer objektiv gesetzmäßigen, gerechten Entscheidung.

Das consilium und der Amicus curiae zeigen damit trotz auch bestehender Gemeinsamkeiten wesentliche funktionale Unterschiede; diese lassen den Schluss ziehen, dass es sich beim Amicus curiae – entgegen verbreiteter Ansicht – *nicht* um eine auf das consilium zurückgehende, aus dem (Alt-)Römischen Recht stammende Rechtsfigur handelt.

B. Die Entstehung und Entwicklung im Common Law

Für eine originär im Common Law wurzelnde Herkunft des Amicus curiae spricht überdies die englische Rechtsgeschichte.[43] Sowohl die Umstände der Entwicklung dieses Rechtssystems als solche als auch die besonderen „Charakterzüge" und Eigenheiten, die das englische Recht dadurch ausgeformt hat, lassen dieses annehmen. Die Entstehung des Amicus curiae ist dabei als durch gerade diese Besonderheiten bedingte Einrichtung, durch ihre Funktion als Mittel des Ausgleichs und zur Beseitigung bestehender spezifischer Defizite dieses Rechtssystems anzusehen (dazu unten Teil 1, B II 1) bis 3)).

Es wird daher zunächst auf die Geschichte und Charakteristika des Common Law, soweit als Kontext für das Verständnis des Amicus curiae relevant, und die Frage, ob überhaupt eine Rezeption des Römischen Rechts in diesem Rechtskreis erfolgte (unten Teil 1, B I), eingegangen.

Vor diesem Hintergrund wird im Anschluss die Entstehung, Entwicklung und Funktion des Amicus curiae – bis hin zu der Rolle, die er insbesondere im gegenwärtigen US-amerikanischen Kartellrecht spielt, – v. a. anhand exemplarischer Fälle nachvollzogen und untersucht (unten Teil 1, B II und III).

---

41 Vgl. *Kaser/Hackl*, Zivilprozessrecht, § 1 IV 2, ferner auch § 1 I, II und IV 1.

42 Dazu *Koch*, Prozeßführung im öffentlichen Interesse, 1983, S. 118.

43 Vgl. *Koch*, Prozeßführung im öffentlichen Interesse, 1983, S. 117 f.

I. Überblick über die Geschichte und Natur des Common Law und deren Beeinflussung durch das Römische Recht

1) Die Entwicklung des Common Law

Von einem *Common Law* als Rechtsordnung lässt sich überhaupt erst ab etwa dem 12. Jh., insbesondere der Zeit der Regentschaft *Henrys II.* (1154–1189) sprechen.[44] Er schuf mit der Errichtung der *Court of King's/Queen's Bench, Court of Common Bench/Pleas* und *Court of Exchequer* erstmals drei zentrale Gerichtshöfe, die sog. *Courts of Common Law/Westminster Courts*,[45] durch die die Weichen hin zu einer einheitlichen Rechtsordnung gestellt wurden[46] und die erst im Zuge der großen Gerichtsreform des *Judicature Act* im Jahre 1873 ihre Existenz verloren. Zuvor, insbesondere in der angelsächsischen Zeit vor der Eroberung Englands durch die Normannen im Jahre 1066, existierte kein einheitliches, für das gesamte Land geltendes Recht: Es galt bis dato vielmehr eine Vielzahl örtlich beschränkter, v. a. gewohnheitsrechtlicher Rechtsordnungen,[47] die auch danach noch anwendbar blieben.[48] Das an den *Courts of Common Law* praktizierte Recht hingegen war ein von normannischen, römischen, kanonischen und v. a. gewohnheitsrechtlichen Einflüssen geprägtes, durch die Richter nach Zweckmäßigkeitsgesichtspunkten herausgebildetes und weiterentwickeltes Recht, das durch die im Laufe der Zeit ausgeweiteten, sich zum Teil überschneidenden Zuständigkeiten der einzelnen Gerichtshöfe und ihre Rechtsprechung zunehmend homogener wurde.[49] In Folge der *Magna Carta* von 1215 wurde an diesen das für die weitere Rechtsentwicklung so bedeutende „Jury-System" (dazu näher unten Teil 1, B II 2) 1.)

---

44 Vgl. dazu und zum Folgenden *Holdsworth*, A History of English Law, Vol. II, London 1923, S. 145 ff. passim.

45 *Will*, in: David/Grasmann, Einführung in die großen Rechtssysteme der Gegenwart, Tz. 287 (S. 439); ausführlich dazu *Holdsworth*, A History of English Law, Vol. I, London 1956, S. 34 ff.

46 *Holdsworth*, A History of English Law, Vol. II, London 1923, S. 172 ff.

47 *Andreas B. Schwarz*, in: Die Zivilgesetze der Gegenwart, Band II: England, Erster Teil, 1931, S. 9 f.; *Will*, in: David/Grasmann, Einführung in die großen Rechtssysteme der Gegenwart, Tz. 285 f. (S. 437 ff.); vgl. auch *Holdsworth*, Sources and literature of English law, Reprint 1977, S. 6.

48 Dazu *Andreas B. Schwarz*, in: Die Zivilgesetze der Gegenwart, Band II: England, Erster Teil, 1931, S. 59 ff; vgl. ferner auch *Zweigert/Kötz*, Rechtsvergleichung, § 14 II (S. 178).

49 *Andreas B. Schwarz*, in: Die Zivilgesetze der Gegenwart, Band II: England, Erster Teil, 1931, S. 9 f.

eingeführt.[50] Die erste systematische Darstellung des so entstandenen Rechts ist wohl *Bractons „De legibus et consuetudinibus Angliae“* (*„On the Law and Customs of England“*) aus der Zeit um 1235,[51] die sich konsequent für diesen Rechtskreis an gerichtlichen Entscheidungen, den sog. *precedents*, und dem Verfahren bzw. der Gerichtspraxis orientierte.[52]

Klarstellend hinzuweisen ist an dieser Stelle darauf, dass der Begriff des Common Law in mehrfacher Hinsicht und mit unterschiedlicher Bedeutung Verwendung findet:[53] Einerseits bezeichnet er das soeben dargestellte, von den *Courts of Common Law* angewandte Recht; andererseits wird er auch in einem übergeordneten Sinne verwendet, nämlich um das Rechtssystem als solches, also das „anglo-amerikanische“ oder „englische Recht“ in seinen sämtlichen Bestandteilen umfassend zu benennen und gegen andere Rechtskreise abzugrenzen. Die Bezeichnung Common Law wird hier dieser letztgenannten, weiteren Bedeutung entsprechend verwendet, während im Folgenden für den Fall des erstgenannten Verständnisses der Begriff des Common Law i. e. S. gebraucht wird.

Neben dieses den Hauptbestandteil der englischen Rechtsordnung ausmachende Common Law i. e. S. trat insbesondere ab dem 16. Jh. als weiterer wesentlicher Baustein die sog. *Equity*:[54] Dieses Billigkeitsrechts war zuvor noch Teil der an den *Courts of Common Law* praktizierten Rechtsprechungsgrundsätze, verhinderte indes nicht, dass bereits ab ca. dem 14. Jh. sich enttäuschte Prozessparteien zunehmend an den König persönlich mit ihrem Rechtsbegehren wandten, der wiederum seinem Kanzler, dem *Chancellor*, die Wahrnehmung dieser Aufgabe übertrug.[55] Insbesondere ab

---

50 Dazu *Pollock/Maitland*, The History of English Law, Vol. I, Reissued 1968, Chapter VI, S. 138 ff.

51 Dazu *Peter*, Römisches Recht und Englisches Recht, 1969, S. 26; *Andreas B. Schwarz*, in: Die Zivilgesetze der Gegenwart, Band II: England, Erster Teil, 1931, S. 6; jew. m. w. N.

52 Dazu ausführlich *Holdsworth*, A History of English Law, Vol. II, London 1923, S. 236 ff. passim, insbes. S. 237 ff., vgl. ferner auch S. 192 ff. und *ders.*, Sources and literature of English law, Reprint 1977, S. 28 f.; im Anschluss an diesen sieht *Lundmark*, ZfRV 2012, 272, 274 und 284 darin den Beginn des Gebrauchs der precedents.

53 Vgl. *Peter*, Römisches Recht und Englisches Recht, S. 73 f.; *Andreas B. Schwarz*, in: Die Zivilgesetze der Gegenwart, Band II: England, Erster Teil, 1931, S. 11 f.; *Zweigert/Kötz*, Rechtsvergleichung, § 14 III (S. 185).

54 Dazu ausführlich *Holdsworth*, A History of English Law, Vol. I, London 1956, S. 446 ff.; *ders.*, A History of English Law, Vol. II, London 1923, S. 334 ff. und *ders.*, Sources and literature of English law, Reprint 1977, S. 177 ff.; *Zweigert/Kötz*, Rechtsvergleichung, § 14 III (S. 184 ff.).

55 *Holdsworth*, Sources and literature of English law, Reprint 1977, S. 177 f.; *Will*, in: David/Grasmann, Einführung in die großen Rechtssysteme der Gegenwart, Tz. 300 (S. 449 f.).

dem 16. Jh. weitete sich diese ausschließlich an der Billigkeit im Einzelfall orientierte und entwickelte Praxis mehr und mehr aus. Die Equity umfasste zu diesem Zeitpunkt die Gesamtheit der Rechtsgrundsätze und -einrichtungen, wie sie sich durch die Rechtsprechung der *Court of Chancery* durch den *Chancellor* als Rechtsprechungsorgan ausbildeten.[56] Sie war frei von Gewohnheitsrecht und wurde ausschließlich von der *Chancery* angewendet[57]; ihr Verfahren und die Grundsätze waren im Gegensatz zum Common Law i. e. S. stark römisch-rechtlich und kanonisch geprägt.[58] Die Beteiligung einer jury fand insoweit nicht statt.[59] Die Aufgabe der Equity bestand und besteht darin, neben dem als häufig zu starr und unflexibel empfundenen Common Law i. e. S. für gerechte Entscheidungen zu sorgen.[60] Da diese Entwicklung zu heftigen Kompetenzkonflikten zwischen Equity und Common Law i. e. S. führte, entschied *James I.* (1603–1625) im Jahr 1616 die Bindung auch der Equity-Rechtsprechung an ihre Präzedentsentscheidungen und die parallele Existenz beider Rechtszweige mit Vorrang der Equity im Kollisionsfalle.[61] Diese damit vorerst endgültig vollzogene Spaltung der englischen Rechtsordnung erfuhr erst mit dem *Judicature Act* im Jahre 1873 eine Entschärfung, nach dem die Regeln der Equity nun von allen Gerichten zu beachten sind.[62]

---

56 *Andreas B. Schwarz*, in: Die Zivilgesetze der Gegenwart, Band II: England, Erster Teil, 1931, S. 10; *Will*, in: David/Grasmann, Einführung in die großen Rechtssysteme der Gegenwart, Tz. 301 (S. 450); vgl. auch *Holdsworth*, A History of English Law, Vol. II, London 1923, S. 346; *ders.*, Sources and literature of English law, Reprint 1977, S. 163 f., 178 f. und 191.

57 *Andreas B. Schwarz*, in: Die Zivilgesetze der Gegenwart, Band II: England, Erster Teil, 1931, S. 10.

58 *Holdsworth*, A History of English Law, Vol. II, London 1923, S. 346 f.; *ders.*, Sources and literature of English law, Reprint 1977, S. 162 f.; *Will*, in: David/Grasmann, Einführung in die großen Rechtssysteme der Gegenwart, Tz. 301 (S. 450).

59 *Jolowicz*, On Civil Procedure, 2000, S. 377 (dort Fn. 18); *Will*, in: David/Grasmann, Einführung in die großen Rechtssysteme der Gegenwart, Tz. 301 (S. 450) und Tz. 321 f. (S. 464).

60 Vgl. *Holdsworth*, Sources and literature of English law, Reprint 1977, S. 177 f.; *Will*, in: David/Grasmann, Einführung in die großen Rechtssysteme der Gegenwart, Tz. 299 (S. 448 f.).

61 *Peter*, Römisches Recht und Englisches Recht, 1969, S. 88; *Will*, in: David/Grasmann, Einführung in die großen Rechtssysteme der Gegenwart, Tz. 302 (S. 451); vgl. auch *Holdsworth*, A History of English Law, Vol. I, London 1956, S. 459 ff.

62 *Peter*, Römisches Recht und Englisches Recht, S. 34, 37 und 83 ff.; *Andreas B. Schwarz*, in: Die Zivilgesetze der Gegenwart, Band II: England, Erster Teil, 1931, S. 10; *Will*, in: David/Grasmann, Einführung in die großen Rechtssysteme der Gegenwart, Tz. 306 (S. 454); *Zweigert/Kötz*, Rechtsvergleichung, § 14 V (S. 195 f.).

Anders als insbesondere im deutschen Recht, in dem jedes Gesetz nach Art. 20 GG der parlamentarischen Legitimation bedarf, somit durch Parlamentsgesetz oder aufgrund eines solchen ergeht, jedenfalls aber gesetztes Recht die Regel ist, bildet(e) dieses in England die Ausnahme: Gesetztes Recht, sog. *enacted Law* bzw. *Statute Law*[63] tritt dort traditionellerweise wie partikuläres Gewohnheitsrecht nur ergänzend neben das primäre und überwiegende, durch die Rechtsprechung geschaffene Common Law i. e. S. und neben das Recht der Equity.[64] Abgesehen von einzelnen Phasen[65] nahm die Bedeutung des Statute Law v. a. erst im 19. Jh. zu, fand insbesondere immer öfter eine Zusammenfassung von Teilen des Common Law i. e. S. durch statutes, letztlich also eine Kodifizierung statt.[66]

Trotz und wegen dieser nur teilweisen Kodifizierungen in den letzten beiden Jahrhunderten, stellt sich das Common Law somit als ein durch die Praxis, also primär die Rechtsprechung entwickeltes Rechtssystem dar. Nicht gesetzgeberische Akte, wie dies in Deutschland der Fall ist, sondern die kontinuierliche Fortentwicklung des Rechts i. S. einer Rechtsschöpfung anhand der Entscheidung konkreter Fälle, gebunden durch die zuvor geschaffenen *precedents* (dazu noch ausführlich unten Teil 1, B II 3)) bestimmt maßgeblich, was Recht ist. Man spricht daher insoweit zu Recht auch von einem historisch gewachsenen „Caselaw“ oder „Judiciary law“ bzw. einem „Juristenrecht“.[67]

Dieses führt zu zwei gerade für die Frage der Entwicklung und Funktion des Amicus curiae wichtigen Konsequenzen: Nämlich einmal, dass die Feststellung dessen, was Recht ist, mangels (einheitlicher) Kodifikation mit erheblichen praktischen Schwierigkeiten verbunden war (dazu noch unten Teil 1, B II 3)). Zum anderen kommt damit auch den Einflüssen, denen die rechtsprechenden und an der Rechtsprechung mittelbar beteiligten Personen ausgesetzt sind, durch die sie gewissermaßen juristisch „sozialisiert“ sind, eine besondere Bedeutung für

---

63 Dazu ausführlich *Holdsworth*, Sources and literature of English law, Reprint 1977, S. 37 ff.; *Andreas B. Schwarz*, in: Die Zivilgesetze der Gegenwart, Band II: England, Erster Teil, 1931, S. 13 und 40 ff.

64 *Andreas B. Schwarz*, in: Die Zivilgesetze der Gegenwart, Band II: England, Erster Teil, 1931, S. 11.

65 *Holdsworth*, Sources and literature of English law, Reprint 1977, S. 60 ff.

66 *Andreas B. Schwarz*, in: Die Zivilgesetze der Gegenwart, Band II: England, Erster Teil, 1931, S. 11 und 51 f.; vgl. auch *Holdsworth*, Sources and literature of English law, Reprint 1977, S. 71 f.; *Zweigert/Kötz*, Rechtsvergleichung, § 14 V (S. 197).

67 *Peter*, Römisches Recht und Englisches Recht, 1969, S. 74 ff., 77 f. und passim; *Andreas B. Schwarz*, in: Die Zivilgesetze der Gegenwart, Band II: England, Erster Teil, 1931, S. 8, 14 ff. und 60; vgl. ferner auch *Holdsworth*, Sources and literature of English law, Reprint 1977, S. 72 ff. und insbes. für die Equity S. 191 ff.

die Rechtsentwicklung zu.[68] Zur damit verbundenen Frage der Rezeption Römischen Rechts in England daher sogleich.

2) Die Rezeption Römischen Rechts in England

Besondere Aufmerksamkeit verdient vor diesem Hintergrund in der vorliegenden Arbeit daher die Frage, ob und inwieweit diese Personen den Einflüssen des Römischen Rechts ausgesetzt waren, eine Rezeption des Römischen Rechts überhaupt stattfand, insbesondere ob nicht auch unter diesem Gesichtspunkt die teilweise vertretene These, die Rechtsfigur des Amicus curiae sei originär Römisch-rechtlichen Ursprungs, verneint werden muss (vgl. oben Teil 1, A). Ob also ihre Wurzel ausschließlich im Common Law gesehen und deshalb auch die Funktion des Amicus curiae allein in diesem Kontext betrachtet werden muss.

Anders als in den Ländern des westeuropäischen Kontinents, in denen ab ca. dem 11. Jh. eine umfängliche theoretische und v. a. von der Rechtsschule der Glossatoren in Bologna ausgehende praktische Rezeption des Römischen Rechts, des *corpus iuris civilis* von *Justinian* aus dem Jahr 534 n. Chr., derart erfolgte, dass das Römische Zivilrecht als *Gemeines Recht* insbesondere auch am *Reichskammergericht* ab 1495 subsidiäre Anwendung fand,[69] ist in England eine Rezeption des Römischen Rechts (nahezu) ausgeblieben.[70]

Zwar war das englische Recht gerade infolge der Eroberung durch die Normannen zahlreichen kontinentalen Einflüssen ausgesetzt (oben Teil 1, B I 1)).[71] Es zeigt sich im Laufe seiner Geschichte aber, dass es das Common Law doch auch immer verstand, Tendenzen stärkerer Einflüsse des Römischen Rechts bzw. des Civil Law durch entsprechende Gegenbewegungen abzuwehren und sich seinen ursprünglichen und eigenen Charakter bei gleichzeitiger Fortentwicklung und Modernisierung weitgehend zu bewahren. Über die wesentlichsten Schritte dieses Prozesses soll an dieser Stelle ein zusammenfassender Überblick gegeben werden.

---

68 Siehe zu diesem Ansatz *Zweigert/Kötz*, Rechtsvergleichung, § 14 IV (S. 190 f.) m. w. N.

69 Einen Überblick gibt *Honsell*, Römisches Recht, § 1.

70 *Holdsworth*, Sources and literature of English law, Reprint 1977, S. 162 f.; *Andreas B. Schwarz*, in: Die Zivilgesetze der Gegenwart, Band II: England, Erster Teil, 1931, S. 5 f.; *Peter*, Römisches Recht und Englisches Recht, 1969, S. 60 f.; *Will*, in: David/Grasmann, Einführung in die großen Rechtssysteme der Gegenwart, Tz. 293 (S. 444), 314 (S. 460) und 352 (S. 489); vgl. auch *Zweigert/Kötz*, Rechtsvergleichung, § 14 I (S. 177).

71 *Holdsworth*, A History of English Law, Vol. II, London 1923, S. 145 ff.; *ders.*, Sources and literature of English law, Reprint 1977, S. 6 und 23.

Ebenso wie an den Universitäten des Kontinents wurde und wird an den Universitäten in Cambridge und Oxford ab ca. dem 12. Jh. Römisches und Kanonisches Recht gelehrt,[72] zu nennen sind insoweit v. a. *Vacarius*, der an der Rechtsschule der Glossatoren seine Ausbildung erfahren hatte, und das von ihm verfasste Lehrbuch *„Liber Pauperum"*.[73] Dieser Umstand schlug sich nicht nur im juristischen Schrifttum nieder; insbesondere zeigte die bereits genannte, wichtigste Darstellung des Common Law i. e. S. wie das gesamte Werk *Bractons* ausgeprägt Römisch-rechtliche Elemente.[74] Auch die Praxis der Juristen wurde dadurch zunehmend beeinflusst,[75] so dass *Henry III.* im Jahre 1234 die Lehre Römischen Rechts in London verbot und sich 1235–36 das Parlament in Merton explizit gegen Einflüsse fremden Rechts aussprach („*Nolumus leges Angliae mutare*").[76] Die bislang mit Kirchenleuten, also v. a. mit dem Kanonischen Recht Vertrauten, besetzten *Courts of Common Law*[77] wurden ab Ende des 13. Jh. mit juristischen Praktikern versehen.[78] Diese indes hatten ihre Ausbildung nicht an einer Universität erfahren, sondern in den von der Juristenschaft unterhaltenen sog. *Inns of Court*, die ausschließlich Common Law i.e. S. lehrten.[79]

Bedeutung hatte das Römische Recht damit zunächst nur noch an den Universitäten und als Kanonisches Recht an den Kirchengerichten, für die Praxis waren vielmehr die nach Common Law i. e. S. getroffenen Entscheidungen der

---

72 *Holdsworth*, A History of English Law, Vol. II, London 1923, S. 176 ff.; *ders.*, Sources and literature of English law, Reprint 1977, S. 23 und 203 f.

73 *Holdsworth*, A History of English Law, Vol. II, London 1923, S. 147 ff. und 177; *ders.*, Sources and literature of English law, Reprint 1977, S. 23; *Pollock/Maitland*, The History of English Law, Vol. I, Reissued 1968, Chapter V, S. 118 f.

74 *Holdsworth*, A History of English Law, Vol. II, London 1923, S. 244 und 267 ff.; *ders.*, Sources and literature of English law, Reprint 1977, S. 27 ff. und passim.

75 *Holdsworth*, A History of English Law, Vol. II, London 1923, S. 177 und 244; *Andreas B. Schwarz*, in: Die Zivilgesetze der Gegenwart, Band II: England, Erster Teil, 1931, S. 6.

76 *Holdsworth*, Sources and literature of English law, Reprint 1977, S. 7; *Andreas B. Schwarz*, in: Die Zivilgesetze der Gegenwart, Band II: England, Erster Teil, 1931, S. 6; *Pollock/Maitland*, The History of English Law, Vol. I, Reissued 1968, Chapter V, S. 122.

77 *Holdsworth*, A History of English Law, Vol. II, London 1923, S. 177, vgl. auch S. 226 ff.; *ders.*, Sources and literature of English law, Reprint 1977, S. 23 f.

78 *Holdsworth*, A History of English Law, Vol. II, London 1923, S. 229; *ders.*, Sources and literature of English law, Reprint 1977, S. 8, 30 und 75; *Andreas B. Schwarz*, in: Die Zivilgesetze der Gegenwart, Band II: England, Erster Teil, 1931, S. 6; vgl. auch *Zweigert/Kötz*, Rechtsvergleichung, § 14 IV (S. 189).

79 *Holdsworth*, Sources and literature of English law, Reprint 1977, S. 203; *Andreas B. Schwarz*, in: Die Zivilgesetze der Gegenwart, Band II: England, Erster Teil, 1931, S. 6; vgl. auch *Zweigert/Kötz*, Rechtsvergleichung, § 14 IV (S. 188 f.).

Gerichte maßgeblich.[80] So erschienen im 15. Jh. als erste in nicht lateinischer Sprache und gänzlich unbeeinflusst vom Römischen Recht die auf Entscheidungen basierende dogmatische Darstellung des englischen Rechts von *Littleton*[81] und wenig später die ersten Fallsammlungen von Praktikern für Praktiker, die sog. *Year Books*.[82]

Ab dem 16. Jh., in dem der Kontinent von der Reformation, Renaissance und Rezeption des Römischen Rechts geprägt war, erfuhr in der Folge auch England in sämtlichen Lebensbereichen neue Impulse und wurde dadurch vor neue rechtliche Herausforderungen gestellt:[83] Es kam zur bereits dargestellten Entwicklung der Equity-Rechtsprechung (oben Teil 1, B I 1)), der Errichtung neuer Gerichte[84] und insbesondere dem Ausbau des Handels- und Seerechts. Letztere wurden zunächst an der *Court of Admirality* entwickelt und maßgeblich durch das kontinentale Civil Law bestimmt, [85] bis schließlich im 17. Jh. die Zuständigkeit in Handels- und großen Teilen der Seerechtssachen auf die gewöhnlichen, nach Common Law i. e. S. und Equity entscheidenden Gerichte überging.[86]

Nicht zuletzt daran sowie an dem dargestellten Konkurrenzkampf von Common Law i. e. S. und Equity zeigt sich, dass die Zeit um das 16. Jh. von einer, wohl der letzten, Rivalität des Common Law i. e. S. einerseits und des Römischen Rechts bzw. des vom Monarchen geförderten,[87] erstarkenden Civil Law andererseits geprägt war,[88] die sich zugleich auch als ein Machtkampf des Königs mit dem stets das Common Law i. e. S. verteidigenden und protegierenden Parlament darstellt.[89]

---

80 *Holdsworth*, Sources and literature of English law, Reprint 1977, S. 34 ff.

81 *Holdsworth*, Sources and literature of English law, Reprint 1977, S. 137 ff.

82 Dazu *Holdsworth*, Sources and literature of English law, Reprint 1977, S. 74 ff., insbes. S. 78 ff.

83 Vgl. ferner auch *Holdsworth*, Sources and literature of English law, Reprint 1977, S. 31 und 162 ff.

84 *Holdsworth*, Sources and literature of English law, Reprint 1977, S. 163 f.

85 Dazu *Holdsworth*, Sources and literature of English law, Reprint 1977, S. 208 ff., insbes. 214 f.

86 *Holdsworth*, Sources and literature of English law, Reprint 1977, S. 31, 207 f., 215 f. und 222 f.; ausführlich dazu *ders.*, A History of English Law, Vol. I, London 1956, S. 568 ff.

87 *Holdsworth*, Sources and literature of English law, Reprint 1977, S. 204 ff.

88 Vgl. *Holdsworth*, Sources and literature of English law, Reprint 1977, S. 162 ff. und 203 ff.

89 Vgl. *Holdsworth*, Sources and literature of English law, Reprint 1977, S. 216 ff., ferner auch S. 164 und 180; *ders.*, A History of English Law, Vol. I, London 1956, S. 289 f.;

Betrachtet man diese Entwicklung, so zeigt sich, dass der Einfluss des Römischen Rechts bzw. des Civil Law eine gänzlich andere Qualität hatte als auf dem Kontinent.

In England fand eine Rezeption trotz zahlreicher Übereinstimmungen, die das Rechtssystem des Common Law und das Römische Recht aufweisen (vgl. insoweit oben Teil 1, A und unten Teil 1, B II 2) 1.), nicht statt.[90]

Einzelne Rechtsgebiete wie das (frühe) See- und Handelsrecht und das Recht der Equity waren zwar stärker vom Römischen Recht beeinflusst als der Rest des englischen Rechtssystems,[91] der Einfluss auf dieses stellte sich jedoch insgesamt als vergleichsweise wenig nachhaltig dar.[92] Denn maßgeblich für die Rechtsentwicklung war gerade die Praxis der Rechtsprechung mit den von ihr getroffenen Entscheidungen, die ja wiederum bereits ab etwa dem 13. Jh. von den *Inns of Court* und damit dem Common Law i. e. S. bestimmt war, während der universitären Lehre insoweit nur eine sehr untergeordnete Rolle zukam (dazu bereits oben Teil 1, B I 1)).[93] Auch so bedeutende Vertreter des Schrifttums wie beispielweise *Bracton* vermochten eine Rezeption des Römischen Rechts nicht zu bewirken, im Gegenteil: Ihre „Rückgriffe" auf das Römische Recht stellten sich vielmehr als Orientierung bei der Systematisierung des originär englischen Rechts denn als tatsächliche Übernahme einzelner rechtlicher Einrichtungen dar.[94] Entsprechendes gilt für die zunehmend zu beobachtende Latinisierung der englischen

---

Will, in: David/Grasmann, Einführung in die großen Rechtssysteme der Gegenwart, Tz. 302 (S. 451 f.); *Zweigert/Kötz*, Rechtsvergleichung, § 14 IV (S. 191 ff.).

90 Vgl. dazu nur *Peter*, Römisches Recht und Englisches Recht, 1969, passim, insbes. S. 60 ff., 66 ff. und 76, der die Ursache für diese Übereinstimmungen vielmehr in der unabhängigen Parallelentwicklung beider Rechtssysteme sieht. Ihm folgend *Zweigert/Kötz*, Rechtsvergleichung, § 14 II (S. 183) und § 14 IV (S. 191 f.). So auch *Pollock/Maitland*, The History of English Law, Vol. I, Reissued 1968, Chapter V, S. 117.

91 *Zweigert/Kötz*, Rechtsvergleichung, § 14 IV (S. 191).

92 *Peter*, Römisches Recht und Englisches Recht, 1969, S. 60 f.

93 Vgl. *Holdsworth*, Sources and literature of English law, Reprint 1977, S. 35 f. und 75 f.; *Andreas B. Schwarz*, in: Die Zivilgesetze der Gegenwart, Band II: England, Erster Teil, 1931, S. 6, 10 und 62 f.; vgl. auch *Peter*, Römisches Recht und Englisches Recht, 1969, S. 61; *Will*, in: David/Grasmann, Einführung in die großen Rechtssysteme der Gegenwart, Tz. 298 (S. 448), 314 (S. 459 f.) und 352 (S. 489 f.).

94 Vgl. *Holdsworth*, Sources and literature of English law, Reprint 1977, S. 29 und 235; *ders.*, A History of English Law, Vol. II, London 1923, S. 143 f., 146, 177, 205 ff., 268 und 287; *Pollock/Maitland*, The History of English Law, Vol. I, Reissued 1968, Chapter VII, S. 207 ff.; *Andreas B. Schwarz*, in: Die Zivilgesetze der Gegenwart, Band II: England, Erster Teil, 1931, S. 10; *Zweigert/Kötz*, Rechtsvergleichung, § 14 IV (S. 191).

Rechtssprache.[95] Beide machten das Common Law erst praxistauglicher und zukunftsfähig,[96] bewirkten aber gerade nicht eine (ergänzende) Anwendung des Römischen Rechts.[97]

Für die sich hier stellende Frage nach der Herkunft und Entstehung der Rechtsfigur des Amicus curiae bedeutet dieses, dass die These, der Amicus curiae wurzele bereits im Römischen Recht, nicht nur mangels Existenz einer entsprechenden Einrichtung in diesem Rechtssystem verneint werden muss (oben Teil 1, A). Denn auch rechtshistorisch betrachtet, lässt sich diese nicht aufrechterhalten: Es ist vielmehr von einer originär dem System des Common Law entstammenden Rechtsfigur auszugehen, deren Bezeichnung lediglich latinisiert wurde.[98]

II. Entstehung, Entwicklung und Funktion des Amicus curiae im englischen Common Law

Im Folgenden werden daher die Umstände und Ursachen, die zur Existenz des Amicus curiae in der englischen Rechtsordnung führten (unten Teil 1, B II 1) bis 3)), sowie seine weitere Entwicklung, Funktion und Bedeutung im heutigen englischen Recht (unten Teil 1, B II 4)) untersucht.

1) Frühe Erscheinungsformen des Amicus curiae

Die Rechtsfigur des Amicus curiae hatte ihren ersten Auftritt zu einem sehr frühen Zeitpunkt in dem damals noch recht jungen Rechtssystem des englischen Common Law. Wann genau dieser stattfand, ist zwar heute ungeklärt.[99] Der Amicus curiae findet indes schon ab dem 14. Jh. in verschiedenen in den *Year*

95 Vgl. *Peter*, Römisches Recht und Englisches Recht, 1969, S. 62; *Andreas B. Schwarz*, in: Die Zivilgesetze der Gegenwart, Band II: England, Erster Teil, 1931, S. 6 f.; vgl. ferner auch *Blackstone*, Commentaries on the Laws of England, A Facsimile of the First Edition of 1765–1769, Vol. III, Chicago & London 1979, S. 319 ff.; *Holdsworth*, A History of English Law, Vol. II, London 1923, S. 284; ausführlich *Pollock/Maitland*, The History of English Law, Vol. I, Reissued 1968, Chapter IV, S. 82 ff.

96 Vgl. *Will*, in: David/Grasmann, Einführung in die großen Rechtssysteme der Gegenwart, Tz. 298 (S. 448).

97 Vgl. *Holdsworth*, Sources and literature of English law, Reprint 1977, S. 28 ff., 31, 162 ff. und S. 234 f.; *ders.*, A History of English Law, Vol. II, London 1923, S. 143 f., 217 f., 229 f. und 289.

98 So auch *Koch*, Prozeßführung im öffentlichen Interesse, 1983, S. 117 f.; offen lassend *Otte*, DAJV-NL 3/90, S. 37; vgl. auch *Laroche*, 72 Alb. L. Rev. 701, 706 (2009).

99 *Bouvier's Law Dictionary*, 1914, Vol. 1, S. 188.

Books[100] wiedergegebenen Entscheidungen der Gerichte Erwähnung und war bereits in dieser Zeit, also rund 200 Jahre nach dem Zeitpunkt, ab dem überhaupt von einem Common Law gesprochen werden kann (oben Teil 1, B I 1)), ein anerkanntes Rechtsinstitut insbesondere des *Court of King's Bench.*[101]

Durfte dieses zu Beginn nur von den sog. *barristers* und *counsellors,* also Rechtskundigen, wahrgenommen werden, erfuhr es bereits im Jahre 1403 durch *Henry IV.* eine gesetzliche Regelung, wonach jeder Fremde und Zuschauer als Amicus curiae vor Gericht auftreten konnte.[102] Dem folgte nur wenige Jahre später ein weiteres Gesetz, das einem solchen Amicus curiae das Recht zuerkannte, gegenüber einem Gericht eine Verletzung der Regelungen zur angemessenen Auswahl einer Geschworenen-Jury geltend zu machen, mit der Folge, dass das Gericht im Falle eines bestehenden Gesetzesverstoßes die Anklage zu verwerfen hatte.[103] Auf die besondere Bedeutung, die dem Amicus curiae im Strafprozess zukam (oben Teil 1, A), soll in diesem Zusammenhang indes nicht weiter eingegangen werden, im Zentrum des Interesses stehen vorliegend vielmehr seine Rolle und Funktion im Zivilverfahren.

In den frühen Entscheidungen kam dem Amicus curiae eine v. a. informierende Funktion zu, er setzte das Gericht über für das Verfahren möglicherweise relevante tatsächliche oder rechtliche Umstände in Kenntnis; und zwar in der Regel auf eigene Initiative und als am Verfahren Unbeteiligter und deshalb an dessen Ausgang grundsätzlich nicht interessierter Dritter.[104] Seine Funktion lag insbesondere darin, bestehende Irrtümer oder Unkenntnis seitens des Gerichts auszuräumen und dadurch fehlerhafte Entscheidungen zu verhindern:[105] In der viel zitierten

---

100 Z. B.: Y. B. Hil. 26 Edw. III 65 (1353); Y. B. 11 Hen. IV 62 (1410); Y. B. Hil. 4 Hen. VI 16 (1433); Y. B. Mich. 19 Hen. VI 10 (1448); Y. B. Mich. 5 Edw. IV 8 (1466) — zit. nach *Beckwith/Sobernheim,* 17 Fordham L. Rev. 38, 48 (1948).

101 Vgl. *Beckwith/Sobernheim,* 17 Fordham L. Rev. 38, 48 (1948); *Wiggins,* 7 Cumb. L. Rev. 293, 294 (1976–1977).

102 *Bouvier's Law Dictionary,* 1914, Vol. 1, S. 188: „[...] *it was enacted in 4 Hen. IV. (1403) that any stranger as ‚amicus curiae' might move the court* [...]. *At first suggestions could only come from the barristers or counsellors, although by the statute of Hen. IV. a ‚bystander' had the privilege.*" Vgl. auch Falmouth v. Strode, 11 Mod. 137, 88 Eng. Rep., 949 (Q. B. 1707).

103 Statute 11 Hen. IV, c. 9 (1410); *Beckwith/Sobernheim,* 17 Fordham L. Rev. 38, 49 (1948).

104 *Hirte,* ZZP 104 (1991), 11, 15.

105 *Laroche,* 72 Alb. L. Rev. 701, 706 (2009); *Lowman,* 41 AULR 1243, 1244, 1248 und 1250 (1992); Notes 34 Harv. L. Rev. 773 (1920) passim – AMICI CURIAE; *Wiggins,* 7 Cumb. L. Rev. 293, 294 (1976–1977). Vgl. ferner auch die Remarks on

Entscheidung *The Protector v. Geering*[106] heißt es: „*It is for the honour of a court of justice to avoid error in their judgements* [...]. [...] *Barbarism will be introduced, if it be not admitted to inform the court of such gross and apparent errors in offices.*" Neben der bereits genannten Aufgabe, auf die Anwendbarkeit geltender einschlägiger Gesetze in einem Verfahren hinzuweisen,[107] teilte der Amicus curiae so z. B. vergleichbare, bereits früher entschiedene Fälle, sog. *precedents* (dazu näher unten Teil 1, B II 3)), mit[108] und wirkte so auf eine Einheit der Rechtsprechung hin. In anderen Fällen erläuterte er als am Gesetzgebungsverfahren Beteiligter dem Gericht Sinn und Zweck eines bei der Entscheidung anzuwendenden Gesetzes,[109] informierte das Gericht über den Tod einer der Parteien,[110] die Nichtigkeit einer Anklage,[111] die Unzuständigkeit des Gerichts[112] oder trat zugunsten einer Minderjährigen auf[113]. Stellen sich somit die Umstände, die Anlass und Gegenstand eines Auftritts eines Amicus curiae in einem Verfahren sein konnten, als vielfältig und von Fall zu Fall sehr unterschiedlich dar, sind sie doch durch ihren gemeinsamen Kern miteinander verbunden. In sämtlichen Verfahren erforderte der Anspruch des Gerichts an sich selbst bzw. der der Rechtsordnung des Common Law, eine „richtige" und gerechte Entscheidung zu treffen, das Hinzutreten eines Amicus curiae. Diese seine Aufgabe im frühen Common Law soll darum beispielhaft anhand eines Falls verdeutlicht werden, dessen Entscheidung zugleich in gewisser Weise auch eine Weichenstellung beinhaltete.

Im Jahr 1736 hatte der Court of King's Bench den Fall *Coxe v. Phillips* zu entscheiden, der sich wie folgt darstellte:[114] Der Kläger *Coxe* machte eine fällige Forderung gegen die Beklagte *Phillips* aus einem Schuldschein gerichtlich geltend.

Mr. Cornish's Trial, in: Complete Collection of State-Trials and Proceedings for High-Treason, 4th Ed., 1777, 200, 202.

106 The Protector v. Geering, Hardres 86, 145 Eng. Rep. 394 (K. B. 1656).

107 So auch im sog. „The Prince's Case" 8 CO. Rep. 1 a, 15 a, 29 a, 77 Eng. Rep. 481 (Ch. 1606).

108 Tullit v. Tullit (Ch. 1752), mitgeteilt von *Charles Ambler,* Reports of Cases, London 1790, S. 370, 371; s. auch *Hirte,* ZZP 104 (1991), 11, 15; *Wiggins,* 7 Cumb. L. Rev. 293, 294 (1976–1977).

109 Horton & Ruesby, Comb. 33, 90 Eng. Rep. 326 (K. B. 1686) – Statute of Frauds and Perjuries.

110 Falmouth v. Strode, 11 Mod. 137, 88 Eng. Rep. 949 (Q. B. 1707).

111 Rex v. Vaux, Comb. 10, 90 Eng. Rep. 312 (K. B. 1686).

112 Entscheidung des Court of Chancery, mitgeteilt von *Viner,* A General Abridgment of Law and Equity, Vol. 9, S. 78.

113 Beard v. Travers, 1 Ves. Sen. 313, 27 Eng. Rep. 1052 (Ch. 1749).

114 Coxe v. Phillips, Cas. T. Hard. 95 Eng. Rep. 152 (K. B. 1736).

Diese bestritt die Forderung mit dem Vortrag, aufgrund bestehender Ehe mit einem gewissen *Muilman* bei Unterzeichnung des Schuldscheins gar nicht geschäftsfähig gewesen zu sein. Hintergrund für diese Behauptung war, dass eine zwischen der Beklagten und dem genannten *Muilman* geschlossene Ehe zuvor gerichtlich für nichtig erklärt worden war, weil die Beklagte zu diesem Zeitpunkt bereits mit einem anderen Mann verheiratet gewesen sei. Dieses bestritt die Beklagte nun mit der Begründung, dieser Mann sei im Zeitpunkt der Eheschließung mit ihr bereits seinerseits verheiratet gewesen, allein diese Ehe sei also nichtig, nicht aber die zwischen ihr und *Muilman* geschlossene. *Muilman*, der inzwischen wieder verheiratet war, schaltete sich daraufhin in das Verfahren ein und machte geltend, die beiden Parteien führten diesen Rechtsstreit einvernehmlich und nur zum Schein, allein um ihm zu schaden. Nachdem das Gericht zunächst in der Sache entschieden hatte, hob es das Urteil dann wieder auf. Das Gericht sah sich dabei vor zwei Fragen gestellt, nämlich einmal ob hier die Voraussetzungen zur Annahme einer kollusiven Täuschung des Gerichts erfüllt waren, und zum anderen ob der am Verfahren nicht beteiligte *Muilman* eine darauf gestützte Beschwerde überhaupt wirksam vorbringen konnte. Beide Fragen bejahte es schließlich mit folgender Begründung:[115] Ein besseres Beispiel für eine Beschwerde an das Gericht als im Falle einer nur zum Schein erhobenen Klage, die folglich nicht zur Entscheidung eines Rechtsstreits, sondern einzig mit dem Ziel, das Gericht zu täuschen und den Unbeteiligten *Muilman* in seinem Ruf zu schädigen, erhoben worden sei, gäbe es nicht. Dieses gelte auch dann, wenn ein Anspruch tatsächlich bestehe, aber missbräuchlich eingeklagt würde. Solches sei ungesetzlich und es sei *„Aufgabe der Gerichte, die Ströme des Rechts sauber zu halten, weil sie sonst Werkzeug der Schande würden"*[116]. Die Berücksichtigung des Vorbringens von *Muilman* sei zulässig, weil das Gericht nicht erwarte, dass ausschließlich eine Partei die Täuschung des Gerichts vorbringe; im Falle einer kollusiven Täuschung durch sämtliche Parteien dürfe vielmehr ein Verfahrensunbeteiligter als Amicus curiae darüber informieren.

Diese Argumentation knüpft damit an die ursprüngliche Aufgabe des Amicus curiae wie sie oben bereits ausgeführt wurde an: Ein am Verfahren Unbeteiligter darf das Gericht über rechtliche und tatsächliche Umstände aus eigener Initiative heraus in Kenntnis setzen. Dieses verfolgte zu diesem Zeitpunkt primär noch das Ziel, durch richtige und gerechte Entscheidungen die Akzeptanz bei

---

115 Coxe v. Phillips, Cas. T. Hard. 95 Eng. Rep. 152 f. (K. B. 1736).

116 Coxe v. Phillips, Cas. T. Hard. 95 Eng. Rep. 152, 153 (K. B. 1736): „[...] *and it is incumbent on Courts of Justice to keep the streams of justice clear, or they will be made use of as means of scandal.*".

den Rechtssuchenden und den von der Rechtsordnung Betroffenen zu stärken. Der Amicus curiae diente somit letztlich einem öffentlichen Interesse.

Dem entspricht es auch, dass die Zulassung eines Amicus curiae allein im Ermessen des Gerichts lag, dieser also keinerlei Anspruch darauf hatte, dass sein Vorbringen zugelassen bzw. zur Kenntnis genommen wird; ebenso wie gesetzliche Regelungen zu dieser Rechtsfigur – abgesehen von den bereits genannten – ausblieben.[117] Die Rechtspraxis entwickelte mit dieser vielmehr ein flexibles und damit ganz wesentliches Instrument, um die sich im Common Law, insbesondere aufgrund dessen adversary system, stellenden prozessualen Probleme in den Griff zu bekommen (dazu noch ausführlich unten Teil 1, B II 2)).[118]

Darüber hinaus vollzog sich in dieser Entscheidung aber auch eine Weichenstellung dahingehend, dass der Amicus curiae ein ebenfalls aus dem adversary system resultierendes ganz wesentliches Problem, wenn nicht lösen, so doch handhabbar machen sollte: die Berücksichtigung von Interessen am Verfahren Unbeteiligter.[119] Handelten bis dato nur am Rechtsstreit unbeteiligte Außenstehende als Amicus curiae, war dieser also bislang eine neutrale Quelle des Gerichts für Informationen gewesen, so ließ die King's Bench in diesem Fall den Unbeteiligten *Muilman* gerade auch deshalb als Amicus curiae zu, weil er selbst von dem Zivilrechtsstreit der Parteien in besonderer Weise betroffen war. Neben der oben genannten „klassischen" Begründung, warum eine Berücksichtigung des Vorbringens zulässig sei, stellte das Gericht seine Entscheidung auf ein „zweites Standbein": „[...] *and, besides, in this case Mr. Muilman is particularly concerned to do it; for though the verdict, if it had passed against him, could not have been given in evidence against him, not being a party to the suit, yet it is a prejudice to a man to have the report of a verdict that he is married in this way.*"[120] Obwohl der Ausgang des Verfahrens also keinerlei Bindungswirkung für Muilman entfaltete, fand sein Vorbringen Berücksichtigung; einzig also, weil die Existenz eines Urteilsspruchs, der auf einer gültigen Ehe zwischen der Beklagten und ihm gründete, für ihn einen Schaden bedeutete.

Damit aber trat zu dieser klassischen Funktion des Amicus curiae, als Informant buchstäblich Freund des Gerichts zu sein und damit einem öffentlichen

---

117 *Krislov*, 72 Yale L. J. 694, 695 (1963).

118 *Krislov*, 72 Yale L. J. 694, 696 (1963); *Lowman*, 41 AULR 1243, 1247 ff. (1992); *Wiggins*, 7 Cumb. L. Rev. 293, 295 f. (1976–1977).

119 *Krislov*, 72 Yale L. J. 694, 696 f. (1963).

120 Coxe v. Phillips, Cas. T. Hard. 95 Eng. Rep. 152 (K. B. 1736).

Interesse zu dienen (vgl. insoweit auch unten Teil 1, B II 2) 2. und 3)), schon recht früh eine weitere hinzu: Der Amicus curiae war nicht länger nur neutral, sondern brachte auch die konkreten Interessen einzelner Personen in einem fremden Zivilrechtsstreit zur Kenntnis des Gerichts und damit zur Geltung, diente mithin auch der Verwirklichung von Individualinteressen.

2) Der Amicus curiae als spezifisch durch das Prinzip des „adversary system" bedingte Rechtsfigur

Beide schon früh bestehende Funktionen des Amicus curiae im Zivilrechtsstreit wurden im bereits Ausgeführten mit den spezifisch aus dem Prinzip des adversary system resultierenden Besonderheiten des Common Law in Zusammenhang gebracht (vgl. oben Teil 1, B II 1)).

Es soll darum im Folgenden das adversary system, soweit für diese These relevant, in seinen Grundzügen dargestellt und diese einer näheren Untersuchung unterzogen werden.

1. Das Prinzip des adversary system

Das Prinzip des adversary system ist für das Zivilprozessrecht des gesamten Common Law, insbesondere seine Entstehung und Weiterentwicklung aus dem frühen englischen Verfahrensrecht, von zentraler Bedeutung, gab und gibt es ihm doch sein wesentliches Gepräge. *Jolowicz* fasst dieses denn auch so zusammen: „*The adversary system has been the corner stone of English procedure for a very long time.*"[121] Oder um es mit den Worten *Andrews* zu sagen: „*It sits at the heart of English civil procedure.*"[122]

Seinen Ursprung findet es in der nicht minder bedeutenden Einführung des Jury-Systems in das Zivilverfahren der *Courts of Common Law* im Jahr 1215 (oben Teil 1, B I 1)):[123] Die *Magna Carta* normierte das Recht, durch seine „*peers*" (Standesgenossen) vor Gericht verhandelt zu werden, zugleich wurde infolge eines lateranischen Konzils die Mitwirkung an den bis dahin ebenso wie auf dem Kontinent auch in England zur Urteilsfindung

---

121 *Jolowicz*, ICLQ, Vol. 52 (April 2003), 281, 295; ähnlich auch *Andrews*, Principles of civil procedure, London 1994, Rn. 2–012.

122 *Andrews*, Principles of civil procedure, London 1994, Rn. 3–021.

123 *Jack I.H. Jacob*, City of London law review 1983, 17, 19 f.; *ders.*, The fabric of English civil justice, London 1987, S. 5 f.; *Jolowicz*, On Civil Procedure, 2000, S. 219, 382 und 395; vgl. auch *ders.*, (1996) 15 C.J.Q. 198, 210; *Zuckerman*, Civil Procedure, 2003, Chap. 10, Tz. 10.20.

üblicherweise herangezogenen sog. Gottesordalen verboten.[124] Die Kumulation dieser beiden Umstände führte dazu, dass in England – anders als auf dem Kontinent, wo der Inquisitionsprozess vorherrschend wurde – fortan eine sog. *jury* bei der Urteilsfindung der *Courts of Common Law* maßgeblich beteiligt war.[125] Dieses stellte und stellt sich auch heute noch derart dar, dass neben den oder die hauptamtlichen Richter (*judges*) eine in der Regel aus zwölf Laien gebildete jury tritt.[126] Ihre Aufgabe ist es, hinsichtlich der tatsächlichen Umstände zu urteilen, also die Aufnahme der Beweise zu verfolgen und diese zu bewerten, und anschließend zu einem Urteil insoweit (sog. *verdict*) zu kommen;[127] die jury ist der „*judge of fact*“[128].[129] Die rechtliche Beurteilung des Falls, die Rechtsanwendung, bleibt hingegen Aufgabe des oder der Richter (*judge of law*), die auch das abschließende Urteil (sog. *judgment*) fällen. Diese funktionale Teilung des Verfahrens brachte weitreichende, für die Ausformung und Entwicklung des Zivilprozesses bedeutsame Konsequenzen mit sich, die schließlich zu seinem „adversarial“ Charakter führten. Aus rein praktischen Gründen stellte sich so der Prozess als *trial process* dar, als ein idealerweise einziger, konzentrierter, mündlicher und öffentlicher Verhandlungstag. An diesem soll die gesamte Beweislage dargelegt und verhandelt werden, so dass die einzig zu diesem Zweck zusammengekommene jury in der Lage ist, zu einem Urteil zu gelangen.[130]

Im trial präsentieren daher in der Regel zunächst der Kläger und im Anschluss der Beklagte „ihren Fall“, also die Tatsachen und Beweise, die für den

---

124 *Jack I.H. Jacob*, City of London law review 1983, 17, 19; *ders.*, The fabric of English civil justice, London 1987, S. 6 und 158.

125 *Jack I.H. Jacob*, City of London law review 1983, 17, 19 f.; *ders.*, The fabric of English civil justice, London 1987, S. 5 f. und 159.

126 Vgl. *Andrews*, Principles of civil procedure, London 1994, Rn. 1-010; *Cannon*, (2006) 25 C.J.Q. 327; *Bailey/Ching/Taylor*, Smith, Bailey And Gunn On The Modern English Legal System, London 2007, Rn. 1-008.

127 *Pollock/Maitland*, The History of English Law, Vol. II, Reissued 1968, Chapter IX § 4, S. 629 f.; *Jolowicz*, On Civil Procedure, 2000, S. 374.

128 *Jolowicz*, On Civil Procedure, 2000, S. 382; *ders.*, Civil Procedure in the Common and Civil Law, in: Law and Legal Culture in Comparative Perspective, 2004, S. 26, 31.

129 *Jack I.H. Jacob*, The fabric of English civil justice, London 1987, S. 159.

130 *Jolowicz*, On Civil Procedure, 2000, S. 51, 53, 205 und 374 f.; *ders.*, Civil Procedure in the Common and Civil Law, in: Law and Legal Culture in Comparative Perspective, 2004, S. 26, 31; vgl. auch: *ders.*, ICLQ, Vol. 52 (April 2003), 281, 282; *Jack I.H. Jacob*, The fabric of English civil justice, London 1987, S. 150 f.

in dem Verfahren angestrebten Erfolg erforderlich sind.[131] Damit ist zugleich die Entscheidung für das adversary system getroffen. Denn ein solcher trial ist nicht nur durch die konfrontative Auseinandersetzung der Beteiligten geprägt (dazu sogleich), sondern erfordert naturgemäß auch eine intensive Vorbereitung (sog. *pre-trial*), die ebenfalls allein den Parteien obliegt.[132] Und gerade weil die jury souveräner Richter hinsichtlich der dem Fall zugrunde liegenden Tatsachen ist, verbietet sich eine Einmischung durch den Richter hierin grundsätzlich.[133] Wesentlicher Gegenstand des Prinzips des adversary system ist demzufolge die Rolle, die die am Verfahren Beteiligten jeweils spielen, insbesondere die ihnen danach zukommende Aufgabe. Genau darin liegt zugleich auch ein wesentliches Abgrenzungskriterium zu den in der Tradition des Civil Law stehenden Rechtsordnungen, deren Zivilverfahrensrecht maßgeblich durch den Inquisitionsprozess geprägt wurde. Wenngleich man auch sagen muss, dass eine ausschließlich „adversarial" oder rein „inquisitorial" ausgestaltete Verfahrensordnung nicht existieren kann; für die Einordnung entscheidend ist somit nur, welches Prinzip das jeweils dominierende ist.[134]

Der Zivilprozess – das impliziert bereits der Begriff des *adversary* system als solcher – ist geprägt von dem Widerstreit von Kläger und Beklagtem (*„trial by duel"*)[135]. Erfährt die dem Richter, der jury und den Parteien jeweils zugewiesene Rolle im Verfahren zwar je nach Zeit und abhängig von der einzelstaatlichen Ausformung eine im Detail unterschiedliche Ausprägung, so gelten die hier dargestellten Grundsätze doch für das Common Law universell.

---

131 Vgl. *Jolowicz*, in: Cappelletti/Jolowicz, Studies in Comparative law – Public interest parties and the active role of the judge in civil litigation, Mailand u. a. 1975, S. 239; *ders.*, (1996) 15 C.J.Q. 198, 201; *Zuckerman*, Civil Procedure, 2003, Chap. 21, Tz. 21.4 und 21.27 ff. Dazu *Jack I.H. Jacob*, The fabric of English civil justice, London 1987, S. 161 ff.

132 *Jolowicz*, On Civil Procedure, 2000, S. 374 und 389; *ders.*, Civil Procedure in the Common and Civil Law, in: Law and Legal Culture in Comparative Perspective, 2004, S. 26, 31.

133 *Andrews*, Principles of civil procedure, London 1994, Rn. 3–012; *Jolowicz*, On Civil Procedure, 2000, S. 375; *ders.*, ICLQ, Vol. 52 (April 2003), 281, 282; *ders.*, Civil Procedure in the Common and Civil Law, in: Law and Legal Culture in Comparative Perspective, 2004, S. 26, 31.

134 *Andrews*, Principles of civil procedure, London 1994, Rn. 3–001; *Jolowicz*, On Civil Procedure, 2000, S. 175 f.; *ders.*, Civil Procedure in the Common and Civil Law, in: Law and Legal Culture in Comparative Perspective, 2004, S. 26, 30 f. und 40; *ders.*, ICLQ, Vol. 52 (April 2003), 281.

135 *Lowman*, 41 AULR 1243, 1248 (1992).

Die Parteien haben den aktiven Part im gesamten Verfahren:[136] Nicht nur, dass der Kläger mit seiner Klageerhebung über das Entstehen des Rechtsstreits entscheidet und zusammen mit dem Beklagten den Prozess jederzeit einvernehmlich außergerichtlich beenden kann.[137] Beiden Parteien obliegt es auch, entsprechend ihrer Darlegungs- und Beweislast den ihrer Meinung nach notwendigen Tatsachenvortrag zu erbringen und diesen ggf. zu beweisen.[138] Die Parteien allein bestimmen, welche Tatsachen sie dem Gericht als Entscheidungsgrundlage liefern wollen,[139] und bestimmen so den Umfang des Rechtsstreits.[140] Insbesondere ist es Aufgabe ausschließlich der Parteien, die Beweisaufnahme durchzuführen:[141] So entscheiden sie, welches Beweismittel herangezogen wird, sie befragen „ihre" Zeugen bzw. nehmen sie ins „Kreuzverhör",[142] entscheiden, ob ein Sachverständiger – der stets als Zeuge gilt – hinzugezogen wird, und bestimmen diesen insbesondere auch. Dabei gilt es dem traditionellen Verständnis des trial entsprechend, Überraschungen durch eine intensive Vorbereitung im pre-trial zu vermeiden;[143] der eigentliche trial stellt sich vielmehr als eine in weitgehender

---

136 *Jack I.H. Jacob*, City of London law review 1983, 17, 18 und 22; *ders.*, The fabric of English civil justice, London 1987, S. 12 f., 30 und 73; *Jolowicz*, On Civil Procedure, 2000, S. 375 und 389; vgl. *Diplock, L.J.*, in: [Court of Appeal] Allen v. Sir Alfred McAlpine & Sons, Ltd. [1968] 1 All. E.R. 543, 552 E und F, 555 C.

137 *Jolowicz*, Civil Procedure in the Common and Civil Law, in: Law and Legal Culture in Comparative Perspective, 2004, S. 26, 42.

138 *Andrews*, Principles of civil procedure, London 1994, Rn. 3-012; *Cannon*, (2006) 25 C.J.Q. 327, 329 und passim; *Jolowicz*, On Civil Procedure, 2000, S. 28, 180, 222 und 226.

139 *Cannon*, (2006) 25 C.J.Q. 327, 331; *Jolowicz*, ICLQ, Vol. 52 (April 2003), 281, 283 und 289.

140 *Cannon*, (2006) 25 C.J.Q. 327, 329; *Jack I.H. Jacob*, The fabric of English civil justice, London 1987, S. 13; *ders.*, City of London law review 1983, 17, 23; *Jolowicz*, On Civil Procedure, 2000, S. 176, 211, 219 und 252.

141 Vgl. *Andrews*, Principles of civil procedure, London 1994, Rn. 3-012; *Cannon*, (2006) 25 C.J.Q. 327, 339; *Jack I.H. Jacob*, The fabric of English civil justice, London 1987, S. 14; *ders.*, City of London law review 1983, 17, 25; *Jolowicz*, On Civil Procedure, 2000, S. 230, 375; *ders.*, Civil Procedure in the Common and Civil Law, in: Law and Legal Culture in Comparative Perspective, 2004, S. 26, 31; vgl. auch *ders.*, in: Cappelletti/Jolowicz, Studies in Comparative law – Public interest parties and the active role of the judge in civil litigation, Mailand u. a. 1975, S. 239 f., 246 ff. und 264.

142 *Andrews*, Principles of civil procedure, London 1994, Rn. 3-011; *Jolowicz*, On Civil Procedure, 2000, S. 216; vgl. *Jack I.H. Jacob*, The fabric of English civil justice, London 1987, S. 11.

143 Vgl. *Jolowicz*, On Civil Procedure, 2000, S. 53.

Eigenverantwortung abgehaltene „performance“[144] erst des Klägers mit der Behauptung eines ihm zustehenden Rechts, dann des Beklagten mit dem Bestreiten dieses Rechts dar, dem schließlich die Entscheidung des Gerichtes folgt.[145]

Eine gänzlich andere Rolle kommt damit dem Gericht in den beiden genannten Verfahrensabschnitten zu.

Um das besondere Verhältnis einerseits der Parteien untereinander, andererseits zum Gericht deutlich zu machen, wird dabei gerne das Bild eines Wettkampfs von Kläger und Beklagtem, in dem das Gericht der Schiedsrichter ist, bemüht:[146] Die Parteien begeben sich als Gladiatoren in die Arena des Gerichtes, um ihren Kampf um das Bestehen eines Rechtes auszutragen. Dem Gericht bleibt dabei nur die Aufgabe, auf die Einhaltung der Spielregeln während der Schlacht zu achten und dann das richtige Urteil zu fällen.

Richter und jury sind passiv, greifen also nicht aktiv gestaltend in den Ablauf des trial ein, sondern verfolgen das von den Parteien bestimmte Verfahrensgeschehen.[147] Sie haben damit quasi eine Zuschauerrolle inne. Wobei dem Richter neben der Anwendung des Rechts und dem Erlass des *judgments*, die besondere Aufgabe zukommt, auf die Einhaltung der Verfahrensregeln durch die Parteien zu achten, also einen ordnungsgemäßen Prozessverlauf zu gewährleisten.[148] Was Gegenstand des trial ist, insbesondere welche Tatsachen vorgetragen und welche Beweise erhoben werden, ist einzig Sache der Parteien, auf

---

144 Vgl. *Jolowicz*, On Civil Procedure, 2000, S. 53.

145 Vgl. *Jack I.H. Jacob*, City of London law review 1983, 17, 18; *ders.*, The fabric of English civil justice, London 1987, S. 70 ff.

146 *Jack I.H. Jacob*, City of London law review 1983, 17, 18; *ders.*, The fabric of English civil justice, London 1987, S. 15; *Pollock/Maitland*, The History of English Law, Vol. II, Reissued 1968, Chapter IX § 4, S. 670 f.; *Zuckerman*, Civil Procedure, 2003, Chap. 10, Tz. 10.20; s. auch *Jolowicz*, Civil Procedure in the Common and Civil Law, in: Law and Legal Culture in Comparative Perspective, 2004, S. 26, 30; *ders.*, On Civil Procedure, 2000, S. 176 f. und 395; *J. Frank*, Courts on Trial, 1949, S. 91 ff.

147 *Diplock, L.J.*, in: [Court of Appeal] Allen v. Sir Alfred McAlpine & Sons, Ltd. [1968] 1 All. E,R. 543, 552 E und F, 555 C; *Andrews*, Principles of civil procedure, London 1994, Rn. 3–021; *Cannon*, (2006) 25 C.J.Q. 327, 339; *Jack I.H. Jacob*, City of London law review 1983, 17, 18 und 20 ff.; *ders.*, The fabric of English civil justice, London 1987, S. 7 ff. und 159; vgl. auch *Jolowicz*, in: Cappelletti/Jolowicz, Studies in Comparative law – Public interest parties and the active role of the judge in civil litigation, Mailand u. a. 1975, S. 239 ff. und 264.

148 *Jack I.H. Jacob*, City of London law review 1983, 17, 18 und 20 ff.; *Jolowicz*, Civil Procedure in the Common and Civil Law, in: Law and Legal Culture in Comparative Perspective, 2004, S. 26, 31.

den Inhalt des Verhandelten hat damit weder der Richter noch die jury Einfluss. Insbesondere kann nach dem klassischen Verständnis des adversary system der Richter die Zeugen grundsätzlich nicht selbst vernehmen,[149] sondern muss sich aufgrund der Befragung durch die Partei, um deren Zeugen es sich handelt, und des anschließenden Kreuzverhörs sein Urteil bilden.[150] Ursprünglich liegt dem Common Law dabei die Überzeugung zugrunde, dass die jury wie auch der Richter idealerweise ohne jede Vorkenntnis des Falls in den trial gehen sollten, sich also ausschließlich auf Grundlage der dort vorgetragenen Tatsachen und erbrachten Beweise ihre Urteile bilden sollen.[151]

Das Prinzip des adversary system besagt damit im Wesentlichen, dass Verlauf und Inhalt eines Zivilprozesses entscheidend von Kläger und Beklagtem bestimmt werden, während insbesondere dem Gericht eine insoweit nur passive Rolle zukommt.

2. Der Zusammenhang des Prinzips des adversary system und der Entstehung des Amicus curiae

In dieser genaueren Erkenntnis über die durch das Prinzip des adversary system bestimmte grundsätzliche Verteilung der Rollen von Gericht und Parteien im Zivilrechtsstreit (soeben Teil 1, B II 2) 1.) liegt zugleich auch die maßgebliche Ursache für das Entstehen der Rechtsfigur des Amicus curiae im Common Law:

Eine Verfahrensordnung, die den Parteien nicht nur die Initiation eines Rechtsstreits, sondern neben dem Ablauf insbesondere auch die Entscheidung darüber überlässt, was Grundlage für die gerichtliche Entscheidung sein soll (dazu ausführlich soeben Teil 1, B II 2) 1.), begibt sich in besonderer Weise der Kontrolle des Verfahrens und damit auch seines Ausgangs. Es wird dabei darauf vertraut, dass gerade der Widerstreit der beiden Parteien die Wahrheitsfindung besonders fördert.[152] Dass dieses aber auch mit gewissen Gefahren verbunden

---

149 *Jack I.H. Jacob*, City of London law review 1983, 17, 25; *ders.*, The fabric of English civil justice, London 1987, S. 11.

150 Vgl. *Jolowicz*, in: Cappelletti/Jolowicz, Studies in Comparative law – Public interest parties and the active role of the judge in civil litigation, Mailand u. a. 1975, S. 239 f. und 264.; *ders.*, On Civil Procedure, 2000, S. 176 f.

151 *Jack I.H. Jacob*, The fabric of English civil justice, London 1987, S. 161 f.; *Jolowicz*, On Civil Procedure, 2000, S. 54 und 375; *ders.*, Civil Procedure in the Common and Civil Law, in: Law and Legal Culture in Comparative Perspective, 2004, S. 26, 31 und 48; vgl. auch *Bailey/Ching/Taylor*, Smith, Bailey And Gunn On The Modern English Legal System, London 2007, Rn. 1–008.

152 *Andrews*, Principles of civil procedure, London 1994, Rn. 3–002 (S. 35); *Jolowicz*, (1996) 15 C.J.Q. 198, 201; und bereits *Lord Eldon, L.C.*, in: Ex parte Lloyd, Mont.

ist, liegt auf der Hand. Kläger und Beklagter verfolgen – kraft Natur der Sache – als vorrangiges Ziel einen für sie selbst vorteilhaften Prozessverlauf mit einer entsprechenden Entscheidung. Ihr Interesse kann daher nur sein, die Tatsachen- und Rechtslage in dem für sie positivsten Licht darzustellen.[153]

Eine Quelle des 19. Jh. beschreibt denn auch den Zivilrechtsstreit mit folgenden Worten:

> „[...] *a cock fight wherin he wins whose advocates have the gamest bird with the longest spurs*".[154]

Und *Lord Denning, M.R.* kommt zu der Erkenntnis:

> *„In litigation as in war. If one side makes a mistake the other can take advantage of it. No holds are barred."*[155]

Dann stellt sich aber automatisch die Frage, inwieweit in einem nach einer solchermaßen getroffenen Grundsatzentscheidung ausgestalteten Zivilprozess eine „richtige", eine gerechte, Entscheidung ergehen kann bzw. was überhaupt unter einer solchen zu verstehen ist.[156] Die Antwort hierauf hängt wiederum im Wesentlichen davon ab, was das Ziel, die Funktion, des Zivilrechtsstreits ist.

Im Hinblick auf die Geltung des Prinzips des adversary systems erscheint es nur allzu konsequent und logisch, dass der Zivilrechtsstreit traditionellerweise als *„substitute for venegance"*[157], als Ersatz für Rache bzw. Selbstjustiz der Partei(en), angesehen wurde.[158] Dass dementsprechend Ziel des Verfahrens eine auf den von den Parteien vorgetragenen Tatsachen basierende gerichtliche Entscheidung ist, also nicht zwangsläufig auch eine auf den wirklichen Tatsachen

---

Bank. Rep. 70n, 71n (Ch. 1822). Besonders eindringlich betont die dem öffentlichen Interesse dienende Funktion des adversary systems für das US-amerikanische Recht *Freedman*, Lawyers's Ethics in an Adversary System, 1975, S. 9 ff.

153 Vgl. auch *Jolowicz*, in: Cappelletti/Jolowicz, Studies in Comparative law – Public interest parties and the active role of the judge in civil litigation, Mailand u. a. 1975, S. 239.

154 Zitiert nach *Andrews*, Principles of civil procedure, London 1994, Rn. 3–003 (S. 36).

155 *Lord Denning, M.R.*, in: [Court of Appeal] Burmah Oil Co. Ltd. v. Governor and Company of the Bank of England [1979] 1 W.L.R. 473, 484 E und F.

156 Vgl. dazu allgemein *J. Frank*, Courts on Trial, 1949, S. 80 ff.

157 *Couture*, (1950) 25 Tulane L.R. 1, 7, ferner 11.

158 Vgl. nur *Jolowicz*, in: Cappelletti/Jolowicz, Studies in Comparative law – Public interest parties and the active role of the judge in civil litigation, Mailand u. a. 1975, S. 253.

beruhende.[159] Angestrebt wird daher nach allgemeiner, wenngleich heute nicht einhelliger Ansicht (vgl. dazu auch unten Teil 1, B II 4) 2.) grundsätzlich eine „prozessuale Gerechtigkeit", also eine solche zwischen den Parteien, nicht aber eine allgemein so wahrgenommene, „materielle Gerechtigkeit".[160] Oder mit anderen Worten ist primäres Ziel des Prozesses eine *relative* Gerechtigkeit, keine *absolute*.

Lord Wilberforce drückte diese Auffassung in einer Entscheidung des House of Lords folgendermaßen aus:

> „[...] *the task of the court is to do, and be seen to be doing, justice between the parties* [...] *There is no higher or additional duty to ascertain some indenpendent truth. It often happens, from the imperfection of evidence, or the withholding of it, sometimes by the party in whose favour it would tell if presented, that an ajudication has to be made which is not, and is known not to be, the whole truth of the matter; yet if the decision has been in accordance with the available evidence and the law, justice will have been fairly done.*"[161]

Vor diesem Hintergrund werden aber auch die Grenzen eines solchen Verfahrensrechts deutlich, das v. a. auf die Auseinandersetzung zweier Parteien ausgerichtet ist und das deshalb traditionellerweise der Beteiligung Dritter ablehnend gegenübersteht.[162] Denn das vorrangige Verfahrensziel der gerichtlichen Klärung eines Rechtsstreits zweier Einzelner kann nicht um jeden Preis erreicht werden. Der Geltung des Prinzips des adversary system muss deshalb dort eine Grenze gesetzt werden, wo ein Bedürfnis für die Wahrung der Interessen am Verfahren Unbeteiligter, der Öffentlichkeit oder privater Dritter, besteht.[163] An diesem Schnittpunkt von einerseits weitgehend privatautonom ausgestaltetem Verfahren und andererseits einem kollidierenden Drittinteresse zeigt sich die Rechtsfigur des Amicus curiae schon früh als flexibles Instrument des Ausgleichs und des Korrektivs:[164]

---

159 *Jolowicz*, in: Cappelletti/Jolowicz, Studies in Comparative law – Public interest parties and the active role of the judge in civil litigation, Mailand u. a. 1975, S. 253 ff.; *ders*., (1996) 15 C.J.Q. 198, 199.

160 *Jolowicz*, (1996) 15 C.J.Q. 198, 199 f.

161 *Lord Wilberforce*, in: [House of Lords] Air Canada and others v. Secretary of State for Trade and another (No.2) [1983] 1 All E.R. 910, 919 g und h.

162 Vgl. *Krislov*, 72 Yale L. J. 694, 696 (1963); vgl. auch *Salmon, L.J.*, in: [Court of Appeal] Allen v. Sir Alfred McAlpine & Sons, Ltd. [1968] 1 All. E.R. 543, 561 C und D.

163 Vgl. *Andrews*, Principles of civil procedure, London 1994, Rn. 2–012.

164 Vgl. auch *Andrews*, Principles of civil procedure, London 1994, Rn. 3–002; *Hirte*, ZZP 104 (1991), 11, 15; *Koch*, Prozeßführung im öffentlichen Interesse, 1983, S. 118.

nämlich einmal in seiner ursprünglichen, neutral informierenden Funktion, die dem öffentlichen Interesse dienend einen Ausgleich dafür schafft, dass die Parteien die – im Gegensatz zum Gericht – aktive Rolle im Verfahren haben; und zum anderen in seiner die individuellen Interessen am Verfahren Unbeteiligter vertretenden Funktion, wie sie sich im oben dargestellten Fall *Coxe v. Phillips*[165] zeigte (oben Teil 1, B II 1)).

Ob und inwieweit dieses auch für das heutige englische Common Law noch zutrifft, soll an anderer Stelle näher untersucht werden (unten Teil 1, B II 4)).

Festzuhalten bleibt zunächst, dass die Hauptursache der Entstehung des Amicus curiae in den spezifisch auf das Prinzip des adversary system zurückgehenden Besonderheiten des Zivilverfahrensrechts des Common Law liegt.

3) Sonstige zur Entstehung der Rechtsfigur des Amicus curiae beitragende Umstände

Neben dieser Hauptursache soll aber auch der ursächliche Beitrag der weiteren Umstände, die das Aufkommen des Amicus curiae zumindest mittelbar begünstigt haben, hier kurze Darstellung finden. Es sind dies die die Rahmenbedingungen der beschriebenen Rechtsentwicklung ausmachenden Faktoren.

Als ganz wesentlich erweist sich insoweit die bereits dargestellte Eigenart der Rechtsentwicklung des Common Law (oben Teil 1, B I 1)): Der Umstand, dass eine Vielzahl örtlicher, gewohnheitsrechtlicher Rechtsordnungen ihre Geltung nie verloren, zugleich mit der Einrichtung der *Courts of Common Law* aber auch der Wunsch einer Homogenisierung des Rechts deutlich wurde, schuf ein breites Betätigungsfeld für den klassischen, informierenden Amicus curiae. Denn dass gerade in einer Zeit, in der Kommunikationsmittel weit weniger zur Verfügung standen als heutzutage und die Fixierung von gerichtlichen Entscheidungen zunächst eher die Ausnahme als die Regel war, ein Gericht, insbesondere eine Laien-Jury, in höherem Maße der Gefahr einer irrtümlichen Entscheidung – sei es in tatsächlicher oder in rechtlicher Hinsicht – ausgesetzt war, leuchtet ein. Dieses v. a. auch dann, wenn man bedenkt, dass das englische Recht mit der *Equity* einen zweiten, konkurrierenden Rechtsstrang etablierte, gesetztes Recht (*enacted law*) lange Zeit die Ausnahme und die Weiterentwicklung des Rechts Aufgabe nahezu ausschließlich der Rechtsprechung anhand der konkret zu entscheidenden Fälle war (dazu sogleich). So ließ auch die herrschende Vorstellung, dass das Recht schon existent sei, nur im Einzelfall anhand der sich konkret stellenden

165 Coxe v. Phillips, Cas. T. Hard. 95 Eng. Rep. 152 (K. B. 1736).

Rechtsfrage noch „aufgeblättert“ bzw. „gefunden“ werden müsse,[166] viel Raum für eine subjektiv gefärbte Auslegung und Rechtsanwendung.

Besondere Bedeutung kommt dabei insbesondere dem Spezifikum des Common Law, dass gerichtliche Entscheidungen als sog. *precedents* grundsätzlich allgemein bindend sind und damit weitreichende Wirkung über die an dem konkreten Verfahren Beteiligten hinaus haben,[167] zu.[168] Dieser auch heute noch im englischen und US-amerikanischen Recht geltende, wenn auch im Laufe der Zeit eine im Einzelnen unterschiedliche Ausformung[169] erfahren habende Grundsatz, dass an früheren Entscheidungen festgehalten werden müsse (sog. *doctrine of stare decisis, et non quieta movere*),[170] bestimmte die Entwicklung des dadurch ein Richterrecht und Case-law darstellenden Common Law[171] von Anbeginn ganz entscheidend (dazu bereits oben Teil 1, B I 1)). Die Gerichte ließen sich so bei der Entscheidung ihres einzelnen Falls stets von den in früheren vergleichbaren Fällen den Entscheidungen zugrunde liegenden Prinzipien als Vorbilder leiten.[172] Und so war bereits im Jahr 1304 in England eine frühere Entscheidung

---

166 Vgl. zu dieser sog. „declarathory theory“ *MacCormick/Bankowski/Marshall*, in: MacCormick/Summers, Interpreting Precedents, 1997, S. 330 f.; *Andrews*, Principles of civil procedure, London 1994, Rn. 4–007; *Ingman*, The English Legal Process, Oxford 2011, 5.3.1. (S. 184); *J. Frank*, Courts on Trial, 1949, S. 263 m. w. N.; *ders.*, Law and the Modern Mind, Gloucester, reprinted 1970, S. 35.

167 *Pound* beschreibt die Bedeutung der precedents gar mit folgenden Worten: „*In this doctrine of the authoritative force of judicial precedents, we have perhaps the most characteristic feature of the Anglo-American legal system.*“ – zit. nach Introduction to the Study of Law, reprinted from the Library of American Law and Practice, 1912, S. 41.

168 *Beckwith/Sobernheim*, 17 Fordham L. Rev. 38, 58 (1948); vgl. auch *Angell*, 16 Int. Comp. L. Qu. 1017 (1967).

169 Zum grundsätzlich weniger streng auf eine Bindung beharrenden US-amerikanischen Recht *Cross* and *Harris*, Precedent in English Law, Oxford 1991, S. 19 f.; *David*, Die Bindung des Richters an das Präjudiz im englischen Recht, 1962, S. 129 ff.; *Llewellyn*, Präjudizienrecht und Rechtsprechung in Amerika, 1933, S. 7 und passim; s. auch *Will*, in: David/Grasmann, Einführung in die großen Rechtssysteme der Gegenwart, Tz. 399 (S. 520 f.), 410 ff. (S. 528 ff.). Einen prägnanten Überblick über die heutige Rechtslage in England und den USA gibt insoweit *Maultzsch*, Streitentscheidung und Normbildung durch den Zivilprozess, 2010, S. 28 f.

170 Dazu *David*, Die Bindung des Richters an das Präjudiz im englischen Recht, 1962, S. 14 ff.

171 *Cross* and *Harris*, Precedent in English Law, Fourth Edition, Oxford 1991, S. 3 f.

172 *Pound*, Introduction to the Study of Law, reprinted from the Library of American Law and Practice, 1912, S. 40.

in jedem vergleichbaren Fall zu beachten.[173] In der Folgezeit nahmen die Gerichte bei ihren Urteilen in hinsichtlich Umfang und Differenzierung zunehmendem Maße Bezug auf frühere Entscheidungen, ab dem 15. Jh. zitierten schließlich Rechtsvertreter und Gerichte veröffentlichte Entscheidungen ebenso wie sie es heute tun.[174] Zugleich erfuhr aber auch die Veröffentlichungspraxis einen fortschreitenden Ausbau, zunächst durch Wiedergabe der Entscheidungen in den Year Books, später in den sog. Reports.[175] Der Gedanke, dass sich diese beiden Entwicklungen gegenseitig bedingten und begünstigten, drängt sich insoweit auf.[176]

Und so fand zwar die Bedeutung der precedents erst im 19. Jh., als auch die Veröffentlichung der Gerichtsentscheidungen einen bislang ungekannten Grad an Organisation erreicht hatte, ihren Höhepunkt:[177] Das Gericht und sämtliche ihm untergeordnete Gerichte waren fortan grundsätzlich an die Prinzipien früherer Entscheidungen (*ratio decidendi*), nicht aber an das darin nur ergänzend Ausgeführte (*obiter dictum*) gebunden, mussten somit gleichgelagerte Fälle zwingend nach diesen entscheiden.[178]

Was Recht ist, bestimmte sich aber nach dem für diese Rechtsordnung charakteristischen Verständnis schon von jeher ganz maßgeblich durch die in einem einzelnen Fall getroffene Entscheidung; und zwar gleich in zweifacher

---

173 *Pound*, Introduction to the Study of Law, reprinted from the Library of American Law and Practice, 1912, S. 40.

174 *Pound*, Introduction to the Study of Law, reprinted from the Library of American Law and Practice, 1912, S. 40.

175 Vgl. *Pound*, Introduction to the Study of Law, reprinted from the Library of American Law and Practice, 1912, S. 40 f.; ferner *David*, Die Bindung des Richters an das Präjudiz im englischen Recht, 1962, S. 2 ff.

176 In dieser Richtung auch *David*, Die Bindung des Richters an das Präjudiz im englischen Recht, 1962, S. 1.

177 *Cross* and *Harris*, Precedent in English Law, Oxford 1991, S. 24; *Maultzsch*, Streitentscheidung und Normbildung durch den Zivilprozess, 2010, S. 148; *Will*, in: David/Grasmann, Einführung in die großen Rechtssysteme der Gegenwart, Tz. 410 (S. 528); vgl. auch *Pound*, Introduction to the Study of Law, reprinted from the Library of American Law and Practice, 1912, S. 41 f.

178 *Cross* and *Harris*, Precedent in English Law, Oxford 1991, S. 36 und 39 ff.; *MacCormick/Bankowski/Marshall*, in: MacCormick/Summers, Interpreting Precedents, 1997, S. 336 ff.; vgl. dazu auch *David*, Die Bindung des Richters an das Präjudiz im englischen Recht, 1962, S. 9 ff. und 14 ff., sowie zu den Fällen ausnahmsweise fehlender Bindung S. 39 ff.

Hinsicht:[179] Es galt nicht nur einen früher entschiedenen vergleichbaren Fall bei einem aktuell zu entscheidenden Fall zu beachten. Das Gericht musste sich stets auch darüber im Klaren sein, dass seine aktuell zu treffende Entscheidung seinerseits ein neues, bei der Beurteilung späterer Fälle zu berücksichtigendes precedent setzen würde. Gerade in der Vorstellung einer durch die zugrunde liegenden Prinzipien zu einer Kette logisch miteinander verbundenen Reihe von Entscheidungen liegt nach diesem Verständnis dann aber auch die Gewähr der Rechtssicherheit und -berechenbarkeit in dieser zu diesem Zeitpunkt an gesetztem Recht noch so armen Rechtsordnung.[180] Oder wie es in einer Entscheidung der Court of Chancery aus dem Jahr 1744 heißt:

> „[...] *a statute very seldom can take in all cases, therefore the common law,* ***that works itself pure*** *by rules drawn from the fountain of justice, is for this reason superior to an act of parliament.*“[181]

Dass damit ein öffentliches Interesse nicht nur an der Art und Weise des Zustandekommens, sondern auch am Inhalt der Entscheidung des konkreten Einzelfalls bestand, liegt auf der Hand.[182] Ebenso liegt auf der Hand, dass diesem Interesse gerade durch die Funktion des klassischen informierenden Amicus curiae (oben Teil 1, B II 1)) in besonderer Weise Rechnung getragen werden konnte.

In einer von der Kumulation der genannten Umstände bestimmten Situation war es daher nur allzu logisch, dass sich ein Instrument herausbildete, das einerseits aus Eigeninitiative oder auf gerichtliche Bitte hin Hilfe dabei bot, den

---

179 Vgl. *MacCormick/Summers*, in: MacCormick/Summers, Interpreting Precedents, 1997, S. 2.

180 Vgl. *Cross* and *Harris*, Precedent in English Law, Oxford 1991, S. 11 f.; *David*, Die Bindung des Richters an das Präjudiz im englischen Recht, 1962, S. 37 ff.; *MacCormick/Bankowski/Marshall*, in: MacCormick/Summers, Interpreting Precedents, 1997, S. 334 f.; *Pound*, Introduction to the Study of Law, reprinted from the Library of American Law and Practice, 1912, S. 42 f.; vom US-amerikanischen Recht ausgehend vgl. auch *J. Frank*, Courts on Trial, 1949, S. 266 ff.

181 Omychund v. Barker, 26 Eng. Rep. 15, 23 (Ch. 1744) [Hervorhebung im Original].

182 Eindrucksvoll drücken dies *Beckwith/Sobernheim*, 17 Fordham L. Rev. 38, 58 (1948) aus: „[...] *under the common law system wherein precedents exercise a potent influence upon the creation of law, it is a matter of grave public interest that each rivulet of judgment flowing into the general stream of juridical history shall be as pure and precisely right as it can be made by skillful and disinterested effort. Judge-made law should therefore be rationally made in honest lawsuits and not in collusive actions, and the courts' integrity should be preserved by preventing any imposition upon it, by having any weighty aspect of fact and law which one or both of the parties out of ineptitude or self-interest may have failed to argue.*“.

im Einzelfall die Rechtsfindung und -entwicklung erschwerenden Faktoren entgegenzuwirken, es andererseits aber stets im Ermessen des Gerichts beließ, ob es von diesem Gebrauch macht oder nicht (oben Teil 1, B II 1)).

4) Der Amicus curiae im heutigen englischen Common Law

Stellte es sich als durchaus lohnend dar, das englische Common Law einer genaueren Betrachtung zu unterziehen, um das Entstehen und die frühen Erscheinungsformen der Rechtsfigur des Amicus curiae nachzuvollziehen, so gilt dies nicht im selben Umfang auch im Hinblick auf dessen weitere Entwicklung. Diese vollzog sich vielmehr in weit größerem Maße im US-amerikanischen Recht, in dem der Amicus curiae heute seine größte Bedeutung hat, und das deshalb vorliegend im Fokus des Interesses stehen soll (dazu unten Teil 1, B III).

Wohingegen er im heutigen englischen Zivilprozessrecht als solcher gar nicht mehr existiert, vielmehr unter neuer Bezeichnung nur noch einen Teil seiner früheren Funktionen wahrnimmt und diese überwiegend durch andere verfahrensrechtliche Mittel erfüllt werden (unten Teil 1, B II 4) 1. und 2.). Dennoch soll hier der Vollständigkeit halber eine Bestandsaufnahme auch insoweit erfolgen. Denn gerade der Umstand, dass der Amicus curiae im englischen Zivilprozess heute eine nur noch untergeordnete Rolle spielt, und insbesondere die Gründe für diese Entwicklung erhellen seine Entstehung und lassen Rückschlüsse auf seine verloren gegangenen Funktionen (unten Teil 1, B II 4) 3.) zu.

1. Seine heutige Stellung und Bedeutung

Das englische Zivilprozessrecht erfuhr ab Ende der 1990er Jahre in Umsetzung v. a. des sog. *Civil Procedure Act 1997* eine grundlegende Neuordnung; insbesondere fand eine weitgehende Vereinheitlichung insoweit statt, als die für die Zivilgerichte unterschiedlicher Instanzen jeweils verschiedenen Verfahrensordnungen durch die Ende April 1999 in Kraft getretenen, für die County Courts, den High Court of Justice und die Civil Division des Court of Appeal gleichermaßen geltenden Civil Procedure Rules 1998 (im Folgenden: CPR), Rule 2.1 CPR, weitgehend abgelöst wurden.[183] Grundlage für die Neuerungen waren die vom damaligen Präsidenten des Court of Appeal *Lord Woolf* auf Ersuchen des Lord Chancellor erarbeiteten Reformvorschläge, die er in seinem Abschlussbericht

183 Vgl. *Graf von Bernstorff*, Einführung in das englische Recht, S. 153.

vom Juli 1996 (sog. Final Report)[184] vorstellte.[185] Ziele dieser Überarbeitung der geltenden zivilprozessualen Regelungen sollten ein verbesserter Rechtsschutz, die Senkung der Kosten, Vereinfachung der Regelungen und Modernisierung der Terminologie sowie die Abschaffung unnötiger Differenzierungen im Verfahren sein.[186] Die sich daran anschließende grundlegende und umfassende Neuordnung des Zivilverfahrensrechts stellte sich als derart weitreichend dar (dazu noch näher unten Teil 1, B II 4) 2.), dass sie mitunter als *„beginnings of a new legal culture"*[187] beschrieben oder sogar mit der Eroberung Englands durch Wilhelm I. im Jahr 1066 (dazu oben Teil 1, B I 1)) verglichen wird.[188]

Im Nachgang dieser Reformen erfuhr auch die Rechtsfigur des Amicus curiae eine gänzlich neue rechtliche Ausgestaltung, insbesondere der Anwendungsbereich dieser nicht immer eindeutig zu fassenden, flexiblen Rechtsfigur wurde erheblich eingeschränkt und klarer reglementiert.[189] Unklarheiten und infolgedessen mitunter funktionale Überschneidungen bestanden zu diesem Zeitpunkt v. a. auch im Hinblick auf die von den Gerichten zunehmend akzeptierte Möglichkeit der Beteiligung Dritter an einem Rechtsstreit im Wege der sog. *(third-party) intervention* (zur Entwicklung im US-amerikanischen Recht insoweit vgl. unten Teil 1, B III 3) 1. und 2.):[190] Einzelpersonen oder weitaus häufiger Interessengruppen, deren Interessen durch einen Rechtsstreit berührt wurden, die aber selbst mangels unmittelbarer Betroffenheit nicht Partei waren, wurde so die Möglichkeit eröffnet, ihren Standpunkt vor Gericht darzulegen. Dabei erfuhr der Kreis dieser sog. intervener eine permanente Ausweitung; neben öffentlichen Körperschaften beteiligten sich zunehmend auch kommerzielle Organisationen, sie taten dies nicht mehr nur auf Bitte des Gerichts, sondern nach entsprechendem Antrag, ebenso wie neben die anfangs noch neutralen intervener mehr und mehr parteiisch

184 *Woolf*, Access to Justice, Final Report to the Lord Chancellor on the Civil Justice System in England and Wales, 1996.

185 *Jolowicz*, On Civil Procedure, 2000, S. 386.

186 *Jolowicz*, On Civil Procedure, 2000, S. 386.

187 *Jolowicz*, On Civil Procedure, 2000, S. 386 f.

188 *Sobich*, ZVglRWiss 103 (2004) 69 (dort Fn. 3) m. w. N.

189 Vgl. *Bellhouse/Lavers*, 23 C.J.Q. 187, 188 und 192 (2004).

190 *Hannett*, Public Law (2003) 128 passim; *Zander*, The Law-Making Process, Cambridge 2004, S. 415 f. und 418 ff.; vgl. auch *Bellhouse/Lavers*, 23 C.J.Q. 187, 193 f. und 199 (2004). Eine ausführliche Darstellung findet sich bei *Metcalfe*, JUSTICE report, To Assist the Court – Third Party Interventions in the UK, 2009, S. 11 ff.

argumentierende traten.[191] Die Parallelen zur auch Drittinteressen wahrenden Rechtsfigur des Amicus curiae und die Tatsache, dass die Gerichte die bestehenden Verfahrensregeln zunehmend weit und vage anwendeten, somit nicht mehr nachzuvollziehen war, welches die Voraussetzungen einer zulässigen intervention waren,[192] verlangten schließlich eine Klarstellung. Die von *Woolf* bereits in seinem Final Report[193] angeregte Regelung dieser Beteiligung von third-parties für Verfahren vor dem Court of Appeal hatte indes keinen Eingang in die CPR gefunden. Letzteres gilt auch für die Rechtsfigur des Amicus curiae. Vielmehr erfuhr dieser in einem von Attorney General *Goldsmith* und *Woolf* in seiner Funktion als Lord Chief Justice im Dezember 2001 gemeinschaftlich veröffentlichten Memorandum[194] die erwähnte Neuordnung, und zwar ausdrücklich auch mit dem Ziel der Abgrenzung zur intervention.[195] Dieses Memorandum richtet sich primär an die Richter,[196] daneben aber auch klarstellend an die Allgemeinheit,[197] und enthält neben der Mitteilung, dass der Amicus curiae jetzt *„advocate to the court“* heißt, die von einer durch den damaligen Attorney General und *Lord Woolf* eingesetzten Arbeitsgruppe erarbeiteten,[198] faktisch verbindlichen und sehr detaillierten Vorgaben zu insbesondere seiner Funktion, seinem Anwendungsbereich und der Befugnis seiner Ernennung.[199] Schon die neue Bezeichnung lässt dabei Rückschlüsse auf seine Funktion im Verfahren zu.

---

191 *Zander*, The Law-Making Process, Cambridge 2004, S. 419 f.

192 *Hannett*, Public Law (2003) 128, 129 ff.; *Zander*, The Law-Making Process, Cambridge 2004, S. 420.

193 *Woolf*, Access to Justice, Final Report to the Lord Chancellor on the Civil Justice System in England and Wales, 1996, Chap. 14, Tz. 42.

194 Memorandum – Requests for the appointment of an advocate to the court, abgedruckt bei *Goldsmith*, The 21st century Amicus curiae – Advocate to the court, Counsel February 2002, 30, 31.

195 *Goldsmith*, The 21st century Amicus curiae – Advocate to the court, Counsel February 2002, 30, 32. Vgl. dazu ferner auch *Bellhouse/Lavers*, 23 C.J.Q. 187, 199 (2004).

196 *Goldsmith*, The 21st century Amicus curiae – Advocate to the court, Counsel February 2002, 30.

197 *Goldsmith*, The 21st century Amicus curiae – Advocate to the court, Counsel February 2002, 30, 32.

198 *Goldsmith*, The 21st century Amicus curiae – Advocate to the court, Counsel February 2002, 30.

199 Vgl. Memorandum – Requests for the appointment of an advocate to the court, abgedruckt bei *Goldsmith*, The 21st century Amicus curiae – Advocate to the court, Counsel February 2002, 30, 31.

Im Regelfall wird danach der advocate to the court vom Attorney General auf Ersuchen des Gerichts benannt.[200] Das Gericht ersucht um die Hilfe des advocate to the court, worüber der Attorney General dann befindet, wenn die Gefahr besteht, dass es andernfalls eine wichtige und schwierige Rechtsfrage entscheidet, ohne die relevanten Ansichten dazu zu hören.[201] Ausdrücklich wird darauf hingewiesen, dass nur die maßgebliche Rechtsmeinung erfragt werden soll.[202] Das Ersuchen selbst soll möglichst frühzeitig erfolgen und die dieses veranlassenden maßgeblichen Umstände, die sich stellende Rechtsfrage und die Form der erbetenen Beteiligung des advocate to the court – schriftlich oder ggf. auch mündlich in der Verhandlung – bezeichnen sowie die für die Entscheidung des Attorney General erforderlichen Unterlagen enthalten.[203] Sollte sich eine bereits ersuchte Hilfe als nicht mehr notwendig erweisen, so können Gericht und Attorney General den advocate to the court auffordern, sich aus dem Verfahren zurückzuziehen.[204] Besonders betont wird außerdem, dass der advocate to the court niemanden vertritt, seine Funktion vielmehr einzig darin besteht, dem Gericht soweit zu helfen, dass es das einschlägige Recht und seine Anwendung auf die tatsächlichen Umstände des Falls beherrscht.[205] Bezahlt wird er von der öffentlichen Hand.[206]

---

200 Vgl. Ziff. 2, 3 und 9 des Memorandum – Requests for the appointment of an advocate to the court, abgedruckt bei *Goldsmith*, The 21st century Amicus curiae – Advocate to the court, Counsel February 2002, 30, 31.

201 Ziff. 3 des Memorandum – Requests for the appointment of an advocate to the court, abgedruckt bei *Goldsmith*, The 21st century Amicus curiae – Advocate to the court, Counsel February 2002, 30, 31.

202 Ziff. 8 des Memorandum – Requests for the appointment of an advocate to the court, abgedruckt bei *Goldsmith*, The 21st century Amicus curiae – Advocate to the court, Counsel February 2002, 30, 31.

203 Ziff. 9 des Memorandum – Requests for the appointment of an advocate to the court, abgedruckt bei *Goldsmith*, The 21st century Amicus curiae – Advocate to the court, Counsel February 2002, 30, 31.

204 Ziff. 10 des Memorandum – Requests for the appointment of an advocate to the court, abgedruckt bei *Goldsmith*, The 21st century Amicus curiae – Advocate to the court, Counsel February 2002, 30, 31.

205 Ziff. 4 des Memorandum – Requests for the appointment of an advocate to the court, abgedruckt bei *Goldsmith*, The 21st century Amicus curiae – Advocate to the court, Counsel February 2002, 30, 31.

206 *Goldsmith*, The 21st century Amicus curiae – Advocate to the court, Counsel February 2002, 30, 32.

Es zeigt sich, dass der Amicus curiae damit auf eine gänzlich dem Gericht zugeordnete, von diesem und dem Attorney General abhängige, rein rechtsberatende Rechtsfigur reduziert worden ist. Mit der ursprünglichen hat dieser advocate to the court kaum noch etwas gemein: Seine Beteiligung im Verfahren stand zwar letztlich immer im Ermessen des Gerichts, er konnte aber aus eigener Initiative heraus um diese ersuchen, was gerade im Hinblick auf seine „klassische" Funktion, auf Irrtümer des Gerichts hinzuweisen und so Fehler zu verhindern, von ganz wesentlicher Bedeutung war (oben Teil 1, B II 1)). Ebenso kann er sich heute überhaupt nur zu der ihm gestellten konkreten *Rechts*frage äußern, darüber hinausgehender und insbesondere Tatsachenvortrag kommen insoweit nicht mehr in Betracht, ebenso konsequenterweise der Auftritt eines rechtlichen Laien. Mit dem Genannten einher geht schließlich ein Weiteres – die Reduzierung auf eine gänzlich neutrale Funktion als Berater und Hilfe nur des ersuchenden Gerichts;[207] die schon früh im adversary system des Common Law aufgekommene Funktion als (auch) Drittinteressen repräsentierende Rechtsfigur (vgl. oben Teil 1, B II 1)) ist heute insoweit ausdrücklich ausgeschlossen. Diese Funktion kann vielmehr nur im Wege der für die genannten Instanzen nach wie vor nicht ausdrücklich geregelten intervention wahrgenommen werden (dazu noch ausführlicher unten); es ist somit zu einer Differenzierung bei der Erfüllung der einzelnen Funktionen gekommen.[208] Die Aufgabe des advocate to the court wird einzig darin gesehen, das öffentliche Interesse an einer richtigen Entscheidung, v. a. wenn sie ein precedent (dazu oben Teil 1, B II 3)) setzt, durch umfassende Rechtskenntnis des Gerichts zu wahren, weshalb sein Betätigungsfeld insbesondere in den höheren Instanzen gesehen wird.[209] Damit zeigt sich bei der in seiner heutigen Form auf einen einzelnen Aspekt seiner früheren Funktion reduzierten „Amicus curiae" nicht nur erstmals eine deutliche Nähe zum Römisch-rechtlichen *consilium* (vgl. insoweit oben Teil 1, A); dieser advocate to the court stellt weiter die engste und letztlich auch die geringste Bedeutung beanspruchende Form dieser auf eine lange Geschichte zurückblickenden Rechtsfigur dar.

Von seiner ursprünglichen Funktion und seinem Charakter als flexibles Mittel bei der Durchführung des Verfahrens (oben Teil 1, B II 1)) finden sich Reste nur noch bei der Wahrnehmung der ihm zukommenden, als Spezialfall im genannten Memorandum ausgestalteten Aufgaben in Verfahren unter

---

207 Vgl. *Bellhouse/Lavers*, 23 C.J.Q. 187, 195 und 199 f. (2004).

208 *Bellhouse/Lavers*, 23 C.J.Q. 187, 199 (2004).

209 *Goldsmith*, The 21st century Amicus curiae – Advocate to the court, Counsel February 2002, 30, 32.

Beteiligung von Kindern oder behinderten Erwachsenen. Danach ist das Ersuchen des Gerichts an den Solicitor General oder den Children & Familiy Court Advisory Support Service (CAFCASS) zu richten, wenn ein Aspekt deren Erfahrung in der Vertretung solcher Verfahrensbeteiligter verlangt; das Ersuchen des Gerichts kann dann in Fällen besonderer Eile auch telefonisch erfolgen.[210] Hintergrund dieser Sonderregelungen ist erkennbar die größere Sachnähe der genannten Einrichtungen. Denn eine der Hauptaufgaben des Solicitor General ist es als amtlicher Prozesspfleger für eine solche prozessunfähige Person tätig zu werden, wenn sie keinen prozessualen Stellvertreter hat.[211] In manchen, in dem Memorandum indes nicht näher bezeichneten Fällen kann der Solicitor General selbst durch einen Rechtsvertreter als advocate to the court fungieren, er kann auf Anweisung des Gerichts Dokumente erhalten und Untersuchungen und Befragungen durchführen sowie das Gericht beraten.[212] Insbesondere seine Tätigkeit ist somit weitaus flexibler als im Regelfall ausgestaltet, was seiner allgemeinen Aufgabe als am Supreme Court of the United Kingdom ständig angesiedelte, u. a. die Prozessführung von Kindern und geistig Eingeschränkten koordinierende Einrichtung entspricht.[213] Bei der Repräsentation der Interessen Minderjähriger im Verfahren handelt es sich zwar um ein klassisches Betätigungsfeld des Amicus curiae (oben Teil 1, B II 1)), indes erschöpft sich die Vergleichbarkeit der Aufgaben wohl in der beiden gleichermaßen zugrunde liegenden Zielsetzung, der Wahrung des öffentlichen Interesses an richtigen Gerichtsentscheidungen, das gerade bei der Beteiligung solcher Personen, die ihre Rechte und ihre Position in einem Prozess nicht selbständig und vollumfänglich wahrnehmen können, besonderer Beachtung bedarf. Die insbesondere dem Solicitor General als advocate to the court insoweit zukommenden, genannten Befugnisse gehen indes deutlich über die eines solchen in den übrigen Fällen und teilweise über die des früheren Amicus curiae hinaus;

---

210 Ziff. 2, 11 und 12 des Memorandum – Requests for the appointment of an advocate to the court, abgedruckt bei *Goldsmith*, The 21st century Amicus curiae – Advocate to the court, Counsel February 2002, 30, 31.

211 *Graf von Bernstorff*, Einführung in das englische Recht, S. 153; *Bunge*, Zivilprozess und Zwangsvollstreckung in England und Schottland, S. 95 f.; *Zuckerman*, Civil Procedure, 2003, Chap. 2, Tz. 2.44.

212 Ziff. 12 des Memorandum – Requests for the appointment of an advocate to the court, abgedruckt bei *Goldsmith*, The 21st century Amicus curiae – Advocate to the court, Counsel February 2002, 30, 31.

213 Vgl. *Bailey/Ching/Taylor*, Smith, Bailey And Gunn On The Modern English Legal System, London 2007, Rn. 1–024.

seine ständige Einrichtung und Interessen wahrende Tätigkeit in Kooperation mit dem Gericht zeigen vielmehr auch insoweit deutliche Züge seiner grundsätzlichen Aufgabe als Verfahrenspfleger.

Für die Verfahren vor dem höchsten englischen Gericht, dem im Jahr 2009 neugeschaffenen Supreme Court of the United Kingdom (im Folgenden: Supreme Court), das daher eine besondere Vorbildfunktion hat,[214] treffen die im Oktober desselben Jahres in Kraft getretenen Supreme Court Rules 2009 als maßgebliche Verfahrensordnung indes – anders als die CPR für die nachgeordneten Instanzen – nun zumindest einige wenige Regelungen sowohl zum advocate to the court als auch zur intervention.

So ist es nach Rule 35 (1) Supreme Court Rules 2009 Aufgabe des advocate to the court, dem Gericht mit rechtlichen Stellungnahmen zu helfen („[...] *to assist the Court with legal submissions*"), seine Funktion ist also in sämtlichen Instanzen dieselbe. Über die Vorgaben des Memorandums hinaus, kann dieses Gericht nach der genannten Regelung aber nicht nur die Benennung eines advocate to the court durch den zuständigen Beamten verlangen, sondern diese sogar selbst vornehmen. Nach Rule 35 (3) Supreme Court Rules 2009 sind die Gebühren und Kosten des advocate to the court Rechtsmittel-, also Verfahrenskosten. Anhand dieser wenigen Verfahrensgesetze zeigt sich gleichermaßen in aller Deutlichkeit, die Funktion des advocate to the court als wiederum lediglich Hilfe des Gerichts in rechtlichen Fragen.[215]

Die Drittinteressen wahrende Funktion des Amicus curiae indes ist nach der durch die Supreme Court Rules 2009 getroffenen Entscheidung im Verfahren dieser Instanz heute mittels der intervention zu erfüllen. Nach Rule 15 Supreme Court Rules 2009 ist eine solche intervention bereits im vorausgehenden Verfahrensabschnitt über die Zulassung des beantragten eigentlichen Rechtsmittelverfahrens des appeal zur Unterstützung des Antrags mittels schriftlichen Vortrags möglich. Für das Appeal-Verfahren selbst trifft Rule 26 Supreme Court Rules 2009 eine im Wesentlichen entsprechende Regelung. Nach Absatz 1 dieser Norm kann jedermann, nachdem in Fällen der Zulassungsbedürftigkeit die Zulassung des Rechtsmittels des appeal durch das Gericht gewährt wurde bzw. in den übrigen Fällen nach Einreichung der Rechtmittelschrift (notice of appeal), beim Gericht einen Rule 26 (2) Supreme Court Rules 2009 entsprechenden Antrag auf Zulassung seiner intervention zum Verfahren stellen. Beide Regelungen sind

---

214 *Metcalfe*, JUSTICE report, To Assist the Court – Third Party Interventions in the UK, 2009, S. 49 f., Tz. 99 f. m. w. N.

215 Im Ergebnis ebenso *Bellhouse/Lavers*, 23 C.J.Q. 187, 195 (2004).

hinsichtlich des Kreises der zulässigen intervener nicht abschließend, nennen aber jeweils beispielhaft öffentliche Körperschaften oder NGO, die Vortrag im öffentlichen Interesse zu erbringen beabsichtigen (Rules 15 (1) (a) und 26 (1) (a) Supreme Court Rules 2009). Das Gericht entscheidet dann über die Zulassung der intervention und gegebenenfalls, ob diese in schriftlicher Form oder darüber hinaus auch durch mündlichen Vortrag erfolgen darf, Rule 26 (2) Supreme Court Rules 2009. Rule 26 (3) Supreme Court Rules 2009 sieht daneben eine Ausnahme vom Zulassungserfordernis für die Krone vor. Das Gesetz sagt indes nicht ausdrücklich, was Gegenstand der intervention ist; einen Anhaltspunkt gibt aber Rule 26 (1) (a) Supreme Court Rules 2009, der von Vortrag („submissions") spricht. Der Vergleich mit Rule 35 (1) und (2) Supreme Court Rules 2009, die einmal „legal submissions" und zum anderen „technical matter" nennt, lässt indes den Schluss zu, dass ebenso wie der früherer Amicus curiae auch der intervener sowohl rechtlichen wie auch tatsächlichen Vortrag erbringen darf. An den Kosten des Appeal-Verfahrens wird der intervener grundsätzlich nicht beteiligt, d. h. er hat weder einen eigenen Kostenerstattungsanspruch noch kann ein solcher gegen ihn geltend gemacht werden; jedoch kann das Gericht nach seinem Ermessen ausnahmsweise eine entsprechende Kostenentscheidung treffen, wenn es ihm gerecht erscheint, insbesondere wenn der intervener der Sache nach der eigentliche Rechtmittelführer oder-gegner war, Rule 46 (3) Supreme Court Rules 2009. Die Hauptfunktion der intervention wird damit in der Vertretung des öffentlichen Interesses durch Dritte in einem Rechtsstreit gesehen, das machen sowohl die beispielhaft genannten möglichen intervener als auch die Grundsatz-Ausnahme-Regeln über die Kostenerstattung deutlich.[216] Diese früher vom Amicus curiae wahrgenommene Funktion ist damit heute zwar nicht verschwunden, wird nunmehr aber durch die intervention erfüllt. Unterschiede der beiden Verfahrensmittel bestehen dabei insoweit, als der nach Rule 26 Supreme Court Rules 2009 zugelassene intervener – anders als der Amicus curiae – als Partei gilt (Rule 3 (2) Supreme Court Rules 2009) und ihm dementsprechend ebenso wie Rechtmittelführer und -gegner Kopien der Schriftsätze zur Verfügung zu stellen sind (vgl. nur Rule 30 Supreme Court Rules 2009); und zwar auch bereits im Verfahrensabschnitt der Zulassung des Rechtsmittels, wenn es einen intervener aus der Vorinstanz gibt (vgl. nur Rules 12, 13 und 15 Supreme Court Rules 2009). Damit ist zugleich vorausgesetzt, dass es die Möglichkeit der intervention in den unteren Instanzen ebenfalls nach wie vor gibt; diese sich in der Gerichtspraxis

216 Vgl. auch *Maultzsch*, Streitentscheidung und Normbildung durch den Zivilprozess, 2010, S. 415.

herausgebildete und in den CPR nicht geregelte Rechtsfigur also mit deren Inkrafttreten keineswegs obsolet geworden ist. Denn die CPR treffen nicht für alle Prozesspraktiken neue Regelungen, diese sind vielmehr vor dem Hintergrund der vorrangigen Zielvorgabe (*overriding objective*) der CPR (dazu noch unten Teil 1, B II 4) 2.) grundsätzlich weiterhin anwendbar.[217]

Indes wurde von der Möglichkeit der intervention in sämtlichen Instanzen bislang v. a. durch solche Gruppen Gebrauch gemacht, die Rule 26 (1) (a) Supreme Court Rules 2009 zum Gegenstand hat, und bei Rechtsstreitigkeiten über Menschenrechte[218]; für den Privaten, sich in einen Zivilprozess als Dritter einschaltenden hat sie kaum Bedeutung entfaltet.[219]

2. Ursachen

Es stellt sich damit die Frage, warum es zu dieser Entwicklung, der funktionalen Neuordnung und Restriktion dieser einstmals flexiblen und vielerlei Funktionen dienenden Rechtsfigur des Amicus curiae sowie ihrer damit einhergehenden weitaus geringeren Bedeutung im heutigen englischen Common Law kam.

Ausgangspunkt hierfür ist wie eingangs (oben Teil 1, B II 4) 1.) ausgeführt die durch v. a. die sog. *Woolf-Reformen* erfolgte Neuordnung des Zivilverfahrensrechts insgesamt. Denn sie trug nicht zuletzt den sich im Laufe der Zeit vollzogenen Änderungen der Verfahrenspraxis durch eine entsprechende Anpassung der Regelungen und Grundsätze Rechnung. Soweit dieses zumindest mittelbar Auswirkungen auf die Rechtsfigur des Amicus curiae hatte, wird daher zunächst auf die wesentlichen Neuerungen des Verfahrensrechts hier näher eingegangen.

Der Zusammenhang von einerseits der Einführung des Jury-Systems im Common Law und Ausbildung des adversary systems als dessen Folge, andererseits der Entstehung des Amicus curiae als eine durch letzteres notwendig gewordene Rechtsfigur wurde bereits dargestellt (oben Teil 1, B II 2)). Während die Entscheidungen nach dem Common Law i. e. S. bis zum Ende des 17. Jh. ausschließlich unter Beteiligung einer jury ergingen, entschied ab dem Jahr 1883 eine solche grundsätzlich nur noch auf Antrag einer Verfahrenspartei.[220] Diese

217 Vgl. *Sobich*, ZVglRWiss 103 (2004) 69, 76 f.

218 Vgl. insoweit *Maultzsch*, Streitentscheidung und Normbildung durch den Zivilprozess, 2010, S. 415 (dort Fn. 401) m. w. N.

219 Vgl. *Zander*, The Law-Making Process, Cambridge 2004, S. 418 ff.; *Bellhouse/Lavers*, 23 C.J.Q. 187, 193 f. (2004) sowie *Hannett*, Public Law (2003) 128 ff., jew. m. w. N. Vgl. auch den Überblick bei *Metcalfe*, JUSTICE report, To Assist the Court – Third Party Interventions in the UK, 2009, S. 12 f., Tz. 17 f.

220 *Jolowicz*, On Civil Procedure, 2000, S. 29.

Entwicklung weg vom Jury-System setzte sich seitdem konsequent fort.[221] Seit ungefähr Ende der 1960er Jahre ist die Beteiligung einer jury im Zivilprozess die absolute Ausnahme;[222] sie ist heute nur in im Gesetz abschließend genannten Fällen, insbesondere gemäß Sec. 69 des Senior Courts Act 1981[223] im Falle einer deliktischen Klage wegen Betrugs, Verleumdung u. ä. oder ausnahmsweise nach Ermessen des Gerichts zulässig.[224] Damit entfiel zugleich aber auch der wesentlichste Grund für die Existenz des adversary systems (vgl. dazu oben Teil 1, B II 2) 1.), und so überrascht es nicht, sondern erscheint vielmehr als logischer Schritt, dass die Entwicklung des Verfahrensrechts eine entsprechende Richtung nahm. Einerseits löste man sich insbesondere gegen Ende des letzten Jahrhunderts in der Praxis zunehmend von der auch durch das adversary system bestimmten Vorstellung, Ziel des Zivilprozesses sei allein die Klärung des Rechtsstreits zwischen den Parteien, somit die Feststellung einer „prozessualen Wahrheit" (dazu oben Teil 1, B II 2) 2.): Eine in Kenntnis aller Tatsachen getroffene, somit *objektiv* richtige Entscheidung und folglich die Suche nach der „materiellen Wahrheit" wurden mehr und mehr zum erklärtermaßen gewünschten Ziel des Verfahrens.[225] Andererseits wurde auch das Bedürfnis nach einem das Zivilverfahren aktiver gestaltenden, dieses nicht nahezu ausschließlich den Parteien überlassenden Gericht laut.[226] Ebenso wie eine Entwicklung weg von dem durch das

---

221 Vgl. *Bailey/Ching/Taylor*, Smith, Bailey And Gunn On The Modern English Legal System, London 2007, Rn. 15-007; *Bunge*, Zivilprozess und Zwangsvollstreckung in England und Schottland, S. 88; *Jack I.H. Jacob*, The fabric of English civil justice, London 1987, S. 156 ff.; *Jolowicz*, On Civil Procedure, 2000, S. 29 und 377 f.; *Zuckerman*, Civil Procedure, 2003, Chap. 10, Tz. 10.20 (dort Fn. 15).

222 *Jolowicz*, On Civil Procedure, 2000, S. 29.

223 Bis zum Jahr 2005 als Supreme Court Act 1981 bezeichnet.

224 Vgl. *Bailey/Ching/Taylor*, Smith, Bailey And Gunn On The Modern English Legal System, London 2007, Rn. 15-007; *Bunge*, Zivilprozess und Zwangsvollstreckung in England und Schottland, S. 88; *Ingman*, The English Legal Process, Oxford 2011, 6.6 (S. 250 ff.); vgl. auch *Jack I.H. Jacob*, The fabric of English civil justice, London 1987, S. 158.

225 *Donaldson M.R.*, in: [Court of Appeal] Davies v. Eli Lilly & Co. and Others [1987] 1 WLR 428, 431 H: „[…] *litigation is not a war or even a game. It is designed to do real justice between opposing parties and, if the court does not have all the relevant information, it cannot achieve this object.*" [Hervorhebung im Original]; vgl. auch *Jolowicz*, On Civil Procedure, 2000, S. 85 ff. und 384 f.; ferner auch *Andrews*, Principles of civil procedure, London 1994, Rn. 3-003.

226 Vgl. *Andrews*, Principles of civil procedure, London 1994, Rn. 3-021; *Jack I.H. Jacob*, The fabric of English civil justice, London 1987, S. 17 ff., 73, 106 f. und 264 f.; *Jolowicz*, On Civil Procedure, 2000, S. 383 ff.; *ders.*, Civil Procedure in the

adversary system geprägten Zwei-Parteien-Prozess hin zu einer zunehmenden Öffnung für die Beteiligung Dritter am Rechtsstreit insbesondere in den 1990er Jahren deutlich wahrnehmbar war.[227]

Diese Entwicklungstendenzen griff *Woolf* in seinen Reformvorschlägen auf und bereitete so die Grundlage für ihre Umsetzung durch v. a. die CPR und die diese im Einzelnen konkretisierenden sog. practice directions (von den Gerichten selbst erlassene Verfahrensanweisungen).[228] Als eine wesentliche Ursache für das Reformbedürfnis des Zivilprozesses betrachtete er das adversary system und seine Implikationen,[229] und so formulierte er als ein Ziel der Reform einen weniger durch dieses geprägten, dafür mehr auf Kooperation ausgerichteten Prozess.[230] Vor diesem Hintergrund ist denn auch die vorrangige Zielvorgabe (sog. overriding objective) und sind die zu deren Erfüllung gegebenen Verfahrensregeln zu betrachten. Gemäß Rule 1.1. (1) CPR ist ihr primäres Ziel, dem Gericht eine gerechte („*justly*") Erledigung der Fälle zu ermöglichen. Was dieses heißt, konkretisieren nicht abschließend aufgezählte Beispiele in Rule 1.1. (2) CPR, die sich indes allesamt auf rein prozessuale Aspekte beziehen, weshalb der Schluss, in Rule 1.1. (1) CPR sei das Verfahrensziel einer objektiv gerechten Entscheidung positiv normiert, nicht ohne weiteres gezogen werden kann. Jedoch ergibt sich einmal aus dem Abschlussbericht *Woolfs*[231] und zum anderen aus den Gesetzgebungsmaterialien selbst, dass genau diese Vorstellung den reformierten Verfahrensregelungen zugrunde liegt, denn in letzteren

Common and Civil Law, in: Law and Legal Culture in Comparative Perspective, 2004, S. 26, 48.

227 *Bellhouse/Lavers*, 23 C.J.Q. 187, 188 und 193 f. (2004) m. w. N.; vgl. auch *Hannett*, Public Law (2003) 128 passim; *Harlow*, The Modern Law Review, Vol. 65, No. 1 (Jan. 2002), 1, 7.

228 Vgl. *Jolowicz*, ICLQ, Vol. 52 (April 2003), 281, 286 f.

229 *Woolf*, Access to Justice, Interim Report to the Lord Chancellor on the Civil Justice System in England and Wales, 1995, Chap. 3, Tz. 3 ff.; *ders.*, Access to Justice, Final Report to the Lord Chancellor on the Civil Justice System in England and Wales, 1996, Sec. I, Tz. 2.

230 *Woolf*, Access to Justice, Final Report to the Lord Chancellor on the Civil Justice System in England and Wales, 1996, Sec. I, Tz. 9.

231 *Woolf*, Access to Justice, Final Report to the Lord Chancellor on the Civil Justice System in England and Wales, 1996, Sec. I, Tz. 8: „*These requirements of procedural justice, operating in the traditional adversarial context, will give effect to a system which is substantively just in the results it delivers as well as in the way in which it does so.*".

heißt es:[232] „[…] *seeking the truth is so obviously part of the court's role that it does not need to be stated expressly in the Rules*". Nach Rule 1.2. CPR soll das Gericht dieser Zielvorgabe allgemein Geltung verschaffen; Rule 1.3. CPR begründet die Pflicht der Parteien, dieses dabei zu unterstützen.

Zur Verwirklichung sieht Rule 1.4. CPR hierfür konkret v. a. die Pflicht des Gerichts zum sog. *active case management* vor, dessen nähere Ausgestaltung in Part 3 der CPR durch einen Katalog verschiedener Befugnisse des Gerichts erfolgt ist. Insoweit ist dem Gericht ein erheblicher Handlungsspielraum während des gesamtem Verfahrens eingeräumt, denn gerade die Generalklausel der Rule 3.1. (2) m) CPR ermächtigt auch zu jeder anderen Vorgehensweise oder Anordnung mit dem Ziel, das Verfahren zu lenken bzw. die Zielvorgabe zu fördern. An die Stelle des für das adversary system charakteristischen passiven Richters trat dadurch der aktive, das Verfahren leitende und lenkende Richter.[233] Dieses zog zugleich verschiedene Änderungen in den Grundprämissen des Zivilverfahrens nach sich: Nicht der im trial erstmals mit dem Verfahrensinhalt konfrontierte Richter (vgl. dazu oben Teil 1, B II 2) 1.), sondern der – nicht zuletzt durch das infolge der Verfahrensleitung erforderlich gewordene Aktenstudium – bereits im Vorfeld umfassend informierte Richter entspricht nun der Idealvorstellung.[234] Damit einher ging eine Verschiebung der einzelnen Befugnisse im Verfahren generell, insbesondere im Beweisrecht – weg von den Parteien und hin zum Gericht.[235] So unterliegt die Beweisführung nun gemäß Rule 32.1. CPR der Kontrolle des Gerichts, es kann danach Anweisungen zum Beweisthema und Beweismittel geben sowie einen Beweis ausschließen. Der Sachverständige ist primär dem Gericht zur Hilfe verpflichtet, nicht der ihn instruierenden oder bezahlenden Partei, Rule 35.3. CPR. Gemäß Rule 35.4. (1) CPR ist der Sachverständigen-Beweis nur mit Erlaubnis des Gerichts zulässig. Wenn zwei oder mehr Parteien hinsichtlich derselben Tatsache den Sachverständigen-Beweis

---

232 Zitiert nach *Jolowicz*, On Civil Procedure, 2000, S. 391; dazu auch *Zuckerman*, Civil Procedure, 2003, Chap. 1, Tz. 1.13.

233 *Jolowicz*, ICLQ, Vol. 52 (April 2003), 281, 286; vgl. auch *Andrews*, ZZPInt 14 (2009), 3, 8 ff.

234 *Jolowicz*, ICLQ, Vol. 52 (April 2003), 281, 287; *ders.*, Civil Procedure in the Common and Civil Law, in: Law and Legal Culture in Comparative Perspective, 2004, S. 26, 48; *ders.*, On Civil Procedure, 2000, S. 390; vgl. *Zuckerman*, Civil Procedure, 2003, Chap. 21, Tz. 21.5 und 21.25.

235 *Jolowicz*, ICLQ, Vol. 52 (April 2003), 281, 287; *ders.*, Civil Procedure in the Common and Civil Law, in: Law and Legal Culture in Comparative Perspective, 2004, S. 26, 48; dazu *Zuckerman*, Civil Procedure, 2003, Chap. 10, Tz. 10.23 ff.

führen wollen, kann das Gericht nach Rule 35.7. (1) CPR Beweis durch einen gemeinsamen Sachverständigen (sog. single joint expert) anordnen. Daneben sehen die Rules 18.1. und 18.2. CPR weitreichende Informationsrechte des Gerichts vor, auch wenn insoweit eine Bezugnahme in den Schriftsätzen gar nicht erfolgt ist (Rule 18.1. (1) CPR). Insbesondere sämtliche Schriftsätze sowie schriftliche Zeugenaussagen sind nach Rule 22.1. CPR zudem mit einem sog. statement of truth (schriftliche Erklärung der Richtigkeit) zu versehen; gemäß Rule 22.2. (2) CPR kann das Gericht diese andernfalls ausschließen. Ergänzend hinzuweisen ist an dieser Stelle außerdem auf die Möglichkeit der Gerichte, sich eines sog. *assessors* zu bedienen, Rule 35.15 CPR und Rule 35 (2) Supreme Court Rules 2009. Dabei handelt es sich um einen Fachbeistand (vgl. Rule 35.15. (2) CPR), den das Gericht nach seinem Ermessen zu Tatfragen im Zusammenhang mit speziellen Sachgebieten, traditionell in Seesachen, von Amts wegen hinzuziehen kann.[236] Insoweit zeigt er eine funktionale Überschneidung mit dem früheren Amicus curiae, der auch über Tatsachen informieren konnte (oben Teil 1, B II 1)). Der Anwendungsbereich des assessor sollte im Zuge der Woolf-Reformen auf Verfahren mit komplexen Fragen allgemein ausgeweitet werden;[237] ein solcher kann nun grundsätzlich in jedem Zivilverfahren hinzugezogen werden, soweit dieses der vorrangigen Zielvorgabe nach Rule 1.1. CPR entspricht.[238] Wie u. a. sein Regelungsstandort deutlich macht, handelt es sich bei diesem um einen besonderen Gerichtssachverständigen,[239] der indes weder vereidigt noch ins Kreuzverhör genommen werden kann;[240] er wohnt der Verhandlung bei (Rule 35.15 (3) (b) CPR) und berät das Gericht,[241] kann

236 *Bunge*, Zivilprozess und Zwangsvollstreckung in England und Schottland, S. 93.

237 *Woolf*, Access to Justice, Interim Report to the Lord Chancellor on the Civil Justice System in England and Wales, 1995, Chap. 23, Tz. 24; *ders.*, Access to Justice, Final Report to the Lord Chancellor on the Civil Justice System in England and Wales, 1996, Chap. 13, Tz. 58.

238 Vgl. *Bailey/Ching/Taylor*, Smith, Bailey And Gunn On The Modern English Legal System, London 2007, Rn. 15-006 (a. E.) und 15-009; *Zuckerman*, Civil Procedure, 2003, Chap. 20, Tz. 20.78.

239 Vgl. insoweit *Woolf*, Access to Justice, Interim Report to the Lord Chancellor on the Civil Justice System in England and Wales, 1995, Chap. 23, Tz. 3 a. E.; ferner auch *Zuckerman*, Civil Procedure, 2003, Chap. 20, Tz. 20.74.

240 Vgl. *Bunge*, Zivilprozess und Zwangsvollstreckung in England und Schottland, S. 94; *Zuckerman*, Civil Procedure, 2003, Chap. 20, Tz. 20.74.

241 *Bailey/Ching/Taylor*, Smith, Bailey And Gunn On The Modern English Legal System, London 2007, Rn. 15-009; *Zuckerman*, Civil Procedure, 2003, Chap. 20, Tz. 20.74.

insbesondere auch an Zeugen zu stellende Fragen vorschlagen[242] bzw. bei der Beweiserhebung erklärend Hilfe leisten[243]. Seiner besonderen Nähe zum Gericht entsprechend, stellt seine Vergütung – ebenso wie die des advocate to the court – Verfahrenskosten dar, Rule 35.15. (5) CPR bzw. Rule 35 (3) Supreme Court Rules 2009. Praktisch hat der assessor indes nur eine geringe Bedeutung erlangt.[244]

Ein Wandel des Zivilverfahrens hat folglich einmal insoweit stattgefunden, als sich seine Zielsetzung nicht mehr nur in der Lösung des (Rechts-)Streits zwischen den Parteien und damit der Herstellung einer relativen Gerechtigkeit erschöpft (vgl. dazu oben Teil 1, B II 2) 2.), sondern gleichermaßen eine objektiv gerechte Entscheidung gesucht wird.[245] Zum anderen ist eine Verlagerung der das Verfahren bestimmenden Kraft eingetreten:[246] Das vormals passive, die Steuerung des Verfahrens im Wesentlichen den Parteien überlassende Gericht kontrolliert nun das Verfahrensgeschehen und insoweit die Parteien. Infolge seiner weitreichenden Verfahrensbefugnisse hat das Gericht nicht nur vielfältige Möglichkeiten, sich die seiner Meinung nach relevanten Informationen zu verschaffen, sondern insbesondere auch sich deren Richtigkeit zu versichern.[247]

Die leitenden Gedanken dieser Überarbeitung des Zivilverfahrensrechts im Allgemeinen finden sich wieder, wenn man einerseits die ursprüngliche Rechtsfigur des Amicus curiae und andererseits konkret die einschlägigen prozessualen Neuregelungen funktional betrachtet. Die ursprünglich sämtlich vom Amicus curiae wahrgenommenen Funktionen werden heute durch unterschiedliche prozessuale Mittel erfüllt: Die Interessen Dritter an einem Rechtsstreit werden von diesen selbst als Partei in Form der third-party intervention vertreten (oben Teil 1, B II 4) 1.). Während dem Gericht mit insbesondere der Rechtsfigur des assessor ein Instrument an die Hand gegeben ist, das ihm qualifizierte Tatsachenkenntnis verschafft (oben), und der advocate to the court Rechtsrat erteilt (oben Teil 1, B II 4) 1.).

Dabei löste sich die funktional flexible Rechtsfigur des Amicus curiae, deren Zulässigkeit im einzelnen Verfahren im Ermessen des Gerichts lag, in mehrere, jeweils nur einer bestimmten Funktion dienende und deutlich gerichtsnah ausgestaltete prozessuale Mittel auf.

---

242 *Bunge*, Zivilprozess und Zwangsvollstreckung in England und Schottland, S. 94.

243 Vgl. *Zuckerman*, Civil Procedure, 2003, Chap. 20, Tz. 20.73.

244 *Andrews*, ZZPInt 14 (2009), 3, 10 (dort Fn. 36).

245 *Jolowicz*, ICLQ, Vol. 52 (April 2003), 281, 285 f.

246 *Jolowicz*, ICLQ, Vol. 52 (April 2003), 281, 286.

247 Vgl. *Jolowicz*, Civil Procedure in the Common and Civil Law, in: Law and Legal Culture in Comparative Perspective, 2004, S. 26, 48.

Insgesamt ist damit der Zielsetzung der Woolf-Reformen entsprechend die das adversary system ausmachende Rollenverteilung und Steuerungsmöglichkeit von Gericht und Parteien im Verfahren und damit das adversary system selbst, wenn nicht aufgehoben, so zumindest infrage gestellt.[248] *Woolf* selbst bestritt nach entsprechender Kritik, dass die Umsetzung seiner Reformvorschläge die Beseitigung des adversary systems bedeuteten;[249] indes hatte er selbst die Lösung der die Reformen erst auslösenden Probleme des Zivilverfahrens in einer zumindest teilweisen Abkehr vom adversary system gesehen.[250] Ziel der Reformen ist es seiner Meinung nach, das Beste des adversary system zu bewahren,[251] nicht also seine gänzliche Abschaffung.[252] *Jolowicz* spricht denn zwar auch von einer so wörtlich „Ausweidung" („*evisceration*")[253] der Grundsätze des adversary systems infolge der umgesetzten Reformen und sieht in dem neuen Verfahrensrecht eine Annäherung an das „inquisitorial system" der kontinentalen Rechtsordnungen.[254] Von den zwei zentralen Elementen des adversary system werde indes lediglich dasjenige, nach dem allein die Parteien die die Entscheidungsgrundlage bildenden Tatsachen bestimmten, infrage gestellt; während dasjenige, wonach die Parteien den Klagegegenstand bestimmten, unberührt bliebe.[255] Er betrachtet dieses daher nur als Eingriff in das adversary system und steht, weil es in dem öffentlichen Interesse an einer richtigen Entscheidung geschehe, dem neuen Verfahrensrecht insgesamt positiv gegenüber.[256]

Ob das Inkrafttreten des reformierten Zivilverfahrensrechts tatsächlich auch den Abschied vom adversary system bedeutete, kann jedoch letztlich

---

248 So auch *Jolowicz*, (1996) 15 C.J.Q. 198, 201 und 209 f.; *ders.*, On Civil Procedure, 2000, S. 382 ff.

249 Vgl. *Woolf*, Access to Justice, Final Report to the Lord Chancellor on the Civil Justice System in England and Wales, 1996, Chap. 9, Tz. 8 und Chap. 13, Tz. 6 ff.

250 Vgl. *Woolf*, Access to Justice, Interim Report to the Lord Chancellor on the Civil Justice System in England and Wales, 1995, Chap. 3, Tz. 2 ff. und Chap. 19, Tz. 7 f.; *ders.*, Access to Justice, Final Report to the Lord Chancellor on the Civil Justice System in England and Wales, 1996, Sec. I, Tz. 2 und 9.

251 *Woolf*, Access to Justice, Final Report to the Lord Chancellor on the Civil Justice System in England and Wales, 1996, Chap. 13, Tz. 6.

252 Dazu *Jolowicz*, ICLQ, Vol. 52 (April 2003), 281, 285.

253 *Jolowicz*, ICLQ, Vol. 52 (April 2003), 281, 286 und 288.

254 *Jolowicz*, ICLQ, Vol. 52 (April 2003), 281, 285 ff.

255 *Jolowicz*, ICLQ, Vol. 52 (April 2003), 281, 289; ferner auch *ders.*, (1996) 15 C.J.Q. 198, 201 und 209.

256 *Jolowicz*, ICLQ, Vol. 52 (April 2003), 281, 289 und 295; vgl. ferner auch *ders.*, (1996) 15 C.J.Q. 198, 201 und 209 f.

dahinstehen. Denn für die hier interessierende Frage nach den Ursachen für die veränderte Rolle und Bedeutung des Amicus curiae bzw. advocate to the court ist insoweit Folgendes festzuhalten: Neben der Streitschlichtung der Parteien ist auch die Herstellung einer objektiv richtigen, gerechten Entscheidung als gleichrangiges Ziel des Verfahrens anerkannt. Zudem hat sich der Zivilprozess der Beteiligung Dritter geöffnet (oben Teil 1, B II 4) 1.). Es bestehen dieser Zielsetzung entsprechende Verfahrensregelungen, die dem Gericht eine deutlich aktivere Rolle im Verfahren zuweisen, ihm insbesondere weite Informations- und Lenkungsbefugnisse verleihen.

3. Rückschlüsse

Die veränderte Bedeutung des Amicus curiae im heutigen englischen Recht, die terminologisch eine Beseitigung und funktional betrachtet einen Paradigmenwechsel darstellt, sowie ihre Ursachen (soeben Teil 1, B II 4) 2.) lassen Rückschlüsse auf seine ursprüngliche Funktion zu. Denn gerade die durch das adversary system bedingten Umstände, die als das Bedürfnis nach der Rechtsfigur des Amicus curiae verursachend und ihm daher seine dieses befriedigende Funktion verleihend ausgemacht wurden (oben Teil 1, B II 1) und 2)), sind heute ebenso wie die nur mittelbaren Entstehungsfaktoren (oben Teil 1, B II 3)) entweder entfallen oder haben zumindest an Gewicht verloren (oben Teil 1, B II 4) 1. und 2.). Oder anders gewendet: Die Lücke, die der Amicus curiae als flexibles prozessuales Instrument einmal im englischen Zivilverfahrensrecht füllen sollte, besteht heute nicht mehr bzw. wird dem Charakter des heutigen englischen Zivilverfahrensrechts entsprechend auf anderem Wege und mit anderen Mitteln geschlossen.

Die Entwicklung des englischen Zivilverfahrensrechts der letzten Jahrzehnte ist folglich gleichsam im Umkehrschluss als Bestätigung der in dieser Arbeit als einstmals zur Entstehung des Amicus curiae führenden ausgemachten Gründe (vgl. oben Teil 1, B II 1) bis 3)) zu sehen.

III. Die Entwicklung der Rechtsfigur des Amicus curiae im US-amerikanischen Common Law

Anders als im heutigen englischen Recht, in dem der Amicus curiae wie gesehen seine besondere Bedeutung im Wesentlichen verloren hat (soeben Teil 1, B II 4)), ist dieser aus dem US-amerikanischen Recht nicht mehr wegzudenken; dort hat diese Rechtsfigur denn auch heute ihre größte Bedeutung. Trotz des Umstandes, dass es sich beim US-amerikanischen Recht um eine vergleichsweise „junge“ Rechtsordnung mit entsprechend kurzer Historie handelt, kann er in dieser auf eine rasante Entwicklung zurückblicken.

Um deren Kontext, insbesondere ihre Ursachen, und das Folgende nachvollziehen und einordnen zu können, soll hier aber zunächst das Verhältnis von englischem und US-amerikanischem Recht, ihre Unterschiede und Gemeinsamkeiten, soweit für das Verständnis erforderlich, im Allgemeinen kurz skizziert werden.

1) Das Verhältnis von englischem und US-amerikanischem Recht

Am Anfang der Entwicklung des US-amerikanischen Rechts stand das englische Common Law, das durch die ersten Siedler im Jahr 1607 zunächst nach Virginia und in der nachfolgenden Zeit in die weiteren englischen Kolonien als grundsätzlich anzuwendendes Recht mitgebracht wurde; dieses galt, soweit die besonderen Verhältnisse es zuließen, es fand somit eine Rezeption des englischen Rechts auf dem Stand von 1607 statt.[257] Traf dieses Recht für eine (Rechts-)Frage keine klare Regelung oder erforderte deren Beantwortung einen allgemeinen und überall anerkannten Rechtssatz, so fanden in den Anfängen teilweise aus der Bibel abgeleitete Rechtssätze (sog. law of god), zunehmend aber auch das Civil Law ergänzend Anwendung.[258] Erst im Zuge des im 18. Jh. eintretenden wirtschaftlichen Aufschwungs setzte sich das englische Common Law endgültig als anzuwendendes Recht durch, nicht zuletzt auch deshalb, weil die wenigen ausgebildeten Juristen ihre Ausbildung überwiegend an den englischen Inns of Court (vgl. dazu oben Teil 1, B I 2)) erhalten hatten und in den 1770er Jahren *Blackstones Commentaries on the Laws of England* als erstes juristisches Grundwerk auf dem nordamerikanischen Kontinent veröffentlicht wurden.[259]

Eine Zäsur stellte die Unabhängigkeit der amerikanischen Staaten von England im Jahre 1776 (anerkannt 1783) dar, durch die die formelle Rechtseinheit zwar aufgehoben, jedoch die englische Rechtstradition beibehalten wurde:[260] Eine Rezeption des englischen Rechts aus der Zeit danach fand nicht statt, 1789 trat für die 13 Gründerstaaten der USA eine gemeinsame Bundesverfassung in Kraft, und insgesamt nahmen der neue Bundesstaat und damit auch das Recht eine unabhängige, seinen besonderen geographischen, sozialen und

257 *Will*, in: David/Grasmann, Einführung in die großen Rechtssysteme der Gegenwart, Tz. 370 f. (S. 502 f.).

258 *Zweigert/Kötz*, Rechtsvergleichung, § 17 I (S. 234 f.); *Will*, in: David/Grasmann, Einführung in die großen Rechtssysteme der Gegenwart, Tz. 371 (S. 502 f.).

259 *Zweigert/Kötz*, Rechtsvergleichung, § 17 I (S. 234 f.); *Will*, in: David/Grasmann, Einführung in die großen Rechtssysteme der Gegenwart, Tz. 372 (S. 503).

260 *Junker*, ZZP 101 (1988), 241, 245.

wirtschaftlichen Verhältnissen entsprechende Entwicklung, wenngleich das englische Recht Vorbild blieb.[261] So lässt sich das Verhältnis des US-amerikanischen und englischen Rechts als eine v. a. *pragmatische* Übernahme des letzteren beschreiben. Das englische Common Law bildete die Grundlage, auf der eine den Bedürfnissen des neuen Staates und der sich herausbildenden Gesellschaft entsprechende Rechtsentwicklung erfolgte.[262] Denn beide unterschieden sich ganz wesentlich von der Ordnung des Mutterlandes England: Die USA bildeten – im Gegensatz zur englischen zentralistisch organisierten konstitutionellen Monarchie – einen föderalen Staat mit zwei unabhängigen Gerichtszügen, in dem das Ideal einer egalitären, radikal-demokratischen Gesellschaft, gebildet aus Einwanderern, herrschte, und dessen Staatsgebiet durch die Erschließung neuer Territorien und die Bildung neuer Bundesstaaten ständig wuchs, in dem daher insbesondere dem kleinen Siedler eine geradezu „staatstragende" Funktion zukam.[263] Wesentliche Unterschiede ergaben sich daher schon früh beispielweise im Wasser- und Bergrecht und insbesondere im Grundstücksrecht, wie im Folgenden noch zu sehen sein wird (vgl. unten Teil 1, B III 2)).[264] Und v. a. nach dem Bürgerkrieg setzte eine Phase nicht nur wirtschaftlicher Expansion ein, die einerseits komplexe rechtliche Probleme aufwarf, andererseits eine diesen Zeitgeist widerspiegelnde Gesetzgebung mit neuen Rechtsformen mit sich brachte, und dadurch mittelbar auch eine Änderung der Juristenausbildung, nämlich ein praxisnahes juristisches Studium und die Gründung von sog. Law Schools bewirkte (vgl. dazu auch unten Teil 1, B III 3) 2.).[265]

Trotz aller Unterschiede, zeigt die US-amerikanische Rechtsordnung doch auch große Gemeinsamkeiten mit dem englischen Common Law, genannt sei hier nur die überragende Bedeutung, die beide den Gerichtsentscheidungen, den *precedents*, für die Anwendung und Auslegung des Rechts beimessen (vgl. dazu

---

261 *Will*, in: David/Grasmann, Einführung in die großen Rechtssysteme der Gegenwart, Tz. 373 (S. 503 f.) und 375 f. (S. 505 f.); vgl. auch *Zweigert/Kötz*, Rechtsvergleichung, § 17 I (S. 233 ff.).

262 Vgl. *Zweigert/Kötz*, Rechtsvergleichung, § 17 I (S. 235).

263 Vgl. *Zweigert/Kötz*, Rechtsvergleichung, § 17 I (S. 235) und § 17 III (S. 244 ff.); *Will*, in: David/Grasmann, Einführung in die großen Rechtssysteme der Gegenwart, Tz. 377 (S. 507).

264 *Zweigert/Kötz*, Rechtsvergleichung, § 17 I (S. 235); vgl. für das Grundstücksrecht *Baxter*, Henry Clay The Lawyer, 2000, S. 91.

265 Vgl. *Zweigert/Kötz*, Rechtsvergleichung, § 17 II (S. 238 f.); *Will*, in: David/Grasmann, Einführung in die großen Rechtssysteme der Gegenwart, Tz. 374 (S. 505).

oben Teil 1, B II 3)),[266] und stellt unbestritten eine solche des Rechtskreises des Common Law dar.[267]

Mit dem Common Law im Allgemeinen als gleichsam Basis fand und findet damit auch die Rechtsfigur des Amicus curiae im Besonderen Eingang ins US-amerikanische (Zivilprozess-)Recht.

Nicht nur, dass sich diese Rechtsfigur dort in jüngerer Zeit größter Beliebtheit erfreut und demzufolge häufig in Verfahren zur Anwendung kommt (dazu unten Teil 1, B III 3) 2. und 3. sowie 4) 1.). Insbesondere im Hinblick auf ihre Funktion, die gerade die Hauptursache für dieses häufige Auftreten darstellt, haben sich bemerkenswerte Entwicklungsschritte vollzogen. Die wichtigsten sollen deshalb im Folgenden nachvollzogen werden. Die Untersuchung beginnt beim ersten Verfahren unter Beteiligung eines Amicus curiae im US-amerikanischen Recht und endet mit einer Betrachtung seiner Rolle im heutigen Kartellrecht.

2) *Die erstmalige Beteiligung eines Amicus curiae in der US-amerikanischen Rechtsordnung: der Fall* Green (and Others) v. Biddle

Zum ersten Mal trat die Rechtsfigur des Amicus curiae in der US-amerikanischen Rechtsordnung im Jahre 1821 in einem beim U.S. Supreme Court anhängigen Zivilrechtsstreit auf.[268] Dieser Fall *Green (and Others) v. Biddle*[269] ist dabei nicht nur wegen seiner politischen Dimension interessant, sondern verdient gerade auch im Hinblick auf die damit eng verbundene und vorliegend besonders interessierende Frage der Funktion des Amicus curiae im Rechtsstreit eine eingehende Betrachtung. Da Verfahrensregeln hinsichtlich des Amicus curiae zu diesem frühen Zeitpunkt – ebenso wie in der Mutterrechtsordnung des englischen Common Law – noch nicht existierten, stand demzufolge das „Ob" und „Wie" seines Mitwirkens allein im Ermessen des Gerichts.[270] Verständlich werden die Bedeutung des Amicus curiae in diesem Verfahren und damit die Bedeutung dieses Verfahrens für die Funktion und Entwicklung des Amicus curiae im US-amerikanischen Recht

---

266 *Will*, in: David/Grasmann, Einführung in die großen Rechtssysteme der Gegenwart, Tz. 378 (S. 508) und 422 (S. 538 f.); vgl. auch *Summers*, in: MacCormick/Summers, Interpreting Precedents, 1997, S. 355 f.

267 *Will*, in: David/Grasmann, Einführung in die großen Rechtssysteme der Gegenwart, Tz. 369 (S. 501), 374 (S. 504) und 378 (S. 508 f.); *Zweigert/Kötz*, Rechtsvergleichung, § 17 (S. 233 ff.) passim.

268 *Day O'Connor*, 94 The Register of the Kentucky Historical Society 353, 359 ff. (1996); *Krislov*, 72 Yale L. J. 694, 700 (1963).

269 Green (and Others) v. Biddle, 21 U.S. 1 ff. (1823) = 8 Wheat. 1.

270 Vgl. *Krislov*, 72 Yale L. J. 694 f., 699 f. und 713 (1963).

als solchem indes nicht aus der Begründung der Entscheidung des U.S. Supreme Courts allein, sondern nur vor dem Hintergrund des historischen und politischen Kontextes dieses Rechtsstreits: Die mit den zu Beginn des 19. Jh. zahlreichen Ausgründungen und Aufnahmen neuer Bundesstaaten in die Staatenunion einhergehenden besonderen politischen und (verfassungs-)rechtlichen Schwierigkeiten, insbesondere im Hinblick auf die Sklavenfrage, stellten diese dauerhaft vor eine Zerreißprobe. Und mittelbar fand dieser auf höchster politischer Ebene angesiedelte Konflikt auch in das Zivilverfahren *Green (and Others) v. Biddle* Eingang (näher dazu unten Teil 1, B III 2) 1. und 3.). Entsprechendes gilt für die nach der Ausgründung Kentuckys aus dem Mutterstaat Virginia zwischen diesen beiden Staaten bestehenden erheblichen Differenzen über die tatsächliche Situation und rechtliche Behandlung des Landeigentums (dazu unten Teil 1, B III 2) 1. und 3.).[271]

Besondere Bedeutung erlangte insoweit wiederum v. a. die Person *Henry Clays*, denn seine in diesem Rechtsstreit als Amicus curiae gemachten Ausführungen und die von ihm damit erfüllte Funktion sind gerade mit seinem besonderen persönlichen Hintergrund eng verknüpft und nur vor diesem in ihrer ganzen Dimension fassbar. Er war nicht nur einer der einflussreichsten Politiker seiner Zeit, sondern auch als Anwalt aktiv;[272] zwei Tätigkeiten, die sich gegenseitig beeinflussten,[273] und die beide in diesem Verfahren zum Tragen kamen.

Im Folgenden finden daher zunächst die diesen Fall und seine Entscheidung maßgeblich bestimmenden historischen und politischen Umstände sowie die Person *Henry Clays* eine nähere Betrachtung (sogleich unten Teil 1, B III 2) 1.); sodann erfolgt eine Darstellung der Entscheidung des U.S. Supreme Court vor diesem Hintergrund (unten Teil 1, B III 2) 2.). Abschließend werden hieraus die Erkenntnisse zur Funktion der Rechtsfigur des Amicus curiae in diesem Verfahren gezogen und vertieft (unten Teil 1, B III 2) 3.).

1. Der historisch-politische Hintergrund des Verfahrens und die Bedeutung der Person *Henry Clays* hierfür

Im Jahr 1792 begann der fünfzehnjährige *Clay* seine juristische Ausbildung bei dem anerkannten Rechtswissenschaftler *Wythe* in Virginia.[274] Zu dieser Zeit

---

271 Vgl. *Baxter*, Henry Clay and the American System, 1995, S. 44 f.; *ders.*, Henry Clay the lawyer, 2000, S. 2, 38.

272 Zur Person Henry Clays und seiner Bedeutung für die Politik und den U.S. Supreme Court *Day O'Connor*, 94 The Register of the Kentucky Historical Society 353 ff. (1996).

273 *Baxter*, Henry Clay the lawyer, 2000, S. 103.

274 *Baxter*, Henry Clay the lawyer, 2000, S. 1.

befand sich die Diskussion um die Ausgestaltung der Verfassung des im selben Jahr aus Teilen des Gebietes Virginia gegründeten Staates Kentucky auf dem Höhepunkt und beschäftigte wohl auch *Clay*, nicht zuletzt weil die verfassungsgebende Versammlung von einem ehemaligen Schüler *Wythes* geleitet wurde.[275] Im Zentrum stand dabei u. a. das Recht der Grundstücke als wesentlicher Faktor der Wirtschaft und Entwicklung Kentuckys, wobei insbesondere hinsichtlich der Frage einer Übernahme des englischen Common Law (vgl. allgemein dazu oben Teil 1, B III 1)) und des Rechts Virginias große Uneinigkeit bestand.[276] Dieses sollte denn auch die weiteren Jahrzehnte ein die Politik und Justiz beherrschendes Thema bleiben,[277] denn einerseits bestanden im Westen der USA aufgrund der Expansions- und Erschließungspolitik (sog. frontier politic) weiterhin große wirtschaftliche und politische Interessen an Land generell (vgl. insoweit oben Teil 1, B III 1)),[278] andererseits erfolgte insbesondere in Virginia und Kentucky die Verteilung der Ländereien nach unklaren Regeln und „chaotisch", häufig auch doppelt.[279] Und so überrascht es nicht, dass der 1797 nach Lexington, Kentucky, übergesiedelte und zur dortigen Anwaltschaft zugelassene *Clay* sich zunehmend gerade auf dieses Gebiet spezialisierte und sich dort einen Namen machte.[280] Die Lösung dieser komplexen rechtlichen Probleme erfolgte dabei in der bereits dargestellten üblichen Weise, also v. a. nach pragmatischen Gesichtspunkten (vgl. oben Teil 1, B III 1)).[281]

Neben seiner anwaltlichen Tätigkeit war *Clay* ab 1799 auch mehr und mehr politisch aktiv: So setzte er sich im Zuge einer geplanten Überarbeitung der Verfassung Kentuckys zunächst besonders für einen Vorschlag der Abschaffung der Sklaverei in diesem Bundesstaat ein, der zwar keine Mehrheit fand, jedoch dazu führte, dass *Clay* sich als Redner und Politiker hervortat.[282] In den Jahren danach wurde er denn auch mehrmals in das Repräsentantenhaus Kentuckys wie auch das der Vereinigten Staaten gewählt; von beiden war er zudem zeitweise

---

275 Vgl. *Baxter*, Henry Clay the lawyer, 2000, S. 1 f.

276 *Baxter*, Henry Clay the lawyer, 2000, S. 1 f.

277 Vgl. *Baxter*, Henry Clay the lawyer, 2000, S. 79 ff.

278 Eine anschauliche Darstellung findet sich bei *Schurz*, Henry Clay, Vol. I, 1972, S. 13 ff.

279 Vgl. *Baxter*, Henry Clay and the American System, 1995, S. 44 f.

280 *Baxter*, Henry Clay the lawyer, 2000, S. 8, 34, 79 ff., 91 und 104; *Schurz*, Henry Clay, Vol. I, 1972, S. 17 und 23.

281 *Baxter*, Henry Clay the lawyer, 2000, S. 79 f. und 91.

282 *Schurz*, Henry Clay, Vol. I, 1972, S. 27 ff.

Vorsitzender (sog. speaker).[283] Ebenso war er wiederholt Mitglied des US-Senats.[284]

Von besonderer Bedeutung für das Verständnis des Verfahrens *Green (and Others) v. Biddle* ist insoweit der sog. *Missouri Compromise* von 1821, der den seit 1818 in der Union schwelenden Konflikt um die Sklavenfrage vorerst beendete und maßgeblich auf *Clays* Vermittlungen zurückgeht (dazu sogleich).[285] Denn *Clays* dabei eingenommene Position und Argumentation zeigen große Übereinstimmungen mit den im März 1821 als Amicus curiae in dem Verfahren *Green (and Others) v. Biddle* gemachten Ausführungen (vgl. dazu unten Teil 1, B III 2) 2. b. und 3. b.):

Im März 1818 hatte das Repräsentantenhaus der USA über die Aufnahme Missouris als eines neuen Bundesstaates in die Staatenunion zu entscheiden.[286] Auf Antrag eines Abgeordneten aus einem der Nord-Staaten im Februar 1819 sollte ein dahingehender Gesetzentwurf um das Verbot der weiteren Einführung der Sklaverei und insoweit ergänzt werden, dass in diesem Staatsgebiet geborene Kinder von Sklaven im Alter von 25 Jahren ihre Freiheit erlangten.[287] Die Aufnahme Missouris sollte also unter der Bedingung des Verzichts auf die Sklaverei erfolgen. Damit wurde die Frage der Aufnahme Missouris in die Staatenunion zum Kristallisationspunkt für eine diese grundsätzlich und dauerhaft umtreibende Frage, nämlich die der Rechtmäßigkeit der Haltung von Sklaven. Während die Sklaverei für die im Süden der USA betriebene, dort den wohl wesentlichen Wirtschaftsfaktor darstellende Baumwoll-Industrie von großer Bedeutung war und deshalb von diesen Staaten nicht in Frage gestellt, vielmehr vehement verteidigt wurde, herrschte in den industriell geprägten, auf Sklaverei verzichtenden Nord-Staaten die Überzeugung vor, dass die Sklaverei in der gesamten Staatenunion verboten sein müsste.[288] Da sich ab 1820 das bis dahin bestehende Gleichgewicht der Stimmen von Nord- und Südstaaten im Kongress zugunsten der Nord-Staaten verschoben hatte, war es für die Süd-Staaten von überragender, ja geradezu wirtschaftlich existenzieller Bedeutung, dieses Gleichgewicht der Kräfte durch die Aufnahme eines weiteren die Sklaverei befürwortenden Staates

---

283 Vgl. *Lanman*, Dictionary of the United States Congress, 1859, S. 110; *Schurz*, Henry Clay, Vol. I, reprint of the 1899 ed., 1972, S. 33, 49, 67 f., 77, 101, 125 f., 142 und 162.

284 Vgl. *Lanman*, Dictionary of the United States Congress, 1859, S. 110; *Schurz*, Henry Clay, Vol. I, reprint of the 1899 ed., 1972, S. 35 und 38.

285 Dazu ausführlich *Schurz*, Henry Clay, Vol. I, 1972, S. 172 ff.

286 *Schurz*, Henry Clay, Vol. I, 1972, S. 172.

287 *Schurz*, Henry Clay, Vol. I, 1972, S. 172.

288 Vgl. *Schurz*, Henry Clay, Vol. I, 1972, S. 172 f.

wiederherzustellen bzw. das bestehende Ungleichgewicht durch einen Beitritt Missouris als die Sklaverei ablehnenden Staat nicht noch zu verfestigen.[289] Dieser Konflikt führte zu einer lang anhaltenden Debatte im Kongress, in der verschiedenste Varianten der Bedingungen für eine Zulassung Missouris und entsprechende Kompromissvorschläge diskutiert und dann verworfen wurden, und wurde so zur Zerreißprobe für die Union.[290] Dieses im Einzelnen darzustellen, lässt die vorliegende Arbeit nicht zu. Eingegangen werden soll aber auf *Clays* herausragende Rolle insbesondere in der Endphase dieses Prozesses. Er selbst beschreibt diesen Konflikt als das im Kongress und diese Zeit in den Gesprächen und Gedanken absolut beherrschende Thema.[291] *Clay* selbst stellte sich, ebenso wie die Staaten Kentucky und Virginia, jedenfalls in dieser Debatte auf die Seite des die Sklaverei befürwortenden Südens; wobei seine generelle Haltung zur Frage der Sklaverei nicht eindeutig feststellbar ist. Er vertrat hierzu Zeit seines Lebens durchaus widersprüchliche Positionen.[292]

Verständlicher wird die Haltung *Clays* in dieser Frage, wenn man sich die Hauptargumente der beiden Seiten und insbesondere die Argumentation *Clays* im Missouri-Konflikt näher ansieht. Nach Ansicht der Nord-Staaten stellt die

---

289 *Schurz*, Henry Clay, Vol. I, 1972, S. 174 f.

290 Vgl. *Schurz*, Henry Clay, Vol. I, 1972, S. 175 ff.

291 Brief an Amos Kendall v. 8. Jan. 1820, in: Hopkins/Hargreaves (Hrsg.), The Papers of Henry Clay, Vol. 2, 1961, S. 752; Brief an John J. Crittenden v. 29. Jan. 1820, in: Hopkins/Hargreaves (Hrsg.), The Papers of Henry Clay, Vol. 2, 1961, S. 768, 769; Brief an Jonathan Russell v. 29. Jan. 1820, in: Hopkins/Hargreaves (Hrsg.), The Papers of Henry Clay, Vol. 2, 1961, S. 770, 771; Brief an Leslie Combs v. 15. Febr. 1820, in: Hopkins/Hargreaves (Hrsg.), The Papers of Henry Clay, Vol. 2, 1961, S. 780; Brief an Horace Holley v. 17. Febr. 1820, in: Hopkins/Hargreaves (Hrsg.), The Papers of Henry Clay, Vol. 2, 1961, S. 780, 781.

292 So begann *Clays* politische Karriere mit einer insoweit ablehnenden Haltung, er lobte südamerikanische Staaten für die Freilassung ihrer Sklaven, hielt solche aber selbst auf seiner Farm und stellte sich während des Missouri-Konflikts auf die Seite der die Sklaverei verteidigenden Staaten; wobei wiederum auffällt, dass seine Reden hierzu nicht überliefert, vielmehr nur in Sekundärtexten wiedergegeben sind, weshalb *Schurz* die Frage aufwirft, ob *Clay* ihre Publikation vielleicht absichtlich unterdrückt hat. Und auch gegen Ende seiner politischen Karriere argumentierte er einerseits in der öffentlichen Debatte anlässlich der Überarbeitung der Verfassung Kentuckys 1849 und bei der Frage der Zulassung Kaliforniens zur Union gegen die Sklaverei, um andererseits die Einführung einer solchen bei der Zulassung Utahs und New Mexicos vorzuschlagen. Vgl. zum Ausgeführten *Baxter*, Henry Clay the lawyer, 2000, S. 93; *Schurz*, Henry Clay, Vol. I, 1972, S. 181 f.; *ders.*, Henry Clay, Vol. II, reprint of the 1899 ed., 1972, S. 316 ff., 334 f. und 372.

Sklaverei per se ein Unrecht dar, das von der Verfassung nicht anerkannt ist, und dürfen an die Aufnahme eines Staates in die Union Bedingungen geknüpft werden.[293] Die Süd-Staaten hingegen argumentieren mit der wirtschaftlichen Notwendigkeit der Sklaverei und damit, dass ihre Beschränkung als Voraussetzung für die Aufnahme in die Union einen wesentlichen Aspekt der Souveränität des einzelnen Staates leerlaufen ließe.[294] Genau in dieser Unzulässigkeit jedweder Beschränkung der Souveränitätsrechte eines einzelnen neuen Staates durch den Kongress liegt auch *Clays* Hauptargument.[295] Besonders deutlich wird dieses in dem Bericht einer auf *Clays* Betreiben hin eingerichteten und von ihm geleiteten Kommission, die in festgefahrener Situation im Januar 1821 eine Lösung finden sollte:[296] *Clay* hatte sich seit Mai 1820 aus der Politik zurückgezogen, um sich ausschließlich seiner anwaltlichen Tätigkeit in Kentucky widmen zu können, und hatte bei seiner Rückkehr in den Kongress den Missouri-Konflikt auf einem neuen Höhepunkt vorgefunden.[297] Die darauf erarbeitete Resolution ließ Missouri ausdrücklich als in jeder Hinsicht gleichberechtigten Staat zur Union zu und ohne dass sie diesem die Ausübung irgendeines Rechts oder einer Befugnis, wie sie den anderen Staaten verfassungsmäßig zustand, untersagte; sie fand indes keine Zustimmung.[298] Nach erneuten ergebnislosen Debatten wurde schließlich der im Ergebnis identische Lösungsvorschlag einer wiederum auf Initiative *Clays* Ende Februar 1821 eingerichteten Kommission angenommen.[299] Der danach, insbesondere durch das persönliche Engagement und die Überzeugungsarbeit *Clays*,[300] vereinbarte sog. *Missouri Compromise* beendete diesen Konflikt, indem er einerseits im künftigen Staat Missouri und in den Gebieten südlich der Linie 36° 30' Sklaverei zuließ, andererseits dem Kongress die Befugnis einräumte, Sklaverei in den Gebieten der USA zu verbieten und die Aufnahme neuer Staaten an Bedingungen zu knüpfen.[301]

---

293 *Schurz*, Henry Clay, Vol. I, 1972, S. 175.

294 *Schurz*, Henry Clay, Vol. I, 1972, S. 175.

295 *Schurz*, Henry Clay, Vol. I, 1972, S. 179.

296 Vgl. Motions on Missouri Resolution (2. Febr. 1821), in: Hopkins/Hargreaves (Hrsg.), The Papers of Henry Clay, Vol. 3, 1963, S. 22; *Schurz*, Henry Clay, Vol. I, reprint of the 1899 ed., 1972, S. 186 ff.

297 *Schurz*, Henry Clay, Vol. I, 1972, S. 182 f.

298 Committee Report on Missouri Resolution (10. Febr. 1821), in: Hopkins/Hargreaves (Hrsg.), The Papers of Henry Clay, Vol. 3, 1963, S. 26, 28 f.; *Schurz*, Henry Clay, Vol. I, 1972, S. 186 ff.

299 *Schurz*, Henry Clay, Vol. I, 1972, S. 193 f.

300 *Schurz*, Henry Clay, Vol. I, 1972, S. 192 f.

301 *Schurz*, Henry Clay, Vol. I, 1972, S. 194.

Clays Hartnäckigkeit und sein besonderer Einsatz, überhaupt zu einer Lösung dieses anhaltenden Konflikts innerhalb der Union zu kommen,[302] wie auch der Schwerpunkt seiner Argumentation machen deutlich, dass es ihm in der Missouri-Frage weniger um die Frage der Rechtmäßigkeit oder Abschaffung der Sklaverei als solche ging, sondern v. a. um die Erhaltung der Einheit der Union[303] und damit auch die Wahrung der Souveränitätsrechte der einzelnen Staaten in dieser und gegenüber einem Mutterstaat nach der Ausgründung – insoweit besteht eine Parallele zu seiner Position im Verfahren *Green (and Others) v. Biddle* (dazu ausführlich unten Teil 1, B III 2) 2. b. und 3. b.). Besonders deutlich wird diese Haltung in einem mittelbar überlieferten Ausschnitt einer seiner Reden, in der er zwar gegen eine Beschränkung der Rechte Missouris argumentiert, aber zugleich darauf hinweist, dass er dem Volk Missouris raten würde, die Sklaverei dort nicht einzuführen, wenn es ihn fragen würde.[304] Vor allem seine vermittelnde Rolle in diesem Konflikt, nach der er in der US-amerikanischen Öffentlichkeit und Geschichte „*The great pacificator*" bzw. „*compromiser*" genannt wurde und wird, dürfte Ursache für seine weitere bespiellose Karriere als Politiker sein,[305] die er ab 1823 im Kongress, als Secretary of State (Außenminister) unter Präsident *John Quincy Adams* und insgesamt dreimal als (erfolgloser) Präsidentschaftskandidat fortsetzte.[306]

Dieser für die Union somit existenzielle Bedeutung beanspruchende Missouri-Compromise wurde indes durch die in dem Fall *Green (and Others) v. Biddle* berührten verfassungsrechtlichen Fragen unmittelbar in seiner Wirksamkeit

302 Vgl. Remarks and Motion on Missouri Question (30. Jan. 1821), in: Hopkins/Hargreaves (Hrsg.), The Papers of Henry Clay, Vol. 3, 1963, S. 20; Motion and Remarks on Missouri Resolution (1. Febr. 1821), in: Hopkins/Hargreaves (Hrsg.), The Papers of Henry Clay, Vol. 3, 1963, S. 21; Motion and Remarks on Missouri Statehood Report (12. Febr. 1821), in: Hopkins/Hargreaves (Hrsg.), The Papers of Henry Clay, Vol. 3, 1963, S. 32; Speech on Admission of Missouri (13. Febr. 1821), in: Hopkins/Hargreaves (Hrsg.), The Papers of Henry Clay, Vol. 3, 1963, S. 36.

303 Vgl. insoweit den Brief an Jonathan Russell v. 29. Jan. 1820, in: Hopkins/Hargreaves (Hrsg.), The Papers of Henry Clay, Vol. 2, 1961, S. 770, 771 und den Brief an Horrace Holley v. 17. Febr. 1820, in: Hopkins/Hargreaves (Hrsg.), The Papers of Henry Clay, Vol. 2, 1961, S. 780, 781.

304 Vgl. Speech on the Missouri Bill (8. Febr. 1820), in: Hopkins/Hargreaves (Hrsg.), The Papers of Henry Clay, Vol. 2, 1961, S. 776, 777.

305 Vgl. *Day O'Connor*, 94 The Register of the Kentucky Historical Society 353, 357 (1996); *Schurz*, Henry Clay, Vol. I, 1972, S. 193 und 204.

306 Vgl. *Lanman*, Dictionary of the United States Congress, 1859, S. 110 f.; *Schurz*, Henry Clay, Vol. I, 1972, S. 202 ff., 258 ff. passim, 350 f., 357; *ders.*, Henry Clay, Vol. II, 1972, S. 230 ff. passim.

betroffen, was u. a. das Auftreten insbesondere *Clays* als Amicus curiae in dem Verfahren erklärt (vgl. dazu unten Teil 1, B III 2) 3. b.).

2. Das Verfahren und die Entscheidung(en) des U.S. Supreme Courts in dem Fall *Green (and Others) v. Biddle*

In diesem Zivilverfahren ergingen insgesamt zwei Urteile des U.S. Supreme Courts; ein erstes im März 1821 (unten Teil 1, B III 2) 2. a.) und, nachdem auf Antrag *Clays* ein sog. rehearing (erneute Verhandlung) durchgeführt worden war, im Februar 1823 ein zweites, das erste ersetzendes Urteil (unten Teil 1, B III 2) 2. b.).

a. Die Ausgangssituation und die erste Entscheidung des U.S. Supreme Court

In diesem Fall *Green (and Others) v. Biddle* stellten sich Sachverhalt und Verfahrensgang bis zum ersten Urteil des U.S. Supreme Court im Wesentlichen wie folgt dar:[307]

Mit einer sog. Writ-of-right-Klage verlangten die im Bundesstaat Virginia ansässigen Kläger, die Erben des ursprünglichen Anspruchstellers *Green*, von dem besitzenden Pächter *Biddle* die Herausgabe von Land sowie Ersatz für „rents and profits" (hieraus gewonnene Einnahmen). Dieser machte ebenfalls ein Recht auf den Besitz des Landes („title") und insbesondere Gegenansprüche auf Ersatz der „improvements" (vorgenommene Verbesserungen) geltend. Beide Parteien beriefen sich dabei jeweils auf eine früher erfolgte förmliche Gewährung des Landes („patent") seitens des Bundesstaates Virginia.

Der erstinstanzlich befasste Circuit Court of Kentucky sah sich hier mit einer besonderen Problematik konfrontiert, die es ihm zunächst unmöglich machte, in diesem Fall zu einer Entscheidung zu kommen, und ihn daher veranlasste, den U.S. Supreme Court anzurufen. Denn besondere Fragen warf dieser Fall insoweit auf, als das streitgegenständliche Land inzwischen zu Kentucky gehörte; das Gebiet des Bundesstaates Kentucky indes bis zu dessen Ausgründung Teil des Bundesstaates Virginia gewesen war, von dem er sich erst infolge eines gemeinsamen Vertrages im Jahr 1789 („Compact of 1789"), der später Teil der Verfassung Kentuckys wurde, losgelöst hatte. Art. 7 dieses Compact of 1789 regelte aber, dass alle Rechte und Interessen Privater an in dem Gebiet des künftigen Staates Kentucky liegendem Land, die sich aus dem Recht des Staates Virginia vor der Abspaltung ergaben, in diesem künftigen Bundesstaat wirksam und sicher(gestellt) blieben

307 Green (and Others) v. Biddle, 21 U.S. 1 ff. (1823) = 8 Wheat. 1.

und sich nach dem dann in Virginia geltenden Recht bestimmten.[308] Bereits im Februar 1797 schuf jedoch der Staat Kentucky ein Gesetz („Act of 1797"), in dem er die wechselseitigen Ansprüche nach erfolgreichem Herausgabeverlangen einerseits auf Zahlung von „rents and profits", andererseits für die „improvements" regelte, und das durch ein Gesetz vom Januar 1812 („Act of 1812") neugefasst wurde. Der Circuit Court of Kentucky wandte sich deshalb in diesem Fall mit zwei konkreten Fragen an den U.S. Supreme Court:[309] nämlich einmal, ob diese Gesetzgebungsakte des Staates Kentucky verfassungsgemäß sind; und zum anderen, ob der zwischen dem Inkrafttreten des Act of 1797 und dem des Act of 1812 geltend gemachte Anspruch auf Ersatz der Verbesserungen nach dem einen oder nach dem anderen Gesetz zu entscheiden ist, wenn das Urteil in der Hauptsache erst nach Verabschiedung des letzteren ergeht.

Die Kläger machten in der Verhandlung vor dem U.S. Supreme Court im Februar 1821 geltend, die beiden Gesetze des Staates Kentucky seien mit dem Compact of 1789 unvereinbar; dieser wolle lediglich die ursprünglichen Rechte an dem Land durch die jeweils existierenden Gesetze Virginias derart vor den künftigen, durch regionale Interessen beeinflussten Gesetzen Kentuckys schützen, dass der vollständige und dauerhafte Genuss des Eigentumsrechts sichergestellt sei.[310] Insbesondere der Act of 1812 habe aber mehr noch als der vorangehende Act of 1797 zum Ziel, die Interessen des herausgabepflichtigen Besitzers zu schützen, indem er diesen von nahezu jeder Haftung für vor der Entscheidung des Rechtsstreits erfolgten Verbrauch oder rents and profits freistellte.[311] Während hingegen der herausgabeberechtigte Eigentümer Ersatz für sämtliche Verbesserungen des Landes bis zur endgültigen Entscheidung leisten müsse und dieser auf dessen ohnehin verminderten Anspruch auf Zahlung der rents and profits angerechnet werde.[312] Wortlaut und Ziel des Compact of 1789 verböten eine solche Gesetzgebung, die den Besitzer von der Zahlungspflicht für den innegehabten Besitz (sog. mesne profits) von der Besitzbegründung bis zur Räumung freistellte, ungeachtet einer eventuell eingetretenen Kenntnis von dem

---

308 Green (and Others) v. Biddle, 21 U.S. 1, 3, 13 und 16 (1823) = 8 Wheat. 1: The seventh article of the compact of 1789 *„declares, 'that all private rights, and interests of lands within the said District' (of Kentucky) 'derived from the laws of Virginia prior to such separation, shall remain valid and secure under the laws of the proposed State, and shall be determined by the laws now existing in this State.'"*.

309 Green (and Others) v. Biddle, 21 U.S. 1, 3 (1823) = 8 Wheat. 1.

310 Green (and Others) v. Biddle, 21 U.S. 1, 7 f. (1823) = 8 Wheat. 1.

311 Green (and Others) v. Biddle, 21 U.S. 1, 8 (1823) = 8 Wheat. 1.

312 Green (and Others) v. Biddle, 21 U.S. 1, 8 (1823) = 8 Wheat. 1.

besseren Besitzrecht des Eigentümers.[313] Das, was unmittelbar nicht zulässig sei, dürfe auch nicht mittelbar erfolgen.[314] Nach ihrer Ansicht ist eine Herausgabe des Landes gegen Zahlung einer Summe, die dem halben Wert der herauszugebenden Sache entspricht, aber dem Fall vergleichbar, dass von vornherein nur die Hälfte des Landes herauszugeben ist; das an den Eigentümer herauszugebende Land sei praktisch mit einem Pfandrecht belastet.[315] Wenn der beabsichtigte Schutz der Rechte und Interessen im Sinne des Compact of 1789 aber auch den Wert und Nutzen des Landes für den wahren Eigentümer umfasste, dann stellten die beiden Gesetzgebungsakte des Staates Kentucky eine grobe Verletzung des Compact of 1789 dar und seien demzufolge verfassungswidrig und nichtig.[316]

Da ein Rechtsbeistand für den Beklagten *Biddle* im Verhandlungstermin nicht erschien, entschied der U.S. Supreme Court Anfang März 1821, ohne diesen zu hören,[317] und im Sinne der Kläger auf die erste ihm vorgelegte Frage, dass sowohl der Act of 1797 als auch der Act of 1812 des Staates Kentucky art. 7 des Compact of 1789 verletzten und daher verfassungswidrig seien, weshalb die zweite vorgelegte Frage des Circuit Court of Kentucky nicht mehr beantwortet werden müsse.[318] Das Gericht folgte dabei im Wesentlichen auch der Argumentation der Kläger: Bei der Auslegung des art. 7 des Compact of 1789 sei danach u. a. zu berücksichtigen, dass sich die Wirksamkeit eines Rechts an Land nur nach den Gesetzen des Staates bestimmte, in dem es erlangt worden sei und seinen Ursprung habe, hier also denen des Staates Virginia.[319] Überdies könne nicht zwischen einem Grundstücksrecht in Form eines *title* und den im Compact of 1789 genannten Rechten und Interessen unterschieden werden, denn welchen Wert habe ein solcher, wenn nicht den eines solchen Rechts oder Interesses am Land selbst.[320] Da aber die Acts of 1797 und 1812 diese geschützten Rechte und Interessen einschränkten und in Virginia keine vergleichbaren Gesetze existierten, seien sie verfassungswidrig.[321] Ausdrücklich stützt sich der U.S. Supreme Court dabei auf dieselbe Argumentation wie die Kläger, dass ein Herausgabeverlangen des Eigentümers nur gegen Zahlung für die vorgenommenen

313 Green (and Others) v. Biddle, 21 U.S. 1, 9 (1823) = 8 Wheat. 1.
314 Green (and Others) v. Biddle, 21 U.S. 1, 10 (1823) = 8 Wheat. 1.
315 Green (and Others) v. Biddle, 21 U.S. 1, 9 f. (1823) = 8 Wheat. 1.
316 Green (and Others) v. Biddle, 21 U.S. 1, 10 (1823) = 8 Wheat. 1.
317 Green (and Others) v. Biddle, 21 U.S. 1, 7 und 11 (1823) = 8 Wheat. 1.
318 Green (and Others) v. Biddle, 21 U.S. 1, 17 (1823) = 8 Wheat. 1.
319 Green (and Others) v. Biddle, 21 U.S. 1, 11 ff. (1823) = 8 Wheat. 1.
320 Green (and Others) v. Biddle, 21 U.S. 1, 13 (1823) = 8 Wheat. 1.
321 Green (and Others) v. Biddle, 21 U.S. 1, 13 und 17 (1823) = 8 Wheat. 1.

Verbesserungen durchgesetzt werden könnte, die Gesetze somit ein Pfandrecht hierfür darstellten; eine ausdrückliche Regelung, die die Herausgabe des Landes von der Zahlung der Hälfte oder mehr seines Wertes an den Besitzer abhängig mache, aber offensichtlich unwirksam sei.[322]

In dieser Situation nun hatte *Henry Clay* als erster Amicus curiae in der Geschichte des U.S. Supreme Court und des US-amerikanischen Rechts überhaupt im März 1821 seinen Auftritt. Er stellte erfolgreich einen Antrag auf ein rehearing, dass also der Fall im nächsten Gerichtsterm erneut verhandelt und die bereits getroffene Entscheidung auf die vom Circuit Court of Kentucky vorgelegten Fragen einstweilen zurückgehalten werden sollten.[323] Wie eingangs angemerkt, entschied das Gericht in Ermangelung verfahrensrechtlicher Regelungen zum Amicus curiae insoweit allein nach seinem Ermessen.[324] Dennoch erstaunt, welch umfangreiche Befugnisse das Gericht diesem Amicus curiae hier einräumte, indem es schon dessen Antrag auf Durchführung eines rehearings stattgab; denn ein Antragsrecht im Verfahren wurde und wird grundsätzlich nur den Parteien, nicht aber einem Amicus curiae zugestanden.[325] Dieses allein kann daher als Beleg dafür angesehen werden, dass diese Rechtsfigur auch im US-amerikanischen Recht schon sehr früh als in der Tradition eines flexiblen prozessualen Mittels stehend betrachtet wurde (vgl. oben Teil 1, B II 1)),[326] wenngleich so weitgehende prozessuale Rechte auch vor diesem Hintergrund in der Zeit danach als gänzlich unüblich galten.[327]

Die Beantwortung der sich damit stellenden Frage, welches konkret die Gründe des U.S. Supreme Courts waren, dem Antrag stattzugeben, hängt indes unmittelbar mit den im weiteren Verfahren wahrgenommenen Funktionen *Clays* zusammen und soll daher in diesem Zusammenhang eine nähere Betrachtung finden (unten Teil 1, B III 2) 3. a.); bei den gerichtlichen Überlegungen insoweit wird wohl jedenfalls auch eine Rolle gespielt haben, dass es gerade *Henry Clay* war (zu dessen Person oben Teil 1, B III 2) 1.), der diese Verfahrensrechte in diesem Fall für sich beanspruchte.

---

322 Vgl. Green (and Others) v. Biddle, 21 U.S. 1, 15 f. (1823) = 8 Wheat. 1.

323 Green (and Others) v. Biddle, 21 U.S. 1, 17 (1823) = 8 Wheat. 1.

324 Vgl. *Krislov*, 72 Yale L. J. 694 f., 699 f. und 713 (1963).

325 Vgl. *Hirte*, ZZP 104 (1991), 11, 16; *Krislov*, 72 Yale L. J. 694, 701 (1963); ferner auch Notes – AMICI CURIAE, 34 Harv. L. Rev. 773 f. (1920).

326 Vgl. *Krislov*, 72 Yale L. J. 694, 695 (1963).

327 Vgl. *Krislov*, 72 Yale L. J. 694, 701 (1963).

b. Das rehearing und die zweite Entscheidung des U.S. Supreme Court

Welche Rolle und unterschiedlichen Funktionen *Clay* im Verlauf des weiteren Verfahrens konkret zukamen (dazu unten Teil 1, B III 2) 3. b.), erschließt sich, wenn man sowohl seine eigenen Ausführungen, wie auch die der weiteren am Verfahren Beteiligten und die Entscheidungsbegründung des U.S. Supreme Court näher betrachtet (sogleich im Folgenden). Entsprechendes gilt für den in dem rehearing ebenfalls vortragenden *George M. Bibb*, dessen Funktion in der Entscheidung indes nicht ausdrücklich benannt wird (dazu unten Teil 1, B III 2) 3. b.), dessen Auftreten aber trotz bestehender Unterschiede auch deutliche Parallelen zu dem *Clays* zeigt, und das deshalb hier gleichermaßen Darstellung finden und ergänzend untersucht werden soll.

In dem Mitte März 1822 stattfindenden rehearing trugen zunächst die Kläger ihre wesentlichen Argumente zum Fall vor:[328]

Der Klägervertreter führte aus, der U.S. Supreme Court sei befugt, die Gültigkeit der beiden Gesetze Kentuckys an den Verfassungen des Bundes und des Bundesstaates zu überprüfen,[329] und dass diese Gesetze – soweit sie die hier streitgegenständlichen Fragen beträfen – nichtig seien.[330] Denn die Acts of 1797 und 1812 verstießen in mehrfacher Hinsicht gegen die Verfassung Kentuckys: insbesondere einmal insoweit, als sie im Widerspruch zur Regelung des Compact of 1789 als einem wesentlichen Teil dieser Verfassung stünden, zum anderen dadurch, dass sie für den Anspruchsteller eine Verhandlung mit Jury-Beteiligung insoweit ausschlössen.[331] Art. 7 des Compact of 1789 bestimme die dauerhafte Wirksamkeit und Sicherung dessen, was von *„rights and interests of land"* umfasst sei, also nicht nur Gebrauch und Besitz eines formalen titles, sondern auch den ungestörten Besitz und Gebrauch des Landes, die rents and profits, ihren Genuss und die Früchte; mit dem *Interesse* sollten daneben insbesondere auch all jene Rechte erfasst und geschützt sein, die bei Abschluss des Compact of 1789 noch nicht eingeräumt gewesen seien.[332] Hiergegen verstießen die Acts of 1797 und 1812, indem sie einem Anspruchsteller eines „writ of wright" die nach dem in Virginia geltenden Common Law eingeräumten Schadensersatzansprüche wegen Vorenthaltung des Landes und Verbrauchs stark verkürzten bzw. nahezu ausschlössen, also die Eigentumsrechte beeinträchtigten.[333] Und auch wenn

328 Green (and Others) v. Biddle, 21 U.S. 1, 18 ff. (1823) = 8 Wheat. 1.
329 Green (and Others) v. Biddle, 21 U.S. 1, 18 (1823) = 8 Wheat. 1.
330 Green (and Others) v. Biddle, 21 U.S. 1, 18, 20 ff. und 31 ff. (1823) = 8 Wheat. 1.
331 Green (and Others) v. Biddle, 21 U.S. 1, 20 (1823) = 8 Wheat. 1.
332 Green (and Others) v. Biddle, 21 U.S. 1, 20 und 24 (1823) = 8 Wheat. 1.
333 Vgl. Green (and Others) v. Biddle, 21 U.S. 1, 24 f. (1823) = 8 Wheat. 1.

man von der Anwendung der Grundsätze der Equity (vgl. zu dieser oben Teil 1, B I 1)) in Virginia ausgehe, widersprächen die nach dem Act of 1812 in dieser Frage gewonnenen Ergebnisse der danach in Virginia bestehenden Rechtslage, weil er eine Sicherheitsleistung für die Verbesserungen durch den Herausgabeberechtigten zur Bedingung für die Besitzherausgabe machte und so den wahren Eigentümer von seinem absoluten Recht am Land ausschlösse.[334] Einen weiteren Verstoß gegen die Verfassung des Staates Kentucky (art. 10 sec. 6) sahen die Kläger schließlich im Hinblick darauf, dass der Schadensersatz für die Besitzvorenthaltung entgegen dem Wortlaut der Verfassung nicht durch eine jury, sondern ein tribunal von Kommissaren bestimmt werden sollte, was zudem dem Recht Virginias, das eine detaillierte Beschreibung des jury-trial für Writ-of-wright-Verfahren enthielte, zuwiderlaufe.[335]

Der Erlass des Act of 1812 verstoße zudem gegen den Gewaltenteilungsgrundsatz der Verfassung des Staates Kentucky, weil sich die Legislative Kentuckys dadurch nach Rechtshängigkeit der Klage in den Rechtsbehelf eingemischt habe, indem sie durch dieses abstrakte Gesetz der einen Partei das Eigentum(srecht) wegnehme und der anderen gebe.[336] Hierin liege zugleich ein Verstoß gegen die Bundesverfassung (art. 1 sec. 13) und die Verfassung Kentuckys (art. 10 sec. 18), die beide gleichermaßen ein Verbot für rückwirkende Gesetze und solche, die Verpflichtungen aus Abkommen beeinträchtigen, beinhalteten:[337] Gegen beide Verbote sei hier daher verstoßen, denn der dem Fall zugrunde liegende Sachverhalt habe sich lange vor Erlass des Act of 1812 ereignet.[338] Die Verfassungsgeber hätten deliktisch verwirklichte – ebenso wie aus einem Vertragsverhältnis folgende – Eigentumsbeeinträchtigungen indes sicher nicht ohne Kompensation lassen oder der willkürlichen Regelung der einzelnen Staaten überlassen wollen.[339]

Im Anschluss trug der schon eingangs genannte *Bibb* seine Ansichten zu dem Fall vor, und zwar ausdrücklich als seinem Vorredner widersprechend.[340]

Er nimmt zunächst zum Regelungsgehalt der beiden Acts of 1797 und 1812 Stellung, insbesondere die Ersatzpflicht nach dem Act of 1812 für dauernde

334 Green (and Others) v. Biddle, 21 U.S. 1, 25 f. (1823) = 8 Wheat. 1.
335 Green (and Others) v. Biddle, 21 U.S. 1, 28 (1823) = 8 Wheat. 1.
336 Vgl. Green (and Others) v. Biddle, 21 U.S. 1, 28 ff. (1823) = 8 Wheat. 1.
337 Vgl. Green (and Others) v. Biddle, 21 U.S. 1, 28 f. (1823) = 8 Wheat. 1.
338 Green (and Others) v. Biddle, 21 U.S. 1, 29 (1823) = 8 Wheat. 1.
339 Green (and Others) v. Biddle, 21 U.S. 1, 29 (1823) = 8 Wheat. 1.
340 Green (and Others) v. Biddle, 21 U.S. 1, 31 (1823) = 8 Wheat. 1: *„Mr. Bibb, contra, contended, that* […]".

Verbesserungen gegenüber einem gutgläubigen Besitzer sei ein Prinzip der natürlichen Billigkeit und Gerechtigkeit:[341] Bei der Beurteilung der Frage müssten die Umstände der Kolonialisierung und Besiedelung des Landes und der Gewährung der ersten titles sowie die damit verbundene Unübersichtlichkeit bei sich widersprechenden titles, die gerichtsbekannt sei, berücksichtigt werden. Die Gesetzgebung Kentuckys habe lediglich entsprechend den Grundsätzen der Court of Chancery die natürliche Gerechtigkeit und künstliche Billigkeit, dass der aufgrund eines legalen titles unbesiedeltes Land Besetzende als gutgläubiger Besitzer behandelt werden müsse, zur Geltung gebracht. Die lokalen Gerichte hätten die einzige zuverlässige Regel für die praktischen Probleme rechtlicher und beweistechnischer Art infolge verschiedenster Ansprüche, die die Rechtslage der titles in Kentucky verkomplizierten, aufgestellt: nämlich, dass bei einem durch Urkunde verliehenen Recht die Bösgläubigkeit hinsichtlich dieses Rechts auch nur mittels einer Urkunde herbeigeführt werden könne. Dieses sei durch zahllose Entscheidungen bestätigt. Das Prinzip, die Berechnung des Anspruchs wegen der Einnahmen aus dem Land (mesne profits), auf später – die Geltendmachung des besseren Rechts – zu verschieben, sei zudem übliche Praxis der Equity-Gerichte.[342] Er widerspricht damit den in der ersten Entscheidung des U.S. Supreme Court gegebenen Gründen, eine den Acts 1797 und 1812 ähnliche Regelung existiere in Virginia nicht (vgl. oben Teil 1, B III 2) 2. a.).

Im Übrigen stünden die beiden Acts of 1797 und 1812 nicht im Widerspruch zum Compact of 1789:[343] Dieser habe nicht die Beschränkung der Staatsgewalt Kentuckys oder die Verhinderung der Weiterentwicklung der Rechtsbehelfe durch die Rechtsprechung zum Ziel, sondern er regele nur die Sicherung der Integrität der titles, indem er für eine faire und unparteiische Gesetzgebung hinsichtlich der aus dem Recht Virginias stammenden Eigentumsrechte sorge.[344] Die Rechtsprechung des U.S. Supreme Courts nach der Entscheidung *Bodley v. Taylor* bestimme, dass die Entscheidungen der örtlichen Gerichte bindend seien; an der beharrlichen Behauptung von Unannehmlichkeiten, wie sie aus der Erschütterung des durch einheitliche richterliche Entscheidungen herausgebildeten Systems der titles entstünden, würde festgehalten, um die etablierten Regeln des Eigentums aufrechtzuerhalten.[345] Die titles müssten zwar entsprechend dem Recht Virginias zur Zeit des Abschlusses des Compact of 1789 beurteilt werden,

341 Vgl. Green (and Others) v. Biddle, 21 U.S. 1, 31 ff. (1823) = 8 Wheat. 1.
342 Green (and Others) v. Biddle, 21 U.S. 1, 32 und 34 (1823) = 8 Wheat. 1.
343 Green (and Others) v. Biddle, 21 U.S. 1, 32 und 34 ff. (1823) = 8 Wheat. 1.
344 Green (and Others) v. Biddle, 21 U.S. 1, 35 (1823) = 8 Wheat. 1.
345 Green (and Others) v. Biddle, 21 U.S. 1, 35 (1823) = 8 Wheat. 1.

jedoch sei ein weiteres Interesse an dem Eigentum entstanden, das weder voraussehbar gewesen sei, noch sei man darauf vorbereitet gewesen:[346] Nach der These *Montesquieus*, dass das Recht die Industrie fördern solle, um negative Rahmenbedingungen auszugleichen, seien zur Monopolisierung von Land führende Gesetze als kontraproduktiv auszuschließen. Wenn der Eigentümer des Landes dieses ohne Entschädigungsleistung für die Verbesserungen zurückerhalte, sei dieses nicht gerecht, weil der gutgläubige Besitzer dieses mit seinem Eigentum, den Früchten seiner mühevollen Arbeit versehen habe.[347]

Schließlich sei der U.S. Supreme Court in dieser Sache nicht zuständig, weil die örtlichen Gerichte die Wirksamkeit der Acts bestätigt hätten und er darum die fest etablierten Eigentumsregeln störe.[348] Dieses insbesondere auch im Hinblick auf den Streitgegenstand und darauf, dass die Parteien Bürger desselben Staates seien.[349] *Bibb* bestreitet insoweit ausdrücklich die seitens der Kläger vorgetragenen Verletzungen der Bundesverfassung (vgl. oben) und die Befugnis des U.S. Supreme Courts, Gesetze eines Bundesstaates entgegen der einhelligen Rechtsprechung seiner Gerichte, denen allein die richtige Auslegung dieser Gesetze zustehe, als gegen die Verfassung des Bundesstaates verstoßend für nichtig zu erklären.[350] Der Compact of 1789 selbst sehe indes hier die Zuständigkeit eines tribunals vor, was wohl bereits eine ausschließliche Zuständigkeit begründe.[351]

Es folgen diesem Vorbringen die relativ umfangreichen Ausführungen *Clays*, und zwar „[…] *on the same side* […]".[352] In deren Zentrum stehen die bereits von den Klägern und *Bibb* aufgeworfene Frage der Zuständigkeit des U.S. Supreme Court bzw. die damit eng verbundene Frage, an welcher Norm die Wirksamkeit der Acts of 1797 und 1812 zu messen ist.[353]

Während *Bibb* an die Argumentationsstruktur und Gründe des U.S. Supreme Court und der Kläger anknüpfend die beiden Acts als mit den Regelungen des Compact of 1789 vereinbar und das Verbot eines dessen Verpflichtungen einschränkenden Gesetzes hier als nicht anwendbar darstellt (vgl. oben), verfolgt die Argumentation *Clays* einen anderen Ansatz, um letztlich doch das gemeinsame

---

346 Green (and Others) v. Biddle, 21 U.S. 1, 36 (1823) = 8 Wheat. 1.
347 Green (and Others) v. Biddle, 21 U.S. 1, 36 (1823) = 8 Wheat. 1.
348 Green (and Others) v. Biddle, 21 U.S. 1, 36 f. (1823) = 8 Wheat. 1.
349 Green (and Others) v. Biddle, 21 U.S. 1, 36 f. (1823) = 8 Wheat. 1.
350 Vgl. Green (and Others) v. Biddle, 21 U.S. 1, 36 f. (1823) = 8 Wheat. 1.
351 Vgl. Green (and Others) v. Biddle, 21 U.S. 1, 38 (1823) = 8 Wheat. 1.
352 Green (and Others) v. Biddle, 21 U.S. 1, 38 (1823) = 8 Wheat. 1.
353 Vgl. Green (and Others) v. Biddle, 21 U.S. 1, 38 ff. (1823) = 8 Wheat. 1.

Ziel zu erreichen, die Verfassungskonformität der beiden Gesetze Kentuckys zu begründen.

Er stellt die Verfassungsmäßigkeit des Compact of 1789 selbst in Frage, so dass mangels wirksamen Abkommens der Staaten von vornherein eine (verbotene) Einschränkung insoweit und damit auch die Zuständigkeit des Gerichts nicht in Betracht kommen sollen.[354] *Clay* differenziert dabei zwischen zwei Kategorien von Ursachen für die Verfassungswidrigkeit der Regelungen des Compact of 1789, nämlich in eine erste, die man – um die deutsche Terminologie zu bemühen – als formelle Gründe bezeichnen könnte: Hierunter fasst er die Frage, ob der Compact of 1789 verfassungskonform zustande kam, insbesondere, ob die beiden Seiten Virginia und Kentucky überhaupt fähig waren, ein solches Abkommen, noch dazu mit einem solchen Inhalt abzuschließen, und v. a. ob das erforderliche Einverständnis des Kongresses hierzu vorlag (dazu sogleich).[355] Zum anderen bezweifelt *Clay* die Wirksamkeit des Compact of 1789 im Hinblick darauf – und hierin liegt die wesentliche Bedeutung seines Vortrags – ob, dieser überhaupt eine Beschränkung der Souveränität (Gesetzgebungshoheit) des Staates Kentucky vorsehen konnte (auch dazu sogleich);[356] insoweit ließe sich nach deutschem Rechtsdenken von einer materiellen Verfassungswidrigkeit als zweiter Kategorie sprechen.

Dezidiert legt *Clay* dar, dass der Compact of 1789 nicht verfassungskonform zustande gekommen sei, weil es an dem nach der Bundesverfassung zwingend erforderlichen Einverständnis des Kongresses hierzu fehle.[357] Der Kongress habe zwar sein Einverständnis in einem Act vom Februar 1791 erteilt, dieser habe aber lediglich die Errichtung des unabhängigen Bundesstaates Kentucky unter Loslösung eines Teils von Virginia sowie seine spätere Aufnahme in die Staatenunion zum Gegenstand gehabt, jedoch keinen darüber hinausgehenden Inhalt.[358] Eine grundsätzlich zu erwägende stillschweigende Erteilung des Einverständnisses komme insoweit nicht in Betracht, denn eine solche bedeutete die Duldung *jedes* Abkommens, seine Verbindlichkeit zwischen den einzelnen Mitgliedern und daher wegen einer eventuellen Unvereinbarkeit untereinander und Widersprüchen mit den aus der Union resultierenden Pflichten Chaos in der Konföderation der Staaten; oder so wörtlich: „[…] *the doctrine, that Congress can tacitly acquiesce in agreements, unconstitutionally made between the Staates, would be*

354 Vgl. Green (and Others) v. Biddle, 21 U.S. 1, 39 ff. (1823) = 8 Wheat. 1.
355 Vgl. Green (and Others) v. Biddle, 21 U.S. 1, 39 ff. (1823) = 8 Wheat. 1.
356 Green (and Others) v. Biddle, 21 U.S. 1, 39 und 42 ff. (1823) = 8 Wheat. 1.
357 Vgl. Green (and Others) v. Biddle, 21 U.S. 1, 39 ff. (1823) = 8 Wheat. 1.
358 Green (and Others) v. Biddle, 21 U.S. 1, 40 (1823) = 8 Wheat. 1.

of most dangerous and fatal consequences.“[359] Weil sich der Kongress zudem aus drei Teilen (Repräsentantenhaus, Senat und Präsident) zusammensetze, erfordere eine sichere Feststellung ein ausdrückliches Einverständnis.[360] Neben diese an den Wortlaut und das Telos des Einverständniserfordernisses anknüpfende Argumentation lässt *Clay* schließlich noch ein systematisches Argument treten.[361] Eine ausdrückliche Intervention des Kongresses in den Compact of 1789 sei bei einem ohnehin nichtigen Akt im Übrigen nicht notwendig gewesen.[362] Und auch der Umstand, dass dieser Compact of 1789 später Teil der Verfassung Kentuckys geworden sei, ändere an dem Erfordernis eines konstitutiven Einverständnisses des Kongresses für sämtliche Abkommen nichts.[363]

Aber insbesondere auch seinem Inhalt nach ist der Compact of 1789, unterstellt er sei wirksam geschlossen worden, nach Ansicht *Clays* verfassungswidrig.[364] Wenn man die Regelungen des Compact of 1789 so auslegen müsse, dass sie für den Staat Kentucky eine Gesetzgebung wie sie in den Acts of 1797 und 1812 erfolgt ist, ausschließe, so sei dieser verfassungswidrig.[365] Denn es gäbe Souveränitätsrechte, die für einen Staat – sogar unter Beteiligung des Kongresses und des Staates selbst – unveräußerlich und unverzichtbar seien.[366] Staatliche Souveränität setze ganz unbestreitbar v. a. ein Staatsgebiet, auf dem Handlungshoheit bestehe, voraus; Beschränkungen insoweit könnten nur aus der Verfassung oder Bundesverfassung folgen.[367] Ein Staat könne zwar seine Zustimmung zu einer Loslösung aus dem eigenen Staatsgebiet verweigern, stimme er aber der Bildung eines neuen Bundesstaates zu, so habe dieser alle Souveränitätsrechte, die auch die anderen, alten Staaten haben, er sei frei von Beschränkungen, die ihn hinter die anderen Staaten zurücktreten ließen, denn es entspreche ihrem Selbstverständnis, dass alle Bundesstaaten der Union untereinander gleichberechtigt

---

359 Green (and Others) v. Biddle, 21 U.S. 1, 41 f. (1823) = 8 Wheat. 1.
360 Green (and Others) v. Biddle, 21 U.S. 1, 41 (1823) = 8 Wheat. 1.
361 Auch bei verschiedenen weiteren in der Verfassung verankerten Verboten für die Staaten, ihre Machtbefugnisse ohne Einverständnis des Kongresses auszuüben, würde dieses nicht immer eingeholt, dieses änderte aber nichts daran, dass es erforderlich sei und die zugrunde liegenden Akte bis zur Erteilung nichtig blieben – Green (and Others) v. Biddle, 21 U.S. 1, 42 (1823) = 8 Wheat. 1.
362 Green (and Others) v. Biddle, 21 U.S. 1, 41 (1823) = 8 Wheat. 1.
363 Green (and Others) v. Biddle, 21 U.S. 1, 44 (1823) = 8 Wheat. 1.
364 Green (and Others) v. Biddle, 21 U.S. 1, 42 ff. (1823) = 8 Wheat. 1.
365 Green (and Others) v. Biddle, 21 U.S. 1, 42 (1823) = 8 Wheat. 1.
366 Vgl. Green (and Others) v. Biddle, 21 U.S. 1, 42 (1823) = 8 Wheat. 1.
367 Green (and Others) v. Biddle, 21 U.S. 1, 43 (1823) = 8 Wheat. 1.

sind.[368] *Clay* stellt sodann klar, dass es unbestreitbar Ausfluss dieser Hoheitsrechte der Staaten über ihr Staatsgebiet ist, durch entsprechende Gesetze dieses urbar zu machen, die Bevölkerung zu steigern, Ackerbau zu fördern und die Produktion zu erhöhen, wenn das Land in einem verödeten und verwilderten Zustand ist; und dass dieses Recht auch Kentucky zustehe.[369] Er greift damit die Argumentation *Bibbs* auf, der ebenfalls die Aufgabe des Gesetzgebers, die Industrie und Ackerwirtschaft – wenn durch ungünstige Rahmenbedingungen nötig – zu fördern, ins Feld führte (vgl. oben). *Clay* jedoch stellt dieses Argument an dieser Stelle in einen etwas anderen, „höheren" Zusammenhang (dazu noch im Folgenden; vgl. auch unten Teil 1, B III 2) 3. b.): Während es *Bibb* v. a. darum ging, die gerechte Zielsetzung der Acts of 1797 und 1812 darzulegen, sieht *Clay* darin die Grundlage für die einem Staat originär und unaufhebbar zustehenden Souveränitätsrechte.

Seiner Ansicht nach können die Regelungen auch nicht wegen der Aufnahme in die Verfassung Kentuckys als wirksam aufrecht erhalten werden, denn sie seien als *vertragliche*, also wechselseitige Verpflichtungen gedacht und in die Verfassung aufgenommen worden.[370] Mit den Verpflichtungen Kentuckys korrespondierten solche Virginias als Gegenleistung, die unter diesen Umständen indes einseitig entfielen.[371] Und selbst wenn man von einer wirksamen Inkorporierung ausginge, müsse man doch die Zielsetzung dieser Regelung beachten und die Auslegung im Bundesstaat selbst und nicht außerhalb davon suchen.[372] Die verfassungsgebende Versammlung Kentuckys könne nach dem Verlauf des Gesetzgebungsverfahrens nicht zum Ziel gehabt haben, die Gesetzgebung der beiden für die Besitzer als Anspruchsteller vorteilhaften Acts zu verhindern.[373] Zudem ginge nicht nur das letztinstanzliche Gericht Kentuckys von der Vereinbarkeit der Acts mit der Verfassung aus, auch die Legislative halte daran seit vielen Jahren fest und entwickle es seinem Grundprinzip entsprechend weiter.[374] Schließlich greift *Clay* wiederum einen Gedanken *Bibbs* auf, indem er ebenfalls auf die Entscheidung *Bodley v. Taylor* des U.S. Supreme Court selbst verweist (vgl. oben), wonach dieser die Entscheidungen und Auslegungen der Verfassung durch die lokalen Gerichte als Eigentumsregelung respektiere, selbst wenn er

---

368 Green (and Others) v. Biddle, 21 U.S. 1, 42 f. (1823) = 8 Wheat. 1: „*Whatever one State can do, all can do.*".

369 Vgl. Green (and Others) v. Biddle, 21 U.S. 1, 43 (1823) = 8 Wheat. 1.

370 Green (and Others) v. Biddle, 21 U.S. 1, 44 f. (1823) = 8 Wheat. 1.

371 Green (and Others) v. Biddle, 21 U.S. 1, 44 (1823) = 8 Wheat. 1.

372 Green (and Others) v. Biddle, 21 U.S. 1, 45 (1823) = 8 Wheat. 1.

373 Vgl. Green (and Others) v. Biddle, 21 U.S. 1, 46 (1823) = 8 Wheat. 1.

374 Green (and Others) v. Biddle, 21 U.S. 1, 46 (1823) = 8 Wheat. 1.

starke Zweifel an deren Richtigkeit hege.[375] Die diesbezüglichen Ausführungen *Clays* gehen damit aber insgesamt weiter. Überdies betont er die rechtspolitische Bedeutung dieser Rechtsprechung mehr als *Bibb* dies tut: Er weist den U.S. Supreme Court sehr deutlich auf seine diesem zugrunde liegenden Motive hin, nämlich v. a. den gesellschaftlichen Frieden, die Achtung der Eigentumsrechte sowie die Verhinderung von Störungen.[376]

Eine ähnliche Richtung nehmen auch seine weiteren Ausführungen zur Frage der Zuständigkeit. Er verweist zunächst ebenfalls auf art. 8 des Compact of 1789, der wenn er denn gültig wäre, ein besonderes tribunal als zuständiges Gericht vorsehe,[377] auch insoweit geht sein Vortrag aber über den *Bibbs* hinaus (vgl. oben). Maßgeblich für die aus dem Compact of 1789 resultierenden Rechte sei allein dieser.[378] Danach sei allerdings der U.S. Supreme Court grundsätzlich nur dann zuständig, wenn sich die Partei, die eine Verletzung des Compact geltend macht, weigert, bei der Errichtung des tribunals mitzuwirken.[379] Virginia jedoch habe solches nicht getan, im Gegenteil; und Kentucky sei weit davon entfernt, habe vielmehr angeboten, diese besondere Sache diesem zuzuweisen.[380] Der U.S. Supreme Court sei nicht generell zuständig, sondern ihm komme eine abschließend bestimmte Zuständigkeit in besonderen Fällen zu; seine grundsätzliche Zuständigkeit in Verfassungsfragen zwischen Bundesstaaten sei aber durch die besonderen Umstände des Falls bedingt.[381] Und hier hätten die beiden Staaten eine klare Absprache über die ausschließliche Zuständigkeit zugunsten eines tribunals getroffen.[382] Jedenfalls müsse das Gericht seine Gerichtsgewalt mit äußerster Zurückhaltung ausüben.[383] Insoweit verweist *Clay* nun auf die Sonderrolle und politische Funktion des U.S. Supreme Court: Er genieße das bedeutendste Vertrauen, das je einem Gericht zum Wohle der Menschheit zuerkannt worden sei.[384] Er sei der Hüter der Verfassung und habe die Befugnis und Macht, die

375 Vgl. Green (and Others) v. Biddle, 21 U.S. 1, 45 (1823) = 8 Wheat. 1.
376 Vgl. Green (and Others) v. Biddle, 21 U.S. 1, 45 f. (1823) = 8 Wheat. 1.
377 Vgl. Green (and Others) v. Biddle, 21 U.S. 1, 47 (1823) = 8 Wheat. 1.
378 Vgl. Green (and Others) v. Biddle, 21 U.S. 1, 47 (1823) = 8 Wheat. 1.
379 Green (and Others) v. Biddle, 21 U.S. 1, 47 (1823) = 8 Wheat. 1.
380 Green (and Others) v. Biddle, 21 U.S. 1, 47 (1823) = 8 Wheat. 1.
381 Vgl. Green (and Others) v. Biddle, 21 U.S. 1, 47 f. (1823) = 8 Wheat. 1.
382 Vgl. Green (and Others) v. Biddle, 21 U.S. 1, 47 f. (1823) = 8 Wheat. 1.
383 Vgl. Green (and Others) v. Biddle, 21 U.S. 1, 48 (1823) = 8 Wheat. 1.
384 Green (and Others) v. Biddle, 21 U.S. 1, 48 f. (1823) = 8 Wheat. 1: *„This Court is invested with the most important trust that was ever possessed by any tribunal for the benefit of mankind."*.

Vereinbarkeit des Handelns der Hoheitsträger mit der Verfassung zu verkünden. Es gebe keinen besseren für diese Aufgabe, der Erfolg dieses (so wörtlich) „Experiments" hänge aber davon ab, mit welcher Umsicht dieses Vertrauen ausgeübt werde.[385]

Ebenso wie bereits *Bibb* legt *Clay* sodann die Vereinbarkeit der beiden Acts of 1797 und 1812 mit art. 3 des Compact of 1789 dar:[386] Gleichermaßen von dem Tatbestandsmerkmal *„rights and interests"* der Regelung ausgehend, verweist *Clay* indes auf die historischen Hintergründe, die zur Entstehung dieser Regelung führten, legt diese v. a. ihrem Wortlaut und ihrem Telos nach aus und argumentiert im Anschluss daran allgemein rechtpolitisch. So habe das im Jahre 1779 eingeführte System der claims and titles dazu geführt, dass im Zeitpunkt der Loslösung des Gebietes Kentuckys von Virginia die titles unvollständig und in den verschiedensten Umsetzungsstufen steckten, Virginia aber im Begriff gewesen sei, seine Souveränität, die titles zu vollenden und seine Verpflichtungen diesbezüglich zu erfüllen, abzugeben, was die Lage in Kentucky nun so schwierig mache.[387] Einziger Zweck der Aufnahme der Regelung in den Compact of 1789 sei in dieser Situation gewesen, dem neuen Staat deutlich zu machen, dass er seine Souveränität nicht zum Nachteil derjenigen, die aus Virginia stammende claims haben, missbrauchen dürfe, und diesen die Wahrung ihrer Interessen anzuzeigen.[388] Ziel sei es also nur gewesen, Kentucky ebenso zu binden wie Virginia selbst gebunden war; Kentucky aber auch die Freiheiten zu lassen, die Virginia gehabt hätte, wenn keine Loslösung erfolgt wäre.[389] *Clay* knüpft dann an seine vorherigen Ausführungen an, indem er betont, dass Virginia selbst keinen Grund gehabt hätte, Kentucky als zukünftigen Staat in den üblichen Souveränitätsrechten einzuschränken; dieses habe sogar im Gegenteil die Aufnahme dessen in die Staatenunion zur Bedingung für die Unabhängigkeit gemacht.[390] Demnach stelle das Tatbestandsmerkmal *„rights and interests"* lediglich die Garantie der Sicherheit der titles und auch einzig der titles als solche dar; insbesondere schränke es aber nicht die Souveränität oder das Recht ein, eine bestimmte Politik zu verfolgen.[391] Die Acts regelten also die Lage, nachdem die Entscheidung über die Wirksamkeit der titles

385 Green (and Others) v. Biddle, 21 U.S. 1, 49 (1823) = 8 Wheat. 1.
386 Vgl. Green (and Others) v. Biddle, 21 U.S. 1, 49 ff. (1823) = 8 Wheat. 1.
387 Vgl. Green (and Others) v. Biddle, 21 U.S. 1, 49 f. (1823) = 8 Wheat. 1.
388 Green (and Others) v. Biddle, 21 U.S. 1, 50 (1823) = 8 Wheat. 1.
389 Green (and Others) v. Biddle, 21 U.S. 1, 50 (1823) = 8 Wheat. 1.
390 Vgl. Green (and Others) v. Biddle, 21 U.S. 1, 50 (1823) = 8 Wheat. 1.
391 Green (and Others) v. Biddle, 21 U.S. 1, 51 (1823) = 8 Wheat. 1.

bereits getroffen sei, knüpften also daran an und bestimmten eine Zahlungspflicht des Eigentümers weder für den title noch für das Land selbst bzw. natürliche Bestandteile dessen, sondern für dem title nicht innewohnende Dinge.[392] Damit widerspricht er den Klägern (vgl. oben) und argumentiert zugleich auch ausdrücklich gegen die erste Entscheidung des U.S. Supreme Court (vgl. oben Teil 1, B III 2) 2. a.). Daneben führt *Clay* hier erneut politische Argumente an: Die Zahlungsverpflichtung resultiere aus Gründen der Politik („[...] *on grounds of public policy* [...]").[393] Politische Überlegungen anzustrengen und zu verwirklichen, sei wiederum das Recht eines souveränen Staates.[394] Würde man den Compact anders auslegen, bedeutete die Gründung Kentuckys als souveräner Staat eine Farce, denn die Souveränität wäre dann ohne eine Möglichkeit ihrer Durchsetzung verliehen und die Übertragung der Hoheitsrechte von Virginia auf Kentucky wäre mit einem Verbot, diese auszuüben, erfolgt.[395] Der gesamte Themenkomplex würde der Gesetzgebungsgewalt entzogen,[396] wogegen *Clay* einen Umkehrschluss aus art. 4 des Compact of 1789 anführt.[397]

Ausdrücklich tritt er aber nicht nur der Argumentation der Kläger und des U.S. Supreme Court entgegen, die Regelung des art. 3 des Compact of 1789 müsse eine über den Schutz der titles als solche hinausgehende Bedeutung haben (oben Teil 1, B III 2) 2. a.), sondern stärkt dadurch zugleich die Argumentation *Bibbs* (vgl. oben).[398] Danach soll art. 3 des Compact of 1789 v. a. angesichts der außergewöhnlichen Situation der land titles in Kentucky erforderlich gewesen sein, im Übrigen fänden sich klarstellende Regelungen in zahlreichen weiteren Bespielen.[399] Insbesondere die große Zahl ruhender claims für dasselbe Land, die Nicht-Geltendmachung widersprechender titles und die Notwendigkeit, Landverbesserungen zu fördern, also politische Gründe, entkräfteten auch den weiteren Einwand, dem art. 3 des Compact of 1789 würde bei Anwendung der beiden Acts nur nominell entsprochen, tatsächlich würden die Rechte und Interessen aber verletzt.[400] Wenn die Acts an den title bzw. ihm innewohnende Mängel anknüpften, hätte dieser Einwand auch Gewicht; dem sei ja aber gerade nicht so,

392 Green (and Others) v. Biddle, 21 U.S. 1, 52 (1823) = 8 Wheat. 1.
393 Green (and Others) v. Biddle, 21 U.S. 1, 52 f. (1823) = 8 Wheat. 1.
394 Green (and Others) v. Biddle, 21 U.S. 1, 52 (1823) = 8 Wheat. 1.
395 Green (and Others) v. Biddle, 21 U.S. 1, 52 (1823) = 8 Wheat. 1.
396 Vgl. Green (and Others) v. Biddle, 21 U.S. 1, 51 f. (1823) = 8 Wheat. 1.
397 Vgl. Green (and Others) v. Biddle, 21 U.S. 1, 51 (1823) = 8 Wheat. 1.
398 Vgl. Green (and Others) v. Biddle, 21 U.S. 1, 53 (1823) = 8 Wheat. 1.
399 Green (and Others) v. Biddle, 21 U.S. 1, 52 (1823) = 8 Wheat. 1.
400 Green (and Others) v. Biddle, 21 U.S. 1, 54 (1823) = 8 Wheat. 1.

die Acts seien nicht nur auf Title-Inhaber, sondern universell und umfassend anwendbar.[401] Auch insoweit verweist *Clay* dann ergänzend auf die einschlägige Rechtsprechung des U.S. Supreme Court.[402]

Das im Wesentlichen schon von *Bibb* vorgebrachte Argument, es entspreche hergebrachten Grundsätzen, dass der gutgläubige Besitzer für Verbesserungen Ersatz erhalte und für rents and profits keinen solchen schulde (vgl. oben), baut *Clay* insoweit aus, als er Beispiele einschlägiger Rechtsprechung – v. a. den Fall *Southall v. M'Kean* – nennt und deutlich macht, dass dieses Prinzip nicht nur in sämtlichen vorherrschenden Rechtsordnungen der zivilisierten Welt, sondern auch im Staat Virginia im Zeitpunkt der Loslösung Kentuckys bekannt war, also Kentucky dieses nun umsetzen dürfe.[403]

Seinen Vortrag beschließt *Clay* mit der Feststellung, dass jedenfalls nicht alle der in den Acts of 1797 und 1812 getroffenen Regelungen und nicht im Falle jeder konkreten Anwendung gegen den Compact of 1789 verstießen.[404] Er betont dann nochmals die besondere Aufgabe des U.S. Supreme Court als politisches Gericht:[405] Er sei nicht nur ein das Gesetz anwendendes Gericht, sondern müsse politische Überlegungen anstrengen und Folgen seiner Entscheidungen berücksichtigen. Der Eigentumsschutz müsse allem gleichermaßen zukommen; demjenigen, was infolge eines staatlich erteilten title entstehe, wie auch dem staatlich anerkannten Eigentum an Grund und Boden. In Fällen der Vermengung von Eigentum an Land, dem Zugriff auf seinen Wert und dem rechtmäßig darin investierten Fleiß sei es Aufgabe des Gesetzgebers, eine Trennung vorzunehmen und jedem Anspruchssteller Gerechtigkeit zukommen zu lassen. Die hier in Streit stehenden Acts seien Ausfluss dieses Naturrechts hinsichtlich Besitz und körperlicher Arbeit. Es müssten daher bei Zweifelsfragen ihrer Wirksamkeit Zweckmäßigkeits- und Nützlichkeitsüberlegungen vorherrschen, soweit Fälle betroffen sind, die die anerkannte Ordnung vieler Menschen stören würden. Wenn selbst Eroberer die Religion, Gesetze, und das Eigentum der Unterworfenen anerkannten, dann würde der U.S. Supreme Court Eigentumsgesetze aus der frühen Kolonialzeit, die in Virginia angenommen worden waren und die bestätigt und durch tief verwurzelte Gewohnheit und Gebrauch durch die Menschen verstärkt wurden, anerkennen. Er stellt das Gericht damit vor die Grundsatzfrage, ob im Falle einer zweifelhaften Rechtslage

401 Green (and Others) v. Biddle, 21 U.S. 1, 53 f. (1823) = 8 Wheat. 1.

402 Green (and Others) v. Biddle, 21 U.S. 1, 54 (1823) = 8 Wheat. 1.

403 Vgl. Green (and Others) v. Biddle, 21 U.S. 1, 54 ff. (1823) = 8 Wheat. 1.

404 Vgl. Green (and Others) v. Biddle, 21 U.S. 1, 56 f. (1823) = 8 Wheat. 1.

405 Vgl. Green (and Others) v. Biddle, 21 U.S. 1, 57 f. (1823) = 8 Wheat. 1.

die anerkannte Politik eines Bundesstaates und seine Eigentumsregelungen gestört werden dürften.[406]

Mit seiner im Februar 1823 getroffenen Entscheidung bestätigte der U.S. Supreme Court seine erste insoweit ergangene Entscheidung vom März 1821 vollumfänglich (vgl. oben Teil 1, B III 2) 2. a.).[407] Er geht wiederum von einem Verstoß des Rechts Kentuckys gegen den Compact of 1789 aus.[408] Interessanter als diese Ergebnisse selbst sind für die vorliegende Untersuchung indes die mitgeteilten Entscheidungsgründe und die daraus für die Funktion und den Einfluss *Bibbs*, insbesondere aber auch *Clays* zu ziehenden Rückschlüsse (unten Teil 1, B III 2) 3. b.).

Als maßgeblich für die Beantwortung der ersten ihm vorgelegten Frage nach der Verfassungsmäßigkeit der beiden Acts of 1797 und 1812 sieht es der U.S. Supreme Court an, ob die unter dem Recht Virginias entstandenen Rechte und Interessen an dem in Kentucky liegenden Land in Anwendung dieser beiden Acts ebenso wirksam und sicher sind, wie sie es unter dem 1789 in Virginia geltenden Recht waren, was er im Ergebnis verneint;[409] und ob der vorlegende Circuit Court of Kentucky sie ggf. für verfassungswidrig erklären dürfe.[410]

Hierfür geht er zunächst der bereits von den Klägern, *Bibb* und *Clay* verschiedentlich erörterten (vgl. oben und Teil 1, B III 2) 2. a.), maßgeblichen Frage nach, inwieweit die Rechtslage nach dem Act of 1812 von der Virginias im Jahr 1789 abweicht.[411]

Der Supreme Court stellt hierfür sehr ausführlich das in Virginia zu diesem Zeitpunkt hinsichtlich des Streitgegenstands einschlägige, anwendbare Recht, beginnend mit dem Common Law Englands (allgemein zur Rezeption in den USA oben Teil 1, B III 1)), dar, um sodann festzustellen, dass ein Gesetz, das den Rechtsbehelf eines Landeigentümers zur Herausgabe des Landbesitzes oder der profits ausschließt oder durch den Wert des Landes mindernde Bedingungen und Beschränkungen erschwert, eine Verletzung des Eigentumsrechts und -interesses bedeutet.[412] Das Recht am Land umfasse notwendigerweise auch die daraus resultierenden profits, weil es sonst keinen Wert habe.[413] Unter

---

406 Vgl. Green (and Others) v. Biddle, 21 U.S. 1, 57 (1823) = 8 Wheat. 1.
407 Vgl. Green (and Others) v. Biddle, 21 U.S. 1, 107 f. (1823) = 8 Wheat. 1.
408 Vgl. Green (and Others) v. Biddle, 21 U.S. 1, 83 ff. (1823) = 8 Wheat. 1.
409 Vgl. Green (and Others) v. Biddle, 21 U.S. 1, 84 (1823) = 8 Wheat. 1.
410 Vgl. Green (and Others) v. Biddle, 21 U.S. 1, 69 (1823) = 8 Wheat. 1.
411 Vgl. Green (and Others) v. Biddle, 21 U.S. 1, 74 (1823) = 8 Wheat. 1.
412 Vgl. Green (and Others) v. Biddle, 21 U.S. 1, 74 ff. (1823) = 8 Wheat. 1.
413 Green (and Others) v. Biddle, 21 U.S. 1, 76 (1823) = 8 Wheat. 1.

Verweis auf die Gesetze Virginias und im Wesentlichen an seine eigene Argumentation aus der ersten Entscheidung (oben Teil 1, III B 2) 2. a.) und die der Kläger (vgl. oben Teil 1, B III 2) 2. a.) anknüpfend verneint er insbesondere einen selbständigen Anspruch des Landbesitzers wegen Verbesserungen auf herauszugebendes Land.[414] Erneut verweist der U.S. Supreme Court darauf, dass die Regelungen über die Sicherheitsleistung für den Ersatzanspruch wegen der Verbesserungen die Wirkungen eines Pfandrechts hätten (vgl. oben Teil 1, B III 2) 2. a.).[415]

Ebenso verneint er eine aufgrund der Grundsätze der Equity-Rechtsprechung des Court of Chancery in Virginia geltende dem Act of 1812 entsprechende Rechtslage,[416] wie sie von *Bibb* und *Clay* geltend gemacht wurde (vgl. oben). Ausdrücklich geht er dabei auf den allein von *Clay* in diesem Zusammenhang angeführten Fall *Southall v. M'Kean* ein, indem er auf dessen gänzlich unterschiedliches, zugrunde liegendes Prinzip verweist.[417]

Entsprechendes gilt nach seinen weiteren Ausführungen für die Grundsätze des Civil Law, dessen Heranziehung der Supreme Court zwar erörtert, jedoch insbesondere mangels Anerkennung in Virginia[418] (zur Anwendbarkeit in den USA allgemein oben Teil 1, B III 1)) im Ergebnis ablehnt.[419]

Umfassend geht der U.S. Supreme Court auf die zweite von ihm selbst aufgeworfene Frage ein, nämlich die der Befugnis des Circuit Court of Kentucky und seiner selbst, den Act of 1812 wegen Verstoßes gegen das Recht Virginias, somit der Verletzung einer Verpflichtung aus einem Abkommen, für nichtig zu erklären.[420] Er stellt zunächst klar, dass Maßstab dieser seiner Entscheidung nur die Bundesverfassung ist, um damit die dahingehenden Bedenken *Bibbs* wie auch *Clays* (vgl. oben) hinsichtlich seiner Zuständigkeit auszuräumen.[421] Entgegen der Argumentation *Bibbs* sei der Compact of 1789 auch ein von dem verfassungsrechtlichen Verbot, aus Abkommen resultierende Verpflichtungen beeinträchtigende Gesetze zu erlassen, geschütztes Abkommen.[422] Insbesondere die von *Bibb* und *Clay* angeführte Klausel des Compact of 1789, wonach ein tribunal

414 Vgl. Green (and Others) v. Biddle, 21 U.S. 1, 76 ff. (1823) = 8 Wheat. 1.
415 Vgl. Green (and Others) v. Biddle, 21 U.S. 1, 83 (1823) = 8 Wheat. 1.
416 Vgl. Green (and Others) v. Biddle, 21 U.S. 1, 77 ff. (1823) = 8 Wheat. 1.
417 Vgl. Green (and Others) v. Biddle, 21 U.S. 1, 77 f. (1823) = 8 Wheat. 1.
418 Green (and Others) v. Biddle, 21 U.S. 1, 79 (1823) = 8 Wheat. 1.
419 Vgl. Green (and Others) v. Biddle, 21 U.S. 1, 79 ff. (1823) = 8 Wheat. 1.
420 Green (and Others) v. Biddle, 21 U.S. 1, 69 und 90 ff. (1823) = 8 Wheat. 1.
421 Vgl. Green (and Others) v. Biddle, 21 U.S. 1, 90 (1823) = 8 Wheat. 1.
422 Vgl. Green (and Others) v. Biddle, 21 U.S. 1, 92 (1823) = 8 Wheat. 1.

für Streitigkeiten über die Bedeutung dieses Compacts ausschließlich zuständig sein soll, greife hier nicht.[423]

Recht ausführlich setzt er sich mit den Ausführungen und Argumenten *Clays* zur Verfassungswidrigkeit des Compact of 1789 (vgl. oben) auseinander:[424]

Anders als *Clay* geht der U.S. Supreme Court von der Erteilung der nach art. 1 sec. 10 der Bundesverfassung notwendigen Zustimmung des Kongresses zum Compact of 1789 aus.[425] Übereinstimmend mit ihm sieht er diese zwar als nicht formbedürftig, jedoch eine ausdrückliche Erklärung der Zustimmung für erforderlich an.[426] Während *Clay* die Zustimmung des Kongresses zur Abspaltung Teilen Virginias und Neugründung des Staates Kentucky im Februar 1791 als für eine solche Zustimmungserklärung nicht hinreichend ansah, sieht der U.S. Supreme Court darin jedoch auch eine ausdrückliche Zustimmung zu dem in Bezug genommenen Compact of 1789.[427] Würde man die Wirksamkeit dieser Erklärung verneinen, bedeutete dieses zugleich die Unwirksamkeit der Unabhängigkeit Kentuckys und damit zwangsläufig die Unwirksamkeit seiner Gesetze, womit *Clay* im Ergebnis wohl nicht zufrieden wäre.[428]

Die insoweit aufgeworfenen Bedenken hinsichtlich einer grundsätzlichen Beschränkung der Gesetzgebungsgewalt der Bundesstaaten weist das Gericht mit dem Hinweis auf die Abgabe dieser Befugnisse durch einen Akt des Volkes Kentuckys als Souverän und die Natur der Staatenunion zurück.[429]

Ausdrücklich setzt er sich aber mit einem der zahlreichen Einwände *Clays* gegen den Inhalt des Compact of 1789 auseinander; nämlich dem, dieser Compact schlösse das Legislativrecht Kentuckys hinsichtlich solcher Gesetze, die das Land betreffen, für das aus Virginia stammende titles bestehen, sogar dann aus, wenn hierfür ein öffentliches Bedürfnis bestehe.[430] Insoweit erklärt der U.S. Supreme Court, die Regelung, dass die unter dem Recht Virginias entstandenen Rechte wirksam und sicher bleiben sollten, sei eindeutig, einleuchtend und mit Zustimmung des Souveräns getroffen worden, so dass sich die Regierung Kentuckys nicht davon lösen könne, auch wenn ein darin enthaltenes Prinzip in anderer

---

423 Vgl. Green (and Others) v. Biddle, 21 U.S. 1, 90 f. (1823) = 8 Wheat. 1.
424 Vgl. Green (and Others) v. Biddle, 21 U.S. 1, 85 ff. (1823) = 8 Wheat. 1.
425 Vgl. Green (and Others) v. Biddle, 21 U.S. 1, 85 ff. (1823) = 8 Wheat. 1.
426 Vgl. Green (and Others) v. Biddle, 21 U.S. 1, 85 f. (1823) = 8 Wheat. 1.
427 Vgl. Green (and Others) v. Biddle, 21 U.S. 1, 86 f. (1823) = 8 Wheat. 1.
428 Vgl. Green (and Others) v. Biddle, 21 U.S. 1, 87 (1823) = 8 Wheat. 1.
429 Green (and Others) v. Biddle, 21 U.S. 1, 87 f. (1823) = 8 Wheat. 1.
430 Green (and Others) v. Biddle, 21 U.S. 1, 88 f. (1823) = 8 Wheat. 1.

Hinsicht vielleicht unbequem oder gar schädlich sei.[431] Es gebe keinen Grund, warum diese Zustimmung des Volkes und die damit verbundenen Konsequenzen nicht auch für die Legislative bindend sein sollten.[432] Im Übrigen sei eine solche wörtliche Auslegung des Compact of 1789, wie sie *Clay* vorgenommen habe, nicht zutreffend.[433] Ganz allgemein weist er ihn insoweit weiter daraufhin, dass eindeutige und offensichtliche Regelungen eine damit unvereinbare Auslegung nicht zuließen.[434]

Abschließend stellt der U.S. Supreme Court schließlich noch fest, dass es ihm nicht möglich gewesen sei, die Behauptung *Bibbs* (vgl. oben), sowohl die ständige Rechtsprechung der Gerichte Kentuckys wie auch dessen Regierung seien stets von der Wirksamkeit der Acts of 1797 und 1812 ausgegangen, eindeutig nachzuprüfen, dass sich deren Auffassungen aber, soweit feststellbar, mit seiner Meinung deckten.[435]

3. Die Rolle und Funktion *Clays* und *Bibbs* im Verfahren

Welche Rolle und Funktion der bereits das rehearing als Amicus curiae beantragende *Clay* in diesem Verfahren insgesamt hatte, soll im Folgenden anhand der hierfür in der Entscheidung konkret genannten Gründe für seine Zulassung (sogleich unten Teil 1, B III 2) 3. a.), der vom U.S. Supreme Court mitgeteilten Entscheidungsgründe in der Hauptsache (oben Teil 1, B III 2) 2. b.) und unter Berücksichtigung der besonderen historischen und politischen Umstände dieses Verfahrens (dazu bereits oben Teil 1, B III 2) 1.) analysierend nachvollzogen werden (unten Teil 1, B III 2) 3. b.). Ergänzend und vergleichend wird dabei auch auf die Rolle und Funktion *Bibbs* näher eingegangen, der erstmals im rehearing auftrat und der gänzlich anders als *Clay* im Schrifttum zu diesem Verfahren – soweit ersichtlich – keinerlei Beachtung findet.

a. *Die Gründe für die Zulassung* Clays *als Amicus curiae zum Verfahren und für die Stattgabe seines Antrags*

Der U.S. Supreme Court nennt in der Entscheidung seine Gründe, warum er *Clay* ausdrücklich als „*amicus curiae*“[436] zugelassen und dessen Antrag vom 12. März 1821 auf Durchführung eines rehearings stattgegeben hat, nicht direkt. Er gibt

---

431 Vgl. Green (and Others) v. Biddle, 21 U.S. 1, 89 (1823) = 8 Wheat. 1.
432 Vgl. Green (and Others) v. Biddle, 21 U.S. 1, 88 (1823) = 8 Wheat. 1.
433 Vgl. Green (and Others) v. Biddle, 21 U.S. 1, 89 (1823) = 8 Wheat. 1.
434 Green (and Others) v. Biddle, 21 U.S. 1, 89 f. (1823) = 8 Wheat. 1.
435 Vgl. Green (and Others) v. Biddle, 21 U.S. 1, 93 f. (1823) = 8 Wheat. 1.
436 Green (and Others) v. Biddle, 21 U.S. 1, 17 (1823) = 8 Wheat. 1.

lediglich die von diesem selbst in seiner Antragsschrift angeführte Begründung hierfür wieder, ohne sich mit dieser näher auseinander zu setzen, und um sodann nur noch die Stattgabe des Antrags als solche zu erklären.[437] Es ist darum davon auszugehen, dass das Gericht sich diese Argumentation zu Eigen machte.

Clay wies dabei darauf hin, dass einer Vielzahl von gutgläubigen Landbesitzern wegen der unklaren Lage der Rechte an den Ländereien, wie sie das – so wörtlich – „schlimme" Gesetzessystem des Staates Virginia verursache, durch die beiden Gesetze Kentuckys ein Ersatz für ihre zur Verbesserung erbrachten Aufwendungen und Arbeitsleistungen auf das von den wahren Eigentümern zurückgeforderte Land gewährt worden sei.[438] Dass also durch die Entscheidung in diesem Verfahren die Rechte und Interessen zahlreicher weiterer Landbesitzer in Kentucky unwiderruflich bestimmt würden, der beklagte Landbesitzer *Biddle* aber vor Gericht nicht vertreten war und somit dieser Aspekt der zu entscheidenden Frage keinerlei Berücksichtigung gefunden habe.[439] Sowohl *Clay* selbst als auch das Gericht gehen damit davon aus, dass er als Amicus curiae nicht nur im Interesse des als Beklagtem in diesem konkreten Verfahren unmittelbar und formal Beteiligten *Biddle* handelt, sondern v. a. auch in dem Interesse zahlreicher anderer Landbesitzer Kentuckys, die sich in ähnlicher Situation befinden. Denn auch für sie hätte diese Entscheidung des obersten Bundesgerichts nicht zuletzt wegen der bindenden Wirkung als *precedent* (vgl. dazu oben Teil 1, B II 3)) Auswirkungen.

Damit einher geht folglich auch ein Handeln im allgemeinen öffentlichen Interesse, denn einerseits erfolgt die Entstehung bindender Entscheidungen, die die Rechtslage in einer Gesellschaft wesentlich ausgestalten, idealerweise in Kenntnis aller tatsächlichen Umstände und unter Berücksichtigung aller rechtlichen Aspekte (vgl. bereits oben Teil 1, B II 3) und 1)) und andererseits war gerade die unklare tatsächliche und rechtliche Situation des Landeigentums Gegenstand eines anhaltenden Konflikts zwischen Kentucky und Virginia (dazu sogleich Teil 1, B III 2) 3. b.).

Inwieweit diese ausdrücklich genannte Mehrfachfunktion als Amicus curiae im Rahmen des weiteren Verfahrens auch tatsächlich ausgeübt wurde und sich niedergeschlagen hat, sowie die (weitere) Rolle, die ihm – und *Bibb* – darin konkret zukam, ist Gegenstand der nachfolgenden Darstellungen (unten Teil 1, B III 2) 3. b.).

---

437 Green (and Others) v. Biddle, 21 U.S. 1, 18 (1823) = 8 Wheat. 1.

438 Green (and Others) v. Biddle, 21 U.S. 1, 18 (1823) = 8 Wheat. 1.

439 Green (and Others) v. Biddle, 21 U.S. 1, 18 (1823) = 8 Wheat. 1.

b. *Nähere Analyse, insbesondere anhand der Entscheidungsgründe des U.S. Supreme Courts*

Welche Rolle *Clay* und dem im Verfahren erstmals im rehearing im März 1822 in Erscheinung tretenden *Bibb* dort zukam, ist aus der im Februar 1823 ergangenen Entscheidung des U.S. Supreme Court nicht ohne Weiteres ersichtlich.

Anders als im Zusammenhang mit seinem Antrag im März 1821 auf Durchführung dieses rehearings wird *Clay* in diesem zudem nicht mehr ausdrücklich als „*amicus curiae*“[440] bezeichnet, sondern – ebenso wie *Bibb* – als „*counsel for the tenant*“, „*counsel*“ oder „*opposite counsel*“.[441] Im Gegensatz zu den beiden Klägervertretern, die jeweils klar als solche benannt sind („*for the demandant*“)[442], werden *Bibb* und *Clay* aber auch nicht als Beklagtenvertreter, sondern nur allgemein als mit ihrer vertretenen Ansicht gleichermaßen auf der Gegenseite stehend („*contra*“; „*opposite counsel*“)[443] bezeichnet. Und so überzeugt es nicht, wenn beide in Teilen des Schrifttums offenbar, wenn auch nicht völlig widerspruchsfrei und insbesondere ohne nähere Begründung, als *anwaltliche* Vertreter des Beklagten *Biddle* im rehearing angesehen werden.[444] Ursache dieser Annahme könnte sein, dass der Beklagte *Biddle* im Dezember 1822, also ca. neun Monate nach dem rehearing und zwei Monate vor dem Ergehen der Entscheidung des U.S. Supreme Court, eine Urkunde über die Erteilung einer Prozessvollmacht für dieses Verfahren an *Clay* und einen gewissen *Rowan* ausstellte,[445] sowie *Clay* damit zusammenhängende Unterlagen zukommen ließ[446]. Ferner dass *Clay* und besagter *Rowan* unmittelbar nach Ergehen der zweiten Entscheidung einen (erfolglosen) Antrag auf Wiederaufnahme des Verfahrens stellten.[447] Ungeachtet der Tatsache, dass diese Ereignisse erst deutlich nach dem für die tatsächliche Verfahrensrolle entscheidenden rehearing stattfanden, sprechen die besseren Gründe hier doch dafür, sowohl *Clay* als auch *Bibb* nicht als Prozessvertreter einzuordnen. So betrachteten und bezeichneten sie

440 Green (and Others) v. Biddle, 21 U.S. 1, 17 (1823) = 8 Wheat. 1.

441 Green (and Others) v. Biddle, 21 U.S. 1, 77, 85 ff. passim (1823) = 8 Wheat. 1.

442 Green (and Others) v. Biddle, 21 U.S. 1, 18 und 58 (1823) = 8 Wheat. 1.

443 Vgl. Green (and Others) v. Biddle, 21 U.S. 1, 31 sowie 38 und 85 (1823) = 8 Wheat.1.

444 Vgl. *Baxter*, Henry Clay the lawyer, 2000, S. 35 und 37 ff., 43, 48, 79 f., 86 und 91 (ohne insoweit auch auf *Bibb* eingehend); ferner *ders.*, Henry Clay and the American System, 1995, S. 44 f.

445 Vgl. Power of Attorney from Richard Biddle (24. Dez. 1822), in: Hopkins/Hargreaves (Hrsg.), The Papers of Henry Clay, Vol. 3, 1963, S. 342.

446 Vgl. Brief von Richard Biddle v. 25. Dez. 1822, in: Hopkins/Hargreaves (Hrsg.), The Papers of Henry Clay, Vol. 3, 1963, S. 343 f.

447 Vgl. Brief an Francis T. Brooke v. 9. März 1823, in: Hopkins/Hargreaves (Hrsg.), The Papers of Henry Clay, Vol. 3, 1963, S. 392 f. (dort Fn. 1).

sich nicht nur selbst als *„friend of the court“*.[448] Neben ihrem jeweiligen Vortrag und ihrer Argumentationsweise, dem Umgang der Kläger und des Gerichts hiermit sowie ihrem außergerichtlichen Handeln sprechen mehr noch die Vielfalt und Art der von ihnen, insbesondere von *Clay*, im Verfahren wahrgenommenen Funktionen (dazu noch im Folgenden näher) für die Rolle beider als Amici curiae.[449]

Neben den bereits oben verschiedentlich aufgezeigten Unterschieden in den Argumentationsweisen *Bibbs* und *Clays* (vgl. oben Teil 1, B III 2) 2. b.), auf die in anderem Zusammenhang noch näher eingegangen werden soll, sei an dieser Stelle ausdrücklich nur noch auf einen weiteren Umstand hingewiesen, der deutlich macht, dass es sich bei beiden trotz der bestehenden Gemeinsamkeiten und ihres Handelns *„on the same side“*[450] um durchaus auch selbständig agierende Prozessteilnehmer mit unterschiedlichen Schwerpunkten in ihrem Vortrag und damit auch im Hinblick auf ihre konkrete Verfahrensfunktion handelt: *Bibb* erwiderte mit seinem Vortrag unmittelbar auf den Klägervortrag, während *Clays* Ausführungen sich erst in den nächsten zwei Sitzungen anschlossen.[451] Überdies knüpft *Bibb* mit seinem Vorbringen wie gesehen auch inhaltlich deutlich an den Vortrag der Kläger und die erste Entscheidung des U.S. Supreme Court an, während *Clays* Argumentation umfassender ist, sich davon löst und allgemeinpolitischer ausgerichtet ist (vgl. oben Teil 1, B III 2) 2. b. und im Folgenden). Berücksichtigt man in diesem Zusammenhang zudem, dass der Antrag *Clays* als Amicus curiae auf Durchführung dieses rehearings gerade damit begründet wurde, dass die erste Entscheidung ohne rechtliche Vertretung des Beklagten *Biddle* erging (oben Teil 1, B III 2) 3. a.), eine solche aber auch zu diesem Zeitpunkt nicht bestand, so wird nicht nur klar, dass *Clay* in seiner Funktion als Amicus curiae auch in dessen Interesse handelte, sondern dass dieses aus den soeben genannten Gründen vielmehr noch auf *Bibb* zutreffen muss.

---

448 Report von Clay und Bibb an die Kentucky General Assembly (ca. 13. Mai 1822), in: Hopkins/Hargreaves (Hrsg.), The Papers of Henry Clay, Vol. 3, 1963, S. 207, 208: „[...] *we appeared before the supreme court of the United States, as friends of the court, and we were heard upon the various questions involved in the case of Green against Biddle.*“.

449 Im Ergebnis ebenso, jedoch ohne auch auf die Rolle *Bibbs* eingehend und ohne Begründung: Vgl. *Angell*, 16 Int. Comp. L. Qu. 1017, 1018 (1967); *Krislov*, 72 Yale L. J. 694, 701 (1963); *Lowman*, 41 AULR 1243, 1254 f. (1992); *Wiggins*, 7 Cumb. L. Rev. 293, 296 (1976–1977).

450 Green (and Others) v. Biddle, 21 U.S. 1, 38 (1823) = 8 Wheat. 1.

451 Report von Clay und Bibb an die Kentucky General Assembly (ca. 13. Mai 1822), in: Hopkins/Hargreaves (Hrsg.), The Papers of Henry Clay, Vol. 3, 1963, S. 207, 208 (dort Fn. 5).

Wie vielfältig die Funktion der Rechtsfigur des Amicus curiae in diesem Verfahren bereits ist, wird besonders deutlich an dem Vortrag und der Argumentationsweise des aus diesem Grund im Fokus der Betrachtung stehenden *Clay* (vgl. dazu und zum Folgenden oben Teil 1, B III 2) 2. b.):

Indem *Clay* sich auch mit den Gründen aus der ersten Entscheidung in diesem Fall kritisch auseinandersetzt und auf frühere Entscheidungen des U.S. Supreme Courts und die Rechtsprechung anderer Gerichte hinweist, überschreitet er die Grenze von einem nicht mehr nur neutralen, sondern parteiischen Informanten. Dieses insbesondere dann, wenn er zwar nicht ausdrücklich die Argumentation des v. a. die Interessen des Beklagten wahrenden *Bibb* aufgreift, aber inhaltlich deutlich an diese anknüpft, sie weiterentwickelt und durch Aufzeigen weiterer Aspekte oder den Verweis auf geltende einschlägige precedents stärkt.

Dementsprechend fand eine dezidierte Replik auf seine Ausführungen, wie auch auf die *Bibbs*, insbesondere zur Frage der Auslegung des art. 3 des Compact of 1789 und die einer Verletzung der Souveränitätsrechte Kentuckys seitens der Kläger statt.[452]

Auch insoweit stellt dieses Verfahren einen Ausnahmefall dar, wurden Parteiinteressen vertretende Amici curiae in der Folgezeit doch lange als unzulässig betrachtet (vgl. unten Teil 1, B III 3) 1.).[453]

Ebenso wie *Bibb* handelt auch *Clay* letztlich mit dem Ziel, den U.S. Supreme Court von der Verfassungsmäßigkeit und Gültigkeit der beiden Acts of 1797 und 1812 des Staates Kentucky zu überzeugen, er verfolgt dabei jedoch eine gänzlich eigenständige Argumentationsstruktur und Schwerpunktsetzung, nämlich die Unzuständigkeit des Gerichts und v. a. die Verfassungswidrigkeit des Compact of 1789 zu begründen (dazu oben Teil 1, B III 2) 2. b. sowie sogleich). Er zeigt seinem Antrag vom März 1821 entsprechend gerade auch die über das konkrete Verfahren hinaus mit der Entscheidung verbundenen Konsequenzen, insbesondere für die anderen sich in ähnlicher Lage befindenden Landbesitzer Kentuckys, deutlich auf. Dieser Amicus curiae argumentiert denn auch gleichsam auf einer „höheren Ebene", indem er beispielweise die rechtspolitischen Aspekte der konkreten Rechtsfragen und ebensolche Wirkungen der Entscheidung erstmals benennt oder weiter ausführt. Er stellt die politische Bedeutung und die Sonderrolle des U.S. Supreme Courts als nicht nur rechtsanwendendes Gericht wiederholt heraus und konfrontiert dieses mit Grundsatzfragen, um es zu einer daran

452 Vgl. Green (and Others) v. Biddle, 21 U.S. 1, 58 ff. (1823) = 8 Wheat. 1.
453 *Krislov*, 72 Yale L. J. 694, 701 (1963).

orientierten Entscheidungsfindung zu bewegen. Zudem stellt er dem Gericht sein besonderes Hintergrundwissen als aus Virginia stammender, in Kentucky ansässiger und auf Grundstücksrecht spezialisierter Anwalt und Berufspolitiker dieser Zeit zur Verfügung (oben Teil 1, B III 2) 1.),[454] indem er beispielweise die Entstehungsgeschichte und Auslegungsmöglichkeit des Compact of 1789 oder die besondere Lage der Landbesitzer Kentuckys in der gegenwärtigen Situation des unklaren Grundstücksrechts im Allgemeinen aufzeigt. Insoweit übt er seine ursprüngliche Funktion als neutraler Informant des Gerichts und im öffentlichen Interesse an einer „richtigen" Entscheidung aus (vgl. oben Teil 1, B II 1) und 3)), dieses gerade auch im Hinblick auf den besonderen Hintergrund der Person *Clays*, der zusätzliches Gewicht verleiht.

Insbesondere vertritt er dabei aber v. a. auch die Interessen des Bundesstaates Kentucky, dessen Acts of 1797 und 1812 hier auf ihre Verfassungskonformität überprüft werden, der aber selbst nicht am Verfahren beteiligt ist. *Krislov* reduziert die Rolle *Clays* sogar auf genau diese eine Funktion allein.[455] Dass dieses zumindest eine ganz wesentliche Aufgabe insbesondere *Clays* in diesem Verfahren war, machen wiederum sein persönlicher und politischer Hintergrund und seine Argumentation deutlich. Der leitende Gedanke, der in vielfältiger Weise bei seinen insgesamt allgemein-politisch ausgerichteten Argumenten wiederholt zum Ausdruck kommt, ist der der Wahrung der Souveränität(srechte) der einzelnen, neugegründeten Staaten innerhalb der Staatenunion: Hingewiesen sei an dieser Stelle nur auf seine Ausführungen zur seiner Ansicht nach materiellen Verfassungswidrigkeit des Compact 1789 wegen einer unzulässigen Beschränkung der Souveränitätsrechte Kentuckys.

Clay indes versuchte nicht nur als Amicus curiae in diesem Verfahren selbst, die Rechte Kentuckys zu wahren, sondern verfolgt dieses Interesse darüber hinaus auch außergerichtlich, grundsätzlich und wiederum in Kooperation mit *Bibb* im Rahmen des auf politischer Ebene geführten Streits zwischen Kentucky und Virginia (vgl. bereits oben Teil 1, B III 2) 1.): Infolge der unklaren tatsächlichen und rechtlichen Lage hinsichtlich des Landeigentums und dessen allgemeiner politischer Bedeutung (oben Teil 1, B III 1)) kam es nach der Neugründung Kentuckys immer wieder zu Differenzen mit dem Mutterstaat Virginia, als deren Kristallisation das hier im Mittelpunkt des Interesses stehende Verfahren

454 Den erheblichen Einfluss, den Anwälte in der frühen Geschichte des U.S. Supreme Court auf die Entwicklung des Rechts hatten, betont ausdrücklich *Baxter*, Henry Clay the lawyer, 2000, S. 4.

455 *Krislov*, 72 Yale L. J. 694, 700 (1963).

angesehen werden kann.[456] Teilweise wird der Fall *Green (and Others) v. Biddle* sogar als von nicht klagebefugten Verfahrensunbeteiligten mit dem Ziel der Herbeiführung einer gerichtlichen Entscheidung nur vorgeschoben beurteilt (vgl. dazu noch unten).[457] Und so wurden im Dezember 1821, also zwischen dem erfolgreichen Antrag auf und tatsächlich erfolgter Durchführung des rehearings, *Clay* und *Bibb* offiziell beauftragt, für den Staat Kentucky mit Virginia eine Einigung und Lösung der infolge seiner Gesetze zum Landbesitz und der Entscheidung des U.S. Supreme Courts hierzu entstandenen Probleme auszuhandeln.[458] *Clay* und *Bibb* hielten sich daher ab Januar 1822 in Richmond, Virginia, auf, um – so wörtlich – dem geschenkten „öffentlichen Vertrauen" nachzukommen.[459] Beide Staaten traten sodann in Verhandlungen ein, die schließlich am 7. Februar 1822 in einen Vergleichsvorschlag Kentuckys mündeten, nach dem Virginia entweder durch Beschluss oder förmliches Gesetz anerkennen sollte, dass der Compact of 1789 die Gesetzgebungshoheit Kentuckys nicht derart einschränken sollte und einschränkt, dass es die Acts of 1797 und 1812 nicht erlassen konnte, oder gemeinsam mit Kentucky eine Kommission gemäß art. 8 des Compact of 1789 bilden sollte, die über die Wirksamkeit der beiden Acts entscheidet.[460] Und obwohl dieser Vorschlag keine Zustimmung fand,[461] lassen die von *Clay* in der vor der insoweit entscheidungsbefugten Virginia General Assembly gehaltenen Rede hierzu gemachten Ausführungen für die Frage seiner Rolle in dem Verfahren *Green (and Others) v. Biddle* doch interessante Rückschlüsse zu:[462] Denn seine Begründung für den unterbreiteten Vergleichsvorschlag ist nahezu identisch mit seiner Argumentation im ca. einen Monat später vor dem U.S. Supreme

456 Vgl. *Baxter*, Henry Clay and the American System, 1995, S. 44 f.; *ders.*, Henry Clay the lawyer, 2000, S. 2, 38.

457 *Baxter*, Henry Clay and the American System, 1995, S. 45; *ders.*, Henry Clay the lawyer, 2000, S. 38 f. und 48.

458 Credential as Commissioner (22. Dez. 1821), in: Hopkins/Hargreaves (Hrsg.), The Papers of Henry Clay, Vol. 3, 1963, S. 151.

459 Brief Clays und Bibbs an Thomas M. Randolph (= Gouverneur Virginias; Anm. der Verf.) v. 31. Jan. 1822, in: Hopkins/Hargreaves (Hrsg.), The Papers of Henry Clay, Vol. 3, 1963, S. 158: „[…] *we have arrived here, in order to execute the public trust confided to us.*".

460 Schreiben Clays und Bibbs an die Virginia General Assembly (7. Febr. 1822), in: Hopkins/Hargreaves (Hrsg.), The Papers of Henry Clay, Vol. 3, 1963, S. 160 f.

461 Resolutions from Virginia General Assembly (2. März 1822), in: Hopkins/Hargreaves (Hrsg.), The Papers of Henry Clay, Vol. 3, 1963, S. 176 f.

462 Vgl. Speech to the Virginia General Assembly (7. Febr. 1822), in: Hopkins/Hargreaves (Hrsg.), The Papers of Henry Clay, Vol. 3, 1963, S. 161 ff.

Court stattfindenden rehearing (vgl. oben Teil 1, B III 2) 2. b.): Er stellt zwar insoweit nicht die Verfassungsmäßigkeit des Compact of 1789 selbst in Frage, im Zentrum seiner Ausführungen steht aber bereits hier sein Argument, die Souveränität Kentuckys setze eine Gesetzgebungshoheit voraus, die den Erlass der Acts of 1797 und 1812 umfasse, weshalb über die Frage eines ggf. angenommenen Widerspruchs zum Compact of 1789 jedenfalls und generell durch das nach Art. 8 des Compact of 1789 vorgesehene tribunal zu entscheiden sei.[463] Gleichermaßen legte er auch hier schon die Notwendigkeit der Regelungen der beiden Acts in der unklaren Lage des Landeigentums und deren Gerechtigkeit dar:[464] Er verweist auf das frühere Recht Virginias, insbesondere den Fall *Southall v. M'Kean*, und die politische Bedeutung des Schutzes des Besitzers durch einen gerechten Ausgleich mit dem Eigentümer im Hinblick auf die Urbarmachung des Landes als existenzielle Voraussetzung des wachsenden Staates Kentucky. Ebenso erfolgten seine Ausführungen zur Vereinbarkeit der beiden Acts mit dem Compact of 1789, zur Auslegung von dessen art. 3 und seines Tatbestandsmerkmals *„rights and interests"* sowie sein Argument des Umkehrschlusses aus art. 4 des Compact of 1789 und schließlich sein Hinweis auf die sonst fehlende Gesetzgebungshoheit hinsichtlich des gesamten Themenkomplexes „Grundstücksrecht" bereits in diesem Rahmen.[465]

Betrachtet man Zeitpunkt und Argumentationsweise bei der Wahrnehmung des Auftrages seitens Kentuckys und vergleicht dieses mit dem Auftritt *Clays* und *Bibbs* vor dem U.S. Supreme Court, so wird deutlich, dass es sich hierbei letztlich um die Verfolgung ein und desselben Ziels auf zwei Wegen handelt: Die Wahrung der Souveränitätsrechte, genauer der Gesetzgebungshoheit Kentuckys im Hinblick auf die beiden Acts of 1797 und 1812. Und so spricht *Justice Johnson* in seiner dissenting opinion (Sondervotum) auch von den *„die Belange des Staates wahrenden Herren"*.[466]

Bestätigung findet dieses weiter in einem Bericht *Clays* und *Bibbs* an die Kentucky General Assembly über den Fortgang ihres Auftrages, in dem sie über ihren erfolglosen ersten Versuch einer Einigung mit Virginia und ihren anschließenden

---

463 Vgl. Speech to the Virginia General Assembly (7. Febr. 1822), in: Hopkins/Hargreaves (Hrsg.), The Papers of Henry Clay, Vol. 3, 1963, S. 161, 163 und 168 f.

464 Vgl. Speech to the Virginia General Assembly (7. Febr. 1822), in: Hopkins/Hargreaves (Hrsg.), The Papers of Henry Clay, Vol. 3, 1963, S. 161, 163 f.

465 Vgl. Speech to the Virginia General Assembly (7. Febr. 1822), in: Hopkins/Hargreaves (Hrsg.), The Papers of Henry Clay, Vol. 3, 1963, S. 161, 167 ff.

466 Green (and Others) v. Biddle, 21 U.S. 1, 96 (1823) = 8 Wheat. 1.: „[...] *one of the gentlemen who appeared on behalf of the State* [...]".

Auftritt als Amici curiae vor dem Supreme Court, dessen Entscheidung indes noch unsicher sei, informieren.[467] Ferner wird im Zuge der weiteren Bemühungen insbesondere *Clays*, eine Lösung der Differenzen mit Virginia durch Bildung einer gemeinsamen Kommission zu finden,[468] deutlich, dass er sich davon auch eine unmittelbare Rückwirkung auf das Verfahren *Green (and Others) v. Biddle* verspricht, dass dieses also allgemein als Ausfluss des v. a. generellen politischen Konflikts angesehen wird.[469] Und so beschreibt *Clay* später konsequent die Reaktion auf das die Nichtigkeit der beiden Acts of 1797 und 1812 erklärende Urteil als Enttäuschung der Menschen in Kentucky,[470] nicht des Beklagten *Biddle*.

In diesem die Argumentation *Clays* bestimmenden Gedanken der Wahrung der Souveränität(srechte) der einzelnen, neugegründeten Staaten innerhalb der Staatenunion lag überdies auch das für ihn im Missouri-Konflikt entscheidende Problem, das ihn seit 1818, v. a. aber in den letzten Monaten bis zum *Missouri-Compromise* im Februar 1821 sehr beschäftigte (vgl. oben Teil 1, B III 2) 1.) und das sich in diesem Verfahren, wenn auch in anderem Zusammenhang, spätestens mit dem ersten Urteil des U.S. Supreme Courts vom März desselben Jahres erneut stellte. So zog *Clay* später selbst ausdrücklich – wenn auch in etwas anderem Zusammenhang – die Parallele dieses politischen Prozesses einerseits und dem Zivilverfahren *Green (and Others) v. Biddle* andererseits.[471]

Denn der Ausgang dieses Verfahrens war nicht nur von unmittelbarer Bedeutung für die Prozessparteien, die Landbesitzer in ähnlicher Lage und den Konflikt zwischen den beiden Bundesstaaten Kentucky und Virginia (vgl. oben); er hatte mittelbar auch erhebliche Auswirkungen auf die Wirksamkeit des gerade so mühsam erarbeiteten *Missouri-Compromise* und barg damit eine besondere Gefahr für das Bestehen der Staatenunion insgesamt: Käme der U.S. Supreme Court als höchstes US-amerikanisches Gericht zu dem Ergebnis, dass die Acts of 1797

---

467 Vgl. Report von Clay und Bibb an die Kentucky General Assembly (ca. 13. Mai 1822), in: Hopkins/Hargreaves (Hrsg.), The Papers of Henry Clay, Vol. 3, 1963, S. 207 ff.

468 Vgl. dazu Hopkins/Hargreaves (Hrsg.), The Papers of Henry Clay, Vol. 3, 1963, S. 177 ff. passim.

469 Report Clays an die Kentucky General Assembly (22. Okt. 1822), in: Hopkins/Hargreaves (Hrsg.), The Papers of Henry Clay, Vol. 3, 1963, S. 301, 302.

470 Brief an Francis T. Brooke v. 9. März 1823, in: Hopkins/Hargreaves (Hrsg.), The Papers of Henry Clay, Vol. 3, 1963, S. 392.

471 Speech to the Virginia General Assembly (7. Febr. 1822), in: Hopkins/Hargreaves (Hrsg.), The Papers of Henry Clay, Vol. 3, 1963, S. 161, 168: „[...] *This was our doctrine on the memorable Missouri Question.* [...]".

und 1812 gegen die Bestimmungen des Compact of 1789, insbesondere dessen art. 7, verstießen und daher nichtig seien, bedeutete dieses zugleich, dass dieser Compact of 1789 verfassungsgemäß sei, also dem Bundesstaat Kentucky im Zuge der Ausgründung seitens Virginia rechtmäßig verbindliche Vorgaben hinsichtlich seiner Eigentumsordnung gemacht worden seien. Das hieße aber in der Konsequenz, dass eine Beschränkung der Souveränität der einzelnen Bundesstaaten der Union insoweit prinzipiell möglich ist, als der Mutterstaat seinem Tochterstaat bei der Ausgründung für die Zukunft zwingend eine Rechtsordnung vorgeben kann. Diese Grundsätze gälten dann entsprechend auch für die Frage, ob ein neuer Bundesstaat die Sklaverei zulässt oder nicht – der Mutterstaat dürfte diese Frage für den ausgegründeten Bundesstaat verbindlich beantworten. Dieses aber entzöge dem *Missouri-Compromise* die Grundlage und beraubte ihn damit seiner Wirksamkeit; es würde durch eine solche Entscheidung die so mühsam hergestellte, fragile Einheit der Staatenunion erneut erheblich gefährdet.

Obgleich die Amici curiae im Ergebnis die erstrebte Entscheidung nicht erreichten, erfüllten sie doch ihre eigentlichen Funktionen im Verfahren, sie brachten die verschiedenen betroffenen Interessen, insbesondere das öffentliche Interesse, im rehearing zur Geltung. So setzt sich der U.S. Supreme Court bemerkenswerterweise in den Entscheidungsgründen gleichermaßen mit den Argumenten und Einwänden von Klägern und Amici curiae auseinander (vgl. oben Teil 1, B III 2) 2. b.). Besonders deutlich ist dieses im Rahmen seines Vergleichs der Rechtslage in Virginia im Jahre 1789 und der nach dem Act of 1812, wenn er die Einschlägigkeit des allein von *Clay* als Amicus curiae angeführten Falls *Southall v. M'Kean* verneint.[472] Noch deutlicher wird das diesem Amicus curiae zukommende Gewicht in der Verhandlung daran, dass und wie ausführlich der U. S. Supreme Court die Frage der Verfassungsmäßigkeit des Compact of 1789 aufgreift:[473] Dezidiert nimmt er zur Frage des verfassungsgemäßen Zustandekommens und der Voraussetzung einer wirksamen Zustimmung des Kongresses hierfür sowie der inhaltlichen Zulässigkeit im Hinblick auf die Souveränitätsrechte Kentuckys Stellung.

4. Zusammenfassung der Erkenntnisse aus dem Verfahren *Green (and Others) v. Biddle*

Bereits in diesem frühen Verfahren, in dem die Rechtsfigur des Amicus curiae erstmals in der US-amerikanischen Rechtsordnung Anwendung fand, zeigte sich die Vielfältigkeit ihrer Funktionen.

---

472 Vgl. Green (and Others) v. Biddle, 21 U.S. 1, 77 f. (1823) = 8 Wheat. 1.

473 Vgl. Green (and Others) v. Biddle, 21 U.S. 1, 85 ff. (1823) = 8 Wheat. 1.

Dabei räumte ihr der U.S. Supreme Court zudem sehr weitgehende Befugnisse ein, indem er *Clay* als Amicus curiae ein prozessuales Antragsrecht derart zugestand, dass dieser nach bereits ergangenem Urteil erfolgreich die Durchführung eines rehearing verlangen konnte.

In diesem rehearing vertrat *Clay* als Amicus curiae vornehmlich die Interessen des Staates Kentucky, insbesondere dessen Souveränitätsrecht in Form der Gesetzgebungshoheit, daneben aber auch das weitere öffentliche Interesse an einer richtigen gerichtlichen Entscheidung, sowie die Parteiinteressen des Beklagten *Biddl*e, der keinen Prozessvertreter im Verfahren hatte, und die Interessen der Landbesitzer Kentuckys in ähnlicher Lage.

Die historischen und politischen Hintergründe des Verfahrens machen deutlich, dass daneben insbesondere auch das öffentliche Interesse der gesamten Staatenunion, die Wirksamkeit des *Missouri Compromise* durch die Entscheidung dieses Zivilverfahrens nicht mittelbar in Frage zu stellen, verfolgt wurde.

Auch bei dem im rehearing erstmals auftretenden *Bibb* handelt es sich um einen die genannten Interessen wahrenden Amicus curiae, wobei bei ihm die Wahrung der Parteiinteressen des Beklagten *Biddle* im Vordergrund steht.

3) Die weitere Entwicklung der Rechtsfigur des Amicus curiae im US-amerikanischen Zivilrecht bis heute

Seit dem ersten Verfahren unter Beteiligung eines Amicus curiae im US-amerikanischen Common Law, dem Fall *Green (and Others) v. Biddle* (dazu soeben Teil 1, B III 2)), hat diese Rechtsfigur mehrere, sich teilweise überschneidende Entwicklungsphasen durchlebt, die dem Rahmen dieser Arbeit entsprechend im Überblick dargestellt werden; im Fokus des Interesses steht dabei der Amicus curiae in Verfahren vor dem U.S. Supreme Court.

1. Die erste Entwicklungsphase der „Etablierung“

Will man die Entwicklung der Rechtsfigur des Amicus curiae zeitlich systematisieren, so ist die erste Phase – beginnend mit der Entscheidung *Green (and Others) v. Biddle* und bis Mitte der 1940er Jahre, insbesondere dem Verfahren *Universal Oil Products Co. v. Root Refining Co.*[474], reichend – wohl die einer fortschreitenden „Etablierung“.

Das durch das adversary system bedingte Problem der häufig als unzureichend wahrgenommenen Berücksichtigung von Drittinteressen im Zivilverfahren (vgl. dazu oben Teil 1, B II 2)) erfuhr durch die Komplexität der föderalen

474 328 U.S. 575 (1946).

Struktur der USA noch eine Verstärkung, denn neben einer erhöhten Zahl anderer öffentlicher Interessen wollten insbesondere die Interessen der USA und der einzelnen Bundesstaaten unter dieser Rechtsordnung gewahrt sein.[475] Auch der föderale Aufbau der Gerichtsbarkeit in einerseits Bundesgerichte, andererseits Gerichte der Bundesstaaten und das besondere Gewicht des U.S. Supreme Courts mit seinen besonderen Zuständigkeitsregelungen darin führten dazu, dass die Verfassungsmäßigkeit von Gesetzen der Staaten zunehmend innerhalb von Privatrechtsstreitigkeiten, aber ohne Beteiligung der Bundesstaaten überprüft wurde.[476] Da sich zu diesem Zeitpunkt noch keine verlässlichen geschriebenen oder ungeschriebenen Regelungen zu dieser sich stellenden Verfahrensfrage herausgebildet hatten, machten die Gerichte von ihrem Ermessen in weitem Umfang Gebrauch und führten dieses Problem so einer Vielzahl verschiedener prozessualer Lösungen zu, die sich – typisch für diese Zeit (vgl. oben Teil 1, B III 1)) – indes v. a. durch den dahinter stehenden Pragmatismus im Einzelfall sowie die hohe Flexibilität und weniger durch eine gemeinsame juristisch-dogmatische Grundlage auszeichneten.[477]

In der Folgezeit ließ der U.S. Supreme Court infolgedessen und immer noch allein auf Grundlage seines Ermessens in zunehmendem Maße zunächst staatliche Vertreter, insbesondere den Attorney General (Justizminister) der USA bzw. eines Bundesstaates, ab den 1880er Jahren aber auch deren anwaltliche Vertreter als Amici curiae im öffentlichen Interesse zu.[478]

Daneben fand mehr und mehr auch eine Öffnung gegenüber Amici curiae statt, die die Interessen Privater vertraten:[479] Insbesondere durften diese die Ansichten der in ähnlichen, in niedrigerer Instanz anhängigen Verfahren beteiligten Parteien darlegen. Sah man zu Beginn dieser Entwicklung noch allein den v. a. dem Gericht verbundenen Anwalt als Amicus curiae an, trat dieser spätestens 1919 in dem Verfahren *Hamilton v. Kentucky Distil. Warehouse Co.*[480] nicht nur dem (öffentlichen) Interesse Washington, D.C. dienend, sondern ausdrücklich *auch* im Namen der privaten National Association of Distillers and Wholesale Dealers, seines Mandanten, auf. Ab den 1930er Jahren war dann der konsequente nächste Schritt hin zu einem die Belange einer Interessengemeinschaft offen vertretenden

---

475 *Angell*, 16 Int. Comp. L. Qu. 1017, 1022 (1967); *Krislov*, 72 Yale L. J. 694, 700 (1963); vgl. auch *Lowman*, 41 AULR 1243, 1250 ff. (1992).

476 *Hirte*, ZZP 104 (1991) 11, 15 f.; *Krislov*, 72 Yale L. J. 694, 697 ff. (1963).

477 Vgl. *Krislov*, 72 Yale L. J. 694, 699 ff. (1963).

478 Vgl. *Hirte*, ZZP 104 (1991) 11, 16 ff.; *Krislov*, 72 Yale L. J. 694, 701 ff. (1963).

479 Vgl. zum Folgenden *Krislov*, 72 Yale L. J. 694, 702 ff. (1963).

480 40 Sup. Ct. 107 (1919) – zit. nach *Krislov*, 72 Yale L. J. 694, 703 (1963).

und eine Partei unterstützenden Amicus curiae vollzogen.[481] Voraussetzung für den Zulassungsantrag eines private Interessen wahrnehmenden Amicus curiae war nach der im Jahr 1937 erstmals erfolgten Regelung dieser Rechtsfigur die Zustimmung der Prozessparteien, die indes bereits zuvor routinemäßig eingeholt worden war und im Falle einer Verweigerung keinen Ausschlussgrund für die Zulassung bildete.[482] Die dem geschilderten Prozess zugrunde liegende, bis dato recht informelle Handhabung führte außerdem dazu, dass nicht mehr wie bisher der sich mündlich oder schriftlich an das Gericht wendende Rechtsvertreter als der eigentliche Amicus curiae betrachtet wurde, sondern die dahinter stehende Person, also der Vertretene, so dass einige Instanzgerichte diesen wegen allzu großer Parteilichkeit nicht mehr zuließen.[483]

Der U.S. Supreme Court indes verzichtete im Jahr 1946 in der Entscheidung *Universal Oil Products Co. v. Root Refining Co.*[484] ausdrücklich auf die Voraussetzung der Unparteilichkeit, ließ es vielmehr genügen, wenn der Amicus curiae dem Gericht *und* einer Partei diente. Auf diesen wichtigen und einen weiteren Meilenstein in der Entwicklung des Amicus curiae darstellenden Fall soll daher hier näher eingegangen werden. Dabei ging es in dieser Entscheidung nicht unmittelbar um die Zulässigkeit der Beteiligung eines Amicus curiae als solchen, im Vordergrund stand vielmehr die Rechtmäßigkeit der Kostenentscheidung eines Rechtsmittelgerichts.

Die Klägerin, die *Universal Oil Products Co.*, wandte sich in einem Writ-of-Certiorari-Verfahren (Rechtsmittelverfahren; vergleichbar dem deutschen Revisionsverfahren) gegen die Auferlegung von in der Vorinstanz entstandenen Kosten (Gebühren und Auslagen) eines sog. master und einiger Amici curiae durch den U.S. Court of Appeals for the Third Circuit (im Folgenden: Circuit Court of Appeals):[485] Die Klägerin hatte sich in mehreren miteinander verbundenen, u. a. gegen die *Root Refining Co.* gerichteten Verfahren erfolgreich gegen die Verletzung ihr gehörender Patente gewehrt; auch nach dem daraufhin seitens der genannten Beklagten angestrengten Appeal-Verfahren hatten diese Beschlüsse Bestand, ebenso wurde der Antrag auf Durchführung eines

481 Vgl. *Angell*, 16 Int. Comp. L. Qu. 1017, 1018 (1967).

482 *Hirte*, ZZP 104 (1991) 11, 19; *Krislov*, 72 Yale L. J. 694, 713 (1963); an der Neutralität festhaltend Notes – AMICI CURIAE, 34 Harv. L. Rev. 773, 774 ff. (1920).

483 *Krislov*, 72 Yale L. J. 694, 703 f. (1963); *Wiggins*, 7 Cumb. L. Rev. 293, 297 f. (1976–1977); jew. m. w. N.

484 Universal Oil Products Co. v. Root Refining Co. 328 U.S. 575 ff. (1946).

485 Universal Oil Products Co. v. Root Refining Co. 328 U.S. 575 ff. (1946).

Certiorari-Verfahrens durch den U.S. Supreme Court abgelehnt.[486] Vor und nach der Appeal-Entscheidung ging die Klägerin gegen weitere Öl-Gesellschaften mit ähnlichen Klagen vor und argumentierte dabei mit der bindenden Rechtskraft dieser Entscheidungen (sog. res judicata) auch gegenüber diesen weiteren Beklagten, weil diese mit der *Root Refining Co.* einen *„patent club"* bildeten, der die Verteidigung gegen Patentschutzklagen aus einem gemeinsamen Topf finanzierte, und sie allesamt dieselben Rechtsanwälte dieses Clubs hätten.[487] Parallel zu diesen rechtshängigen Klagen wandten sich die Anwälte erneut an den Circuit Court of Appeals und machten dort geltend, die Appeal-Entscheidung sei wegen Bestechung eines Richters arglistig zugunsten der Klägerin *Universal Oil Products Co.* ergangen.[488] Weil sich indes die Beklagte dieses Verfahrens, die *Root Refining Co.*, zwischenzeitlich mit der Klägerin verglichen hatte und daher dieses Verfahren nicht wieder aufgreifen wollte, und die weiteren Öl-Gesellschaften zwar ein Interesse daran hatten, dass diese Beschlüsse nicht zu ihrem Nachteil in den nun rechtshängigen Verfahren wirkten, zugleich aber gerade betonten, dass sie in keiner Weise Partei dieses Verfahrens gewesen seien, konnten die Anwälte diese Interessen nicht geltend machen.[489] Und obwohl die Klägerin einer erneuten Verhandlung des Falles zustimmte und anbot, den Vergleich auch für den Fall ihres Obsiegens zugunsten der Beklagten aufrechtzuerhalten, kam es dazu mangels Vertretung der Beklagten in den Verhandlungsterminen nicht.[490] Um diesem Dilemma der Anwälte in dem von ihnen angestoßenen erneuten Verfahren abzuhelfen, schlug der Vorsitzende Richter des Circuit Court of Appeals vor, sie sollten in diesem als Amici curiae auftreten.[491] Das Verfahren selbst wurde von einem ernannten master derart durchgeführt, dass er umfangreiche Untersuchungen zur Frage des Betrugs bei der Entscheidungsentstehung anstellte, dabei zwar der Rechtsvertreter der Klägerin beteiligt war, jedoch die üblichen Verfahrensregelungen eines trial nicht maßgeblich waren und der master das Verfahren offenkundig nicht als vom Prinzip des adversary system bestimmt ansah.[492] Dem Abschlussbericht des master entsprechend, der von betrügerisch erlangten Entscheidungen ausging, verfügte der Circuit Court of Appeals deren

486 Universal Oil Products Co. v. Root Refining Co. 328 U.S. 575, 576 (1946).
487 Universal Oil Products Co. v. Root Refining Co. 328 U.S. 575, 576 f. (1946).
488 Universal Oil Products Co. v. Root Refining Co. 328 U.S. 575, 577 (1946).
489 Universal Oil Products Co. v. Root Refining Co. 328 U.S. 575, 577 f. (1946).
490 Universal Oil Products Co. v. Root Refining Co. 328 U.S. 575, 577 f. (1946).
491 Universal Oil Products Co. v. Root Refining Co. 328 U.S. 575, 578 (1946).
492 Universal Oil Products Co. v. Root Refining Co. 328 U.S. 575, 578 f. (1946).

Aufhebung und die erneute Verhandlung dieses Rechtsstreits.[493] Daraufhin beantragten die Amici curiae, die Kosten einerseits des master, andererseits ihre eigenen Auslagen und Gebühren, die bereits von ihren Mandanten, den weiteren Öl-Gesellschaften, bezahlt worden waren, insoweit also in Form der Rückerstattung der Klägerin aufzuerlegen.[494] Da sich die Richter des Circuit Court of Appeals in dieser Frage nicht einig waren und offensichtlich wichtige Fragen der Rechtspflege berührt waren, kam dieser Fall zur Entscheidung durch den U.S. Supreme Court.[495] Die Auferlegung der Kosten des masters beanstandete dieser nicht, da die Klägerin sich im Wissen um die Auferlegung dieser Kosten an dem Untersuchungsverfahren beteiligt habe.[496]

Anders sah der U.S. Supreme Court diese jedoch bezüglich der zurückzuerstattenden Kosten der Amici curiae:[497] Zwar dürften die Gerichte ohne Zweifel untersuchen, ob ein Urteil betrügerisch zustande gekommen sei, und die hierfür erforderlichen Mittel anwenden; ebenso dürften sie nach einem solchen ordnungsgemäßen Verfahren der arglistigen Partei die gesamten Verfahrenskosten und ausnahmsweise *„aus überwiegenden Gründen der Gerechtigkeit“*[498] die Anwaltsgebühren der anderen Partei auferlegen. Würden indes die Rechte der Parteien von einer solchen Untersuchung betroffen, müssten die üblichen Sicherheitsgarantien des nach dem adversary system ausgestalteten Verfahrens beachtet werden, insbesondere dürfte der vormals obsiegenden Partei das Urteil nicht aberkannt werden, ohne diese zu hören. Wenn also die andere Partei das Verfahren insoweit beanstandete, dürften dieser die Kosten der als Amici curiae fungierenden Anwälte nicht auferlegt werden.

Interessant für die vorliegende Arbeit sind daneben aber v. a. die weiteren Ausführungen des U.S. Supreme Courts zur besonderen Rolle der Amici curiae in diesem Verfahren. Denn er begründet seine Entscheidung hinsichtlich der Kostenfrage gerade auch mit der Doppelfunktion der Amici curiae und anerkennt diese und v. a. die Vertretung des privaten Interesses damit zugleich ausdrücklich:[499] Einerseits hätten die Amici curiae hier das öffentliche Interesse der Rechtspflege vertreten, indem sie den Circuit Court of Appeals bei seiner Untersuchung, ob arglistig

493 Universal Oil Products Co. v. Root Refining Co. 328 U.S. 575, 579 (1946).
494 Universal Oil Products Co. v. Root Refining Co. 328 U.S. 575, 579 (1946).
495 Vgl. Universal Oil Products Co. v. Root Refining Co. 328 U.S. 575, 579 f. (1946).
496 Universal Oil Products Co. v. Root Refining Co. 328 U.S. 575, 579 (1946).
497 Universal Oil Products Co. v. Root Refining Co. 328 U.S. 575, 580 (1946).
498 Universal Oil Products Co. v. Root Refining Co. 328 U.S. 575, 580 (1946): „[...] *for dominating reasons of justice* [...]“.
499 Universal Oil Products Co. v. Root Refining Co. 328 U.S. 575, 581 (1946).

gehandelt worden sei, unterstützten, was als solches schon üblicherweise nicht zu einer Kostenerstattung führe. Darüber hinaus würden die Amici curiae neben dieser formalen Stellung tatsächlich von Privaten, den vertretenen weiteren Öl-Gesellschaften, bezahlt, sie verträten auch wesentliche private Interessen, nämlich die ihrer durch die anderen rechtshängigen Patentrechtsklagen beklagten Mandanten an der Aufhebung der Entscheidungen, damit diese insoweit jedenfalls keine Bindungswirkung entfalten könnten.[500] Amici curiae, die zur Verteidigung der Ehre des Gerichts gewählt worden seien, aber von Privaten bezahlt würden, sollten aber jedenfalls dann nicht ihre Kosten im Verfahren erstattet bekommen, wenn dieses dazu führte, dass diese – ihre Mandanten – dadurch letztlich das rückerstattet bekämen, was sie zuvor freiwillig an ihre Anwälte gezahlt hätten.[501]

Spätestens damit war der neutrale, informierende Freund des Gerichts als ein taktisches Werkzeug der Prozessparteien in der US-amerikanischen Rechtsordnung anerkannt.[502]

2. Die zweite Entwicklungsphase der Ausweitung unter dem Einfluss der sog. Sociological Jurisprudence sowie des sog. Legal Realism und der dieser gegensteuernden Regulierung

Verstärkt durch die fortgeschrittene Errichtung von Verwaltungsbehörden, insbesondere des Department of Justice im Jahr 1871, die Bildung privater Interessengruppen sowie deren zunehmende Kooperation, stieg auch deren Beteiligung an gerichtlichen Verfahren, die öffentliche Interessen berührten, zusehends (dazu bereits oben Teil 1, B III 3) 1.).[503] Vor allem Minderheiten vertretende Organisationen wie z. B. NAACP (National Association for the Advancement of Colored People) oder ACLU (American Civil Liberties Union) nutzten dieses Mittel zur Artikulierung ihrer Interessen und sorgten dafür, dass die Zahl der Verfahren, in denen ein sog. amicus curiae brief[504] – als Vortrag eines Amicus curiae in schriftlicher Form – eingereicht wurde, wie auch die Zahl der briefs in einem einzelnen Verfahren ständig stiegen.[505] Der Vortrag des Amicus curiae

500 Vgl. Universal Oil Products Co. v. Root Refining Co. 328 U.S. 575, 581 (1946).

501 Vgl. Universal Oil Products Co. v. Root Refining Co. 328 U.S. 575, 581 (1946).

502 Vgl. *Krislov*, 72 Yale L. J. 694, 704 (1963).

503 Vgl. *Krislov*, 72 Yale L. J. 694, 704 ff. (1963).

504 Bezeichnung des von einem Amicus curiae in einem gerichtlichen Verfahren eingereichten Schriftsatzes – Anm. der Verf.

505 Vgl. *Angell*, 16 Int. Comp. L. Qu. 1017, 1018 (1967); *Hirte*, ZZP 104 (1991) 11, 18 f.; *Krislov*, 72 Yale L. J. 694, 707 und 709 f. (1963); vgl. auch *Kearney/Merrill* 148 U. Pa. L. Rev. 743, 751 ff. (2000).

konnte sich als lediglich die Argumentation einer der Prozessparteien ergänzend und unterstützend, aber auch als selbstständig und die Entscheidung erheblich beeinflussend darstellen; insbesondere bot er jedoch auch für die unterstützte Partei eine hervorragende Möglichkeit, eine bislang nicht akzeptierte oder riskante rechtliche Ansicht im Verfahren zur Diskussion zu stellen, ohne damit die Gefahr einzugehen, dass dieses zu ihrem Nachteil gereichen könnte.[506]

Nach und nach entwickelten diese organisierten Interessenvertretungen neue Formen ihrer Teilnahme, wie z. B. Postkarten-Aktionen einer Vielzahl von Menschen oder öffentliche Aufrufe in Tageszeitungen an die Leserschaft, einen persönlichen brief einzureichen,[507] bei denen mehr der Druck der öffentlichen Meinung als der Inhalt auf das Gericht wirken sollte.[508]

Diese zunehmende Anwendung der Rechtsfigur des Amicus curiae, insbesondere in der Form amicus curiae brief, erklären v. a. zwei zu den sein Auftreten überhaupt verursachenden Gründen (vgl. oben Teil 1, B III 3) 1.) hinzutretende Faktoren, die letztlich beide aus der sich wandelnden Gesellschaft und dem infolgedessen sich auch verändernden Rechtsdenken resultierten: Die soeben geschilderte, mit dem ausgehenden 19. Jh. eintretende Bildung von organisierten Interessengruppen führte dazu, dass die bislang vom einzelnen Betroffenen individuell verfolgte Wahrung seiner Interessen mehr und mehr einer organisierten systematischen und anonymisierten Interessenvertretung wich, die aufgrund ihrer Kollektivierung nicht nur über gänzlich andere Mittel finanzieller und sonstiger Art verfügte, sondern auch ein hohes Maß an Flexibilität und Sachverstand bei der Wahrung der Interessen im politischen Leben, im politischen Willensbildungsprozess und in der Justiz, z. B. als Amicus curiae, zeigte.[509] Dieser aufgekommene Lobbyismus fand gerade auch in Gerichtsverfahren ein immer größer werdendes Betätigungsfeld, denn insbesondere ab der ersten Hälfte des 20. Jh. setzte sich in der Rechtswissenschaft und Praxis zusehends ein neues Rechtsdenken durch.

Während in der zweiten Hälfte des 19. Jh. noch eine insbesondere der Zielsetzung der Vorhersehbarkeit und Stabilität verhaftete Rechtsprechung vorherrschte, die durch eine von den konkreten sozialen und politischen Problemen der Zeit losgelöste, formale Entscheidungspraxis den den Fortschritt und Wohlstand

---

506 *Krislov*, 72 Yale L. J. 694, 711 ff. (1963); im Anschluss an diesen *Hirte*, ZZP 104 (1991) 11, 29.

507 *Harper/Etherington*, 101 U. PA. L. Rev. 1172 f. (1953); *Krislov*, 72 Yale L. J. 694, 710 f. (1963).

508 Vgl. *Krislov*, 72 Yale L. J. 694, 710 f. (1963).

509 Vgl. *Krislov*, 72 Yale L. J. 694, 704 f. (1963).

ermöglichenden Wirtschaftsliberalismus nicht stören wollte, wurde diese an die deutsche sog. Begriffsjurisprudenz erinnernde Denkweise gegen Ende des 19. Jh. bereits in Frage gestellt; mit Einführung der an der Harvard Law School entwickelten und schon bald in der Juristenausbildung klar dominierenden sog. case method aber schließlich die Weiche für ihren Abschied gestellt.[510] Besonders deutlich wird dieses neue Rechtsdenken in der Beschreibung des Begriffs „Recht" durch *Oliver Wendell Holmes* aus dem Jahr 1881:

> *„The life of the law has not been logic: it has been experience. The felt necessities of the time, the prevalent moral and political theories, intuitions of public policy, avowed or unconscious, even the prejudices which judges share with their fellow-men, have had a good deal more to do than the syllogism in determining the rules by which men should be governed."*[511]

Im Zentrum dieser neu aufgekommenen case method steht der konkrete Fall, anhand dessen eine Rechtsregel vermittelt, diskutiert und mit anderen Regeln in Bezug gesetzt wird.[512] Die anhand dieser Methode und von Professoren, also nicht von Praktikern ausgebildeten Juristen (vgl. insoweit auch oben unter Teil 1, B III 1)) bestimmten die weitere Rechtsentwicklung des beginnenden 20. Jh., das angesichts der wahrgenommenen gesellschaftlichen Konflikte und sozialen Härten zudem eine Loslösung von dem ausgeprägten Wirtschaftsliberalismus und Sozialdarwinismus des vorigen Jahrhunderts und eine zunehmende politische Kontrolle und Lenkung der Wirtschaft zeigte – genannt seien insoweit nur der 1890 in Kraft getretene Sherman Act und der 1914 in Kraft getretene Clayton Act, beides die Wettbewerbsfreiheit schützende Gesetze.[513]

Es war schließlich v. a. *Roscoe Pound*, der aufgrund dieser Entwicklungsschritte eine neue, die sog. Soziologische Rechtsschule (Sociological Jurisprudence) begründete,[514] nach der für die Bestimmung dessen, was Recht ist, weniger die abstrakten Gesetze, als vielmehr ihre Wechselwirkungen mit der Gesellschaft, ihre Bedürfnisse, Interessen und Meinungen, maßgeblich sind.[515] Dementsprechend ist nach *Pound* ein Richter zur Erfüllung seiner Aufgabe nur dann in der

---

510 Vgl. *Zweigert/Kötz*, Rechtsvergleichung, § 17 II (S. 239); vgl. auch *Reimann/Ackermann*, Einführung in das US-amerikanische Privatrecht, § 6 (S. 9 f.).

511 *Holmes*, The Common Law, 1881, S. 1.

512 *Zweigert/Kötz*, Rechtsvergleichung, § 17 II (S. 239 f.).

513 *Zweigert/Kötz*, Rechtsvergleichung, § 17 II (S. 239 f.).

514 *Reimann/Ackermann*, Einführung in das US-amerikanische Privatrecht, § 6 (S. 9); *Zweigert/Kötz*, Rechtsvergleichung, § 17 II (S. 241).

515 Vgl. *Pound*, 19 Green Bag 607, 610 f. (1907); *ders.*, The American Journal of Sociology, Vol. XVIII (1912), 331 passim.

Lage, wenn er genaue Kenntnis von den dem zu entscheidenden Fall zugrunde liegenden Lebenssachverhalt und in der Gesellschaft herrschenden politischen, wirtschaftlichen und sozialen Verhältnissen hat,[516] und fordert weiter:

> *„The modern teacher of law should be a student of sociologic, economics and politics as well. He should know not only what the courts decide and the principles by which they decide, but quite as much the circumstances and conditions, social and economic, to which these principles are to be applied; he should know the state of popular thought and feeling which makes the environment in which the principles must operate in practice. Legal monks who pass their lives in an atmosphere of pure law, from which every worldly and human element is excluded, cannot shape practical principles to be applied to a restless world of flesh and blood. The most logical and scillfully reasoned rules may defeat the end of law in their practical administration because not adapted to the environment in which they are to be enforced. It is, therefore, the duty of American teachers of law to investigate the sociological foundation, not of law alone, but of the common law and of the special topics in which they give instruction, and, while teaching the actual law by which courts decide, to give to their teaching the color which will fit new generations of lawyers to lead the people as they should, instead of giving up their legitimate hegemony in legislation and politics to engineers and naturalists and economists.“*[517]

Dieses Rechtsverständnis erfuhr ab den 1930er Jahren eine Weiterentwicklung zum sog. Legal Realism, als einer dessen Hauptvertreter *Karl N. Llewellyn* gilt, und der Recht als das beschreibt, was die Rechtsanwendenden, also v. a. Richter, aber auch Justizbeamte und Rechtsanwälte tatsächlich tun.[518] Es entspricht dies im Wesentlichen der bereits von *O. W. Holmes* 1897 aufgestellten Kurzformel des Rechtsbegriffs: *„The Prophecies of what the courts will do in fact, and nothing more pretentious, are what I mean by the law.“*[519]

Besondere Bedeutung für die Fallentscheidung haben danach neben den konkreten sozialen und ökonomischen Umständen des Falls auch die den Richter

516 Vgl. *Zweigert/Kötz*, Rechtsvergleichung, § 17 II (S. 241 f.).

517 *Pound*, 19 Green Bag 607, 611 f. (1907).

518 *Llewellyn*, The Bramble Bush, New York 1960, S. 12: *„And the people who have the doing in charge, whether they be judges or sheriffs or clerks or jailers or lawyers, are officials of the law.* ***What these officials do about disputes is, to my mind, the law itself.****“* (Hervorhebung im Original), vgl. auch S. 22 ff., 42 und 75 ff. passim sowie *ders.*, Jurisprudence - Realism in Theory and Practice, The University of Chicago Press, 1962, S. 3 ff. passim. Siehe auch *J. Frank*, Courts on Trial, 1949, insbes. S. 3, 66 f., 73 ff. und passim; *ders.*, Law and the Modern Mind, Gloucester, reprinted 1970, S. 46 ff. Dazu *Zweigert/Kötz*, Rechtsvergleichung, § 17 II (S. 242) und *Reimann/Ackermann*, Einführung in das US-amerikanische Privatrecht, § 6 (S. 9 f.).

519 *Holmes*, 10 Harv. L. Rev. 457, 461 (1897).

beeinflussenden Verhältnisse, seine Vorlieben, Wertungen, seine politische Einstellung und Kenntnisse vom Fall.[520]

Und so entstand 1908 der für dieses neue Rechtsdenken als geradezu symptomatisch anzusehende sog. *Brandeis brief*, ein nach seinem ersten Verfasser in dem Verfahren *Muller v. Oregon* 208 U.S. 412 (1908), dem späteren Richter des U.S. Supreme Court *Louis D. Brandeis*, benannter Schriftsatz, mit dem dem Gericht umfangreiche tatsächliche, v. a. soziologische Informationen – in diesem konkreten Fall hinsichtlich der Arbeitsbedingungen und Belastbarkeit von Frauen[521] – mitgeteilt werden.[522] Seine Besonderheit liegt darin, dass in ihm nahezu ausschließlich soziologisches, aber auch soziales oder ökonomisches Material geliefert, insbesondere auf rechtliche Erwägungen hingegen grundsätzlich verzichtet wird.[523] Er zeigt eine gewisse Überschneidung und Ähnlichkeit mit dem amicus curiae brief,[524] der ja durchaus auch als ein auf rechtliche Ausführungen verzichtender, nur Tatsächliches mitteilender Schriftsatz erfolgen kann; man könnte den Brandeis brief daher auch als einen Spezialfall des amicus curiae brief ansehen,[525] wäre die Rechtsfigur des Amicus curiae nicht einem Dritten vorbehalten, während ein Brandeis brief grundsätzlich und vornehmlich auch von einem Verfahrensbeteiligten bzw. seinem Prozessvertreter eingereicht werden kann[526].

Dass gerade in einer von einem solchem Zeitgeist geprägten Rechtsordnung auch ein zunehmendes Auftreten der Rechtsfigur des Amicus curiae zu beobachten ist, überrascht nicht; ist es doch einerseits gerade die Funktion des Amicus curiae, dem Gericht weitere Informationen rechtlicher oder tatsächlicher Art zur Verfügung zu stellen, während andererseits das Recht nach diesem Verständnis

---

520 *Zweigert/Kötz*, Rechtsvergleichung, § 17 II (S. 242 f.).

521 Vgl. *Brandeis*, Brief for Defendant in Error, October Term 1907, Quelle (Internet): www.law.louisville.edu/library/collections/brandeis/node/235 (zuletzt abgerufen am 12.1.2014); *Bernstein*, 15 Green Bag 9 ff. (2011).

522 Vgl. *Hall*, Supreme Court Justices – A Biographical Dictionary, S. 268 f.; *Zweigert/Kötz*, Rechtsvergleichung, § 17 II (S. 243). Zum Brandeis brief insgesamt kritisch *Bernstein*, 15 Green Bag 9 (2011) passim.

523 *Bernstein*, 15 Green Bag 9, 11 f. (2011).

524 Vgl. *Barker*, 29 The Journal of Politics 41, 54 (1967).

525 *Frankfurter*, 29 Harv. L. Rev. 353, 372 (dort Fn. 63) (1916) geht gar ohne nähere Begründung von einem Handeln *Brandeis* als Amicus curiae in dem Verfahren Muller v. Oregon 208 U.S. 412 (1908) aus.

526 Vgl. unter „Brandeis, Louis Dembitz“ und „Brandeis brief“, in: *Walker*, The Oxford Companion to Law, Oxford 1980, S. 148 f.; unter „Muller v. State of Oregon“, in: Encyclopaedia Britannica.Online, Quelle (Internet): www.britannica.com/EBchecked/topic/396898/Muller-v-State-of-Oregon (zuletzt abgerufen am 12.1.2014).

durch den im Einzelfall bestehenden Gesamtkontext und damit die diesbezüglichen Informationen bedingt ist.

Den mit dem vermehrten Aufkommen von amicus curiae briefs verbundenen Belastungen (Zeit, Kosten usw.) wirkte der U.S. Supreme Court durch entsprechende Regelungen und eine restriktive Zulassungspolitik entgegen.[527] Nach den Supreme Court Rules von 1949 waren so zwar auf Aufforderung des Gerichts eingereichte briefs und solche der Staaten und ihrer Einrichtungen ohne Zustimmung der Parteien zulässig; es wurden aber strengere Voraussetzungen für die in Eigeninitiative eingereichten briefs Privater aufgestellt (vgl. Supreme Court Rule 27.9. (1949)):[528] So musste entweder die schriftliche Zustimmung sämtlicher Parteien mit dem brief eingereicht oder im Falle einer verweigerten Zustimmung zunächst ein separater Antrag auf Zulassung der Einreichung des brief gestellt werden, um das Gericht von der Last eines sich als nicht hilfreich erweisenden brief schon im Vorfeld zu befreien. Der U.S. Supreme Court lehnte die Einreichung von briefs ohne Zustimmung der Parteien zudem standardmäßig ab.[529] Weil aber auch der Solicitor General als Vertreter der USA, der vor diesem Gericht in ca. 50 % der Fälle und damit am weitaus häufigsten auftretenden Partei, automatisch seine Zustimmung versagte, gingen die Zahlen der Verfahren mit Amicus-Beteiligung ab diesem Zeitpunkt deutlich zurück.[530]

Dieser Zustand stieß auf Kritik, die sich v. a. als solche an der Zustimmungspolitik des Solicitor General darstellte, jedoch von unterschiedlichen Vorstellungen der Verfahrensrolle des Amicus curiae und v. a. des Gerichts ausging, und daher verschiedene Richtungen nahm:[531] Justice *Black* des U.S. Supreme Court hielt die Supreme Court Rules selbst bereits für zu restriktiv und kritisierte die durch den Solicitor General vorgenommene weitere Restriktion. Seiner Meinung nach würde gerade in den regelmäßig mehr als nur die Verfahrensbeteiligten betreffenden Fällen des U.S. Supreme Court dem öffentlichen Interesse und der Rechtspflege besser gedient, wenn die Regelungen zur Beteiligung eines Amicus

527 Vgl. dazu *Harper/Etherington*, 101 U. PA. L. Rev. 1172 f. (1953); *Kearney/Merrill*, 148 U. Pa. L. Rev. 743, 763 (2000); zur Entwicklung der Regelungen vgl. auch *Hirte*, ZZP 104 (1991) 11, 19 ff. und *Wiener*, 68 Harv. L. Rev. 20, 80 f. (1954).

528 Vgl. *Ala'i*, 24 Fordham Int'l L.J. 62, 87 ff. (2000–2001); *Hirte*, ZZP 104 (1991) 11, 19 f.; *Krislov*, 72 Yale L. J. 694, 713 (1963).

529 Vgl. dazu *Kearney/Merrill*, 148 U. Pa. L. Rev. 743, 763 (2000).

530 *Angell*, 16 Int. Comp. L. Qu. 1017, 1023 f. (1967); *Kearney/Merrill*, 148 U. Pa. L. Rev. 743, 763 (2000); *Krislov*, 72 Yale L. J. 694, 714 (1963).

531 Dazu *Krislov*, 72 Yale L. J. 694, 714 f. (1963).

curiae insgesamt gelockert, statt verschärft würden.[532] Er ist damit einerseits dem klassischen Verständnis des Amicus curiae als primär informierende Rechtsfigur verhaftet, sieht aber andererseits das Gericht in einer aktiv gestaltenden Rolle; wofür im Übrigen die oben genannte (liberale) Regelung hinsichtlich der auf Aufforderung des Gerichts eingereichten amicus curiae briefs spricht.[533]

Während Justice *Frankfurter* des U.S. Supreme Court die Funktion des Amicus curiae vor dem den Prozess bestimmenden adversay system und der damit verbundenen Rollenverteilung (vgl. oben Teil 1, B II 2) 1.) beurteilte.[534] Er warf dem Solicitor General vor, durch seine automatische Zustimmungsverweigerung die grundsätzlich den Parteien zukommende Aufgabe, über die Zulassung des Amicus curiae zu entscheiden, auf das Gericht abzuwälzen.[535] Die bestehenden Regelungen enthalten nach seiner Ansicht eine klare Abkehr von der Vorstellung der Neutralität des Amicus curiae, indem sie die Verantwortung für die Frage, ob ein amicus curiae brief zweckmäßig ist, zuvorderst den Parteien zuschreiben.[536]

Diese Sichtweise setzte sich letztlich durch. Denn zum einen setzte ab 1954 der Antrag auf Zulassung der Einreichung eines brief im Falle der verweigerten Zustimmung voraus, dass das Interesse des Antragstellers hieran präzise dargestellt und die Tatsachen und Rechtsfragen, die von den Parteien nicht angemessen vorgebracht worden waren, bzw. die Gründe, die solches für die Zukunft vermuten ließen, sowie ihre Relevanz für die Entscheidung des Falls dargelegt werden (Supreme Court Rules 42.3. (1954)). Zugleich wurde die Redezeit eines mündlich auftretenden Amicus curiae der zustimmenden Partei von ihrer Redezeit abgezogen (Supreme Court Rule 44 (1954)). Insgesamt entstand also eine Regelung, die trotz ihres restriktiv aussehenden Charakters insgesamt viel Raum für eine Interessenvertretung mittels amicus curiae brief zuließ und zugleich die Verantwortlichkeit hierfür primär bei den Parteien

532 „[…] *Most of the cases before this Court involve matters that affect far more than the immediate record parties. I think the public interest and judicial administration would be better served by relaxing rather than tightening the rule against* ***amicus curiae*** *briefs.*" (Hervorhebung im Original) – zit. nach *Krislov* 72 Yale L. J. 694, 715 (1963).

533 Vgl. *Krislov*, 72 Yale L. J. 694, 717 (1963).

534 Vgl. *Krislov*, 72 Yale L. J. 694, 717 (1963).

535 „[…] *an undue burden cast upon the Court.* […] *The practice of the Government amounts to an endeavor, I am bound to say, to transfer to the Court a responsibility that by the rule properly belongs to the Government.*" – zit. nach *Harper/Etherington*, 101 U. PA. L. Rev. 1172, 1176 (1953).

536 *Krislov*, 72 Yale L. J. 694, 714 (1963).

verankerte;[537] eine weitere Manifestation des (an-)erkannten Wandels vom „Freund des Gerichts" zum „Freund der Partei".[538]

In der Folge gab auch der Solicitor General seine restriktive Zustimmungspolitik auf und erteilte ab 1957 – den Supreme Court Rules entsprechend – seine Zustimmung zur Einreichung eines brief

> „[...] *where the applicant has a concrete, substantial interest in the decision of the case, and the proposed brief would assist the Court by presenting relevant arguments or materials which would not otherwise be submitted.*"[539]

3. Der Amicus curiae heute

Der Amicus curiae ist heute in allen bundesstaatlichen Gerichten und Bundesgerichten in sämtlichen Instanzen bekannt und ganz überwiegend durch Verfahrensgesetze geregelt. Seine größte praktische Relevanz hat er aber in den Verfahren der U.S. Courts of Appeals und v. a. des U.S. Supreme Court.[540]

In der zweiten Hälfte des 20. Jh. stieg die Zahl der bei letzterem zulässigerweise eingereichten amicus curiae briefs stetig an,[541] was einerseits auf eine großzügigere Zulassungspolitik und eine stärkere Selbstwahrnehmung als politisches Gericht, andererseits aber auch auf eine weniger an Quantität als an Qualität orientierte Wahrnehmung dieses Mittels zurückzuführen sein dürfte.[542] Tatsächlich gibt der U.S. Supreme Court heute nahezu allen Anträgen auf Zulassung statt, falls eine Partei ihre Zustimmung verweigert hat.[543]

Supreme Court Rule 37 trifft detaillierte Regelungen zur Zulässigkeit eines solchen amicus curiae brief, über deren wichtigste hier ein kurzer Überblick gegeben werden soll:[544]

Danach muss der brief insbesondere nicht schon durch den Vortrag der Parteien Bekanntes mitteilen (Rule 37.1.), grundsätzlich die schriftlichen Zustimmungen

---

537 *Krislov*, 72 Yale L. J. 694, 715 (1963).

538 Vgl. *Hirte*, ZZP 104 (1991) 11, 20.

539 Zit. nach *Krislov*, 72 Yale L. J. 694, 715 (1963); *Kearney/Merrill*, 148 U. Pa. L. Rev. 743, 763 (2000).

540 *Harrington*, 55 Case W. Res. L. Rev. 667, 675 (2005).

541 *Kearney/Merrill*, 148 U. Pa. L. Rev. 743, 749, 751, 754 (2000).

542 *Kearney/Merrill*, 148 U. Pa. L. Rev. 743, 764 f. (2000); vgl. *Hirte*, ZZP 104 (1991) 11, 21 f.

543 *Kearney/Merrill*, 148 U. Pa. L. Rev. 743, 762 (2000).

544 Rules of the Supreme Court of the United States in der am 1. Juli 2013 in Kraft getretenen Fassung. Für die Verfahren vor den U.S. Courts of Appeals trifft Rule 29 der Federal Rules of Appellate Procedure (FRAP) in der am 1. Dezember 2009 in Kraft getretenen Fassung im Wesentlichen inhaltlich übereinstimmende Regelungen.

der Parteien und auf dem Deckblatt die Bezeichnung der unterstützten Partei enthalten (Rule 37.2.a). Nach Rule 37.2.b kann bei verweigerter Zustimmung einer Partei ein Antrag auf Zulassung durch Gerichtsbeschluss gestellt werden, der eine Darlegung des Interesses des Antragstellers erfordert. Der brief ist zwingend durch einen beim U.S. Supreme Court zugelassenen Anwalt einzureichen (Rule 37.1.).

Ein Zulassungsantrag ist nach Rule 37.4. insbesondere für den im Interesse der USA handelnden Solicitor General und andere Staaten nicht erforderlich. Das bedeutet im Umkehrschluss, dass ein solcher nicht nur im in Rule 37.2.b geregelten Fall, sondern generell zu stellen ist; dieser Antrag darf nach Rule 37.5. die Grenze von 1500 Wörtern nicht überschreiten.

Seit 1997 ist nach Rule 37.6. zudem bereits in der ersten Fußnote des Textes offenzulegen, ob der Rechtsberater einer der Parteien den brief ganz oder teilweise verfasst hat, seine Vorbereitung oder Einreichung finanziell gefördert hat oder ob eine der Parteien bzw. welche andere Person außer dem Amicus curiae oder dessen Rechtsberater dieses ggf. getan hat. Wenn das Gericht also schon parteiische Stellungnahmen in weitem Umfang entgegen nimmt, will es wissen, wer tatsächlich dahintersteht, um Einseitigkeiten erkennen zu können bzw. um zu verhindern, dass die Parteien solchermaßen Seitenbegrenzungen ihrer Schriftsätze umgehen können.[545]

Mit seinen Verfahrensregelungen hat der U.S. Supreme Court damit auf die teilweise erheblich veränderte Funktion des Amicus curiae reagiert. Zulässigkeitsvoraussetzungen wie beispielsweise die Stellung eines vorausgehenden Zulassungsantrags, der Anwaltszwang und die Darlegung des Interesses im Falle nichtstaatlicher Amici curiae dienen der nach wie vor zugeschriebenen Funktion einer Hilfe für das Gericht, die an prominenter Stelle (Rule 37.1.: *„An amicus curiae brief* [...] *may be of considerable help to the Court."*) ihren Platz gefunden hat. Der heute anerkannten Parteilichkeit des Amicus curiae tragen Regelungen wie insbesondere die Offenlegungspflichten in Rule 37.6. Rechnung, um soweit nötig und möglich die Objektivität und Unabhängigkeit des Gerichts zu erhalten.

Der U.S. Supreme Court nimmt heute als infolge der Natur der bei ihm anhängigen Verfahren und Streitgegenstände auch politisches Gericht einerseits die ihm auf seine Aufforderung hin oder durch Eigeninitiative des Amicus curiae vorgetragenen Informationen rechtlicher oder tatsächlicher Art entgegen und macht davon nach seinem freien Ermessen bei der Entscheidungsfindung

545 Vgl. *Kearney/Merrill*, 148 U. Pa. L. Rev. 743, 766 (2000).

Gebrauch;[546] sichert sich aber andererseits gegen Manipulationen durch einen entsprechenden Umgang mit dieser Rechtsfigur ab.

An dieser Stelle sei ergänzend darauf hingewiesen, dass sich die Situation auf Ebene der U.S. Courts of Appeals weitaus kritischer darstellt: Insbesondere *Posner* bestreitet die Sinnhaftigkeit dieser Rechtsfigur im Hinblick auf ihren Nutzen und den mit ihr verbundenen zusätzlichen Aufwand für die Gerichte vehement.[547] Andere messen ihr aufgrund der hier gänzlich anders gearteten Entscheidungsfragen lediglich einen im Vergleich zu Verfahren vor dem U.S. Supreme Court geringeren Wert bei.[548]

4) Die Bedeutung des Amicus curiae im US-amerikanischen Kartell*recht*

1. U.S. Supreme Court, Amicus curiae und die Entwicklung des Kartellrechts

Eine besondere Bedeutung hat der U.S. Supreme Court für das amerikanische Kartellrecht;[549] nach *Pate*[550] stellen v. a. seine bis 1950 ergangenen Entscheidungen die Grundlage für die Entwicklung dieses Rechtsgebietes insbesondere im ausgehenden 20. Jh. dar.[551] So geht auf seine Rechtsprechung in dem (wenn auch ohne Beteiligung eines Amicus curiae durchgeführten) Verfahren *Standard Oil Co. of New Jersey et al. v. United States* die sog. *Rule of Reason* zurück,[552] um nur ein Beispiel zu nennen.[553]

---

546 Vgl. *Kearney/Merrill*, 148 U. Pa. L. Rev. 743, 745 (2000).

547 Vgl. nur die Entscheidungen Ryan v. Commodity Futures Trading Commission, 125 F.3d 1062 (7th Cir. 1997) und Voices for Choices, et al. v. Illinois Bell Telephone Co., et al., 339 F.3d 542 (7th Cir. 2003).

548 Vgl. *Harrington*, 55 Case W. Res. L. Rev. 667, 675 (2005).

549 *Bork*, The Antitrust Paradox, 1993, S. 72 f. und 409 ff.; vgl. auch *Hovenkamp*, The Antitrust Enterprise, 2005, S. 5 f.; *Kaysen/Turner*, Antitrust Policy, 1965, S. 18.

550 Anmerkung der Verf.: *Pate* war in den Jahren 2003 bis 2005 Assistant Attorney General der Antitrust Division des DOJ.

551 *Pate*, Antitrust Law in the U.S. Supreme Court, Veröffentlichung des U.S. Department of Justice v. 11. Mai 2004, S. 3.

552 Vgl. Standard Oil Co. of New Jersey et al. v. United States, 221 U.S. 1, 64 ff. passim (1910).

553 *Areeda/Kaplow/Edlin*, Antitrust Analysis – Problems, Text, and Cases, 2013, Ch. 1, 1B., Tz. 131 (S. 43); *Hovenkamp*, The Antitrust Enterprise, 2005, S. 105 ff.; *Pate*, Antitrust Law in the U.S. Supreme Court, Veröffentlichung des U.S. Department of Justice v. 11. Mai 2004, S. 2; vgl. dazu ausführlich *Bork*, The Antitrust Paradox, 1993, S. 21 und 33 ff.; *Sullivan*, Antitrust, 1977, §§ 63–66 passim.

Indes sind unter den ohnehin wenigen vor dem höchsten US-amerikanischen Gericht entschiedenen Fällen nur selten kartellrechtliche Verfahren zu finden; im Gerichtsterm 2004 beispielsweise waren es gerade einmal vier.[554]

Eine entsprechende Aufmerksamkeit genießen diese seltenen für die Anwendung des Kartellrechts lange Zeit wegweisenden Urteile und auch bereits die vorausgehenden Entscheidungsverfahren über die Annahme eines Falles von Seiten der Regierung, der das Kartellrecht Durchsetzenden, Interessengruppen, Wissenschaftlern und betroffenen Unternehmen.[555] Insbesondere für die Kartellbehörden sind die Entscheidungen dieser Verfahren wegen ihrer precedent-Wirkung, die auch ihre Tätigkeit bestimmen, von unmittelbarem Interesse.[556]

Gelegentlich bittet der U.S. Supreme Court den Solicitor General schon in diesem Annahmeverfahren, über das er gemäß Supreme Court Rule 10 nach seinem Ermessen entscheidet, um Mitteilung der Meinung der USA in Form eines amicus curiae brief hierzu;[557] sehr selten erfolgt ein solcher hingegen aus Eigeninitiative.[558]

Vor diesem Hintergrund liegt es auf der Hand, dass das Kartellrecht ein Rechtsgebiet darstellt, das insoweit ein breites Anwendungsfeld für die Rechtsfigur des Amicus curiae bietet und in dem entsprechend gerne und häufig davon Gebrauch gemacht wird – nicht nur von Regierungsbehörden, wie insbesondere der Federal Trade Commission und der Antitrust Division des Department of Justice als den auf Bundesebene zuständigen Kartellbehörden,[559] sondern von allen interessierten (Gesellschafts-)Gruppen.[560]

---

554 *Pate*, Antitrust Law in the U.S. Supreme Court, Veröffentlichung des U.S. Department of Justice v. 11. Mai 2004, S. 7; vgl. auch *Hovenkamp*, The Antitrust Enterprise, 2005, S. 6.

555 Vgl. *Pate*, Antitrust Law in the U.S. Supreme Court, Veröffentlichung des U.S. Department of Justice v. 11. Mai 2004, S. 7 f.; ferner auch *Bork*, The Antitrust Paradox, 1993, S. 10.

556 *Zuber*, Die EG-Kommission als amicus curiae, 2001, S. 97.

557 Darauf weist auch *Zuber*, Die EG-Kommission als amicus curiae, 2001, S. 97 hin.

558 Vgl. *Pate*, Antitrust Law in the U.S. Supreme Court, Veröffentlichung des U.S. Department of Justice v. 11. Mai 2004, S. 1 und 7 f.

559 Vgl. *Zuber*, Die EG-Kommission als amicus curiae, 2001, S. 96 f.

560 Vgl. *Bork*, The Antitrust Paradox, 1993, S. 413 ff., der allgemein die besondere Bedeutung des U.S. Supreme Courts für die Entwicklung des Kartellrechts und die den Genannten, insbesondere der Antitrust Division des DOJ und der FTC als Vertreter des öffentlichen Interesses, insoweit zukommende Rolle gerade im Hinblick auf das adversary system und die politische und gesamtgesellschaftliche Dimension der

Wie sich dieses konkret darstellen kann, soll sogleich anhand eines exemplarischen Falles verdeutlicht werden.

2. Der Fall *American Needle, Inc. v. National Footbal League et al.*

Im Jahr 2010 hatte der U.S. Supreme Court über den Fall *American Needle, Inc. v. National Footbal League et al.* in einem „Writ-of-Certiorari-Verfahren" nach Supreme Court Rules 10 ff. zu entscheiden.[561]

a. Sachverhalt und Verfahrensgang

Der zugrunde liegende Sachverhalt und Gang des Verfahrens stellten sich folgendermaßen dar:[562]

Im Jahr 2004 machte die Klägerin *Needle, Inc.* vor dem U.S. District Court for the Northern District of Illinois eine Verletzung des § 1 Sherman Act, 15 U.S.C. § 1 durch die Beklagten, die *National Football League* (*NFL*), die ihr angehörenden *32 Mannschaften*, *National Football League Properties, Inc.* (*NFLP*) und *Reebok International, Ltd.* (*Reebok*) geltend.

Die *32 Mannschaften*, die jeweils im Eigentum eines Anderen stehen und über einen eigenen Namen, eine eigene Farbe, ein eigenes Logo und insbesondere daraus folgende Immaterialgüterrechte und Marken verfügen, bilden seit 1920 die *NFL*. Bis 1963 vertrieben sie diese Rechte, insbesondere für entsprechende Kopfbedeckung und Kleidung jeweils eigenständig. Im Jahr 1963 bildeten sie zusammen die *NFLP*, damit diese Rechte lizensiert und vermarktet, wobei der überwiegende Teil der Erträge entweder wohltätigen Zwecken zugeführt oder unter den Mitgliedern gleichmäßig verteilt wurde. Die Mitglieder hatten jederzeit die Möglichkeit, aus diesem Arrangement auszusteigen. Von 1963 bis 2000 räumte die *NFLP* verschiedenen Herstellern und Vertreibern nichtausschließliche Lizenzen für Teambekleidung ein, u. a. der Klägerin. Weil die *32 Mannschaften* im Jahr 2000 die *NFLP* durch Beschluss autorisierten, ausschließliche Lizenzen zu vergeben, und diese eine solche für die Fanbekleidung sämtlicher *32 Mannschaften* für die Dauer von zehn Jahren an *Reebok* erteilte, wurde die nichtausschließliche Lizenz der Klägerin nicht verlängert.

Auf die darauf gestützte Klage erwiderten die Beklagten, sie könnten gar nicht i. S. des § 1 Sherman Act unzulässig Zusammenwirken („conspiracy"), weil sie ein einheitliches Unternehmen („single entity") bildeten.

Entscheidungen betont, ohne jedoch auf die Rechtsfigur des Amicus curiae ausdrücklich einzugehen.

561 American Needle, Inc. v. National Footbal League et al., 130 S.Ct. 2201 (2010).

562 American Needle, Inc. v. National Footbal League et al., 130 S.Ct. 2201, 2207 f. (2010).

Durch Urteil in einem beschleunigten Verfahren und nach abgekürzter discovery wies das Gericht erster Instanz die Klage ab, weil die Beklagten im Hinblick auf die Verwertung ihrer Immaterialgüterrechte ihr Verhalten so integriert hätten, dass sie als ein einheitliches Unternehmen handelten.

Das Rechtmittel der Klägerin hiergegen blieb ohne Erfolg; der Court of Appeals for the Seventh Circuit bestätigte in seiner Entscheidung das Urteil erster Instanz.

Das Gericht führte aus unter gewissen Umständen könne eine Sportliga ein „single entity", das vom Kartellrecht nicht erfasst werde, bilden; unter anderen Umständen sei sie jedoch ein „joint venture" aus unabhängigen Mannschaften, das in den Regelungsbereich des § 1 Sherman Act falle. Im Falle eines „single entity" müsse das Gericht prüfen, ob durch das Verhalten eine vom Wettbewerb vorausgesetzte, zuvor freie „source of economic control" (ein unternehmerischer Verhaltensparameter) im Markt beschränkt werde.

Das Gericht verneinte jedoch einen (potenziellen) Wettbewerb zwischen den *Mannschaften* hinsichtlich ihrer Immaterialgüterrechte, weil sie nur in der Gesamtheit als *NFL* Football anbieten könnten und damit nur eine einzige „source of economic power" darstellten. Der Sport könne nur gemeinschaftlich ausgeübt werden; die *NFL* teile ein unerlässliches ökonomisches Interesse daran, den Football zu vertreiben, um mit anderen Unterhaltungsbranchen im Wettbewerb stehen zu können. Es bestehe damit nur *eine* den Football vertreibende „economic power" und es sei nicht sinnvoll, davon auszugehen, dass jede einzelne Mannschaft die Befugnis habe, Football zu vertreiben. Überdies erfolge die kollektive Vermarktung seit 1963, weshalb § 1 Sherman Act hier nicht anzuwenden sei.

Hiergegen wendete sich die Klägerin mit einer sog. petition for a writ of certiorari (Antrag auf Annahme im Rechtsmittelverfahren) nach Supreme Court Rule 10(a) und (c) an den gemäß 28 U.S.C. § 1254(1) zuständigen U.S. Supreme Court, damit dieser das Urteil im Hinblick auf zwei Fragen zur erneuten Überprüfung annehme:[563]

Ob die *NFL* und die ihr angehörenden *Mannschaften* ungeachtet ihrer im Wettbewerb stehenden Interessen, ihrer wirtschaftlichen Entscheidungsfreiheit und der Möglichkeit, untereinander und mit der *NFL* als solcher in Wettbewerb zu treten, ein einheitliches Unternehmen („single entity") bildeten, weil sie gemeinsam Football-Spiele durchführten, so dass eine Klage nach § 1 Sherman Act ausscheide.

Und, ob die Absprache der *Mannschaften* untereinander und mit *Reebok* Gegenstand einer Klage nach § 1 Sherman Act sei.

563 Petition for a Writ of Certorari v. 17. November 2008 (2008 WL 4948434 (U.S.)).

b. Das Annahmeverfahren

Bevor der U.S. Supreme Court darüber entschied, ob er den Fall zur Entscheidung annehmen solle, bat er den Solicitor General, die Meinung der USA hierüber als Amicus curiae mitzuteilen, dem dieser entsprach.[564]

Nach der solchermaßen mitgeteilten Meinung der USA sollte der Antrag der Klägerin abgelehnt werden.[565] Danach bestanden zwar ernsthafte Bedenken hinsichtlich des Urteils des Courts of Appeals, weil durch die Bejahung eines „single entity" nur aufgrund einer denkbaren effektiveren Vermarktung des Footballs bei kollektivem Handeln, aber ungeachtet dessen, dass dieses potenziellen Wettbewerb unter den Beteiligten ausschließen könnte, die Rechtsprechung zu diesem Konzept ausgeweitet werde.[566]

Jedoch rechtfertige dieses nicht die Annahme des Antrags, weil die Appeal-Entscheidung auf die Tatsachen dieses Falls beschränkt sei und insoweit kein Widerspruch zu Entscheidungen des U.S. Supreme Courts oder anderer U.S. Courts of Appeals bestünde (vgl. Supreme Court Rule 10).[567]

Die Klägerin hätte keine Rechtsverletzung wegen der kollektiven Vermarktung der Rechte als solcher, sondern nur im Hinblick auf die Erteilung der ausschließlichen Lizenz geltend gemacht.[568]

Weder die Klägerin noch eine der Beklagten hätte Gründe, die eine erneute Überprüfung rechtfertigten, vorgetragen, insbesondere der Bezug zu Sport-Ligen allein rechtfertige eine Diskussion allgemeiner Rechtsfragen zur Behandlung von joint ventures als „single entity" hier nicht.[569]

Der Supreme Court nahm das Verfahren dennoch zur Entscheidung an.[570] Eine Begründung verlangte dieses indes nicht, denn die Entscheidung ergeht nach alleinigem Ermessen des Gerichts, Supreme Court Rule 10.

---

564 Brief for the United States as Amicus curiae v. 28. Mai 2009, passim (2009 WL 1497823 (U.S.)).

565 Brief for the United States as Amicus curiae v. 28. Mai 2009, Tz. 1 und 22 (2009 WL 1497823 (U.S.)).

566 Brief for the United States as Amicus curiae v. 28. Mai 2009, Tz. 6 und 14 ff. (2009 WL 1497823 (U.S.)).

567 Brief for the United States as Amicus curiae v. 28. Mai 2009, Tz. 6 f., 12 und 14 ff. (2009 WL 1497823 (U.S.)).

568 Brief for the United States as Amicus curiae v. 28. Mai 2009, Tz. 13 (2009 WL 1497823 (U.S.)).

569 Brief for the United States as Amicus curiae v. 28. Mai 2009, Tz. 7 und 18 ff. (2009 WL 1497823 (U.S.)).

570 American Needle, Inc. v. National Footbal League et al., 129 S.Ct. 2859 (2009).

Interessant ist für die vorliegende Arbeit insoweit v. a., wie ausführlich sich der Amicus curiae in seiner Stellungnahme mit den von den Parteien und den Gerichten der Vorinstanzen aufgeworfenen Fragen und ihren Argumenten auseinandersetzt, obwohl diese nach seinem hier vertretenen Standpunkt inhaltlich zumindest nicht vollumfänglich von Relevanz sind. Darin dass er dieses dennoch tut, kommt seine ursprüngliche Funktion als informierender Amicus curiae im wahrsten Sinne des Begriffs zum Ausdruck; dieses entspricht hier zudem der Art seiner Hinzuziehung zum Verfahren – er wurde vom Gericht um seine (objektive) Meinung, also Hilfe gebeten.

c. Die Entscheidung des U.S. Supreme Courts und der Einfluss der Amici curiae

In dem anschließenden Hauptsacheverfahren wurden zahlreiche amicus curiae briefs eingereicht, nämlich für die Klägerin von Ökonomen[571], dem American Antitrust Institute zusammen mit der Consumer Federation of America[572], der Merchant Trade Association[573], der NFL Coaches League[574] und der NFL Player Association gemeinsam mit der Baseball, Hockey bzw. Basketball Player Association[575].

Während für die Beklagten amicus curiae briefs ebenfalls von Ökonomen[576], von Electronics Art Inc.[577], der ATP Tour, Inc. zusammen mit der WTA Tour, Inc., Major League Soccer und Stock Car Pacing[578], zwei briefs der National Hockey League[579], ebenso von NBA Properties[580], MasterCard International und Visa, Inc.[581] sowie von VF Imagewear, Inc.[582] eingereicht wurden.

Auf deren jeweiligen Inhalt soll und kann im Rahmen dieser Arbeit nicht näher eingegangen werden; ihre bloße Existenz ist indes bereits Zeichen dafür, dass auf die Entscheidung des Gerichts durch parteiischen amicus curiae brief

---

571 Brief v. 24. September 2009 (2009 WL 3090453 (U.S.)).
572 Brief v. 25. September 2009 (2009 WL 3143715 (U.S.)).
573 Brief v. 25. September 2009 (2009 WL 3143714 (U.S.)).
574 Brief v. 25. September 2009 (2009 WL 3143713 (U.S.)).
575 Brief v. 25. September 2009 (2009 WL 3143712 (U.S.)).
576 Brief v. 24. September 2009 (2009 WL 4247983 (U.S.)).
577 Brief v. 24. November 2009 (2009 WL 4074860 (U.S.)).
578 Brief v. 24. November 2009 (2009 WL 4247977(U.S.)).
579 Brief v. 24. November 2009 (2009 WL 4247985 (U.S.)); Brief v. 21. Januar 2009 (2009 WL 164244 (U.S.)).
580 Brief v. 21. Januar 2009 (2009 WL 164243 (U.S.)); Brief v. 24. November 2009 (2009 WL 4247984 (U.S.)).
581 Brief v. 24. November 2009 (2009 WL 4247981 (U.S.)).
582 Brief v. 24. November 2009 (2009 WL 4247980 (U.S.)).

von vielerlei Seiten Einfluss genommen werden sollte. Hieran zeigt sich, wie sehr diese Rechtsfigur auch als Mittel des „*Lobbyismus vor Gericht*“[583] genutzt wird.

Näher betrachtet werden soll hier aber der amicus curiae brief der USA, der im Hauptsacheverfahren aus eigener Initiative heraus und anders als im Annahmeverfahren nicht als neutrale Stellungnahme, sondern ausdrücklich für die Klägerin argumentierend eingereicht wurde.[584]

Denn interessant ist schon, dass überhaupt ein nochmaliger brief eingereicht wurde, nachdem im Annahmeverfahren die allgemeine Bedeutung des Verfahrens verneint worden war (vgl. oben Teil 1, B III 4) 2. b.). Dieses lässt sich indes nicht zuletzt aufgrund seiner Argumentationsweise so erklären, dass sich gerade dieser Amicus curiae trotz Parteinahme als v. a. in einem öffentlichen Interesse handelnd betrachtet, konkret das Gericht beim Treffen einer richtigen Entscheidung unterstützend – die, wie oben gesehen (vgl. oben Teil 1, B III 4) 1.), doch von so großer Bedeutung für die Entwicklung dieses Rechtsgebietes ist.

Dafür spricht zudem, dass er sich bereits im Annahmeverfahren so umfangreich zu den aufgeworfenen allgemeinen Rechtsfragen geäußert hat.

Dieses tut er auch in seinem erneuten brief, insbesondere zu der Hauptfrage dieses Falls:[585] Ob die Beklagten ein „single entity“ bildeten, so dass § 1 Sherman Act insoweit nicht anwendbar ist. Er stellt dazu die einschlägige Rechtsprechung dar, v. a. die von allen Beteiligten als maßgebliches precedent erachtete Entscheidung des U.S. Supreme Court in Sachen *Copperweld Corp. v. Independence Tube Corp.*[586].

Er warnt dabei vor der von den Beklagten angestrebten allzu großen Erweiterung dieses Begriffs, da dieses die Kartellrechtsdurchsetzung weit über den Bereich der *NFL* hinaus betreffen könnte.[587] Vielmehr sei nach der genannten Entscheidung nicht eine formale Betrachtung der Unternehmensstruktur, sondern eine funktionelle Analyse vorzunehmen, die er sich als zweistufigen Test vorstellt: Die Mannschaften müssten hinsichtlich des betroffenen operativen Bereichs jeden Wettbewerb ausgeschlossen haben und die vorgeworfene

583 Dieses Schlagwort geht auf *Harper/Etherington*, 101 U. PA. L. Rev. 1176 (1953) zurück.

584 Brief for the United States as Amicus curiae v. 25. November 2009, passim (2009 WL 3070863 (U.S.)).

585 Brief for the United States as Amicus curiae v. 25. November 2009, passim (2009 WL 3070863 (U.S.)).

586 Copperweld Corp. v. Independence Tube Corp., 467 U.S. 752 (1984).

587 Brief for the United States as Amicus curiae v. 25. November 2009, Tz. 7 und 22 ff. (2009 WL 3070863 (U.S.)).

Wettbewerbsbeschränkung darf sich nicht spürbar auf einen nicht von dem Ausschluss erfassten Bereich auswirken.[588] Er kommt insgesamt zu dem Schluss, dass das Urteil des U.S. Court of Appeals aufzuheben und die Sache an die unteren Instanzen zur erneuten Verhandlung zurückzuverweisen sei; dort sei eine vollständige funktionale Analyse zur Frage des Bestehens eines „single entity" vorzunehmen.[589] Festzustellen sei, ob die Klägerin sich bei ihrer Klage nur auf die Erteilung einer ausschließlichen Lizenz oder auch die kollektive Vermarktung als solche bzw. die Bildung der *NFLP* gestützt habe; in den beiden letzten Fällen sei ein konzertiertes Verhalten gegeben.[590] Habe sie die Entscheidung, nur eine Lizenz für alle Mannschaften zu erteilen, angegriffen, müssten weitere Feststellungen getroffen werden, wie weit die Beklagten ihre Lizenzerteilungstätigkeit verschmolzen hätten und inwieweit dieses aktuellen oder potenziellen Wettbewerb in davon nicht erfassten Bereichen betreffe.[591]

Der U.S. Supreme Court hob das Urteil tatsächlich auf und verwies die Sache an die unteren Instanzen zurück:[592] Er stellte fest, dass die Beklagten nach den getroffenen Feststellungen kein „single entity" bildeten und das Verhalten der Beklagten, die kollektive Vermarktungstätigkeit durch die *NFLP*, ein konzertiertes Verhalten i. S. des § 1 Sherman Act darstellte, jedoch eine Rechtfertigung nach der Rule of Reason in Betracht zu ziehen sei, die indes weiterer Feststellungen bedürfe.

Ausdrücklich nimmt er nur auf den seitens der USA eingereichten amicus curiae brief Bezug:[593]

Er widerspricht diesem insoweit als nach dessen zweistufigem Test nicht alle möglichen als Anknüpfungspunkt für einen derartigen Vorwurf in Betracht kommenden Handlungen als konzertiertes Verhalten eingeordnet werden würden. Denn die *Mannschaften* seien völlig frei in ihrer Vermarktungstätigkeit

---

588 Brief for the United States as Amicus curiae v. 25. November 2009, Tz. 6 f. und 15 ff. (2009 WL 3070863 (U.S.)).

589 Brief for the United States as Amicus curiae v. 25. November 2009, Tz. 8 und 31 ff. (2009 WL 3070863 (U.S.)).

590 Brief for the United States as Amicus curiae v. 25. November 2009, Tz. 32 (2009 WL 3070863 (U.S.)).

591 Brief for the United States as Amicus curiae v. 25. November 2009, Tz. 32 f. (2009 WL 3070863 (U.S.)).

592 American Needle, Inc. v. National Footbal League et al., 130 S.Ct. 2201, 2206 f. und 2212 ff. (2010).

593 American Needle, Inc. v. National Footbal League et al., 130 S.Ct. 2201, 2206 f. und 2216 (2010).

und damit liege in jeder denkbaren Konstellation ein konzertiertes Verhalten vor.

Deutlich wird damit, dass dem Auftreten eines der Regierung angehörenden Amicus curiae in gewisser Weise eine Sonderrolle zukommt: Sein Beitrag findet in der Entscheidung(sfindung) grundsätzlich mehr (sichtbaren) Niederschlag als ein privater parteiischer Amicus curiae (vgl. oben). Laut *Zuber* haben die Amicus curiae Schriftsätze des Department of Justice starken Einfluss auf die Entwicklung des US-amerikanischen Kartellrechts.[594] Was nicht zuletzt daran liegen dürfte, dass ein solcher Amicus curiae grundsätzlich der klassischen Rolle und Funktion eines unterstützenden „Freundes des Gerichts" noch am ehesten entspricht.[595]

3. Das Kartellrecht als „Brücke" zur Etablierung der Rechtsfigur auch außerhalb der Rechtsordnungen des Common Law

Eine besondere Bedeutung hat die Möglichkeit, einen amicus curiae brief bei Gericht einzureichen, für ausländische Staaten, somit auch die Bundesrepublik Deutschland, seit dem Jahr 1978 erlangt:[596] Gerade in wettbewerbs- und kartellrechtlichen Rechtsstreiten, die insbesondere in den letzten Jahrzehnten zunehmend eine staatenübergreifende Dimension erlangt haben, bestehen nicht selten Souveränitätsinteressen fremder Staaten, die bei einer extraterritorialen Anwendung des US-amerikanischen Rechts betroffen sind und gewahrt sein wollen.[597] Dieses v. a. dann, wenn ein solches Verfahren von einem Privaten angestrengt wurde, also nur Private beteiligt sind, und die ausländischen Interessen daher nicht mittels des völkerrechtlichen Rücksichtnahmegebots bereits vor Klageerhebung zur Geltung gebracht werden können.[598]

Dieser Konflikt findet seit 1978 dadurch eine Lösung, dass die ausländischen Staaten ihre Interessen und Ansichten in Form eines amicus curiae brief direkt gegenüber dem Gericht äußern können und sollen.[599] Nachdem der U.S. Supreme Court den Solicitor General darauf aufmerksam gemacht hatte, dass die bis

594 *Zuber*, Die EG-Kommission als amicus curiae, 2001, S. 98.

595 Das besondere Gewicht, das grundsätzlich dem Beitrag des Solicitor General als Amicus curiae zugemessen und insbesondere auf die zu erwartende hohe Qualität und Objektivität der Ausführungen zurückgeführt wird, betont *Shapiro*, 10 Litigation 21 ff. passim (1983–84).

596 Dazu *Dietzi* SJZ 1985, 91; *Hirte*, ZZP 104 (1991) 11, 31 ff.

597 Zu diesem generell bestehenden Konflikt im Überblick *Dietzi* SJZ 1985, 91 f.

598 *Hirte*, ZZP 104 (1991) 11, 32.

599 Vgl. *Nash*, 73 Am. J. Int'l L. 122, 124 f. (1997).

dato übliche Praxis, den ausländischen Standpunkt in einer diplomatischen Note an das Department of State (Außenministerium) darzulegen, damit dieses ihn in dem Verfahren dem U.S. Supreme Court bzw. den U.S. Courts of Appeals mitteile, insbesondere in den Supreme Court Rules keine Grundlage habe, gab das Department of State bekannt, dass insoweit künftig im Wege des amicus curiae brief gemäß den einschlägigen Verfahrensregelungen vorgegangen werden müsse.[600] Auch die sich bei der Beteiligung der USA als Partei ergebende unkomfortable und für die zu wahrenden Interessen nicht vorteilhafte Situation, dass der Solicitor General einerseits diese vertrete, andererseits die ggf. abweichende Sicht des ausländischen Staates mitteilen müsse, sollte dadurch verhindert werden.[601]

Um sicherzustellen, dass die ausländischen Interessen auch bei dieser Verfahrensweise weiterhin Gehör finden, teilte das Department of State weiter mit, dass die USA als Beteiligte stets ihre Zustimmung zur Einreichung eines solchen brief erklären werden, jedenfalls aber der U.S. Supreme Court einem entsprechenden Antrag auf Zulassung in aller Regel stattgeben werde (zu diesen verfahrensrechtlichen Voraussetzungen oben Teil 1, B III 3) 3.).[602] Während andere nur wenige Jahre nach diesem Politikwechsel wegen der zunehmenden Internationalisierung insbesondere der *Kartell*rechtsstreitigkeiten und der damit einhergehenden Betroffenheit ausländischer Parteien und Interessen fremder Staaten einer festen Politik der Teilnahme des Department of Justice (Justizministerium) als Amicus curiae in solchen Verfahren das Wort redeten, um damit nicht nur die Verwirklichung dieser Drittinteressen zu erreichen, sondern um zugleich auch den US-amerikanischen Bundesgerichten bei der Entwicklung einer entsprechenden Rechtsprechungspraxis zu helfen.[603] Dieser auf die Wahrnehmung der beiden Hauptaufgaben des Amicus curiae in dieser Rechtsordnung abzielende Vorschlag blieb indes ungehört.

Das Kartellrecht stellt ein Rechtsgebiet dar, das in besonderer Weise dazu neigt, Fälle von internationaler und zugleich (wettbewerbs-)politischer Bedeutung

---

600 Circular Note des Department of State v. 17. Aug. 1978 (Dept. of State File No. P76 0101–2129), wiedergegeben bei *Nash*, 73 Am. J. Int'l L. 122, 124 f. (1997).

601 Dept. of State File No. P78 0185–0044 unter Verweis auf das Verfahren Zenith Radio Corp. v. United States 437 U.S. 443 (98 S.Ct. 2441), in dem die Klägerin gegen eine aus Japan exportierende Unternehmen ihrer Ansicht nach unzulässig begünstigende Steuerpraxis des Department of Treasury klagte, mitgeteilt bei *Nash*, 73 Am. J. Int'l L. 122, 125 (1997).

602 Circular Note des Department of State v. 17. Aug. 1978 (Dept. of State File No. P76 0101–2129), wiedergegeben bei *Nash*, 73 Am. J. Int'l L. 122, 124 (1997).

603 *Kestenbaum/Olson*, 16 Int'l L. 587, 596 und passim (1982).

hervorzubringen, in dem daher sehr schnell und sehr häufig ausländische Souveränitätsinteressen betroffen sein können.[604] Denn die Anwendung des US-amerikanischen Kartellrechts bestimmt sich – ebenso wie im deutschen Wettbewerbsrecht das sog. Auswirkungsprinzip gilt (§ 130 Abs. 2 GWB) – nach der sog. *effects doctrine*.[605] Maßgeblich für die Frage der Anwendbarkeit US-amerikanischen Kartellrechts ist damit, ob sich eine Verhaltensweise auf dem Markt der USA auswirkt, nicht ob sie in dessen Rechtsanwendungsgebiet vorgenommen wird. Die sog. *Alcoa*-Entscheidung von 1945 konkretisierte diese effects doctrine, dahingehend, dass im Ausland vorgenommenes Handeln mit Wirkung im Inland nur dann unter US-amerikanisches Recht (im konkreten Fall § 1 Sherman Act) fällt, wenn zwei Voraussetzungen kumulativ erfüllt sind:[606] Das Verhalten muss auf wesentliche Auswirkungen im Inland abzielen und diese auch tatsächlich haben.

Dass eine solche extraterritoriale Anwendung des US-amerikanischen Kartellrechts ein gewisses Konfliktpotenzial im Hinblick auf die Rechtsordnungen der Staaten, in denen die Handlung vorgenommen wurde, birgt, weil diese dort vielleicht zulässig oder gar wirtschaftspolitisch erwünscht war und ist, leuchtet unmittelbar ein.[607] Dem deswegen von einigen Gerichten insoweit angewendeten sog. balancing test, mit dem konkurrierende Rechtsanwendungsinteressen anderer Staaten ebenfalls berücksichtigt werden sollten, setzte der U.S. Supreme Court jedoch enge Grenzen, in dem er einerseits die Geltung der effects doctrine bestätigte, andererseits eine solche Rücksichtnahme nur dann für zulässig erachtete, wenn beide Rechtsordnungen derart konfligieren, dass die betroffenen Unternehmen nicht im Sinne beider rechtmäßig handeln können, sie also gegen zwingendes Recht ihres Staates verstoßen müssten („true conflict").[608]

Entsprechend der Bedeutung der USA für die Weltwirtschaft und ihrer großzügigen Praxis der extraterritorialen Rechtsanwendung entstehen damit nicht nur häufig Konflikte mit den Interessen anderer Staaten, sondern für diese

---

604 Vgl. *Hirte*, ZZP 104 (1991) 11, 32.

605 *Mestmäcker/Schweitzer*, Europäisches Wettbewerbsrecht, § 6 Rn. 10; *Möschel*, Recht der Wettbewerbsbeschränkungen, § 4 Rn. 125.

606 United States v. Aluminum Co. of America et al., Circuit Court of Appeals, Second Circuit, March 12 1945, 148 F.2d 416, 443 f. (1945) – Alcoa.

607 Vgl. *Mestmäcker/Schweitzer*, Europäisches Wettbewerbsrecht, § 6 Rn. 15; *Möschel*, Recht der Wettbewerbsbeschränkungen, § 4 Rn. 125; ferner, bezogen auf § 130 Abs. 2 GWB; *Rehbinder*, in: Immenga/Mestmäcker, Wettbewerbsrecht, Bd. 2, GWB, § 130 Rn. 134.

608 Hartford Fire Insurance Co. et. al. v. California et al., 509 U.S. 764, 798 f. (1993); *Mestmäcker/Schweitzer*, Europäisches Wettbewerbsrecht, § 6 Rn. 16 ff.

infolgedessen auch Berührungspunkte mit dem US-amerikanischen Kartellrecht und die Notwendigkeit als Amicus curiae ihre Rechte zu vertreten.

Und so hat sich auch die Bundesrepublik Deutschland in den letzten Jahrzehnten gerade auch in Kartellrechtsstreitigkeiten verschiedentlich vor US-amerikanischen Gerichten als Amicus curiae zu Wort gemeldet.[609] Genannt sei hier als Beispiel eines vor dem U.S. Supreme Court verhandelten kartellrechtlichen Verfahrens aus der jüngeren Vergangenheit nur der Fall *F. Hoffman-La Roche Ltd. et al. v. Empagran S. A. et al.*[610]: In diesem Fall unterstützte die Bundesrepublik die Rechtsmittelführer nicht nur im eigentlichen Rechtsmittelverfahren[611], sondern bereits im Annahmeverfahren[612] vermittels amicus curiae briefs. Dem Verfahren lag eine class action gegen die Rechtsmittelführer wegen angeblicher Beteiligung an einem internationalen Preisbindungskartell zugrunde; die Bundesrepublik Deutschland unterstützte diese in ihrem Rechtmittelverfahren, weil sie durch eine extraterritoriale Anwendung des US-amerikanischen Antitrust Law in diesem Fall um die wirksame Durchsetzung des aufgrund desselben Sachverhalts ebenfalls angewandten deutschen und europäischen Kartellrechts befürchtete und durch die Zuständigkeitsbegründung der US-amerikanischen Gerichte sowohl ihre wie auch die europäischen Souveränitätsinteressen verletzt sah.[613]

Nach dem oben Ausgeführten ist die Bedeutung der Rechtsfigur des Amicus curiae in gewisser Weise ebenfalls „extraterritorial" geworden: Neben der Rolle, die er in der US-amerikanischen Rechtsordnung generell einnimmt, hat er auch Bedeutung für ausländische Regierungen usw. erlangt.

Mit der aus dem Mutterland England stammenden und auch in Deutschland schon seit einigen Jahrzehnten bekannten Rechtsfigur des Amicus curiae (dazu unten Teil 2) hatte es also bei ihrer erstmaligen Regelung im Wettbewerbsrecht der Europäischen Gemeinschaft im Jahr 2004 auf internationaler Ebene zumindest schon Berührungspunkte gegeben.

---

609 *Heidenberger*, RIW 1996, 918, 919; *Hirte*, ZZP 104 (1991) 11, 33 f. – jew. m. w. N.

610 F. Hoffman-La Roche Ltd. et al. v. Empagran S. A. et al., 542 U.S. 155 = 124 S.Ct. 2359).

611 Brief der Bundesrepublik Deutschland (und Belgiens) vom 3. Februar 2004 (2004 WL 226388 (U.S.)).

612 Brief der Bundesrepublik Deutschland vom 1. Dezember 2003 (2003 WL 22896686 (U.S.)).

613 Vgl. Brief der Bundesrepublik Deutschland (und Belgiens) vom 3. Februar 2004, Tz. 1 f. und passim (2004 WL 226388 (U.S.)); Brief der Bundesrepublik Deutschland vom 1. Dezember 2003, Tz. 1 ff. und passim (2003 WL 22896686 (U.S.)).

C. Zwischenergebnis

Beim Amicus curiae handelt es sich um eine aufgrund spezifisch aus der Rechtsordnung des Common Law folgenden Bedürfnissen entstandene Rechtsfigur. Trotz gewisser Parallelen zur Römisch-rechtlichen Einrichtung des sog. *consilium* kann dieses nicht als Vorbild des Amicus curiae betrachtet werden (oben Teil 1, A). Dagegen sprechen neben dem Umstand, dass eine Rezeption des Römischen Rechts bzw. des Civil Law in England nahezu kaum erfolgt ist, v. a. auch die grundsätzlichen, funktionalen Unterschiede. Die frühe englische Rechtsgeschichte und die Besonderheiten dieses Rechtssystems, insbesondere das dort herrschende adversary system, sprechen vielmehr für ein originär dem englischen Recht entstammendes prozessuales Mittel, dessen Bezeichnung lediglich latinisiert wurde (oben Teil 1, B I und II 1) bis 3)).

Zu Beginn seines Auftretens (ab etwa dem 14. Jh.) hatte der Amicus curiae die dem öffentlichen Interesse dienende Funktion, das Gericht über rechtliche und tatsächliche Umstände zu informieren, um Fehler und Irrtümer auszuräumen und dadurch eine richtige gerichtliche Entscheidung zu fördern (oben Teil 1, B II 1)). Dieses insbesondere auch, um in dem wegen des adversary systems v. a. von den Parteien bestimmten Zivilprozess einen Ausgleich zu schaffen. Daneben trat später – ebenfalls bedingt durch das adversary system – die weitere Funktion, auf diesem Wege die Berücksichtigung von Individualinteressen am Verfahren unbeteiligter Dritter zu ermöglichen (oben Teil 1, B II 2)).

Im heutigen englischen Common Law existiert der Amicus curiae als solcher nicht mehr (dazu oben Teil 1, B II 4)), seine Funktionen werden heute in verschiedener Weise prozessual erfüllt. Denn durch grundlegende Reformen des Prozessrechts sind die Umstände, die einmal zum Entstehen des Amicus curiae beitrugen, wenn nicht beseitigt, so doch relativiert worden, insbesondere das adversary system erfuhr u. a. durch das im Zuge der sog. Woolf-Reformen eingeführte active case management des Gerichts zumindest eine Entschärfung. Auf Ersuchen des Gerichts bestimmt der Attorney General heute einen sog. advocate to the court, der das Gericht durch seine neutrale, inhaltlich auf Rechtliches zu sich stellenden konkreten Fragen beschränkte Stellungnahme unterstützt. Hilfe bei sich in tatsächlicher Hinsicht ergebenden Fragestellungen leistet ein sog. assessor, während die Interessen Dritter durch die sog. intervention im Zivilverfahren Berücksichtigung finden können.

Seine größte Bedeutung hat der Amicus curiae heute im US-amerikanischen Common Law (dazu Teil 1, B III).

In dem Verfahren *Green (and Others) v. Biddle* des U.S. Supreme Court im Jahr 1821 stellte *Henry Clay* als Amicus curiae nicht nur erfolgreich einen Antrag auf

Durchführung eines rehearing, eine Verfahrensbefugnis, die einem solchen später nicht mehr gewährt wurde, sondern nahm auch in diesem rehearing – ebenso wie der zweite Amicus curiae in diesem Verfahren *Bibb* – gleich verschiedene Funktionen wahr. Er vertrat in diesem Verfahren das Interesse des Beklagten, weiterer Landbesitzer in ähnlicher Lage und der Öffentlichkeit, insbesondere das Souveränitätsinteresse des Bundesstaates Kentucky und der gesamten Staatenunion an der Erhaltung der Wirksamkeit des sog. *Missouri Compromise* (Teil 1, B III 2)).

Verstärkt durch die föderalistische Struktur der USA erforderte der durch das adversary system geprägte Zivilprozess zunehmend eine Öffnung für staatliche Vertreter als das öffentliche Interesse wahrnehmende Amici curiae. In der Folge setzte ein Prozess ein, der zunächst zu einer zunehmenden Beteiligung auch von private Interessen verfolgenden und schließlich offensichtlich im Parteiinteresse handelnden Amici curiae führte (Teil 1, B III 3) 1.). Der Amicus curiae war nicht mehr länger nur neutral, sondern wurde zunehmend ein taktisches Instrument der formal am Verfahren Beteiligten. Begünstigt durch die Ansätze der Sociological Jurisprudence und des Legal Realism erfuhr die Zahl der Amicus-curiae-Beteiligungen einen enormen Anstieg und diente insbesondere durch die Einreichung schriftlicher Stellungnahmen (der sog. amicus curiae briefs), der kollektiven Geltendmachung von Interessen durch entsprechende, in der Regel parteiische Verbände (Teil 1, B III 3) 2.). Einer zunächst sehr restriktiven Zulassungspolitik u. a. aufgrund entsprechender Supreme Court Rules folgte Mitte der 1950er Jahre eine gewisse Liberalisierung.

Heute ist diese Rechtsfigur als überwiegend parteiisch handelnde und private Interessen verfolgende, daneben aber auch dem öffentlichen Interesse dienende Rechtsfigur anerkannt (Teil 1, B III 3) 3.); ihre größte Bedeutung hat sie in Verfahren vor dem U.S. Supreme Court und den U.S. Courts of Appeals. Besondere Bedeutung haben dabei die von öffentlichen Stellen, insbesondere der Regierung oder den US-amerikanischen Kartellbehörden entsandten Amici curiae, die durch ihre in der Regel umfassenden Stellungnahmen auch im Falle einer ausdrücklichen Parteiergreifung doch stets auch dem öffentlichen Interesse dienen und der klassischen Funktion als Hilfe des Gerichts noch am ehesten entsprechen (vgl. Teil 1, B III 4)). Auch ausländische Regierungen bedienen sich zur Wahrnehmung ihrer Interessen der Rechtsfigur des Amicus curiae, insbesondere im Falle der exterritorialen Anwendung US-amerikanischen Rechts, was wegen des dort geltenden Auswirkungsprinzips (effects doctrine) in Kartellverfahren recht häufig der Fall ist (Teil 1, B III 4) 3.).

Teil 2: Die Rechtsfigur des Amicus curiae im deutschen und europäischen Recht

A. Einleitung

Am 1. Januar 1958 trat gemäß seinem damaligen § 109 Abs. 1 das Gesetz gegen Wettbewerbsbeschränkungen (GWB)[614] in Kraft,[615] das mit § 90 bereits zu diesem Zeitpunkt eine Regelung zur Beteiligung des Bundeskartellamts und der weiteren Wettbewerbsbehörden als Amicus curiae enthielt[616], dessen Entstehung – insbesondere im Hinblick auf einen Zusammenhang mit dem US-amerikanischen Antitrust-Recht – daher hier eine einleitende Darstellung finden soll.

Vorausgegangen waren diesem ersten „Kartellgesetz"[617] der Bundesrepublik Deutschland Jahre der Vorarbeiten; allein die Erarbeitung des Gesetzentwurfs durch die Bundesregierung zog sich „[...] *wegen der Schwierigkeiten der Materie, der sich hinsichtlich des einzuschlagenden Weges gegenüberstehenden gegensätzlichen Auffassungen und der zu leistenden Formulierungsarbeit*"[618] sehr lange hin.[619] Das Gesetz, das sich entsprechend seinem ersten Entwurf klar zur Marktwirtschaft und dem Wettbewerbsprinzip als „*Gegenstück zur politischen*

---

614 Gesetz gegen Wettbewerbsbeschränkungen in der am 1.1.1958 in Kraft getretenen Fassung, BGBl. I 1957, S. 1081 (im Folgenden: GWB 1958).

615 BGBl. I 1957, S. 1081, 1102.

616 Vgl. BGBl. I 1957, S. 1081, 1097.

617 Das erste deutsche Kartellgesetz, die Verordnung gegen Mißbrauch wirtschaftlicher Machtstellungen von 1923 (sog. Kartellverordnung), entfaltete kaum Bedeutung. Sie verfehlte ihre Zielsetzung, der zu diesem Zeitpunkt großen Zahl bestehender Kartelle entgegenzuwirken, denn sie sah kein generelles Kartellverbot vor – *Kling/Thomas*, Kartellrecht, § 10 Rn. 2; *I. Schmidt/Haucap*, Wettbewerbspolitik und Kartellrecht, S. 211; ausführlich dazu auch *Bremer*, in: Pohl (Hrsg.), Kartelle und Kartellgesetzgebung in Praxis und Rechtsprechung vom 19. Jahrhundert bis zur Gegenwart, 1985, S. 111 ff. passim.

618 Begründung zu dem Entwurf eines Gesetzes gegen Wettbewerbsbeschränkungen, Anlage 1 zur BT-Drucks. 1/3462, S. 18, linke Spalte.

619 Einen Überblick über den Weg zum GWB und das eigentliche Gesetzgebungsverfahren geben der Generalbericht *Hellwig*, Bericht des Ausschusses für Wirtschaftspolitik, Anlage zu BT-Drucks. 2/3644, S. 1 ff. und ausführlich *Murach-Brand*, Antitrust auf deutsch, 2004, passim.

Demokratie"[620], damit den gleichen Leitbildern wie die westliche Welt folgend, bekannte und der Zentralverwaltungswirtschaft eine deutliche Absage erteilte,[621] ist dabei im Wesentlichen den Grundgedanken des aus der „Freiburger Schule" hervorgegangenen sog. Ordoliberalismus verpflichtet (dazu auch noch im Folgenden):[622] Denn der Staat soll mit seinen Ordnungsmaßnahmen nach der Konzeption des Gesetzes nur insoweit in den Marktablauf eingreifen, als die Idealform des vollkommenen Wettbewerbs durch beschränkende Maßnahmen beeinträchtigt ist.[623] Starken Einfluss hatte dabei – bedingt nicht zuletzt durch die historischen und politischen Umstände der Nachkriegsjahre – zudem das US-amerikanische Antitrustrecht,[624] das zu diesem Zeitpunkt wohl die einzige wirklich entwickelte Kartellrechtsordnung darstellte und das eine deutsche Sachverständigen-Kommission – ebenso wie die praktische Arbeit und angewandten Verfahren der Antitrust-Behörden (Antitrust Division des DOJ, FTC, SEC) und Gerichte – insbesondere auf einer Studienreise im Jahr 1950 (sowie 1954) näher kennenlernte.[625] Überdies war die Politik der westlichen Besatzungsmächte, allen voran der USA, stark von dem Bestreben nach einer dem US-amerikanischen Vorbild entsprechenden Dekartellisierung Deutschlands geprägt, das als klassisches Land der Kartelle galt.[626] Bereits im „*Potsdamer Abkommen*" vom 2. August 1945 hatten sich die Alliierten (USA, Großbritannien

620 Begründung zu dem Entwurf eines Gesetzes gegen Wettbewerbsbeschränkungen, Anlage 1 zur BT-Drucks. 1/3462, S. 16, linke Spalte.

621 Begründung zu dem Entwurf eines Gesetzes gegen Wettbewerbsbeschränkungen, Anlage 1 zur BT-Drucks. 1/3462, S. 15 f.

622 Vgl. *Kling/Thomas*, Kartellrecht, § 11 Rn. 1 ff. m. w. N.

623 Vgl. die Begründung zu dem Entwurf eines Gesetzes gegen Wettbewerbsbeschränkungen, Anlage 1 zur BT-Drucks. 1/3462, S. 15 f.; Generalbericht *Hellwig*, Bericht des Ausschusses für Wirtschaftspolitik, Anlage zu BT-Drucks. 2/3644, S. 8.

624 Vgl. zu diesen beiden prägenden Faktoren *Deringer*, Verordnung Nr. 17/62 und Verordnung Nr. 1/2003 – die historische Perspektive, Vortrag am 17. Juli 2003 in Brüssel. Umfassend zum Einfluss des US-amerikanischen Antitrustrechts bei der Entstehung des GWB *Murach-Brand*, Antitrust auf deutsch, 2004, passim.

625 Vgl. *Drobnig/Dopffel*, RabelsZ 46 (1982) 253, 271 ff.; *von Götz*, wrp 2007, 741, 759; *Fikentscher*, WuW 1955, 205, 207 f.; *Lehnich*, Die Wettbewerbsbeschränkung, 1956, S. 515 f.; Generalbericht *Hellwig*, Bericht des Ausschusses für Wirtschaftspolitik, Anlage zu BT-Drucks. 2/3644, S. 10; ferner auch *Erhard*, Vorwort, Vorläufiger Bericht der Deutschen Kommission zum Studium von Kartell- und Monopolfragen in den Vereinigten Staaten, Beilage zum Bundesanzeiger Nr. 250 vom 29.12.1950, S. 2.

626 Vgl. *Basedow*, WuW 2008, 270 ff.; *Emmerich*, Kartellrecht, § 2 Rn. 5 ff.; *von Götz*, wrp 2007, 741, 742 ff.

und die Sowjetunion) auf eine schnelle Dezentralisierung des Wirtschaftslebens als Wirtschaftlichen Grundsatz geeinigt.[627] Getragen von der Überzeugung, dass gerade die starke Kartellisierung der deutschen Wirtschaft (v. a. der Stahl- und Kohleindustrie sowie der chemischen Industrie, insbesondere in Gestalt der I.G. Farben) einen wesentlichen, auch wirtschaftlichen, Beitrag zum aggressiven Expansionsstreben des NS-Regimes geleistet hatte, stand dabei der Sicherheitsgedanke als Zielsetzung klar im Vordergrund.[628] Und so erließen im Januar 1947 zunächst die US-amerikanische[629] und die britische Militärregierung[630] (im Juni 1947 schließlich auch die französische Militärregierung[631]) jeweils ein für ihre Besatzungszone geltendes, jedoch im Wortlaut und Inhalt weitgehend übereinstimmendes Regelungswerk, das die übermäßige Konzentration deutscher Wirtschaftskraft verbot. Inhaltlich und gesetzestechnisch war das vorliegend besonders interessierende US-amerikanische MRG Nr. 56 stark am Antitrustrecht der USA orientiert, was einmal erhebliche Rechtsanwendungsprobleme aufwarf;[632] es enthielt in Art. I Nr. 3 darüber hinaus eine Entflechtungsvorschrift, die dort keine Entsprechung fand; Gleiches gilt für das in Art. II des Gesetzes enthaltene Verbot einer deutschen Beteiligung an einem internationalen Kartell.[633] Sehr deutlich machen auch die Ziffern I bis III der Präambel des MRG Nr. 56, dass mittels dieser Entflechtung bestehender Konzentrationen von Wirtschaftskraft

627 Mitteilung über die Dreimächtekonferenz von Berlin („Potsdamer Abkommen") vom 2.8.1945, Tz. 12: „*At the earliest practicable date, the German economy shall be decentralized for the purpose of eliminating the present excessive concentration of economic power as exemplified in particular by cartels, syndicates, trusts and other monopolistic arrangements.*" – zit. nach *Murach-Brand*, Antitrust auf deutsch, 2004, S. 40.

628 *Von Götz*, wrp 2007, 741, 744 f.; vgl. auch *Murach-Brand*, Antitrust auf deutsch, 2004, S. 39 ff.

629 MRG Nr. 56: Verbot der übermäßigen Konzentration deutscher Wirtschaftskraft v. 28. Januar 1947, ABl. am. MilReg. Issue C S. 2 v. 1.4.1947 – abgedr. bei *Rowedder*, Kartellrecht, 1954, S. 5 ff.

630 VO Nr. 78: Verbot der übermäßigen Konzentration deutscher Wirtschaftskraft v. 28. Januar 1947, ABl. brit. MilReg. Nr. 16 S. 412 – abgedr. bei *Rowedder*, Kartellrecht, 1954, S. 5 ff.

631 Verordnung Nr. 96: Zur Verhinderung übermäßiger Machtanhäufung in der deutschen Wirtschaft, Journal Officiel vom 13.6.1947 S. 784 – abgedr. bei *Rowedder*, Kartellrecht, 1954, S. 31 ff.

632 Vgl. *Murach-Brand*, Antitrust auf deutsch, 2004, S. 76 ff.; *Fikentscher*, WuW 1955, 205, 227.

633 *Murach-Brand*, Antitrust auf deutsch, 2004, S. 74 ff.

vornehmlich jedes von Deutschland (noch) ausgehende Bedrohungspotenzial beseitigt werden sollte; insbesondere die weitere in Ziffer IV genannte Zielsetzung der Schaffung einer Grundlage für eine darauf aufbauende *„gesunde*[...] *und demokratische*[...] *deutsche*[...] *Wirtschaft“* fand erst auf Betreiben des an der Ausarbeitung selbst nicht beteiligten Länderrats in Stuttgart im Nachhinein Eingang in das Gesetz.[634] Allein daran zeigt sich bereits eine ganz wesentliche mit der deutschen Antitrust-Politik v. a. der USA verbundene grundsätzliche Schwierigkeit, die sich auch bei der späteren Erarbeitung des Entwurfs des GWB noch auswirken sollte (dazu im Einzelnen noch unten): das in der deutschen öffentlichen Meinung bestehende Empfinden und Misstrauen, diese (neue) Kartellpolitik und die sie umsetzenden Gesetze hätten v. a. strafenden Charakter und seien darauf angelegt, die deutsche Wirtschaft zu schwächen,[635] nicht aber eine Neuordnung des Wirtschaftslebens, orientiert am Wettbewerbsprinzip, im Sinne eines Wiederaufbaus zu ermöglichen.[636] Trotz der den alliierten Dekartellisierungsbehörden[637] eingeräumten sehr weitgehenden Verfahrensbefugnisse erfolgte die Durchsetzung und praktische Anwendung dieser ohnehin nur als Interimsvorschriften gedachten Gesetze nur sehr zurückhaltend und v. a. im Wege von Verwaltungsverfahren, mitunter auch Strafverfahren, die nach Art. VII Nr. 11 des MRG Nr. 56 vor Militärgerichten oder deutschen Gerichten durchgeführt wurden;[638] Zivilverfahren infolge von Kartellverstößen spielten

634 *Von Götz*, wrp 2007, 741, 746 f.; *Günther*, WuW 1951, 17, 26 ff.; *Murach-Brand*, Antitrust auf deutsch, 2004, S. 68 ff.

635 Vgl. *McCloy*, Deutschlandbericht des amerikanischen Hohen Kommissars für die Zeit vom 21. September 1949 bis 31. Juli 1952, WuW 1953, 107, 109; *Basedow*, WuW 2008, 270, 271.

636 Vgl. *von Götz*, wrp 2007, 741, 746 f. m. w. N.

637 Bis 1949 war für die Durchsetzung der Dekartellierungsvorschriften die *Bipartite Decartelization Commission* (BIDEC), bestehend aus einer britischen und einer US-amerikanischen Abteilung, zuständig; infolge des Besatzungsstatuts v. 21.9.1949 ging diese zusammen mit der französischen zuständigen Stelle in der *Decartelization and Industrial Deconcentration Group* (DIDEG) auf – *Bock/Korsch*, WuW 1957, 411, 418; *von Götz*, wrp 2007, 741, 748.

638 *Bock/Korsch*, WuW 1957, 411, 418 ff.; *von Götz*, wrp 2007, 741, 748. Insbesondere die als so wesentlich angesehene Entflechtung der Großkonzerne erfolgte aufgrund des MRG Nr. 56 tatsächlich nur in einem Fall, dem der Robert Bosch GmbH; die Entflechtung der genannten I.G. Farben, der Stahl- und Kohlenindustrie sowie der Filmindustrie erfolgte jeweils auf Grundlage eines speziellen Gesetzes – *von Götz*, wrp 2007, 741, 747 f.; ausführlich dazu *Bock/Korsch*, WuW 1957, 411, 420 ff.; *Murach-Brand*, Antitrust auf deutsch, 2004, S. 89 ff.

zu diesem Zeitpunkt praktisch keine Rolle[639]. Der Grund hierfür dürfte wohl in der im deutschen Rechtsdenken nach wie vor stark verhafteten Vorstellung, dass Kartelle nichts Schlechtes seien, liegen. Daraus erklärt sich wiederum die US-amerikanische Politik der Kartellrechtsdurchsetzung, bei der schon sehr früh und in immer stärkerem Maße die Zielsetzung einer Erziehung der deutschen Wirtschaftsbeteiligten zum Wettbewerbshandeln im Vordergrund stand.[640] Dieses sollte nicht durch Zwang, sondern durch Überzeugung von seiner Vorteilhaftigkeit etabliert werden.[641] Dem entsprechend wirkten die USA schon recht früh auf eine zunehmende Einbindung der deutschen Behörden und Gerichte bei der Anwendung und Durchsetzung der Dekartellisierungsvorschriften hin, übertrugen diesen verstärkt Zuständigkeiten und räumten weitreichende Befugnisse in diesem Bereich ein:[642] Bereits im Juni 1947 wurden so die deutsche zentrale Stelle für Dekartellisierungen GEDEC (German Decartelization Commission) in Frankfurt und als entsprechende dezentrale Einrichtungen die GEDAG (German Decartelization Agencies) eingerichtet und mit Hilfsaufgaben betraut,[643] im Jahr 1949 erging der offizielle Auftrag an die deutschen Institutionen,[644] ein

---

639 Vgl. *McCloy*, Deutschlandbericht des amerikanischen Hohen Kommissars für die Zeit vom 21. September 1949 bis 31. Juli 1952, WuW 1953, 107, 108 f.; ferner auch *Fikentscher*, WuW 1955, 205, 225.

640 Vgl. *von Götz*, wrp 2007, 741, 747 ff.; *McCloy*, Deutschlandbericht des amerikanischen Hohen Kommissars für die Zeit vom 21. September 1949 bis 31. Juli 1952, WuW 1953, 107, 108 ff. Dabei bestanden (auch) zwischen den westlichen Alliierten erhebliche Differenzen hinsichtlich der Frage der zu verfolgenden Kartellpolitik für Deutschland; vorliegend konzentriert sich die Darstellung indes auf die dominierende und hier allein interessierende US-amerikanische Politik – dazu *Murach-Brand*, Antitrust auf deutsch, 2004, S. 122 ff.

641 *Von Götz*, wrp 2007, 741, 748.

642 *Von Götz*, wrp 2007, 741, 749 ff.; vgl. auch *McCloy*, Deutschlandbericht des amerikanischen Hohen Kommissars für die Zeit vom 21. September 1949 bis 31. Juli 1952, WuW 1953, 107, 108 ff.; ausführlich *Murach-Brand*, Antitrust auf deutsch, 2004, S. 97 ff.

643 *Von Götz*, wrp 2007, 741, 749; *Murach-Brand*, Antitrust auf deutsch, 2004, S. 97 f.; vgl. auch *Bock/Korsch*, WuW 1957, 411, 418.

644 *Von Götz*, wrp 2007, 741, 751; dazu *Murach-Brand*, Antitrust auf deutsch, 2004, S. 98, 140 ff. Das Besatzungsstatut v. 10.4.1949 indes behielt die Zuständigkeit für die Dekartellisierung und Dezentralisierung ausdrücklich der Alliierten Hohen Kommission (AHK) vor, danach blieben die Dekartellisierungsvorschriften von 1947 solange in Kraft, bis ein von der AHK genehmigtes Wettbewerbsrecht erarbeitet war – *von Götz*, wrp 2007, 741, 751; *Bock/Korsch*, WuW 1957, 411, 437; *Murach-Brand*, Antitrust auf deutsch, 2004, S. 116 f.

Wettbewerbsrecht zu erarbeiten, und ab Januar 1951 lag die Zuständigkeit für kartellrechtliche Strafverfahren bei den deutschen Staatsanwaltschaften und Gerichten[645]. Im *„Deutschlandvertrag"* von 1952, mit dem die Bundesrepublik einen Teil ihrer Souveränität zurückerhielt, waren die Entflechtung und Dekartellisierung indes noch Gegenstand einer Sonderregelung, nach der die Vorschriften von 1947 solange gelten und von den alliierten Behörden durchgeführt werden sollten, bis ein dem Entwurf eines GWB aus demselben Jahr entsprechendes Wettbewerbsrecht in Kraft trat.[646]

Sah man anfangs in der Dekartellisierung noch ein Mittel der Entmachtung und Friedensicherung, so verfolgten v. a. die USA zunehmend und verstärkt durch den aufkommenden Ost-West-Konflikt eine integrative Politik:[647] Man wollte Deutschland durch die vermehrte Übertragung von Verantwortungen zu einem dem US-amerikanischen entsprechenden wirtschaftlichen Denken erziehen und so auf eine Westintegration hinwirken. Die Kartellpolitik der Alliierten wandelte sich in der Folge dahingehend, dass von einer Durchsetzung der Dekartellisierungsvorschriften von 1947 zunehmend Abstand genommen und statt dessen der Druck auf Deutschland, ein deren Vorstellungen entsprechendes Wettbewerbsrecht zu schaffen, erhöht wurde.[648] Auf deutscher Seite wiederum fand diese das Entstehen des GWB begünstigende Entwicklung insoweit eine Unterstützung, als der Ordoliberalismus trotz bestehender Unterschiede auch weite Übereinstimmungen mit dem Antitrustrecht der USA zeigte.[649] Es bestand aber auch ein erhebliches Konfliktpotenzial deshalb, weil einmal große Teile der Wirtschaftsbeteiligten nach wie vor kartellfreundlich und daher einem Wettbewerbsgesetz gegenüber äußerst kritisch eingestellt waren, und weil insbesondere die am Gesetzgebungsverfahren beteiligten Organe dabei keinesfalls den Eindruck eines (erneut) oktroyierten Wettbewerbsrechts erwecken wollten, sondern größten Wert auf den Erlass eines den deutschen tatsächlichen und rechtlichen

645 Information: Deutsche Gerichtsbarkeit bei der Verfolgung von Kartellverstößen, WuW 1951, 56; *Benckendorff*, WuW 1952, 643, 643 f. m. w. N.

646 *Von Götz*, wrp 2007, 741, 756; ferner *Bock/Korsch*, WuW 1957, 411, 437.

647 Vgl. *von Götz*, wrp 2007, 741, 746, 749 ff.; *Murach-Brand*, Antitrust auf deutsch, 2004, S. 79 ff.

648 Vgl. *von Götz*, wrp 2007, 741, 748 ff., 761 f.; *Murach-Brand*, Antitrust auf deutsch, 2004, S. 136 ff., 203 ff.; dazu auch *McCloy*, Deutschlandbericht des amerikanischen Hohen Kommissars für die Zeit vom 21. September 1949 bis 31. Juli 1952, WuW 1953, 107, 109 f.

649 *Von Götz*, wrp 2007, 741, 749 f., 761; vgl. auch *Murach-Brand*, Antitrust auf deutsch, 2004, S. 102 ff., 198 f. und 216 ff.

Verhältnissen entsprechenden Gesetzes legten.[650] Das Antitrustrecht diente dabei aber auch in mancherlei Hinsicht als Vorbild und der Orientierung.[651] In diesem Zusammenhang sei nochmals auf die Studienreise der Sachverständigen-Kommission im Jahr 1950 hingewiesen; außerdem erlangten sowohl die Gerichte eine gewisse Praxis in der Anwendung der Dekartellisierungsvorschriften von 1947 wie auch Fälle, insbesondere aus der steigenden Zahl von Privatrechtsfällen, Gegenstand der vor dem Hintergrund des US-amerikanischen Antitrustrechts geführten wissenschaftlichen Diskussion wurden.[652]

Der US-amerikanische Einfluss bei der Entstehung des GWB ist dabei v. a. ein fördernder, nämlich des wettbewerbsrechtlichen Denkens in Deutschland generell, konkret des Konzeptes des Ordoliberalismus und der kartellrechtlichen Rechtsanwendungspraxis der deutschen Gerichte während der Geltung der Dekartellisierungsvorschriften von 1947.[653] Letztere enthielten – ebenso wie die zu ihrer Durchsetzung erlassenen Durchführungsvorschriften – insbesondere keine Amicus-curiae-Regelung, so dass auch im Hinblick auf § 90 GWB 1958 nur die nach dem Ausgeführten mittelbare Vorbildwirkung des US-amerikanischen (Antitrust-)Rechts in Betracht kommt, worauf im Nachfolgenden noch näher eingegangen werden wird (unten Teil 2, B II 1)).

Ebenso wie im deutschen Wettbewerbsrecht kennt man heute auch auf der Ebene des europäischen Kartellrechts die Beteiligung der Wettbewerbsbehörden, insbesondere der Kommission der Europäischen Union, an gerichtlichen Verfahren in Form des Amicus curiae gemäß Art. 15 VO Nr. 1/2003 seit einigen Jahren.

Im Folgenden soll daher die Rolle der Rechtsfigur des Amicus curiae im deutschen, v. a. aber auch im (späteren) europäischen Recht untersucht werden. Gegenstand der Betrachtung sind dabei entsprechend der Vorgehensweise bei der Untersuchung zum Common Law (oben Teil 1) vornehmlich die Gründe für seine Existenz als solche, seine jeweilige Entwicklung und insbesondere seine

650 Vgl. *Günther*, WuW 1952, 281 f.; *Murach-Brand*, Antitrust auf deutsch, 2004, S. 199 f., 203 ff.; ferner auch *Erhard*, Vorwort, Vorläufiger Bericht der Deutschen Kommission zum Studium von Kartell- und Monopolfragen in den Vereinigten Staaten, Beilage zum Bundesanzeiger Nr. 250 vom 29.12.1950, S. 2; Bericht über die 85. Sitzung [des Bundesrates] vom 23. Mai 1952, BAnz. Nr. 100 vom 27. Mai 1952, S. 6 f.

651 Vgl. *Drobnig/Dopffel*, RabelsZ 46 (1982) 253, 272 ff.

652 *Murach-Brand*, Antitrust auf deutsch, 2004, S. 137 ff.

653 Vgl. *Murach-Brand*, Antitrust auf deutsch, 2004, S. 198 ff., 228 und passim; nach ihr „*[...] findet sich im GWB kein originäres amerikanisches Antitrustrecht.*" (S. 228). Vgl. auch *Emmerich*, Kartellrecht, § 2 Rn. 7; *von Götz*, wrp 2007, 741, 761 f.

Funktion(en) in diesen beiden Rechtsordnungen, die sich insoweit gegenseitig beeinflusst und eine weitgehende Harmonisierung erfahren haben (vgl. dazu unten Teil 2, D).

Wie eingangs ausgeführt existiert die Regelung des § 90 GWB bereits seit Inkrafttreten des GWB. Neben einigen im Laufe der Jahre erforderlich gewordenen redaktionellen Anpassungen hat sie Änderungen in ihrem Wortlaut seitdem nur wenige erfahren (dazu unten Teil 2, C I);[654] geändert hat sich indes der Kontext, in dem sie steht und somit zu betrachten ist (unten Teil 2, C II und D II 2) 4. e.).

Im Folgenden wird daher die Entwicklung des § 90 GWB insoweit nachvollzogen, als zunächst seine erste in Kraft getretene Fassung vom 1. Januar 1958 in Form einer Bestandsaufnahme seines Regelungsgegenstands dargestellt (unten Teil 2, B I) und einer funktionalen Betrachtung unterzogen (unten Teil 2, B II) wird.

Im Anschluss daran erfolgt dem entsprechend ein Überblick einmal über seine heutige Fassung (unten Teil 2, C II) und zum anderen über die zu § 90 GWB hinzugetretenen, mit diesem in engem Zusammenhang stehenden Amicus-curiae-Regelungen der Art. 15 VO Nr. 1/2003 sowie § 90a GWB (unten Teil 2, C III). Der Schwerpunkt der Betrachtung liegt dabei auf der vom jeweiligen Gesetzgeber verfolgten Zielsetzung und ihrer tatsächlichen Umsetzung, also der Funktion des Amicus curiae im gegenwärtigen deutschen und europäischen Kartellrecht (unten Teil 2, D). Abschließend wird der Frage nachgegangen, wie der prozessuale Beitrag der Rechtsfigur des Amicus curiae im zivilrechtlichen Kartellprozess Berücksichtigung finden kann; die besondere Aufmerksamkeit wird dabei einigen exemplarischen sich dabei v. a. im Hinblick auf die Prinzipien und Grundsätze des nationalen (Zivilverfahrens-)Rechts ergebenden Fragen gelten (unten Teil 2, E).

B. Die Regelung des § 90 GWB 1958

I. Inhalt

Gemäß § 90 Abs. 2 S. 1 Var. 1 GWB 1958 kann der Präsident des Bundeskartellamts, wenn er dies zur Wahrung des öffentlichen Interesses als angemessen erachtet, aus den Mitgliedern des Bundeskartellamts einen Vertreter bestellen, der befugt ist, dem Gericht schriftliche Erklärungen abzugeben, auf Tatsachen und Beweismittel hinzuweisen, den Terminen beizuwohnen, in ihnen Ausführungen

654 Vgl. *K. Schmidt*, in: Immenga/Mestmäcker, Wettbewerbsrecht, Bd. 2, GWB, § 90 Rn. 2.

zu machen und Fragen an Parteien, Zeugen und Sachverständige zu richten.[655] Nach § 90 Abs. 3 GWB 1958 steht dieses Recht in Rechtsstreitigkeiten, deren Bedeutung nicht über das Gebiet eines Bundeslandes hinausgeht, der obersten Landesbehörde (bzw. entsprechend deren Leiter) zu, und zwar dann ausdrücklich allein dieser („so tritt [...] die oberste Landesbehörde *an die Stelle* des Bundeskartellamtes" – Hervorhebung durch die Verf.). Die Befugnis des Bundeskartellamtes und der obersten Landesbehörde stehen damit in einem Alternativverhältnis.[656]

Dem nach § 90 Abs. 2 S. 1 GWB 1958 benannten Vertreter kommen damit weitreichende Verfahrensrechte zu: Er kann einerseits eine schriftliche Stellungnahme in einem Verfahren abgeben, andererseits sich sogar mündlich in der Verhandlung zu Wort melden; dabei kann er sowohl Tatsachenvortrag erbringen wie auch rechtliche Ausführungen machen. Überdies hat er ein Fragerecht nicht nur gegenüber den personalen Beweismitteln (Zeuge und Sachverständiger), sondern auch gegenüber den Prozessparteien.

Nach § 90 Abs. 1 S. 1 GWB 1958 besteht eine allgemeine Unterrichtungspflicht der Gerichte hinsichtlich der sich aus dem GWB 1958, Kartellverträgen oder -beschlüssen ergebenden Rechtsstreitigkeiten gegenüber dem Bundeskartellamt; Abs. 1 S. 2 der Norm verpflichtet das Gericht weiter, dem Bundeskartellamt – bzw. im Fall der Zuständigkeit der obersten Landesbehörde nach § 90 Abs. 3 GWB 1958 dieser – auf Verlangen eine Abschrift aller Schriftsätze, Protokolle, Verfügungen und Entscheidungen zuzusenden. Zweck dieser Regelung ist es, dem § 90 Abs. 2 S. 1 GWB 1958 zu einer möglichst großen Geltung zu verhelfen: Denn sie ermöglicht

---

655 Ein entsprechendes Recht, einen Vertreter aus den Mitgliedern der zuständigen Aufsichtsbehörde mit denselben Rechten im Verfahren zu bestellen, bestand unter denselben Voraussetzungen nach § 90 Abs. 2 S. 1 Var. 2 GWB 1958, wenn der Rechtsstreit eines der in § 102 GWB 1958 bezeichneten Unternehmen – also solche, die der Aufsicht der Versicherungs- oder der Bankaufsichtsbehörde unterlagen – betraf. Dieser zwischenzeitlich Energieversorgungsunternehmen und ihre Aufsichtbehörden betreffende Teil des § 90 Abs. 2 S. 1 GWB wurde indes im Jahr 2007 durch Art. 1 Nr. 18 des Gesetzes v. 18. Dez. 2007 (BGBl. I 2007, 2966, 2968) gestrichen und soll daher, und weil das Interesse der Betrachtung primär dem Bundeskartellamt als der (Bundes-)Kartellbehörde gelten soll, hier nur der Vollständigkeit halber Erwähnung finden.

656 So wohl auch *Langen*, Kommentar zum Kartellgesetz, 3. Aufl. 1958, Erläuterungen § 90, letzter Absatz (S. 396). Bezogen auf die heutige Fassung des § 90 GWB: i. E. ebenso *K. Schmidt*, in: Immenga/Mestmäcker, Wettbewerbsrecht, Bd. 2, GWB, § 90 Rn. 6; a. A. *Nothdurft*, in: Münchener Kommentar zum Kartellrecht, Bd. 2, § 90 GWB Rn. 14. m. w. N.

einmal, dass die oberste deutsche Kartellbehörde Kenntnis von den Verfahren erlangt, die auch ihren Tätigkeitsbereich berühren und deshalb für sie von Interesse sein können (§ 90 Abs. 1 S. 1 GWB 1958). Zudem stellt sie in einem zweiten Schritt sicher, dass der dann konkret über die Bestellung eines Vertreters in einem Rechtsstreit entscheidenden Behörde die nötigen Informationen über den Stand des Rechtsstreits und damit eine Entscheidungs- und ggf. spätere Handlungsgrundlage zur Verfügung stehen (§ 90 Abs. 1 S. 2 GWB 1958); das ergibt sich aus dem Standort der Regelung und der Verweisungsnorm des § 90 Abs. 3 GWB 1958, die neben Abs. 2 ausdrücklich (nur) Abs. 1 *Satz 2* in Bezug nimmt.

Anwendbar ist § 90 Abs. 2 GWB 1958 in allen aus dem GWB 1958, Kartellverträgen und Kartellbeschlüssen folgenden *zivil*rechtlichen Rechtsstreitigkeiten, was unmittelbar mit der Funktion der Norm zusammenhängt (sogleich Teil 2, B II) und aus einer systematischen Betrachtung zusammen mit § 90 Abs. 1 S. 1 GWB 1958 und dem Standort der Regelung unter der amtlichen Überschrift des Dritten Abschnitts des GWB 1958 („Bürgerliche Rechtsstreitigkeiten") folgt.

II. Die funktionale Bedeutung des Vertreters der Kartellbehörde

Über die Funktion des nach § 90 Abs. 2 S. 1 GWB 1958 handelnden Vertreters der Kartellbehörde geben sowohl das Gesetz selbst und die Materialien seiner Entstehung (sogleich Teil 2, B II 1)) wie auch die ihm zugrunde liegende Vorbildnorm (vgl. unten Teil 2, B II 2) und 3)) Aufschluss.

1) Die aus dem Wortlaut und Gesetzgebungsmaterial ableitbare Zielsetzung des § 90 Abs. 2 S. 1 GWB 1958

Welche Aufgabe und Funktion dem nach § 90 Abs. 2 S. 1 GWB 1958 handelnden Vertreter der Kartellbehörde konkret zukommt, wird einmal durch v. a. den Wortlaut des Gesetzes selbst bestimmt, das in § 90 Abs. 2 S. 1 GWB 1958 ausdrücklich die Entscheidung über die Benennung eines solchen Vertreters an das Kriterium der Angemessenheit zur Wahrung des öffentlichen Interesses bindet. Insoweit ist von einem gebundenen Entscheidungs- und Auswahlermessen des zuständigen Kartellbehördenleiters auszugehen, denn er trifft eine doppelte Entscheidung: Zum einen, ob zur Wahrung des öffentlichen Interesses in einem Rechtsstreit die Benennung eines Vertreters der Behörde als solche überhaupt angemessen ist; und zum anderen, wen konkret er mit dieser Aufgabe betraut und in welcher Form und welchem Umfang diese wahrzunehmen ist (schriftlich oder mündlich in der Verhandlung usw.). Maßgeblich für beide Entscheidungen ist dabei jeweils das vom Gesetzgeber vorgegebene Ermessenskriterium der *„Wahrung des öffentlichen Interesses"*, wobei dem Entscheidenden insoweit zugleich auch ein recht weiter

Ermessensspielraum eingeräumt wird, indem ausdrücklich *sein* als *angemessen* Erachten als maßgeblich bestimmt ist. Es lässt sich daraus die Erkenntnis ziehen, dass der Kartellbehörde die eigenverantwortlich wahrzunehmende Aufgabe übertragen ist, das öffentliche Interesse in einem zivilrechtlichen Rechtsstreit zur Geltung zu bringen, indem sie sich in diesen insoweit aktiv einschaltet, als sie das im Hinblick auf diese Zielsetzung als angemessen beurteilt. Angemessen bedeutet dabei weniger als erforderlich und ist wohl i. S. von ratsam, zweckmäßig und verhältnismäßig im Hinblick auf die Verwirklichung dieser Aufgabe zu verstehen.

Näheren Aufschluss über den Sinn und Zweck der Regelung und konkret die Funktion des Vertreters geben insbesondere aber auch die Gesetzgebungsmaterialien zum GWB 1958. Inhaltlich erfuhr die Regelung des § 90 GWB 1958 im Laufe des langwierigen und von heftigen Diskussionen begleiteten Gesetzgebungsverfahrens[657] (dazu oben Teil 2, A) seit dem ersten Gesetzentwurf der Bundesregierung aus dem Jahr 1952[658] abgesehen von kleineren redaktionellen Anpassungen indes keine Änderungen.

Dass und inwieweit das US-amerikanische Antitrustrecht bei der Erarbeitung des GWB 1958 insgesamt Einfluss hatte, wurde bereits ausgeführt (oben Teil 2, A); besonders wahrgenommen wurde insoweit aber auch die Rolle der Federal Trade Commission, insbesondere ihre Mitwirkung bei der Rechtsprechung als Amicus curiae.[659] Dass dieses sich auch bei der Schaffung konkret des § 90 GWB 1958 zumindest der Idee nach niederschlug, ist daher anzunehmen. Zur Begründung der Norm (insoweit noch § 65 RegE) wird darauf vom Gesetzgeber indes nicht Bezug genommen, sondern heißt es vielmehr: *„Diese Vorschrift soll dem Bundeskartellamt die Möglichkeit geben,* ***auch*** *bei bürgerlichen Rechtsstreitigkeiten das öffentliche Interesse wahrzunehmen. § 65 schließt sich dabei an die Regelung an, die das Patentgesetz in § 52 Abs. 1 und 2 aus gleichen Gründen für einen ähnlichen Fall (Beteiligung des Patentamts in bürgerlichen Rechtsstreitigkeiten) getroffen hat.“*[660] Und auch hinsichtlich des § 90 Abs. 2 S. 1 GWB 1958 (= § 65 Abs. 2 RegE) konkret wird ausdrücklich nur auf den Vorbildcharakter

---

657 Siehe hierzu den Generalbericht *Hellwig*, Bericht des Ausschusses für Wirtschaftspolitik, Anlage zu BT-Drucks. 2/3644, S. 1 ff. und *Lehnich*, Die Wettbewerbsbeschränkung, 1956, S. 595 ff. Unter der Überschrift „Der siebenjährige Krieg“ beschrieb die Entwicklung des Gesetzesvorhabens auch Der Spiegel, Ausgabe 27/1957.

658 RegE BT-Drucks. 1/3462.

659 Generalbericht *Hellwig*, Bericht des Ausschusses für Wirtschaftspolitik, Anlage zu BT-Drucks. 2/3644, S. 11, linke Spalte.

660 Begründung zu dem Entwurf eines Gesetzes gegen Wettbewerbsbeschränkungen, Anlage 1 zur BT-Drucks. 1/3462, S. 48, linke Spalte – Hervorhebung durch die Verf.

der patentrechtlichen Regelung verwiesen: „*Auch das Recht des Bundeskartellamts, an dem Verfahren teilzunehmen (Absatz 2), entspricht der gleichartigen Regelung des Patentgesetzes (§ 52 Abs. 2 PatG).*“[661] Dieses ließe sich vor dem Hintergrund des zur Entstehung des GWB Ausgeführten als weiterer Ausfluss des Bemühens der am Gesetzgebungsverfahren Beteiligten, den Einfluss der USA hierauf als so gering wie möglich darzustellen, erklären (oben Teil 2, A). Indes lagen die Streitpunkte bei der Konzeption des GWB v. a. im materiellen Recht, insbesondere bei der Grundsatzfrage, ob für Kartelle eine Verbotsregelung oder eine Missbrauchskontrolle eingeführt werden sollte;[662] in verfahrensrechtlicher Hinsicht wurde dagegen vornehmlich die Frage der einheitlichen Zuweisung zu den ordentlichen oder den Verwaltungsgerichten diskutiert[663]. Während die Regelung des § 90 GWB 1958 bzw. des § 65 RegE im Laufe des Gesetzgebungsverfahrens praktisch keine Änderungen erfuhr und – soweit ersichtlich – nicht Gegenstand der breit geführten Diskussionen war.[664] Überdies scheute man sich an anderer Stelle nicht, ausdrücklich und umfänglich auf das US-amerikanische Antitrustrecht Bezug zu nehmen.[665] Schließlich enthielt der sog. *Josten-Entwurf* aus dem Jahr 1949 mit § 80 bereits eine dem späteren § 90 GWB 1958 in weiten Teilen entsprechende Regelung,[666] die gleichermaßen und ausdrücklich mit der

---

661 Begründung zu dem Entwurf eines Gesetzes gegen Wettbewerbsbeschränkungen, Anlage 1 zur BT-Drucks. 1/3462, S. 48, linke Spalte.

662 Vgl. *Emmerich*, Kartellrecht, § 2 Rn. 8; *Fikentscher*, WuW 1955, 205, 206 ff.; *Murach-Brand*, Antitrust auf deutsch, 2004, S. 140 ff., 178 ff., 204, 216 ff.; Generalbericht *Hellwig*, Bericht des Ausschusses für Wirtschaftspolitik, Anlage zu BT-Drucks. 2/3644, S. 5; Begründung zu dem Entwurf eines Gesetzes gegen Wettbewerbsbeschränkungen, Anlage 1 zur BT-Drucks. 1/3462, S. 18 f.; *von Götz*, wrp 2007, 741, 752 ff., 757 und 759; *Günther*, WuW 1951, 17 ff. passim; ferner *McCloy*, Deutschlandbericht des amerikanischen Hohen Kommissars für die Zeit vom 21. September 1949 bis 31. Juli 1952, WuW 1953, 107, 109 f.

663 Vgl. *Fikentscher*, WuW 1955, 205, 221 f.; *Krawielicki*, WuW 1951, 139 ff. passim.

664 Vgl. insoweit nur die synoptische Gegenüberstellung des GWB 1957 und verschiedener Entwürfe hierzu, insbesondere des Gegenentwurfs der Alliierten vom 28.11.1951, bei *Murach-Brand*, Antitrust auf deutsch, 2004, S. 354 ff. (Anhang).

665 Vgl. Generalbericht *Hellwig*, Bericht des Ausschusses für Wirtschaftspolitik, Anlage zu BT-Drucks. 2/3644, S. 10 f.; *Drobnig/Dopffel*, RabelsZ 46 (1982) 253, 272 f. m. w. N.; Begründung zu dem Entwurf eines Gesetzes gegen Wettbewerbsbeschränkungen, Anlage 1 zur BT-Drucks. 1/3462, S. 30, rechte Spalte.

666 Vgl. Entwurf zu einem Gesetz zur Sicherung des Leistungswettbewerbs und zu einem Gesetz über das Monopolamt mit Stellungnahme des Sachverständigen-Ausschusses und Minderheitsgutachten, dem Direktor für Wirtschaft, Herrn

parallelen Regelung des genannten § 52 PatG begründet wurde.[667] Dieser Entwurf, der wegen seiner „Radikalität“ der Umsetzung des Wettbewerbsprinzips und der ausgeprägten darauf bezogenen staatlichen Steuerungs- und Lenkungsinstrumente von vornherein keine Chance auf Realisierung hatte und sogar von den Befürwortern eines Wettbewerbsrechts und Kartellverbots keine Unterstützung erfuhr,[668] entzündete die Diskussionen um das zu erarbeitende Gesetz überhaupt erst.[669] So dass man den Gesetzgeber durchaus beim Wort nehmen kann, wenn er zur Begründung des § 90 GWB 1958 an die frühere, den deutschen Gerichten zumindest bekannte Regelung des § 52 PatG und die diesem zugrunde liegende Konzeption (unten Teil 2, B II 2) und 3)) als Vorbild anknüpft. Dass aber die für das deutsche Recht geradezu untypische Rechtsfigur des Amicus curiae überhaupt als solche Eingang in das neue Wettbewerbsrecht fand, ist sicher auf den Einfluss des US-amerikanischen Antitrustrechts und der dazu von deutscher Seite gemachten Beobachtungen, insbesondere zur Rolle der Wettbewerbsbehörden, zurückzuführen.

Deutlich macht diese Begründung des Gesetzgebers – ebenso wie der Wortlaut der Regelung und die Systematik des Gesetzes selbst (vgl. auch oben Teil 2, B I) – einmal, dass Zielsetzung der Norm primär die Wahrung des öffentlichen Interesses im bürgerlichen Rechtsstreit ist. Durch die Formulierung der Gesetzesbegründung („*auch*“) wird insoweit aber zudem auf die weitere Bedeutung, den Hintergrund, und die Notwendigkeit dieser ein Teilnahmerecht der Kartellbehörden begründenden Norm im Gesamtgefüge des GWB 1958 hingewiesen: Während die Kartellbehörde in Verwaltungssachen und bei Bußgeldsachen nach dem GWB stets formal Beteiligte des Verfahrens ist, stehen sich in einem Zivilrechtsstreit nach dem GWB nur Private als Parteien gegenüber; eine Teilnahme der Kartellbehörden findet insoweit grundsätzlich nicht statt. Um diese dennoch zu ermöglichen, fand die Regelung des § 90 Abs. 2 S. 1 GWB 1958 Eingang in das Gesetz. Worin genau die Gründe wiederum hierfür lagen, soll an dieser Stelle

---

Professor Dr. Erhard, am 5. 7. 1949 vorgelegt, S. 35, der einen weiteren Anwendungsbereich der Amicus-curiae-Regelung vorsah.

667 Vgl. Entwurf zu einem Gesetz zur Sicherung des Leistungswettbewerbs und zu einem Gesetz über das Monopolamt mit Stellungnahme des Sachverständigen-Ausschusses und Minderheitsgutachten, dem Direktor für Wirtschaft, Herrn Professor Dr. Erhard, am 5. 7. 1949 vorgelegt (Begründung), S. 80 f.

668 Vgl. *von Götz*, wrp 2007, 741, 750 f.; *Günther*, WuW 1951, 23 f. und 30; *Murach-Brand*, Antitrust auf deutsch, 2004, S. 110 f.

669 Zum sog. Josten-Entwurf ausführlich *Murach-Brand*, Antitrust auf deutsch, 2004, S. 107 ff.

indes noch dahinstehen und erst im Weiteren nähere Betrachtung finden (unten Teil 2, B II 3)).

Zunächst gilt es, die nach dem Gesetzentwurf ausdrücklich als Vorbildregelung zugrunde gelegte Regelung des § 52 PatG a. F. (im Folgenden: § 52 PatG 1936) eingehender zu untersuchen, um hieraus für das weitere Verständnis des § 90 GWB 1958 ggf. Rückschlüsse zu ziehen (unten Teil 2, B II 3)).

2) Die Vorbildregelung des § 52 PatG 1936

Ausweislich des RegE liegt der Regelung des § 90 GWB 1958, insbesondere dessen Abs. 2, die gleiche Zielsetzung wie § 52 PatG 1936 zugrunde (soeben Teil 2, B II 1)).

Bei diesem indes handelt es sich um eine Norm, die in den wenigen Jahren ihrer Existenz kaum Anwendung fand. Sie war 1936[670] in das Gesetz eingefügt worden und bereits 1949 durch § 6 des Ersten Überleitungsgesetzes[671] bis auf weiteres für nicht anwendbar erklärt worden, weil es zu diesem Zeitpunkt häufig an nach § 52 PatG 1936 qualifizierten Personen innerhalb des Patentamts und den Akten über die Patenterteilungsverfahren fehlte sowie der Material- und Arbeitsaufwand nicht zu rechtfertigen war.[672] Im Jahr 1953 wurde die Norm durch § 1 Nr. 22 des Fünften Überleitungsgesetzes[673] überraschend und ohne dass gesetzgeberische Gründe insoweit mitgeteilt wurden, endgültig gestrichen.[674]

---

670 RGBl. 1936 II, S. 117, 128. Bei § 52 PatG 1936 handelt es sich trotz seines Entstehungszeitpunkts nicht um ein spezifisch der NS-Ideologie entspringendes oder verhaftetes Gesetz, wie die nachfolgenden Ausführungen zeigen werden; was jedoch Teile des Schrifttums hierzu nicht daran gehindert hat, neben juristisch-methodischen gelegentlich Ausführungen auch in diesem Sinne und der entsprechenden Terminologie zu machen, die aus evidenten Gründen in dieser Arbeit außer Betracht bleiben.

671 Erstes Gesetz zur Aenderung und Ueberleitung von Vorschriften auf dem Gebiet des gewerblichen Rechtsschutzes Vom 8. Juli 1949, abgedruckt im BlPMZ 1948–49, 229, 230, rechte Spalte.

672 Amtliche Begründung zum Ersten Gesetz zur Änderung und Überleitung von Vorschriften auf dem Gebiet des gewerblichen Rechtsschutzes Vom 8. Juli 1949, abgedruckt im BlPMZ 1948–49, 235, 242, rechte Spalte.

673 Fünftes Gesetz zur Änderung und Überleitung von Vorschriften auf dem Gebiet des gewerblichen Rechtsschutzes Vom 18. Juli 1953, abgedruckt im BlPMZ 1953, 269, 271, rechte Spalte = GRUR 1953, 323, 325, rechte Spalte.

674 Vgl. Begründung zum Regierungsentwurf eines Fünften Gesetz zur Änderung und Überleitung von Vorschriften auf dem Gebiet des gewerblichen Rechtsschutzes, abgedruckt im BlPMZ 1953, 295 ff. und den Nachtrag zum schriftlichen Bericht

Auch in den wenigen Jahren ihrer Geltung fand sie selten Anwendung und hatte in der Praxis kaum Bedeutung;[675] nach *Spiess* war sie zu umständlich und mit einer derartigen Mehrbelastung des Patentamts und der Gerichte verbunden, *„dass sie deshalb von vornherein totgeboren war"*[676]. Der Vorbildcharakter des § 52 PatG 1936 gründete demnach nicht auf einem durch praktische Rechtsanwendung gewonnenen Erfahrungsschatz, vielmehr auf dem ihm durch den Gesetzgeber und das Schrifttum zugeschriebenen Sinn und Zweck. Er sollte die zum Zeitpunkt seiner Schaffung schon Jahrzehnte und nach wie vor von Praktikern und Schrifttum geführte Diskussion um die Frage, wie die sich auf dem Gebiet des Patentrechts in besonderem Maße stellenden Probleme bei einerseits in tatsächlicher Hinsicht einen hohen technischen Sachverstand voraussetzenden und zugleich durch die lediglich juristisch ausgebildeten Richter zu entscheidenden Fälle zu lösen seien,[677] als Kompromisslösung beenden.[678] Diese Diskussion entspann sich insbesondere an den Patent*verletzungs*verfahren, die in die Zuständigkeit der ordentlichen Gerichtsbarkeit fielen, während die Patent*nichtigkeits*verfahren nur in der Berufungsinstanz vor dem aus Volljuristen gebildeten Patentsenat des Reichsgerichts verhandelt wurden, erstinstanzlich aber das technisch sachkundige Reichspatentamt, das auch das Patenterteilungsverfahren durchführte, zuständig war.[679]

Eine häufig vertretene Ansicht hatte daher für die ordentlichen Gerichte die Einführung des sog. technischen Richters gefordert, also das Gericht paritätisch mit Volljuristen und technisch ausgebildeten Personen zu besetzen, um

---

des Ausschusses für Patentrecht und gewerblichen Rechtsschutz (16. Ausschuss), abgedruckt im BlPMZ 1953, 314, 315; *Häusser*, in: FS 25 Jahre Bundespatentgericht, 1986, S. 63, 77; Legislative Kompetenzkonflikte und einen daher zu großen Aufwand als Gründe nennt ohne Nachweis *Schade*, GRUR 1954, 85, 90.

675 *Tetzner*, Kommentar zum Patentgesetz, § 52 Anmerkung 1; vgl. auch *Ackermann*, MdP 1961, 21, 26: Anwendung des § 52 Abs. 2 PatG a. F. in ca. 40–50 Fällen; *Lindenmaier*, GRUR 1949, 132, 136.

676 *Spiess*, GRUR 1956, 147, 151.

677 *Volkmar*, in: Das Recht des schöpferischen Menschen, FS der Akademie für Deutsches Recht, 1936, S. 161, passim; vgl. auch *Ackermann*, MdP 1961, 21, 23 und 25 f.; *Barth*, JW 1937, 2888; ferner *Stauder*, in: Aktuelle Herausforderungen des geistigen Eigentums, FS Beier, 1996, S. 619, 622 ff.

678 *Lindenmaier*, GRUR 1949, 132, 136; *Schade*, GRUR 1954, 85, 90; vgl. auch *Häusser*, in: FS 25 Jahre Bundespatentgericht, 1986, S. 63, 73.

679 Vgl. *Barth*, JW 1937, 2888; *Häusser*, in: FS 25 Jahre Bundespatentgericht, 1986, S. 63, 81; *Ullrich*, JW 1936, 151.

insoweit die erforderliche Spezialkenntnis auf der Richterbank sicherzustellen.[680] Dieser Vorschlag blieb indes nicht ohne Kritik;[681] verschiedene andere Vorschläge wurden entgegen gehalten, wie z. B. durch eine Zuständigkeitskonzentration bei einem Spezialgericht ein über die erforderliche technische Sachkenntnis verfügendes Gericht für patentrechtliche Fälle nach und nach zu etablieren.[682]

Vor diesem Hintergrund sind denn auch die einzelnen Regelungen des § 52 PatG 1936, insbesondere die hier im Zentrum des Interesses stehenden Abs. 2 und 3 der Norm zu beurteilen. Die Gesetzesbegründung nennt als die zwei bei der Schaffung der Regelung des § 52 PatG 1936 leitenden Hauptgesichtspunkte, denen es entgegenzuwirken galt, einmal die mangels entsprechender Sachkunde bestehende Überforderung der Gerichte und zum anderen die bestehende Rechtsunsicherheit infolge mitunter divergierender Auslegungen einerseits des Patentgegenstands im Erteilungsverfahren durch das Reichspatentamt, andererseits des Schutzgegenstandes im Patentverletzungsverfahren durch die ordentlichen Gerichte.[683] Hatte die Rechtsprechung in den Verletzungsverfahren zur Feststellung des Erfindungsgedankens eines Patents zunächst eine Methode angewandt, die tatsächlich mehr Prüfung der Voraussetzungen der Patenterteilung als -auslegung war, war sie von dieser bald zu einer eng an den Erteilungsakt des Patents durch das Reichspatentamt angelehnten Auslegungspraxis übergegangen.[684] Indes ergaben sich auch bei letzterer zum Teil erhebliche Abweichungen von den im Erteilungsverfahren zugrunde gelegten technischen Vorstellungen, da einmal die Parteien ein Interesse an einem möglichst engen bzw. weiten Schutzgegenstand hatten, zum anderen der zugrunde liegende technische Tatbestand im Erteilungs- und im Verletzungsverfahren

---

680 *Ullrich*, JW 1936, 151 f. m. w. N.; vgl. auch *Barth*, JW 1937, 2888; *Häusser*, in: FS 25 Jahre Bundespatentgericht, 1986, S. 63, 73 f.

681 Dazu ausführlich *Volkmar*, in: Das Recht des schöpferischen Menschen, FS der Akademie für Deutsches Recht, 1936, S. 161, 162 ff. Grundsätzliche Bedenken gegen den technischen Richter äußert auch *Lindenmaier*, GRUR 1949, 132, 134 f.

682 Busse/*Thomas Kaess*, PatG, Vor § 143 Rn. 7 m. w. N.; vgl. auch *Volkmar*, in: Das Recht des schöpferischen Menschen, FS der Akademie für Deutsches Recht, 1936, S. 161, 168 ff.; *Barth*, JW 1937, 2888; ferner *Ullrich*, JW 1936, 151 f. Mit im Wesentlichen gleichen Erwägungen zu der heute nach wie vor aktuellen Problematik *Stauder*, in: Aktuelle Herausforderungen des geistigen Eigentums, FS Beier, 1996, S. 619, 622 ff.

683 Begründung zu den Gesetzen über den gewerblichen Rechtsschutz vom 5. Mai 1936, abgedruckt im BlPMZ 1936, 103, 114, linke Spalte.

684 *Spiess*, GRUR 1956, 147, 147 f.

von verschiedenen Personen (Mitarbeitern des Reichspatentamts oder gerichtlichen Sachverständigen) unter Anlegung unterschiedlicher Maßstäbe beurteilt wurde.[685] Das brachte unerwünschte Überraschungsentscheidungen hinsichtlich des bestimmten allgemeinen Erfindungsgedankens und damit eine ebensolche erhebliche Rechtsunsicherheit für die betroffene Industrie mit sich.[686]

Der Gesetzgeber versuchte, dem durch mehrere Verfahrensregelungen, die indes in ihrer Funktionalität miteinander verbunden waren, abzuhelfen.

§ 52 Abs. 2 PatG 1936 begründete ein Recht des Reichspatentamts zur Teilnahme am Rechtsstreit aus Eigeninitiative heraus. Diese Regelung stimmte in weiten Teilen mit dem Wortlaut des späteren § 90 Abs. 2 GWB 1958 überein, knüpfte indes anders als dieser die Entscheidung des Präsidenten (des Reichspatentamts) über die Bestellung des Vertreters nicht ausdrücklich an das Kriterium der Wahrung des öffentlichen Interesses (vgl. oben Teil 2, B II 1)), sondern forderte, dass es sich bei dem Vertreter um ein Mitglied oder Hilfsmitglied des Reichspatentamts handelt, das *„besondere Sachkunde auf dem vom Rechtsstreit betroffenen engeren Gebiet der Technik besitz*[t]*"*[687]. Gleichermaßen handelte es sich insoweit aber um eine Ermessensentscheidung der Behörde.[688]

Dem solchermaßen bestellten Vertreter kamen entsprechend dem sehr allgemein gefassten Wortlaut der Norm umfassende Befugnisse im Verfahren zu: Er konnte sich sowohl schriftlich wie auch mündlich äußern, wobei im erstgenannten Fall nach Satz 2 der Norm eine Mitteilungspflicht des Gerichts gegenüber den Parteien bestand; dies entsprach dem Verfahrensgrundsatz des rechtlichen Gehörs. Sein Beitrag konnte sich nach dem Willen des Gesetzgebers v. a. auf den im Erteilungsverfahren vom Reichspatentamt angenommenen Inhalt des Patents beziehen,[689] insoweit also dem Problem der Rechtsunsicherheit infolge divergierender Auslegungen entgegenwirken. Ausdrücklich konnte er aber *„auch vermöge seiner besonderen Sachkunde auf dem in Betracht kommenden Spezialgebiet* [...] *das Gericht allgemein bei der Aufklärung des technischen Sachverhalts* [...] *unterstützen"*, wofür ihm die in § 52 Abs. 2 S. 1 PatG 1936 genannten prozessualen Befugnisse eingeräumt

685 *Spiess*, GRUR 1956, 147, 148 ff.

686 *Spiess*, GRUR 1956, 147, 149 f.

687 RGBl. 1936 II, S. 117, 128, rechte Spalte.

688 Begründung zu den Gesetzen über den gewerblichen Rechtsschutz vom 5. Mai 1936, abgedruckt im BlPMZ 1936, 103, 114, rechte Spalte.

689 Begründung zu den Gesetzen über den gewerblichen Rechtsschutz vom 5. Mai 1936, abgedruckt im BlPMZ 1936, 103, 114, rechte Spalte.

wurden.[690] Indes sollte er ausdrücklich nicht den Sachverständigen als solchen im Verfahren ersetzen.[691]

Ob seine Ausführungen nur Tatsachen oder auch Rechtliches zum Gegenstand haben durften, war umstritten.[692] Der Gesetzeswortlaut, die Zielsetzung des Gesetzgebers, dem Gericht neben der eigenen Rechtskenntnis die nötige technische Kenntnis zu verschaffen,[693] und auch der hierfür gewählte Weg – nicht der Einführung eines technischen Richters, sondern eines Vertreters im Verfahren – sprechen dafür, von einer Beschränkung auf tatsächliche Erklärungen auszugehen.[694] Konsequenterweise wäre dann auch die Anwendbarkeit dieser Verfahrensregelung in der Revisionsinstanz, die neuen Tatsachenvortrag nicht zuließ (§ 561 ZPO a. F.), zu verneinen.[695] Anders wäre dieses zu sehen, wenn man rechtliche Ausführungen als zulässig erachtete,[696] wofür die gesetzgeberische Zielsetzung, eine Angleichung der Entscheidungen von patenterteilender Behörde und Patentgerichten zu erreichen (dazu noch näher im Folgenden), sowie die Existenz der Regelung des § 52 Abs. 4 PatG 1936 sprechen.

Neben dieser ein Teilnahmerecht des Reichspatentamts aus Eigeninitiative heraus begründenden Norm bestand gemäß § 52 Abs. 3 S. 1 PatG 1936 das Recht des Gerichts, um diese Teilnahme an der mündlichen Verhandlung auf Antrag der Parteien oder von Amts wegen zu ersuchen. Diese Regelung fand jedoch keine Entsprechung im GWB 1958,[697] weshalb hierauf nur ergänzend und insoweit eingegangen wird, als dieses für das Verständnis der § 52 PatG 1936 und § 90 GWB insgesamt von Bedeutung ist. Insoweit bestand ebenfalls ein freies

---

690 Begründung zu den Gesetzen über den gewerblichen Rechtsschutz vom 5. Mai 1936, abgedruckt im BlPMZ 1936, 103, 114, rechte Spalte.

691 Begründung zu den Gesetzen über den gewerblichen Rechtsschutz vom 5. Mai 1936, abgedruckt im BlPMZ 1936, 103, 114, rechte Spalte.

692 Zum Streit *Barth*, JW 1937, 2888 f.

693 Vgl. insoweit *Tetzner*, Kommentar zum Patentgesetz, § 52 Anmerkung 3.

694 *Spiess*, GRUR 1956, 147, 151 f.; vgl. auch *Reimer*, Patentgesetz, Bd. II, § 52 Rn. 1.

695 Vgl. insoweit *Tetzner*, Kommentar zum Patentgesetz, § 52 Anmerkung 3; die Anwendbarkeit in der Revisionsinstanz indes bejahend *Reimer*, Patentgesetz, Bd. II, § 52 Rn. 3 a. E.

696 So wegen angeblicher Untrennbarkeit von Rechtlichem und Tatsächlichem *Barth*, JW 1937, 2888 f.; ohne Begründung i. E. ebenso *Volkmar*, in: Das Recht des schöpferischen Menschen, FS der Akademie für Deutsches Recht, 1936, S. 161, 181; uneindeutig *Tetzner*, Kommentar zum Patentgesetz, § 52 Anmerkung 3, s. aber auch Anmerkung 4 a. E.

697 Eine vergleichbare Regelung stellt indes Art. 15 Abs. 1 VO Nr. 1/2003 dar – dazu näher unten Teil 2, C III 3) und D II 2) 4. b.

Ermessen des Gerichts; auch im Falle eines dahingehenden Antrags der Parteien begründete ein Absehen von einem Ersuchen keinen Verfahrensverstoß.[698]

Interessant ist, dass auch in § 52 Abs. 3 S. 1 PatG 1936 durch ausdrückliche Bezugnahme die Eigenschaften des Vertreters nach Abs. 2 und als weitere Voraussetzung die Annahme des Gerichts, *„daß der Vertreter durch nähere Mitteilungen über den Gang des Erteilungsverfahrens zur besseren Beurteilung des technischen Sachverhalts oder zu seiner richtigen rechtlichen Würdigung beitragen kann“*,[699] verlangt wurden. Der seitens des Gerichts erbetenen Teilnahme waren damit engere Grenzen gesteckt als der vom Reichspatentamt selbst veranlassten; Ausführungen, die über die spezifisch aus dem Erteilungsverfahren gewonnene Sachkenntnis hinausgingen, vielmehr auf dem allgemeinen technischen Sachverstand des Vertreters gründeten, waren danach im Rahmen des Abs. 3 nicht zulässig.[700] Dem entsprach die Regelung des Abs. 3 S. 2 der Norm, wonach das Gericht die aufklärungsbedürftigen Punkte in seinem Ersuchen anzugeben hatte; und ebenso die in Abs. 3 S. 3 getroffene Regelung, nach der der Präsident des Reichspatentamts eine schriftliche Stellungnahme zu dem Ersuchen abgeben konnte, wenn er einen aus eigener Wissenschaft zu Mitteilungen über den Gang des Erteilungsverfahrens befähigten Vertreter nicht benennen konnte.

Neben den bereits im Zusammenhang mit der Regelung des Abs. 2 der Norm genannten Gründen spricht hinsichtlich des im Rahmen des Abs. 3 gleichermaßen geführten Streits um den zulässigen Gegenstand der Stellungnahme insbesondere der Wortlaut des Abs. 3 S. 1 noch deutlicher gegen die Zulässigkeit auch rechtlicher Ausführungen (vgl. oben).[701] Denn dort waren ausdrücklich *„Mitteilungen* [des Vertreters] *über den Gang des Erteilungsverfahrens* ***zur*** *besseren Beurteilung des technischen Sachverhalts oder* ***zu*** *seiner richtigen Würdigung* [durch das Gericht]“ genannt.[702] Es wurde also sprachlich zwischen einerseits den tatsächlichen Feststellungen unter Einbeziehung des Reichspatentamts und andererseits der darauf aufbauenden rechtlichen Würdigung, die in der deutschen Rechtsordnung originär und ausschließlich Aufgabe des Gerichts war und ist, unterschieden.

---

698 *Reimer*, Patentgesetz, Bd. II, § 52 Rn. 4; *Tetzner*, Kommentar zum Patentgesetz, § 52 Anmerkung 4.

699 RGBl. 1936 II, S. 117, 128, rechte Spalte.

700 *Reimer*, Patentgesetz, Bd. II, § 52 Rn. 1.

701 Im Ergebnis ebenso *Tetzner*, Kommentar zum Patentgesetz, § 52 Anmerkung 4; wohl auch *Lindenmaier*, GRUR 1949, 132, 136, der von dem Vertreter als *„Sachverständigem“* spricht.

702 RGBl. 1936 II, S. 117, 128, rechte Spalte – Hervorhebungen und Hinzufügungen durch die Verf.

Gleichgültig indes welcher Ansicht man sich insoweit anschließt, sind entsprechend dem Ausgeführten für die Frage, welche Funktion die Teilnahmeregelungen des § 52 PatG 1936 erfüllen (sollten), jedenfalls zwei Gesichtspunkte ganz wesentlich, wirkt sich doch zumindest einer der beiden in jeder mit der Regelung des § 52 PatG 1936 verbundenen Zielsetzung aus: Es ist dies einerseits der Umstand, dass mittels des Vertreters des Reichspatentamts eine öffentliche Behörde, die insbesondere den Parteien des Verletzungsverfahrens gegenüber neutral eingestellt war, eine Stellungnahme abgab; zum anderen der Umstand, dass diese nicht nur grundsätzlich über eine besondere technische Sachkunde, sondern v. a. konkret bezüglich des dem Rechtsstreit zugrunde liegenden Patents verfügte, weil sie selbst das diesbezügliche Erteilungsverfahren durchgeführt hatte.

So stellte das Reichspatentamt dem Gericht einmal seine besonderen technischen Kenntnisse, insbesondere im Fall des § 52 Abs. 2 PatG 1936, zur Verfügung und sorgt dadurch schon sehr frühzeitig für die richtige Erfassung sich stellender technischer Fragen;[703] daneben erleichterte es aber auch die Verfahrensleitung und Rechtsfindung[704], indem es erläuternd und berichtigend Einfluss nahm und so auf eine „erschöpfende Klarstellung des Streitstoffes“[705] hinwirkte.[706]

Das Maß seiner Teilnahme ging dabei über das eines zu einer bestimmten Tatsachenfrage bestellten Sachverständigen qualitativ und quantitativ hinaus,[707] sollte diesen daher und nach dem ausdrücklichen Wunsch des Gesetzgebers insbesondere nicht ersetzen,[708] sondern durch seine besonderen Kenntnisse, auch aus dem Patenterteilungsverfahren, und seine behördliche Autorität eine „wesentliche Unterstützung“ für das Gericht sein (dazu noch näher im Folgenden).[709] Zum anderen brachte das Reichspatentamt aber auch seine speziellen Kenntnisse aus dem Erteilungsverfahren unmittelbar in den Rechtsstreit ein und erleichterte und ermöglichte so eine „richtige“ Patentauslegung und sorgte für eine Harmonisierung der eigenen Rechtsanwendung und der Rechtsprechung

---

703 Vgl. *Spiess*, GRUR 1956, 147, 152; *Reimer*, Patentgesetz, Bd. II, § 52 Rn. 1.

704 *Ackermann*, MdP 1961, 21, 26.

705 Begründung zu den Gesetzen über den gewerblichen Rechtsschutz vom 5. Mai 1936, abgedruckt im BlPMZ 1936, 103, 115, linke Spalte.

706 *Volkmar*, in: Das Recht des schöpferischen Menschen, FS der Akademie für Deutsches Recht, 1936, S. 161, 180 f. und 161 f.; vgl. auch *Spiess*, GRUR 1956, 147, 151.

707 Vgl. *Barth*, JW 1937, 2888 f.

708 Begründung zu den Gesetzen über den gewerblichen Rechtsschutz vom 5. Mai 1936, abgedruckt im BlPMZ 1936, 103, 114, rechte Spalte.

709 Vgl. *Barth*, JW 1937, 2888 f.

der Gerichte über den konkreten Rechtsstreit hinaus, wovon insbesondere auch das Reichspatentamt profitierte.[710]

Gerade in dieser Kooperation der patenterteilenden Behörde und des über den Schutzumfang dieses Patents später urteilenden Gerichts lag die wesentliche Zielsetzung dieser Verfahrensregelung: Das Reichspatentamt brachte seine Erfahrung als objektive Behörde in das Verfahren ein und half dadurch dem Gericht bei der Feststellung des Schutzumfangs des Patents;[711] es wurden dergestalt im Erteilungs- und im Verletzungsverfahren durch dieselben Personen dieselben Beurteilungsmaßstäbe in dieser Frage angelegt und so eine Ausgewogenheit von Erteilung und Wirkung des Patents erreicht bzw. Widersprüche vermieden.[712] Dieses wiederum verhinderte nicht nur einen „unzweckmäßigen Prozessverlauf" und eine „unrichtige Entscheidung", sondern erhöhte zugleich die Rechtssicherheit[713] und Akzeptanz der Entscheidung durch die Parteien und die Allgemeinheit insgesamt.[714]

In den für den internen Gebrauch bestimmten sog. „Vorschriften für die mit der Prüfung von Patentanmeldungen betrauten Beamten des Reichspatentamts" von 1941 (im Folgenden: Vorschriften 1941) wurde denn auch in besonderer Weise die Aufgabe des bestellten Vertreters betont, nicht die Interessen der Parteien, sondern allein die der Allgemeinheit zu vertreten, und nach *„besten Kräften an der Schaffung eines klaren Rechtszustandes auf dem Sondergebiet des Patentrechts mitzuwirken"*.[715] Dementsprechend wurde im Schrifttum zum Teil eine Reduzierung des Ermessens auf Null, also eine Pflicht zur Stellungnahme seitens des Reichspatentamts nach § 52 Abs. 2 PatG 1936, für den Fall befürwortet, dass das Gericht infolge unrichtiger Darstellung durch die Prozessparteien zu einer nach dessen Ansicht unzutreffenden Beurteilung des Streitstoffs gelangte.[716] Während dieses nach den Vorschriften 1941 als Beispiel des danach für eine *mündliche* Stellungnahme vorausgesetzten öffentlichen

710 Zu diesem Abstimmungsgedanken ausführlich *Spiess*, GRUR 1956, 147, 149 ff.; vgl. auch *Reimer*, Patentgesetz, Bd. II, § 52 Rn. 1; *Häusser*, in: FS 25 Jahre Bundespatentgericht, 1986, S. 63, 74.

711 Vgl. *Spiess*, GRUR 1956, 147, 152; *Tetzner*, Kommentar zum Patentgesetz, § 52 Anmerkung 3.

712 *Spiess*, GRUR 1956, 147, 149 ff.; *Barth*, JW 1937, 2888 f.; *Häusser*, in: FS 25 Jahre Bundespatentgericht, 1986, S. 63, 77 f.

713 *Volkmar*, in: Das Recht des schöpferischen Menschen, FS der Akademie für Deutsches Recht, 1936, S. 161, 180 f.

714 *Barth*, JW 1937, 2888 f.; vgl. ferner *Häusser*, in: FS 25 Jahre Bundespatentgericht, 1986, S. 63, 74 ff.

715 *Häusser*, in: FS 25 Jahre Bundespatentgericht, 1986, S. 63, 75 f.

716 *Barth*, JW 1937, 2888, 2889.

Interesses genannt wurde und gemäß diesen sonst von der Teilnahmemöglichkeit nach § 52 Abs. 2 PatG 1936 insgesamt zurückhaltend Gebrauch gemacht werden sollte, um nicht unnötigerweise das Vertrauen der einen oder anderen Partei in die Objektivität der Patentbehörde zu erschüttern.[717]

Somit kam dem § 52 PatG 1936 eine die Rechtsprechung unterstützende und der Rechtspflege in umfassender Weise dienende Funktion zu, was sich nicht nur in der die Kenntnis über den Verfahrensstand[718] und eine *frühzeitige* Einbeziehung des Reichspatentamts sichernden Regelung des Abs. 1 – der Pflicht des Gerichts, dem Präsidenten des Reichspatentamts (im Unterschied zu § 90 Abs. 1 GWB 1958 ohne vorherige Aufforderung hierzu!) Abschriften aller Schriftsätze, Protokolle, Verfügungen und Entscheidungen zu übersenden und der entsprechenden Pflicht der Parteien, Abschriften ihrer Schriftsätze dort einzureichen – niedergeschlagen hat.[719]

Ebenso hatte die Konzentration der Zuständigkeit in Patentrechtsstreitigkeiten bei bestimmten Landgerichten gemäß § 51 PatG 1936 auch die Funktion, eine Mitwirkung des Reichspatentamts zu erleichtern.[720] Und insbesondere der Umstand, dass das Gericht an die Stellungnahme des Vertreters des Reichspatentamts zwar nicht gebunden war,[721] um diese aber nach § 52 Abs. 3 PatG 1936 ersuchen und ihn gemäß § 52 Abs. 4 PatG 1936 sogar zur Beratung über das in der Verhandlung Erörterte[722] zuziehen konnte, macht seine Rolle als Helfer des Gerichts deutlich.[723]

---

717 *Häusser*, in: FS 25 Jahre Bundespatentgericht, 1986, S. 63, 76. Grundsätzlich verlangt ein öffentliches Interesse als ungeschriebene Voraussetzung *Klauer-Möhring*, § 52 Anm. 3, zitiert nach *Reimer*, Patentgesetz, Bd. II, § 52 Rn. 3.

718 *Tetzner*, Kommentar zum Patentgesetz, § 52 Anmerkung 2.

719 *Volkmar*, in: Das Recht des schöpferischen Menschen, FS der Akademie für Deutsches Recht, 1936, S. 161, 180 f.; Begründung zu den Gesetzen über den gewerblichen Rechtsschutz vom 5. Mai 1936, abgedruckt im BlPMZ 1936, 103, 114, rechte Spalte.

720 Begründung zu den Gesetzen über den gewerblichen Rechtsschutz vom 5. Mai 1936, abgedruckt im BlPMZ 1936, 103, 114. Daneben sollte eine infolge Spezialisierung und Erfahrung gesteigerte Sachkompetenz erreicht werden: *Volkmar*, in: Das Recht des schöpferischen Menschen, FS der Akademie für Deutsches Recht, 1936, S. 161, 176 ff.

721 *Barth*, JW 1937, 2888, 2889.

722 *Reimer*, Patentgesetz, Bd. II, § 52 Rn. 5.

723 Vgl. Begründung zu den Gesetzen über den gewerblichen Rechtsschutz vom 5. Mai 1936, abgedruckt im BlPMZ 1936, 103, 115, linke Spalte, die insoweit sogar von *„Zusammenarbeit"* spricht.

Diese „lediglich“ unterstützende Funktion der nach § 52 PatG 1936 handelnden Behörde ist indes nur bezogen auf den konkreten Rechtsstreit zutreffend; denn betrachtet man die Wirkungen für die Rechts- und Wirtschaftsordnung insgesamt, ist sie Ausdruck einer weitaus verantwortlicheren Rolle: Die Weiterbildung des Patentrechts erfolgte kooperativ, sie fand durch

> *„rechte gegenseitige Fühlungnahme und gegenseitige Anregung zwischen der patenterteilenden und der über Patentverletzungen urteilenden Behörde statt*[...]“, denn *„nur eine solche Wechselwirkung und gegenseitige Befruchtung kann eine lebendige, gerechte und der Wirtschaft heilsame Entwicklung des Patentrechts gewährleisten.“*[724]

Die Vielzahl komplexer funktionaler Aspekte des § 52 PatG 1936 sind – auf einen Nenner gebracht – damit Ausfluss letztlich einer Zielsetzung, nämlich der zwar nicht ausdrücklich in der Norm selbst, aber immerhin in den internen Vorschriften 1941 erkannten und genannten Wahrung des öffentlichen Interesses (vgl. dazu bereits oben): unmittelbar an einer korrekten Entscheidung, mittelbar der Akzeptanz dieser, der allgemeinen Rechtssicherheit, der Rechtspflege insgesamt, der weiteren einheitlichen Fortbildung des Patentrechts und dadurch letztlich auch der in diesem Zusammenhang hieran besonders interessierten Wirtschaft als solcher. Diese wurde verwirklicht durch die sich entweder aus Eigeninitiative (§ 52 Abs. 2 PatG 1936) oder auf Ersuchen des Gerichts (§ 52 Abs. 3 PatG 1936) am Zivilrechtsstreit beteiligende Patentbehörde, die Kraft ihrer Zuständigkeiten, insbesondere Vorbefassung im Patenterteilungsverfahren, hinsichtlich dieses Rechtsgebiets besondere Kenntnisse tatsächlicher und nach t. v. A. auch rechtlicher Art (vgl. insoweit oben) hatte und dem Gericht zur Verfügung stellte, ohne dieses dadurch in irgendeiner Weise zu binden.[725]

---

724 *Volkmar*, in: Das Recht des schöpferischen Menschen, FS der Akademie für Deutsches Recht, 1936, S. 161, 184.

725 Heute kann die umfassende Sachkunde des Patentamts für Gerichte und Staatsanwaltschaften auf deren Ersuchen hin in technischen und rechtlichen Fragen, die Patente betreffen, in Form eines schriftlichen Obergutachtens unter den engen Voraussetzungen des § 29 PatG nutzbar gemacht werden; indes hat diese Regelung bislang praktisch keine Bedeutung erlangt – Busse/*Thomas Kaess*, PatG, § 29 Rn. 2 ff. Weiter besteht mit dem der Regelung des § 90 Abs. 2 GWB nachempfundenen, indes sehr selten wahrgenommenen Äußerungsrecht des Präsidenten des Patentamts nach § 76 PatG die Möglichkeit, im Beschwerdeverfahren gegenüber dem Patentgericht zur Wahrung des öffentlichen Interesses (insbes. zur Vermeidung von Rechtsunsicherheiten) nach eigenem Ermessen Ausführungen tatsächlicher und rechtlicher Art zu machen; nach § 77 PatG kann das Patentgericht diesen zudem bei Rechtsfragen von grundsätzlicher Bedeutung einladen, dem

Die Teilnahmemöglichkeiten des Reichspatentamts am Patentverletzungsverfahren gemäß der Verfahrensregelung des § 52 PatG 1936 zeigte damit die für die Rechtsfigur des Amicus curiae typischen Charakteristika (vgl. dazu oben Teil 1, B II 1) bis 3)).[726]

3) Parallelen, Unterschiede und Rückschlüsse hieraus

Betrachtet man § 90 GWB 1958 und § 52 PatG 1936 und vergleicht zudem die Gesetzgebungsmaterialien der beiden Normen, so zeigt sich, dass diese Verfahrensregelungen verschiedener Rechtsgebiete trotz im Einzelnen bestehender Unterschiede in wesentlichen Teilen übereinstimmen, und dass der vom Gesetzgeber genannte Vorbildcharakter des § 52 PatG 1936 (oben Teil 2, B II 1)) v. a. ein solcher teleologischer Art war.

So stellt die Gesetzesbegründung zu § 90 GWB 1958 zum Zweck der Norm nur mit einem ersten Satz fest, dass hierdurch *„dem Bundeskartellamt die Möglichkeit* [ge]*geben* [werden solle], *auch bei bürgerlichen Rechtsstreitigkeiten das öffentliche Interesse wahrzunehmen*";[727] was sich unschwer bereits dem Wortlaut des Gesetzes entnehmen lässt. Im Anschluss wird dann nur noch pauschal auf die § 52 Abs. 1 und 2 PatG 1936 zugrunde liegenden Gründe Bezug genommen.[728]

Ebenso wie im Fall des § 52 PatG 1936 soll sich bei § 90 GWB 1958 eine Behörde in einer bürgerlichen Rechtsstreitigkeit, also einer solchen zwischen im Regelfall zwei Privaten, mit ihrer besonderen Kenntnis schriftlich oder sogar mündlich zu Wort melden können (vgl. oben Teil 2, B I und II 2)). In beiden Fällen handelt es sich dabei um Rechtsgebiete, die einerseits bei den die Fälle Entscheidenden eine

---

Beschwerdeverfahren als Beteiligter i. S. des § 74 PatG beizutreten, und ihm damit die Rechtsbeschwerdebefugnis nach § 101 Abs. 1 PatG eröffnen – dazu Busse/*Thomas Kaess*, PatG, § 76 Rn. 1 ff. und § 77 Rn. 4 ff.

726 Zwischen der Teilnahme nach § 52 Abs. 2 und 3 PatG 1936 differenzierend und ohne Begründung insoweit nur diejenige gemäß letzterem als *„amicus curiae"* betrachtend Busse/*Thomas Kaess*, PatG, Vor § 143 Rn. 6.

727 Begründung zu dem Entwurf eines Gesetzes gegen Wettbewerbsbeschränkungen, Anlage 1 zur BT-Drucks. 1/3462, S. 48, linke Spalte – Hervorhebungen durch die Verf.

728 Begründung zu dem Entwurf eines Gesetzes gegen Wettbewerbsbeschränkungen, Anlage 1 zur BT-Drucks. 1/3462, S. 48, linke Spalte: *„§ 65* [= der spätere § 90 GWB 1958; Anm. der Verf.] *schließt sich dabei an die Regelung an, die das Patentgesetz in § 52 Abs. 1 und 2 aus gleichen Gründen für einen ähnlichen Fall (Beteiligung des Patentamts in bürgerlichen Rechtsstreitigkeiten) getroffen hat.* [...] *Auch das Recht des Bundeskartellamts, an dem Verfahren teilzunehmen (Absatz 2), entspricht der gleichartigen Regelung des Patentgesetzes (§ 52 PatG).*".

besondere Sachkunde voraussetzen und andererseits in besonderem Maße die Allgemeinheit betreffen können und deshalb (auch) ein öffentliches Interesse an den Entscheidungen der Gerichte besteht: Das Patentrecht wirft technische Fragen auf und betrifft mit seinen Entscheidungen insbesondere die auf einen verlässlichen Patentrechtsschutz vertrauende Industrie und Wirtschaftsbeteiligten (oben Teil 2, B II 2)); während sich *„die Rechtsfragen* [im Kartellrecht] *durch besondere Schwierigkeiten aus*[zeichnen]" und der Rechtsfindung dort *„verwickelte volkswirtschaftliche und betriebswirtschaftliche Tatbestände"* zugrunde liegen, auch insoweit aber die *„Entscheidungen* [...] *nicht nur für die unmittelbar Beteiligten, sondern vielfach auch für weite Kreise der Wirtschaft und der Öffentlichkeit von grundsätzlicher Bedeutung"* sind.[729] Dieses sich in beiden Fällen also gleichermaßen stellende Problem – das Bedürfnis, die Wahrung des öffentlichen Interesses im Privatrechtsstreit zu gewährleisten – versucht der jeweilige Gesetzgeber in gleicher Weise zu lösen. Er eröffnet der auf diesem Rechtsgebiet ohnehin mit besonderen Aufgaben und Zuständigkeiten betrauten bzw. konkret vorbefassten und dadurch in besonderer Weise qualifizierten Behörde, dem Bundeskartellamt und den obersten Landesbehörden bzw. dem Reichspatentamt, die Möglichkeit, sich nach ihrem Ermessen an dem Verfahren als Amicus curiae unterstützend zu beteiligen. Das im Falle des § 52 PatG 1936 nicht ausdrücklich genannte, aber dennoch vorausgesetzte Handeln im öffentlichen Interesse (vgl. oben Teil 2, B II 2)) ist in der späteren Regelung des § 90 Abs. 2 GWB 1958 Ermessenskriterium für die Kartellbehörde. Es zeigt sich hier konkret der dem Ordoliberalismus folgende Geist des GWB 1958 (dazu oben Teil 2, A und B II 1)).

Eine Klarstellung erfolgte auch hinsichtlich der sonst durch identischen Gesetzeswortlaut eingeräumten Befugnisse der sich beteiligenden Behörden insoweit, als im Rahmen des § 90 Abs. 2 GWB 1958 sowohl tatsächliche wie auch rechtliche Stellungnahmen erfolgen können (vgl. oben Teil 2, B I); das folgt aus einem Umkehrschluss aus Satz 1 der Norm, der neben Erklärungen und Ausführungen ausdrücklich auch Hinweise auf Tatsachen und Beweismittel nennt. Wobei die Formulierung *„Hinweise"* dafür spricht, dass solche Tatsachen dem Beibringungsgrundsatz entsprechend auch nach damaligem Verständnis der Norm nur dann zu berücksichtigen waren, wenn sie von zumindest einer der Parteien sich zu Eigen gemacht und dadurch wirksam zum Prozessstoff gemacht wurden (vgl. dazu noch ausführlich unten Teil 2, E II 2) 1. und 3) 2.).[730]

---

729 Begründung zu dem Entwurf eines Gesetzes gegen Wettbewerbsbeschränkungen, Anlage 1 zur BT-Drucks. 1/3462, S. 23 – Ergänzungen durch die Verf.

730 So die ganz h. M. zu den heutigen §§ 90, 90a GWB, während diese Frage soweit ersichtlich im Zusammenhang mit § 90 GWB 1958 noch nicht diskutiert wurde.

Um der Kartellbehörde einen effektiven Gebrauch der Beteiligungregelung zu ermöglichen, sieht § 90 Abs. 1 S. 1 GWB 1958 die umfassende Unterrichtungspflicht der Gerichte gegenüber dem Bundeskartellamt vor; indes sind nach Satz 2 der Norm die gemäß dem entsprechenden § 52 Abs. 1 S. 1 PatG 1936 noch stets zu übersendenden Unterlagen insoweit nur *auf Verlangen* zuzusenden.[731] Dieses bietet zwei v. a. organisatorische Vorteile: Das Bundeskartellamt kann zunächst prüfen, ob eine nähere Befassung mit einem Rechtsstreit nicht schon von vornherein ausscheidet,[732] und ob nicht die Zuständigkeit einer obersten Landesbehörde nach § 90 Abs. 3 GWB 1958 besteht.

Wie bereits bei der Einführung des § 52 PatG 1936 (oben Teil 2, B II 2)) erfolgte auch bei der des § 90 GWB 1958 eine Neuordnung der gerichtlichen Zuständigkeiten, die die weiteren Verfahrensregelungen erheblich beeinflusste:[733] Dem Vorbild des § 51 PatG 1936 folgend, in seiner Reichweite darüber aber noch hinausgehend, konzentrierte man die Zuständigkeiten für *alle* Kartellrechtssachen (Verwaltungs-, Bußgeld- und Zivilsachen) als ausschließliche bei den Landgerichten und Oberlandesgerichten, innerhalb dieser wiederum mit der Möglichkeit der Konzentration auf einige bestimmte Gerichte (vgl. §§ 62, 73, 81, 83, 87 ff., 92 ff. GWB 1958)[734], um einerseits durch die damit eintretende Spezialisierung eine größere Sachkompetenz bei den Gerichten zu erreichen, andererseits divergierende Entscheidungen zu vermeiden und den Kartellbehörden entsprechend

---

Zum Problem s. nur *Bornkamm*, in: Langen/Bunte, Bd. 1, Deutsches Kartellrecht, § 90 Rn. 9; *Dicks*, in: Loewenheim/Meessen/Riesenkampff, Kartellrecht, § 90 GWB Rn. 4; *Meyer-Lindemann*, in: Frankfurter Komm. zum Kartellrecht, Lfg. 69 (Aug. 2009), GWB 2005 § 90 Rn. 14; *K. Schmidt*, in: Immenga/Mestmäcker, Wettbewerbsrecht, Bd. 2, GWB, § 90 Rn. 8.

731 Vgl. BGBl. I 1957, S. 1081, 1097.

732 Vgl. *Dicks*, in: Loewenheim/Meessen/Riesenkampff, Kartellrecht, § 90 GWB Rn. 1; *Hitzler*, Die Beteiligung der Kartellbehörden an Kartellrechtsstreiten nach § 90 GWB, WuW 1982, 509, 511; *Meyer-Lindemann*, in: Frankfurter Komm. zum Kartellrecht, Lfg. 69 (Aug. 2009), GWB 2005 § 90 Rn. 11.

733 Begründung zu dem Entwurf eines Gesetzes gegen Wettbewerbsbeschränkungen, Anlage 1 zur BT-Drucks. 1/3462, S. 23. Vgl. auch die insoweit parallele, ebenfalls ausdrücklich an § 51 PatG 1936 angelehnte Konzeption bereits im sog. Josten-Entwurf von 1949, dort §§ 79 und 80 – Entwurf zu einem Gesetz zur Sicherung des Leistungswettbewerbs und zu einem Gesetz über das Monopolamt mit Stellungnahme des Sachverständigen-Ausschusses und Minderheitsgutachten, dem Direktor für Wirtschaft, Herrn Professor Dr. Erhard, am 5. 7. 1949 vorgelegt, S. 34 f. und (Begründung) S. 80 f.

734 BGBl. I 1957, S. 1081, 1093.

der Zielsetzung im Rahmen der §§ 51 f. PatG 1936 eine Teilnahme nach § 90 GWB 1958 zu erleichtern.[735]

Die Regelung des § 52 Abs. 3 PatG 1936 hingegen fand keine Entsprechung im § 90 GWB 1958;[736] eine nähere Begründung dafür erfolgte seitens des Gesetzgebers nicht. Die Gründe hierfür dürften indes wohl einmal darin liegen, dass es sich insoweit um eine an das Wissen aus dem Patenterteilungsverfahren infolge der *Vorbefassung* der Patentbehörde anknüpfende, also spezifisch patentrechtliche Regelung handelte. Zum anderen bestand neben der Regelung des § 90 Abs. 2 GWB 1958 kein Bedürfnis, auch den Gerichten das Recht, eine Teilnahme der Kartellbehörde einzufordern, einzuräumen. Denn durch die umfassende Zuständigkeitskonzentration bestand dort ohnehin ein hohes Maß an eigener Rechts- und Sachkunde und gerade keine Gefahr einer divergierenden Rechtsprechung wie es im Patentrecht hinsichtlich der Patentnichtigkeits- und Patentverletzungsverfahren der Fall war (oben Teil 2, B II 2)). Auch die Wahrung des öffentlichen Interesses im Allgemeinen in Kartellverfahren als die der Regelung zugrunde liegende Zielsetzung verlangte dieses nicht: denn in Kartellverwaltungssachen (§§ 51 ff. GWB 1958) und Bußgeldsachen (§§ 81 ff. GBW 1958) war die zuständige Kartellbehörde (§§ 44 ff. GWB 1958) ohnehin beteiligt und damit das öffentliche Interesse vertreten, weshalb ja § 90 GWB 1958 insoweit schon von vornherein nicht anwendbar war; während sie in den bürgerlichen Rechtsstreitigkeiten dieses über die Ausübung des in ihrem Ermessen stehenden Teilnahmerechts nach § 90 Abs. 2 GWB 1958 hinreichend zur Geltung bringen, insbesondere evtl. Divergenzen zwischen ihrer eigenen Kartellrechtsanwendung und der der Gerichte entgegen wirken konnte.

§ 90 GWB 1958 stellt sich somit als eine dem Vorbild des § 52 PatG 1936 nicht nur in weiten Teilen im Wortlaut, sondern v. a. parallelen zugrunde liegenden Überlegungen und daher in teleologischer Hinsicht folgende Verfahrensregelung dar, die indes von den patentrechtlichen Spezifika befreit und um klarstellende sowie durch die Besonderheiten des Kartell(verfahrens)rechts erforderliche Elemente ergänzt wurde.

Sinn und Zweck der Beteiligung gemäß § 90 Abs. 2 GWB 1958 war danach, auf dem für die Allgemeinheit so bedeutenden Gebiet des Kartellrechts die

---

735 Vgl. Begründung zu dem Entwurf eines Gesetzes gegen Wettbewerbsbeschränkungen, Anlage 1 zur BT-Drucks. 1/3462, S. 23.

736 Was einzelne Gerichte indes nicht hinderte, beim Bundeskartellamt um die Abgabe einer Stellungnahme zu bitten und in seinen Entscheidungsgründen auf diese umfangreich Bezug zu nehmen: OLG Frankfurt, Urt. v. 2.8.1962, Az. 6 U 65/62 = WuW/E OLG 491 ff.

Berücksichtigung des öffentlichen Interesses auch im Zivilrechtsstreit zu gewährleisten, indem den daran grundsätzlich unbeteiligten Kartellbehörden die Möglichkeit eröffnet wurde, ihre besondere Sachkenntnis dem Gericht zur Verfügung zu stellen und ggf. auf diesem Weg auch in diese Verfahren einzubringen. Dieses folglich nicht nur, um die für dieses komplexe Gebiet zuständigen Gerichte dadurch zu unterstützen, sondern v. a. um so die Auffassung der Kartellbehörde auch in Zivilkartellverfahren zur Geltung zu bringen, letztlich also eine gewisse Parallelität der Kartellrechtspraxis einerseits der Kartellbehörde und andererseits der Gerichte hinsichtlich der die Allgemeinheit insoweit besonders betreffenden Aspekte zu erreichen.

C. Die Regelungen des § 90 GWB und des Art. 15 VO Nr. 1/2003 sowie § 90a GWB

I. Überblick

Änderungen im Wortlaut hat die Regelung des § 90 GWB wie bereits ausgeführt seit ihrem Inkrafttreten 1958 nur wenige erfahren; Novellierungen der Norm hatten ganz überwiegend lediglich redaktionelle Anpassungen[737] oder die Erweiterung ihres grundsätzlichen Anwendungsbereichs zum Gegenstand.

Insbesondere die im Zuge der Ersten GWB-Novelle eingefügte, am 1. Januar 1966 in Kraft getretene Regelung des § 90 Abs. 4 GWB (i. d. Fass. v. 1. Januar 1966; im Folgenden: GWB 1966)[738] hat heute nahezu keine Bedeutung mehr: § 90 Abs. 4 GWB 1966 erklärte ursprünglich die Abs. 1 und 2 der Norm für auf Rechtsstreitigkeiten nach § 16 GWB 1966 entsprechend anwendbar.[739] Dabei handelte es sich um Prozesse über vertikale Preisbindungen, vermittels denen preisbindende Unternehmen gegenüber ihren gebundenen Abnehmern oder anderen Unternehmen die ausnahmsweise nach § 16 GWB 1966 zulässigen Preisbindungen (vgl. insoweit auch § 15 GWB 1966) durchsetzen wollten. Da die Gerichte solche kartellrechtlichen Vorfragen betreffende Verfahren indes nicht als „Kartellstreitsachen" i. S. des § 87 Abs. 1 GWB 1958 betrachteten, waren

---

737 Die letzte Änderung des § 90 (Abs. 1 S. 3) GWB erfolgte im Zuge der Achten GWB-Novelle zum 30.6.2013, die insoweit eine redaktionelle Anpassung der Norm an den Vertrag von Lissabon zum Gegenstand hatte – vgl. Achtes Gesetz zur Änderung des Gesetzes gegen Wettbewerbsbeschränkungen v. 26. Juni 2013, BGBl. I 2013, S. 1738, 1746, rechte Spalte (Tz. 45); RegE BT-Drucks. 17/9852, S. 14 (Tz. 40) und S. 35 (zu Nr. 40).

738 BGBl. I 1966, S. 37 ff.

739 BGBl. I 1966, S. 54.

sie bis zu diesem Zeitpunkt auch dem Anwendungsbereich des § 90 GWB 1958 entzogen; dem wollte der Gesetzgeber durch die Neuregelung abhelfen.[740] Heute betrifft § 90 Abs. 4 GWB mit seinem nahezu identischen Wortlaut nur noch Preisbindungsprozesse über Verlagserzeugnisse nach § 30 GWB, seit im Zuge der Zweiten GWB-Novelle zum Jahr 1974 die Zulässigkeit der Preisbindung für Markenwaren abgeschafft wurde[741]. Infolge der Sechsten GWB-Novelle zum Jahr 1999, die den damaligen § 87 Abs. 1 GWB um einen Satz 2 erweiterte und damit dessen Regelungsbereich auch auf bürgerliche Rechtsstreitigkeiten mit kartellrechtlichen *Vor*fragen erstreckte, [742] fallen diese Verfahren indes meist ohnehin kraft der Verweisung in § 90 Abs. 1 S. 1 GWB auf diese Fassung des § 87 Abs. 1 S. 2 GWB als ausschließlich vor den Kartellgerichten zu führende in den Anwendungsbereich der Norm.[743] Und spätestens seit der Siebten GWB-Novelle im Jahre 2005,[744] die eine weitere Ausdehnung des Anwendungsbereichs des § 90 Abs. 1 GWB auf nicht bürgerliche Streitigkeiten mit sich brachte (dazu unten Teil 2, C II), läuft die Regelung des § 90 Abs. 4 GWB praktisch völlig leer.[745]

In inhaltlicher Hinsicht stellt sich § 90 GWB heute – anders als noch in seiner ersten Fassung 1958 – indes als eine auch vor dem Hintergrund des europäischen Kartellrechts zu beurteilende Norm dar (dazu noch näher unten Teil 2, C II und D II 2) 4. e.). Denn wie das GWB insgesamt ist § 90 GWB im Wesentlichen durch den Kontext des europäischen Kartellrechts – insoweit konkret Art. 15 VO Nr. 1/2003 (sog. Kartellverfahrensordnung; im Folgenden: VO Nr. 1/2003)[746] bzw. § 90a GWB – bestimmtes Recht. Und da diese drei Regelungen nicht nur durch ihre Entstehungs- bzw. jüngste Entwicklungsgeschichte, sondern nunmehr auch funktional eng miteinander verknüpft sind (vgl. unten Teil 2, D II 2) 4.), wäre eine jeweils isolierte Betrachtung insoweit nicht nur nicht sinnvoll, sondern nahezu unmöglich.

---

740 Vgl. RegE BT-Drucks. IV/2564, S. 19.

741 Vgl. BGBl. I 1974, S. 873 f.; BR-Drucks. 449/73, S. 1 und Anhang.

742 Vgl. BGBl. I 1998, S. 2546, 2567; *Meyer-Lindemann*, in: Frankfurter Komm. zum Kartellrecht, Lfg. 75 (Okt. 2011), GWB 2005 § 87 Rn. 42 ff.

743 Vgl. *Bornkamm*, in: Langen/Bunte, Bd. 1, Deutsches Kartellrecht, § 90 Rn. 5; *Dicks*, in: Loewenheim/Meessen/Riesenkampff, Kartellrecht, § 90 GWB Rn. 2.; *Nothdurft*, in: Münchener Kommentar zum Kartellrecht, Bd. 2, § 90 GWB Rn. 3.

744 BGBl. I 2005, S. 2114 ff.

745 *K. Schmidt*, in: Immenga/Mestmäcker, Wettbewerbsrecht, Bd. 2, GWB, § 90 Rn. 3.

746 Verordnung (EG) Nr. 1/2003 des Rates zur Durchführung der in den Artikeln 81 und 82 des Vertrags niedergelegten Wettbewerbsregeln v. 16. Dez. 2002, ABl. (EG) Nr. L 1, S. 1 v. 4.1.2003.

Von wesentlicher Bedeutung waren insoweit die Änderungen, die § 90 GWB im Zuge der genannten Siebten GWB-Novelle[747] erfuhr (dazu unten Teil 2, C II), denn diese erweiterten nicht nur seinen Anwendungsbereich erheblich, es fand auch das allgemeine Bestreben des europäischen und deutschen Gesetzgebers, eine Anpassung des nationalen an das europäische Wettbewerbs(verfahrens-)recht herbeizuführen und einen effektiven Wettbewerb sicherzustellen,[748] ganz konkret Eingang in diese Verfahrensregelung und wirkte sich dort in funktionaler Hinsicht nachhaltig aus (dazu näher unten Teil 2, D II 2) 4. e.). § 90 GWB ist daher zwar Verfahrensregelung des deutschen Rechts, im Wege einer allein darauf reduzierenden Betrachtung indes seither nicht mehr begreifbar.

Grund für die Siebte GWB-Novelle im Jahr 2005 war v. a. der Erlass der VO Nr. 1/2003,[749] die als solche zwar keine Umsetzung in das nationale Recht erforderte, vielmehr unmittelbar gilt (ex-Art. 249 Abs. 2 EG = Art. 288 Abs. 2 AEUV)[750]. Sie war jedoch für den deutschen Gesetzgeber Anlass, das v. a. im GWB geregelte deutsche Kartellrecht insgesamt dem europäischen Kartellrecht anzupassen.[751] Im Zuge dessen, insbesondere im Hinblick auf die Neuregelung des Art. 15 VO Nr. 1/2003 sowie der dessen Abs. 1 und 3 Satz 3 und 4 auf der Ebene nationalen Rechts konkretisierenden Regelung des § 90a GWB, erfuhr auch § 90 GWB gewisse Änderungen (sogleich Teil 2, C II). Wobei Vorbild für Art. 15 VO Nr. 1/2003 wiederum § 90 GWB in der zum damaligen Zeitpunkt geltenden Fassung war.[752]

---

747 BGBl. I 2005, S. 2114 ff.

748 Vgl. RegE BT-Drucks. 15/3640, S. 1, 21 f. und 43.

749 RegE BT-Drucks. 15/3640, S. 1.

750 Dem überwiegenden Teil der weiteren vorliegend in Bezug genommenen europarechtlichen Regelungen, insbesondere der Verordnung VO Nr. 1/2003, liegen noch eine ältere, aus der Zeit vor dem Inkrafttreten des Vertrags von Lissabon am 1.12.2009 geltende Terminologie und Zählweise des Primärrechts der Union zugrunde; anders als im GWB hat insoweit eine redaktionelle Anpassung überwiegend nicht stattgefunden. Entsprechendes gilt für die vorliegend in Bezug genommene Literatur und Rechtsprechung älteren Datums. Soweit für ein besseres Verständnis erforderlich, weist die Arbeit daher insoweit klarstellend auf die jeweils entsprechende Regelung hin. Grundsätzlich liegen den Ausführungen die Regelungen bzw. die Terminologie in ihrer jeweils aktuell geltenden Fassung zugrunde, soweit der Zusammenhang nichts Anderes verlangt und soweit nicht anders kenntlich gemacht.

751 RegE BT-Drucks. 15/3640, S. 1, 21 und 43.

752 *Bornkamm*, in: Langen/Bunte, Bd. 1, Deutsches Kartellrecht, § 90a Rn. 1; *Nothdurft*, in: Münchener Kommentar zum Kartellrecht, Bd. 2, § 90 GWB Rn. 4. Vgl. insbes.

II. Die Beteiligung der (deutschen) Kartellbehörden nach § 90 GWB

Wie oben in anderem Zusammenhang bereits erwähnt, erfuhr § 90 GWB durch die Siebte GWB-Novelle im Jahr 2005 eine weitere erhebliche Erweiterung seines Anwendungsbereichs: Die Verweisung des § 90 Abs. 1 S. 1 GWB auf Rechtsstreitigkeiten nach § 87 Abs. 1 GWB bestimmte bis dato allein dessen grundsätzlichen Anwendungsbereich, was wiederum eine Beschränkung dahingehend bewirkte, dass letzterer ausdrücklich nur bürgerliche (Kartell-)Rechtsstreitigkeiten umfasste. Durch Einfügung des Satzes 3 in § 90 Abs. 1 GWB fand daher insoweit eine Ausweitung statt, als danach nunmehr auch *sonstige* Rechtsstreitigkeiten, die die Anwendung des Artikels 101 oder 102 des Vertrages über die Arbeitsweise der Europäischen Union[753] (= ex-Art. 81 oder 82 EG) betreffen, erfasst sind.[754] Anlass für diese Novellierung war nach der Gesetzesbegründung des Regierungsentwurfs die Regelung des Art. 15 VO Nr. 1/2003, die in ihrem Abs. 2 eine Benachrichtigungsverpflichtung der nationalen Gerichte nicht nur in bürgerlichen Rechtsstreitigkeiten, sondern in Verfahren aller Rechtswege mit Bezug zu ex-Art. 81 oder 82 EG (= Artt. 101 oder 102 AEUV) vorsieht.[755] Der deutsche Gesetzgeber sah sich dadurch gezwungen, die durch die unmittelbar geltende europarechtliche Norm *„eingeräumte Beteiligungsmöglichkeit in Rechtsstreitigkeiten mit Bezug auf Artikel 81 oder 82 EG*[V]*"* durch eine Anpassung des § 90 Abs. 1 GWB zu ermöglichen.[756] Redaktionell erforderte dieses die Herausnahme des § 90 GWB aus dem Abschnitt „Bürgerliche Rechtsstreitigkeiten" und Hereinnahme in den Abschnitt „Gemeinsame Bestimmungen" des GWB.[757] Neben

---

auch das Weißbuch über die Modernisierung der Vorschriften zur Anwendung der Artikel 85 und 86 EG-Vertrag, ABl. (EG) Nr. C 132, S. 1, 26 (Tz. 107) v. 12.5.1999 (im Folgenden: Weißbuch 1999).

753 Anm. der Verf.: So der Wortlaut des Gesetzes in der seit der Achten GWB-Novelle, in Kraft getreten zum 30.6.2013, geltenden Fassung.

754 Nicht in Bezug genommen sind dagegen die wiederum von § 90 Abs. 1 S. 1 i. V. m. § 87 Abs. 1 GWB erfassten Rechtsstreitigkeiten, die Art. 53 oder 54 EWR-Abkommen betreffen; Entsprechendes gilt im Übrigen für Art. 15 VO Nr. 1/2003. Fälle, in denen zwar Art. 53 oder 54 EWR-Abkommen, aber nicht zugleich auch ex-Art. 81 oder 82 EG (= Art. 101 oder 102 AEUV) betroffen ist, sind jedoch praktisch nicht denkbar, so dass dieses kaum von Bedeutung ist – *Bechtold*, Kartellgesetz, § 90 GWB Rn. 3 a. E. und § 90a GWB Rn. 1; ihm folgend *Dicks*, in: Loewenheim/Meessen/Riesenkampff, Kartellrecht, § 90 GWB Rn. 3a; *K. Schmidt*, in: Immenga/Mestmäcker, Wettbewerbsrecht, Bd. 2, GWB, § 90 Rn. 2.

755 RegE BT-Drucks. 15/3640, S. 1, 69.

756 RegE BT-Drucks. 15/3640, S. 1, 69, rechte Spalte – Hinzufügungen durch die Verf.

757 RegE BT-Drucks. 15/3640, S. 1, 69, linke Spalte.

den durch § 90 Abs. 1 S. 1 i. V. m. § 87 S. 1 und 2 GWB erfassten bürgerlichen Rechtsstreitigkeiten, die die Anwendung des GWB, des Art. 101 oder 102 AEUV oder des Art. 53 oder 54 EWR-Abkommen[758] (in der Haupt- oder der Vorfrage) betreffen, fallen heute also gemäß § 90 Abs. 1 S. 3 GWB auch sonstige Rechtsstreitigkeiten, die die Anwendung des Art. 101 oder 102 AEUV betreffen, in den Anwendungsbereich des § 90 GWB,[759] bilden zusammen demnach ein breites Feld, auf dem sich die Kartellbehörden als Amicus curiae betätigen können.

Das wirft die Frage auf, ob die Regelung des § 90 GWB auch in funktionaler Hinsicht eine Weiterentwicklung erfahren hat; ob insbesondere mit der Teilnahme der Kartellbehörde an den Verfahren nach seiner derzeit geltenden Fassung andere (ggf. weitere) Zielsetzungen verfolgt werden, als dies noch unter Geltung der Regelung des § 90 GWB 1958 der Fall war (vgl. oben Teil 2, B II). Denn das insoweit als ganz wesentlicher Grund für die Existenz des Teilnahmerechts der Kartellbehörde festgestellte Bedürfnis, auf diesem Weg *auch* in *bürgerlich*rechtlichen Kartellverfahren das öffentliche Interesse zur Geltung bringen zu können, besteht in den *sonstigen* Rechtsstreitigkeiten ja gerade nicht. Die Beantwortung dieser Frage soll jedoch an dieser Stelle noch dahinstehen, denn sie hängt v. a. von den in Art. 15 VO Nr. 1/2003 getroffenen Regelungen (dazu unten Teil 2, D II 2) 4.) und insbesondere den diesen Verfahrensregelungen insgesamt zugrunde liegenden Zielsetzungen und Funktionen ab, die Anlass und Grundlage – und damit auch in funktionaler Hinsicht Vorbild – der Novellierung des § 90 GWB im Jahr 2005 waren, kann also nur in diesem Kontext beantwortet werden (unten Teil 2, D II 2) 4. e.).

III. Die Beteiligung der Kartellbehörden nach Art. 15 VO Nr. 1/2003 sowie § 90a GWB

Gemäß Art. 288 Abs. 2 AEUV (= ex-Art. 249 Abs. 2 EG) gilt Art. 15 VO Nr. 1/2003 allgemein und unmittelbar in jedem Mitgliedsstaat. § 90 a GWB tritt daher mit verfahrensrechtlichen Regelungen für das deutsche Recht konkretisierend und ergänzend neben diese Norm. Während Art. 15 VO Nr. 1/2003 sowohl das Verhältnis der nationalen Wettbewerbsbehörden und Gerichte als auch das der Kommission der Europäischen Gemeinschaften (bzw. nach heutiger Terminologie der Kommission der Europäischen Union; im Folgenden: Kommission)

758 Abkommen über den Europäischen Wirtschaftsraum, ABl. (EG) Nr. L 1, S. 3, 15 f. v. 3.1.1994.

759 Einen guten Überblick bietet insoweit *K. Schmidt*, in: Immenga/Mestmäcker, Wettbewerbsrecht, Bd. 2, GWB, § 90 Rn. 2.

als europäischer Wettbewerbsbehörde und der nationalen Gerichte regelt, bestimmt auf nationaler Ebene § 90a GWB ausschließlich letzteres; das Verhältnis der nationalen Kartellbehörden und Gerichte wiederum ist im deutschen Recht Gegenstand des § 90 GWB. Erläuterungen und Ergänzungen zur VO Nr. 1/2003 enthält daneben die „Bekanntmachung der Kommission über die Zusammenarbeit zwischen der Kommission und den Gerichten der EU-Mitgliedstaaten bei der Anwendung der Artikel 81 und 82 des Vertrages“[760], die als solche zwar nicht verbindlich ist, jedoch für den Rechtsanwender in der Praxis eine Unterstützung sein soll (vgl. Tz. 42 der Bekanntmachung ABl. 2004 Nr. C 101/54/60) und – insbesondere wegen eines sonst ggf. anzustrengenden Vorabentscheidungsverfahrens nach Art. 267 AEUV – zu beachten ist.[761]

„Herzstück“ der europarechtlichen Regelung ist dabei einerseits Art. 15 Abs. 3 VO Nr. 1/2003 (bzw. § 90a Abs. 2 GWB), andererseits Art. 15 Abs. 1 VO Nr. 1/2003 (bzw. § 90a Abs. 3 GWB) – die die eigentlichen Beteiligungsrechte und -pflichten der Wettbewerbsbehörden als Amicus curiae begründenden Regelungen (dazu unten Teil 2, C III 2) und 3)). Während es sich im Übrigen um zu diesen gleichsam dienend hinzutretende Vorschriften handelt, auf die daher – abgesehen von der Informationspflicht der Mitgliedsstaaten gemäß Art. 15 Abs. 2 VO Nr. 1/2003 und § 90a Abs. 1 GWB (sogleich Teil 2, C III 1)) – vorliegend nur am Rande und ergänzend eingegangen wird.

1) Die Informationspflicht

Art. 15 Abs. 2 S. 1 VO Nr. 1/2003 sieht eine Informationspflicht der Mitgliedsstaaten gegenüber der Kommission über die Anwendung der Art. 81 oder 82 des Vertrags (= Art. 101 oder 102 AEUV) vor, die durch Übermittlung einer Kopie jedes schriftlichen Urteils eines einzelstaatlichen Gerichts zu erfüllen ist. Nach Satz 2 der Norm hat dieses unverzüglich, nachdem das vollständige Urteil den Parteien zugestellt wurde, zu geschehen. § 90a Abs. 1 S. 1 GWB konkretisiert hier in zweifacher Hinsicht: Er erklärt einmal das Bundeskartellamt für insoweit zuständig; zum anderen spricht er von „allen gerichtlichen Verfahren“ und „Entscheidung“, begründet damit also eine Mitteilungspflicht

760 Bekanntmachung der Kommission über die Zusammenarbeit zwischen der Kommission und den Gerichten der EU-Mitgliedstaaten bei der Anwendung der Artikel 81 und 82 des Vertrags, ABl. (EU) Nr. C 101, S. 54 ff. v. 27.4.2004 (im Folgenden: Bekanntmachung ABl. 2004 Nr. C 101/54).

761 Vgl. *Bornkamm/Becker*, ZWeR 2005, 213, 230; *Bergmann*, in: Frankfurter Komm. zum Kartellrecht, Lfg. 65 (April 2008), GWB 2005 § 90a Rn. 5.

hinsichtlich aller gerichtlichen, die Instanz beendenden Entscheidungen, somit insbesondere auch hinsichtlich den in Beschwerdeverfahren gegen kartellbehördliche Verfügungen ergehenden Beschlüssen eines OLG (vgl. §§ 63 ff., 71 Abs. 1 S. 1 GWB).[762] Ausweislich Tz. 37 der Bekanntmachung ABl. 2004 Nr. C 101/54/59 soll dieses die rechtszeitige Kenntnisnahme von Fällen, in denen eine Stellungnahme zweckmäßig sein könnte, seitens der Kommission sicherstellen. Der Benachrichtigungspflicht kommt damit eine im Hinblick auf das Beteiligungsrecht der Kommission nach Art. 15 Abs. 3 Unterabs. 1 S. 3 und 4 VO Nr. 1/2003 (dazu unten Teil 2, C III 2)) dienende Funktion zu. Auch insoweit geht das deutsche Recht über die europarechtliche Regelung hinaus, denn letztere ermöglicht eine Kenntnisnahme vom Verfahren frühestens ab erstinstanzlich ergangener Entscheidung[763] und damit eine Beteiligung der Kommission überhaupt erst in der Rechtsmittelinstanz. Während das „Weißbuch über die Modernisierung der Vorschriften zur Anwendung der Artikel 85 und 86 EG-Vertrag [= Artt. 101 und 102 AEUV]" der Kommission aus dem Jahr 1999 noch eine Unterrichtung über die „anhängigen Verfahren" enthielt,[764] sah bereits der Vorschlag der Kommission für die Verordnung aus dem Jahr 2000[765] die Übermittlung der Kopie des Urteils vor. Dieses insbesondere wegen der andernfalls zu erwartenden Informationsmenge und damit eintretenden Arbeitsbelastung der Kommission.[766]

Im deutschen Recht indes erlangt das Bundeskartellamt nicht nur als für die Übermittlung an die Kommission nach Art. 15 Abs. 2 VO Nr. 1/2003 zuständige Stelle, also nicht erst nach Erlass des erstinstanzlichen Urteils von einem Verfahren Kenntnis. Denn ihm – in seiner Funktion als nationale Wettbewerbsbehörde – gegenüber besteht ja zugleich eine umfassende Informationspflicht der nationalen Gerichte über anhängige Verfahren mit Bezug zu Art. 101 oder 102 AEUV

762 So auch *Bechtold*, Kartellgesetz, § 90a GWB Rn. 2; *Bornkamm*, in: Langen/Bunte, Bd. 1, Deutsches Kartellrecht, § 90a Rn. 6; *Nothdurft*, in: Münchener Kommentar zum Kartellrecht, Bd. 2, § 90a GWB Rn. 1; vgl. auch *K. Schmidt*, in: Immenga/Mestmäcker, Wettbewerbsrecht, Bd. 2, GWB, § 90a Rn. 6.

763 Kritisch dazu *Sura*, in: Langen/Bunte, Bd. 2, Europäisches Kartellrecht, Art. 15 VO Nr. 1/2003 Rn. 18.

764 Weißbuch 1999, S. 1, 26 (Tz. 107).

765 Vorschlag für eine Verordnung des Rates zur Durchführung der in den Artikeln 81 und 82 EG-Vertrag niedergelegten Wettbewerbsregeln und zur Änderung der Verordnungen (EWG) Nr. 1017/68, (EWG) Nr. 2988/74, (EWG) Nr. 4056/86 und (EWG) Nr. 3975/87 („Durchführungsverordnung zu den Artikeln 81 und 82 EG-Vertrag"), KOM(2000) 582 endg., ABl. (EG) Nr. C 365 E, S. 284, 290.

766 *Bornkamm*, in: Langen/Bunte, Bd. 1, Deutsches Kartellrecht, § 90a Rn. 7 a. E.

gemäß § 90 Abs. 1 GWB (dazu oben Teil 2, C II), die es in die Lage versetzt, auch die Kommission zu einem früheren Zeitpunkt zu informieren, und dieser wiederum damit die Möglichkeit einer Beteiligung bereits im erstinstanzlichen Verfahren eröffnet.[767] Ausdrücklich sieht § 90a Abs. 1 S. 2 GWB hierfür die Befugnis des Bundeskartellamts zur Weitergabe der in dieser Funktion nach § 90 Abs. 1 S. 2 GWB erhaltenen Unterlagen vor.[768]

2) Die Beteiligung der Kartellbehörden als Amicus curiae nach Art. 15 Abs. 3 VO Nr. 1/2003 und § 90a Abs. 2 GWB

Das Recht der Wettbewerbsbehörden zur Beteiligung an einem Rechtsstreit vor einem nationalen Gericht *aus Eigeninitiative* regelt Abs. 3 des Art. 15 VO Nr. 1/2003, wobei eine klare Differenzierung dahingehend stattfindet, als die Sätze 1 und 2 die Beteiligung der nationalen Wettbewerbsbehörden und die Sätze 3 und 4 die der Kommission betreffen.[769] Denn der Verordnungsgeber (der Rat) macht die beiden Beteiligungsbefugnisse von der Erfüllung unterschiedlicher Voraussetzungen abhängig: Nach Satz 1 der Norm sind Stellungnahmen der mitgliedsstaatlichen Wettbewerbsbehörden *„zur Anwendung des Artikels 81 oder 82 des Vertrags* [= Art. 101 oder 102 AEUV]" zulässig, während eine Beteiligung der Kommission nach Art. 15 Abs. 3 Unterabs. 1 Satz 3 VO Nr. 1/2003 voraussetzt, dass *„die kohärente Anwendung des Artikel 81 oder 82 des Vertrags* [eine solche] *erfordert*". Dass der Kommission insoweit ein (schwerlich justiziables) Ermessen zukommt,[770] vermag an der seitens des Verordnungsgebers ausdrücklich und prinzipiell gestellten Voraussetzung nichts zu ändern,[771] wenngleich sie durch die Rechtsprechung des EuGH eine erhebliche Relativierung erfahren hat (dazu noch im Folgenden und unten Teil 2, D II 3)).

Zur Konkretisierung der Beteiligungsbefugnis der Kommission wurde § 90a GWB in das Gesetz neu aufgenommen. Als Vorbild für die Regelung des Art. 15 VO Nr. 1/2003 erfuhr der bereits bestehende § 90 GWB, der die Beteiligung v. a. des Bundeskartellamts für das deutsche Kartellrecht regelt (dazu und zur

---

767 Vgl. *Bornkamm*, in: Langen/Bunte, Bd. 1, Deutsches Kartellrecht, § 90a Rn. 7; *Sura*, in: Langen/Bunte, Bd. 2, Europäisches Kartellrecht, Art. 15 VO Nr. 1/2003 Rn. 18.

768 RegE BT-Drucks. 15/3640, S. 1, 69, rechte Spalte.

769 Vgl. EuGH, Urteil v. 11.6.2009, C-429/07, Tz. 28 f. = WuW/E EU-R 1572, 1574 = WuW 2009, 850, 852 – Inspecteur van de Belastingdienst.

770 Vgl. *Bornkamm*, in: Langen/Bunte, Bd. 1, Deutsches Kartellrecht, § 90a Rn. 19; *Nothdurft*, in: Münchener Kommentar zum Kartellrecht, Bd. 1, Art. 15 VO 1/2003 Rn. 34.

771 Die praktische Bedeutung dieser Voraussetzung daher relativierend *Nothdurft*, in: Münchener Kommentar zum Kartellrecht, Bd. 2, § 90a GWB Rn. 6.

Entwicklung der Norm oben Teil 2, C I und II; ferner Teil 2, B I und II 1) und 3)), hingegen lediglich eine Harmonisierung mit Art. 15 Abs. 3 Unterabs. 1 S. 1 und 2 VO Nr. 1/2003, indem sein Anwendungsbereich – wie oben ausgeführt (oben Teil 2, C II) – auf sämtliche Rechtsstreitigkeiten, die Art. 101 oder 102 AEUV betreffen, ausgeweitet wurde. Das Recht des Bundeskartellamts zur mündlichen Stellungnahme umfasst dabei insbesondere die seit dem GWB 1958 unverändert in § 90 Abs. 2 S. 1 GWB aufgeführten Verfahrensbefugnisse (vgl. oben Teil 2, B I) und ist entgegen Art. 15 Abs. 3 Unterabs. 1 S. 2 VO Nr. 1/2003 auch nicht an die Erlaubnis des Gerichts gebunden. Dieses ist gemäß Art. 15 Abs. 4 VO Nr. 1/2003, der nach seinem Sinn und Zweck die Aufrechterhaltung schon bestehender nationaler Regelungen sichern soll und sich daher über seinen Wortlaut hinaus nicht nur auf die Abgabe von Stellungnahmen, sondern auf sämtliche nationalen Mitwirkungsbefugnisse erstreckt,[772] ausdrücklich zulässig.[773]

Gleichermaßen ist nach § 90a Abs. 2 S. 4 GWB und wiederum über die zwingenden Vorgaben des Art. 15 Abs. 3 Unterabs. 1 S. 4 VO Nr. 1/2003 hinausgehend auch für eine mündliche Stellungnahme der Kommission die gerichtliche Erlaubnis nicht erforderlich. Dahinter steht der ausdrückliche Wunsch des Gesetzgebers, die Kommission in ihren Beteiligungsrechten den deutschen Kartellbehörden insoweit gleichzustellen.[774] Indes umfasst das Recht der Kommission zur Stellungnahme nicht auch solche weiteren Befugnisse wie sie in § 90 Abs. 2 S. 1 GWB für die nationalen Kartellbehörden genannt sind.[775]

Fraglich ist aber, ob § 90a Abs. 2 GWB der Kommission auch hinsichtlich der Erteilung ihrer Stellungnahme als solcher ein weiteres Recht einräumt: Anders als Art. 15 Abs. 3 Unterabs. 1 S. 3 VO Nr. 1/2003, der insoweit Ausstrahlungswirkung auf Art. 15 Abs. 3 Unterabs. 1 S. 4 VO Nr. 1/2003 haben muss, sieht dieser die Voraussetzung der Erforderlichkeit der Stellungnahme für die „kohärente Anwendung der Artikel 81 oder 82 des Vertrags“ nicht vor. Wobei eine Stellungnahme dann als erforderlich gelten soll, wenn ein objektiver Grund für die Annahme besteht, dass das nationale Gericht Art. 101 oder 102

---

772 *Nothdurft*, in: Münchener Kommentar zum Kartellrecht, Bd. 1, Art. 15 VO 1/2003 Rn. 41.

773 Ausdrücklich weist auf die Regelung des Art. 15 Abs. 4 VO Nr. 1/2003 insoweit auch die Bekanntmachung ABl. Nr. C 101/54/59 (Tz. 31, Fn. 49) hin.

774 RegE BT-Drucks. 15/3640, S. 1, 70, linke Spalte.

775 *Bergmann*, in: Frankfurter Komm. zum Kartellrecht, Lfg. 65 (April 2008), GWB 2005 § 90a Rn. 17, nach der das Gericht jedoch ein solches Fragerecht der Kommission zulassen können soll.

AEUV rechtswidrig anwenden könnte.[776] Teilweise wird daher eine Stellungnahme der Kommission auch dann, wenn sie nicht für die kohärente Anwendung von ex-Art. 81 oder 82 EG (= Art. 101 oder 102 AEUV) erforderlich ist, für nach § 90a Abs. 2 GWB zulässig, jedoch wegen der *„begrenzten Ressourcen der Kommission“* für praktisch nicht zu erwarten gehalten.[777] Während nach überwiegender Meinung der Regelung des Art. 15 VO Nr. 1/2003 folgend an dieser Voraussetzung für eine Stellungnahme der Kommission festgehalten wird.[778] So soll nach *Bechtold* die Befugnis der Kommission als solche unmittelbar aus Art. 15 Abs. 3 VO Nr. 1/2003 folgen und § 90a Abs. 2 S. 1 GWB lediglich eine Wiederholung dieser sein.[779] Während *Nothdurft* an die Systematik des Art. 15 Abs. 3 VO Nr. 1/2003 und die sich daraus ergebende Primärzuständigkeit der nationalen Kartellbehörden für eine Stellungnahme anknüpfend in dieser Voraussetzung das wesentliche Abgrenzungskriterium der Zuständigkeiten einerseits der nationalen Kartellbehörden, andererseits der Kommission sieht; denn eine Zuständigkeit der Kommission soll danach erst begründet sein, wenn die Voraussetzung der Erforderlichkeit für die kohärente Anwendung der ex-Art. 81 oder 82 EG (= Art. 101 oder 102 AEUV) erfüllt ist.[780] Dieses erscheint jedenfalls im Ergebnis überzeugend, zumal es sich bei der VO Nr. 1/2003 gerade um eine solche „zur Durchführung der in den Artikeln 81 und 82 des Vertrags niedergelegten Wettbewerbsregeln“ handelt und insbesondere ihr Sinn und Zweck ganz vordergründig in der Sicherstellung der kohärenten Anwendung dieser Wettbewerbsregeln liegt (dazu ausführlich unten Teil 2, D II 2) 4. c.). Der Regierungsentwurf äußert sich – anders als zu der hinsichtlich einer mündlichen Stellungnahme erfolgten „überschießenden“

---

776 *De Bronett*, Europäisches Kartellverfahrensrecht – Kommentar zur VO 1/2003, Artikel 15 Rn. 10.

777 *Bergmann*, in: Frankfurter Komm. zum Kartellrecht, Lfg. 65 (April 2008), GWB 2005 § 90a Rn. 3 und 14 f.

778 *Bechtold*, Kartellgesetz, § 90a GWB Rn. 3; *Bornkamm*, in: Langen/Bunte, Bd. 1, Deutsches Kartellrecht, § 90a Rn. 19; *Nothdurft*, in: Münchener Kommentar zum Kartellrecht, Bd. 1, Art. 15 VO 1/2003 Rn. 34; ferner *ders.*, in: Münchener Kommentar zum Kartellrecht, Bd. 2, § 90a GWB Rn. 6; *Schwarze/Weitbrecht*, Grundzüge des europäischen Kartellverfahrensrechts, § 11 Rn. 52.

779 *Bechtold*, Kartellgesetz, § 90a GWB Rn. 3.

780 *Nothdurft*, in: Münchener Kommentar zum Kartellrecht, Bd. 1, Art. 15 VO 1/2003 Rn. 34, der aber auch darauf hinweist, dass ein Verstoß insoweit angesichts des der Kommission eingeräumten Ermessens *„schwerlich justiziabel“* sei. Vgl. ferner auch *de Bronett*, Europäisches Kartellverfahrensrecht – Kommentar zur VO 1/2003, Artikel 15 Rn. 15.

Umsetzung in § 90a Abs. 2 GWB) – diesbezüglich nicht,[781] was im Umkehrschluss gegen die Annahme einer von der europarechtlichen Vorgabe abweichenden Regelung des deutschen Rechts in einer so essentiellen Frage spricht. Überdies geht auch die Bekanntmachung der Kommission ABl. 2004 Nr. C 101/54/59 (Tz. 32), die zwar als solche keine formelle Rechtsnorm darstellt und daher keine unmittelbare Bindungswirkung entfaltet, jedoch zumindest indiziellen Charakter hat, davon aus, dass *„die Kommission* ***nur*** *dann Stellungnahmen übermittelt, wenn dies zur kohärenten Anwendung der Artikel 81 oder 82 des Vertrags erforderlich ist“* (Hervorhebung durch die Verf.). Mit der h. M. ist daher an dieser Voraussetzung für eine Beteiligung der Kommission auch im Rahmen des § 90a Abs. 2 GWB festzuhalten. Eine Bestätigung findet dieses zudem in einem Urteil des EuGH aus dem Jahr 2009, in dem er strikt zwischen den beiden Beteiligungsbefugnissen des Art. 15 Abs. 3 VO Nr. 1/2003 und ihren verschiedenen Anwendungsbereichen, von denen nur die Beteiligung der Kommission diese Voraussetzung der Erforderlichkeit für die kohärente Anwendung kennt, unterscheidet.[782]

Vorrangig ging es in dieser Entscheidung indes um die Frage, wann wiederum *„die kohärente Anwendung der Artikel 81 oder 82 des Vertrags* [eine Stellungnahme] *erfordert“*. Diesem wegen der darin vorgenommenen weiten Begriffsbestimmung wichtigen Urteil liegt eine v. a. systematisch-teleologische Betrachtung und Begründung zugrunde; und weil sich in dem zugrunde liegenden Verfahren bzw. an dem Begriff der „Erforderlichkeit für die kohärente Anwendung“ zudem der in der Kartellverfahrensordnung, insbesondere Art. 15 VO Nr. 1/2003, schon grundsätzlich angelegte Konflikt einerseits der Rechtsdurchsetzungsinteressen der Union (v. a. der Kommission) und andererseits der mitgliedsstaatlichen Verfahrensautonomie kristallisierte, soll die Frage nach der konkreten Auslegung dieser Voraussetzung auch erst in diesem Zusammenhang, dem der Funktion der Regelung, nähere Betrachtung finden (dazu unten Teil 2, D II 3)) und hier einstweilen dahinstehen.

Ebenso wie schriftliche Stellungnahmen des Bundeskartellamts nach § 90 Abs. 2 S. 2 GWB (oben Teil 2, C II) sind auch solche der Kommission nach § 90a Abs. 2 S. 3 GWB den Parteien durch das Gericht in Kopie zu übermitteln, um dem Grundsatz des rechtlichen Gehörs zu entsprechen; im letzteren Falle ebenso

---

781 Vgl. RegE BT-Drucks. 15/3640, S. 1, 69 f.

782 Vgl. EuGH, Urteil v. 11.6.2009, C-429/07, Tz. 28 ff. = WuW/E EU-R 1572, 1574 = WuW 2009, 850, 852 – Inspecteur van de Belastingdienst.

dem Bundeskartellamt, um dessen Kenntnis auch von direkt zwischen Gericht und Kommission stattfindender Kommunikation sicherzustellen[783].

Um den Kartellbehörden den Zugang zu den für eine Stellungnahme erforderlichen Informationen zu eröffnen, begründet Art. 15 Abs. 3 Unterabs. 2 S. 5 VO Nr. 1/2003 für diese das Recht, um die (Veranlassung der) Übermittlung aller zur Beurteilung des Falls notwendigen Schriftstücke bei den Gerichten zu ersuchen; ausdrücklich besteht dieses Informationsrecht nur zum Zweck der Ausarbeitung der Stellungnahme. § 90a Abs. 2 S. 2 GWB a. F. stellte noch eine an den Wortlaut des § 90 Abs. 1 S. 2 GWB angelehnte, dieses entsprechend präzisierende Verfahrensregelung dar.[784] Im Zuge der Achten GWB-Novelle hat der Gesetzgeber diese Präzisierung aufgehoben und dadurch den Wortlaut des § 90a Abs. 2 S. 2 GWB dem des Art. 15 Abs. 3 Unterabs. 2 S. 5 VO Nr. 1/2003 angeglichen, ohne dass damit auch eine inhaltliche Änderung beabsichtigt war; ausdrücklich stellt die Begründung des Regierungsentwurfs klar, dass die „notwendigen Schriftstücke", die „Kopien aller Schriftsätze sowie die Abschriften aller Protokolle, Verfügungen und Entscheidungen" umfassen.[785] Die Zweckbindung besteht indes nur für die Kommission: Denn § 90a Abs. 2 S. 3 GWB allein nimmt ausdrücklich Art. 15 Abs. 3 Unterabs. 2 S. 5 VO Nr. 1/2003 in Bezug, während die Beteiligung des Bundeskartellamts in § 90 GWB geregelt ist, der diese Einschränkung nicht vorsieht und für den auch insoweit Art. 15 Abs. 4 VO Nr. 1/2003 GBW gilt.[786]

3) Die Beteiligung der Kommission als Amicus curiae nach Art. 15 Abs. 1 VO Nr. 1/2003 und § 90a Abs. 3 GWB

Neben diesem Recht sämtlicher Kartellbehörden, sich aus eigener Initiative durch Stellungnahmen an Verfahren zu beteiligen, eröffnet gleichsam umgekehrt Art. 15 Abs. 1 VO Nr. 1/2003 den nationalen Gerichten die Möglichkeit, in Verfahren, in denen ex-Art. 81 oder 82 (= Art. 101 oder 102 AEUV) zur Anwendung kommt, die Kommission um die Übermittlung sich in ihrem Besitz befindlicher Informationen oder um eine Stellungnahme zu die Anwendung der Wettbewerbsregeln der Gemeinschaft betreffenden Fragen zu *bitten*. Die damit

783 Vgl. *Nothdurft*, in: Münchener Kommentar zum Kartellrecht, Bd. 2, § 90a GWB Rn. 5 a. E.

784 Vgl. BGBl. I 2005, S. 2114, 2139.

785 Vgl. RegE BT-Drucks. 17/9852, S. 14 (Tz. 41) und S. 35 (zu Nr. 41).

786 Im Ergebnis so auch *Zuber*, in: Loewenheim/Meessen/Riesenkampff, Kartellrecht, Art. 15 VerfVO Rn. 17.

nahezu inhaltsgleiche Regelung des § 90a Abs. 3 S. 1 GWB ist dabei rein deklaratorisch, da der deutsche Gesetzgeber nicht über die Kompetenz verfügt, Pflichten der Kommission zu begründen.[787] Insbesondere wäre eine Beschränkung der durch Art. 15 Abs. 1 VO Nr. 1/2003 begründeten Befugnisse auf die Erteilung nur *schriftlicher* Stellungnahmen seitens der Kommission, wie sie der Wortlaut des § 90a Abs. 3 GWB annehmen lässt („Kopie der Antwort"), nicht möglich. Art. 15 Abs. 1 VO Nr. 1/2003 enthält selbst zwar – anders als Abs. 3 der Norm – keine Klarstellung, dass mündliche Stellungnahmen zulässig sind, sein Wortlaut schließt diese aber auch nicht aus.[788] Im Wege eines Erst-Recht-Schlusses aus dem nach Art. 15 Abs. 3 Unterabs. 1 S. 3 und 4 VO Nr. 1/2003 selbst für den Fall der Eigeninitiative gewährten Recht wird man vielmehr auch insoweit eine mündliche Stellungnahme für zulässig halten müssen.[789] Dass eine diesbezügliche Erlaubnis bei einer Beteiligung nach Art. 15 Abs. 1 VO Nr. 1/2003 (anders als in Abs. 3 der Norm) gesetzlich nicht vorausgesetzt ist, ist nur folgerichtig, denn die Bitte des Gerichts impliziert diese regelmäßig.

Was indes überhaupt unter einer „Stellungnahme" und „Informationen" i. S. des Art. 15 VO Nr. 1/2003 bzw. § 90a GWB bzw. unter den inhaltlich gleichbedeutenden „Erklärungen bzw. Ausführungen" i. S. des § 90 GWB zu verstehen ist, soll im Zusammenhang mit der Frage nach der Funktion der Normen erörtert werden, die damit in direktem Zusammenhang steht (unten Teil 2, D II 2) 4. b.).

Eigenständige Bedeutung haben die in § 90a Abs. 3 S. 2 GWB enthaltenen Pflichten des Gerichts, einmal die Parteien über sein Ersuchen gegenüber der Kommission zu unterrichten und zudem diesen und dem Bundeskartellamt von der seitens der Kommission erteilten Antwort eine Kopie zu übermitteln. Erkennbar liegt diesem wiederum die Zielsetzung zugrunde, einerseits die Verfahrensbeteiligten über den Stand des Verfahrens nicht im Unklaren zu lassen und ihnen rechtliches Gehör (Art. 103 Abs. 1 GG) zu gewähren, andererseits das Bundeskartellamt – wie auch im Rahmen des § 90a Abs. 2 S. 3 GWB – über eine direkte Kommunikation mit der Kommission zu informieren. Dieses allgemeine Anliegen des Gesetzgebers findet besonderen Ausdruck in der Regelung des § 90a Abs. 4 GWB, der für die Fälle der § 90a Abs. 2 und 3 GWB die

787 *Zuber*, in: Loewenheim/Meessen/Riesenkampff, Kartellrecht, § 90a GWB Rn. 8.

788 Anders *Bergmann*, in: Frankfurter Komm. zum Kartellrecht, Lfg. 65 (April 2008), GWB 2005 § 90a Rn. 25.

789 Die Befugnis zu einer mündlichen Stellungnahme verneinend, indes eine mündliche Erläuterung der Stellungnahme der Kommission mit Einverständnis des Gerichts für zulässig haltend *Bergmann*, in: Frankfurter Komm. zum Kartellrecht, Lfg. 65 (April 2008), GWB 2005 § 90a Rn. 25.

Möglichkeit vorsieht, ebenso wie im insoweit obligatorischen § 90a Abs. 1 GWB den Geschäftsverkehr zwischen Kommission und Gerichten insgesamt über das Bundeskartellamt durchzuführen. Dafür, dieses gleichsam als „Clearingstelle“[790] zu nutzen, sprechen nicht nur praktische Gründe, wie ohnehin bestehende Kommunikationswege zwischen der europäischen und der deutschen (Bundes-)Kartellbehörde zu gehen;[791] eine solche Vorgehensweise hat auch eine Entlastung der Gerichte zur Folge.[792]

Ausdrücklich besteht dieses Verfahrensrecht der nationalen Gerichte nach Art. 15 Abs. 1 VO/Nr. 1/2003 nur gegenüber der Kommission; insbesondere findet dieses auch keine Entsprechung in § 90 GWB, so dass ein Ersuchen der Gerichte um die Mitteilung von Informationen oder die Erteilung einer Stellungnahme gegenüber dem Bundeskartellamt (bzw. den Landeskartellbehörden) jedenfalls heute wegen des insoweit klar zum Ausdruck gebrachten entgegenstehenden Willens des Gesetzgebers nicht mehr in Betracht kommt.[793]

D. Die Funktionen der Beteiligungsrechte der Kartellbehörden an gerichtlichen Verfahren

Die Funktionen der Beteiligungsrechte und -pflichten der europäischen und nationalen Kartellbehörden nach Art. 15 VO Nr. 1/2003 sowie § 90a GWB und § 90 GWB hängen unmittelbar mit den hinter der VO Nr. 1/2003 insgesamt stehenden, gesetzgeberischen Zielsetzungen zusammen.

Art. 3 Abs. 3 S. 1 EUV (ex-Art. 3 Abs. 3 S. 1 EU-Vertrag) formuliert als eines der Ziele der Europäischen Union die Errichtung eines (gemeinsamen) Binnenmarktes. Artt. 101 und 102 AEUV (= ex-Art. 81 und 82 EG) enthalten als hierfür maßgebliche Grundsätze das Kartellverbot und das Verbot einer missbräuchlichen Ausnutzung einer marktbeherrschenden Stellung. Wie diese Wettbewerbsregeln konkret durchgeführt und durchgesetzt werden sollen, regelt heute die

---

790 Der Begriff geht zurück auf *Bornkamm*, in: Langen/Bunte, Bd. 1, Deutsches Kartellrecht, § 90a Rn. 7.

791 *Nothdurft*, in: Münchener Kommentar zum Kartellrecht, Bd. 2, § 90a GWB Rn. 5 a. E.; vgl. auch *Bechtold*, Kartellgesetz, § 90a GWB Rn. 7.

792 Vgl. *Bergmann*, in: Frankfurter Komm. zum Kartellrecht, Lfg. 65 (April 2008), GWB 2005 § 90a Rn. 29.

793 Die Befugnis des Gerichts, das Bundeskartellamt um die Abgabe einer Stellungnahme zu bitten, ohne nähere Begründung hingegen bejahend *Nothdurft*, in: Münchener Kommentar zum Kartellrecht, Bd. 2, § 90 GWB Rn. 7; wohl auch *Bornkamm*, in: Langen/Bunte, Bd. 1, Deutsches Kartellrecht, § 90 Rn. 7 f.

VO Nr. 1/2003. Sie formuliert denn auch in ihrem Erwägungsgrund 1 als Voraussetzung für ein System unverfälschten Wettbewerbs im Gemeinsamen Markt die *„wirksame und einheitliche Anwendung der Artikel 81 und 82 des Vertrags in der Gemeinschaft“*, ihre Zielsetzung lässt sich danach grob mit den beiden Schlagworten Effektivität und Kohärenz zusammenfassen.

Letztere erfordert nach Erwägungsgrund 21 Satz 1 der VO Nr. 1/2003 wiederum *„Formen der Zusammenarbeit zwischen den Gerichten der Mitgliedstaaten und der Kommission“*. Diesem Erfordernis sollen Art. 15 VO Nr. 1/2003 sowie der diesen konkretisierende und ergänzende § 90a GWB, außerdem § 90 GWB Rechnung tragen (dazu noch ausführlich unten Teil 2, D II 2) 4.).

Ein über diesen ersten funktionalen Überblick hinausgehendes Verständnis des Telos des Art. 15 VO Nr. 1/2003 und eine Standortbestimmung dieser Regelung innerhalb des von der Kartellverfahrensordnung geschaffenen Systems (unten Teil 2, D II) setzt jedoch zunächst eine nähere Betrachtung ihrer Entstehungsgeschichte und -gründe (dazu sogleich Teil 2, D I) voraus.

I. Die Entstehungsgeschichte und -gründe der VO Nr. 1/2003

Über die Gründe für den Erlass der seit dem 1. Mai 2004 geltenden Kartellverfahrensordnung geben neben ihren Erwägungsgründen insbesondere auch die sehr eingehenden Ausführungen des Weißbuchs der Kommission aus dem Jahr 1999[794] Auskunft.

Zum Ende der 1990er Jahre stellte die Kommission fest, dass sich zum einen ihre Aufgaben im Laufe der Zeit gewandelt hatten, sie diesen aber auch nicht mehr in der gewünschten Weise nachkommen konnte:[795] Nicht nur die Rahmenbedingungen ihrer Tätigkeit als für die Wettbewerbspolitik zuständiges Organ waren seit der Aufnahme dieser in der EGKS im Jahr 1952 Veränderungen unterworfen; auch die damit verfolgten Zielsetzungen hatten sich gewandelt, was dazu führte, dass die Voraussetzungen des Handelns der Kommission – insbesondere auch im Hinblick auf die zu diesem Zeitpunkt sich bereits konkret abzeichnenden weiteren Veränderungen der Gemeinschaft – einer Überarbeitung und Anpassung an die neuen Umstände bedurften (dazu näher im Folgenden).

Bestand die Aufgabe der Kommission anfangs noch darin in einer aus sechs Mitgliedsstaaten bestehenden Gemeinschaft die nationalen Märkte zunächst überhaupt zu einem gemeinsamen Markt zusammenzuschließen „und den

794 Weißbuch über die Modernisierung der Vorschriften zur Anwendung der Artikel 85 und 86 EG-Vertrag, ABl. (EG) Nr. C 132, S. 1 ff. v. 12.5.1999.

795 Vgl. Weißbuch 1999, S. 1, 6 f. (Tz. 1 ff.) und 10 (Tz. 23).

Wettbewerb zur Triebkraft der Wirtschaft zu machen", ging es im Jahr 1999 v. a. darum, in einer mittlerweile 15 Mitgliedsstaaten umfassenden Gemeinschaft für eine einheitliche Anwendung der gemeinsamen Wettbewerbsregeln auf einem zwischenzeitlich integrierten Markt zu sorgen.[796] Die Tätigkeit der Kommission erfolgte seit dem Jahr 1962 v. a. nach der VO Nr. 17/62[797], die drei Hauptzielen zu dienen bestimmt war, nämlich einer verbesserten Information der Kontrollbehörden, der Gewährleistung einer hinreichend homogenen Anwendung des damaligen Art. 85 EWG (= Art. 101 AEUV) in den sechs Mitgliedsstaaten und der Schaffung der für eine hinreichende Rechtssicherheit der Unternehmen erforderlichen Voraussetzungen.[798] Dem entsprechend führte man gemäß Art. 87 Abs. 1 EWG (= Art. 103 Abs. 1 AEUV) mit dieser Verordnung ein zentralisiertes Anmelde- und Genehmigungssystem ein.[799] Gemäß Art. 9 Abs. 1 VO Nr. 17/62 war die Kommission ausschließlich zuständig, in Anwendung des Art. 85 Abs. 3 EWG (= Art. 101 Abs. 3 AEUV) den Art. 85 Abs. 1 EWG (= Art. 101 Abs. 1 AEUV) für nicht anwendbar zu erklären (Freistellungsmonopol der Kommission); und nach Art. 4 Abs. 1 VO Nr. 17/62 setzte dieses eine vorherige Anmeldung bei der Kommission voraus. Ergänzt durch Entscheidungen, Bekanntmachungen und Verordnungen etablierten sich in der Folge eine umfassende Wettbewerbspolitik, reichhaltige Rechtsprechung und präzise Grundsätze und Einzelbestimmungen,[800] es bestand also neben der Information der Wettbewerbsbehörden und der Kohärenz auch die gewünschte Rechtssicherheit für die Marktteilnehmer. Insbesondere durch die steigende Zahl der Mitgliedsstaaten und die zunehmende Verwirklichung des gemeinsamen Binnenmarktes stieg auch die Zahl der in den Anwendungsbereich des Gemeinschaftsrechts und damit die Zuständigkeit der Kommission fallenden Fälle.[801] Um ihrer damit einhergehenden Arbeitsbelastung entgegen zu wirken, bediente sich die Kommission – zunächst auch mit dem gewünschten Erfolg – zahlreicher Maßnahmen;[802] zu nennen sind hier verschiedene die Bedingungen, unter denen Vereinbarungen nicht in den Anwendungsbereich des Art. 85 Abs. 1 EWG (= Art. 101 Abs. 1 AEUV) fallen, präzisierende Bekanntmachungen wie etwa die Bekanntmachung über Vereinbarungen

796 Weißbuch 1999, S. 1, 6 (Tz. 4 f.).
797 Erste Durchführungsverordnung zu den Artikeln 85 und 86 des Vertrages, ABl. Nr. 13, S. 204 ff. v. 21.2.1962.
798 Weißbuch 1999, S. 1, 8 f. (Tz. 14) und S. 10 (Tz. 24).
799 Weißbuch 1999, S. 1, 3 (Tz. 3) und 9 (Tz. 16 f.).
800 Weißbuch1999, S. 1, 6 (Tz. 2 f.).
801 Vgl. Weißbuch 1999, S. 1, 9 f. (Tz. 19 ff.).
802 Vgl. Weißbuch 1999, S. 1, 10 ff. (Tz. 26 ff.).

von geringer Bedeutung[803],[804] der Erlass diverser Gruppenfreistellungsverordnungen[805] nach Art. 85 Abs. 3 EWG (= Art. 101 Abs. 3 AEUV) und die Praxis der in einem beschleunigten Verfahren ergehenden, jedoch unverbindlichen Verwaltungsschreiben[806] (sog. Comfort letters)[807].

Parallel dazu verfolgte die Kommission schon ab etwa Mitte der 1970er Jahre eine Politik der Dezentralisierung, nach der die Anwendung des gemeinschaftlichen Wettbewerbsrechts stärker auf Ebene der Mitgliedsstaaten erfolgen sollte.[808] Eine wesentliche Bestätigung erfuhr dieses durch den EuGH mit seinem *Delimitis*-Urteil,[809] nach dem ein nationales Gericht sein Verfahren fortsetzen und über die Wirksamkeit eines Vertrages entscheiden kann, wenn die Voraussetzungen des Art. 85 Abs. 1 EWG (= Art. 101 Abs. 1 AEUV) offensichtlich nicht erfüllt sind bzw. wenn deren Vorliegen zweifelsfrei feststeht und eine Freistellung nach Art. 85 Abs. 3 EWG (= Art. 101 Abs. 3 AEUV) keinesfalls in Betracht kommt; ausdrücklich wies der EuGH hierbei auf die Möglichkeit des Gerichts hin, sich nach dem Grundsatz der loyalen Zusammenarbeit gemäß Art. 5 EWG (= Art. 4 Abs. 3 EUV) an die Kommission zu wenden, um von dieser Auskünfte über ein bei dieser ggf. geführtes Verfahren bzw. wirtschaftliche oder rechtliche Auskünfte zu erhalten, wenn die konkrete Anwendung des Art. 85 Abs. 1 EWG oder Art. 86 EWG (= Art. 101 Abs. 1 oder Art. 102 AEUV) besondere Schwierigkeiten bereitet.[810]

---

803 Bekanntmachung der Kommission vom 27. Mai 1970 über Vereinbarungen, Beschlüsse und aufeinander abgestimmte Verhaltensweisen von geringer Bedeutung, die nicht unter Artikel 85 Absatz 1 des Vertrages zur Gründung der Europäischen Wirtschaftsgemeinschaft fallen, ABl. (EG) Nr. C 64, S. 1 ff. v. 2.6.1970.

804 Weißbuch 1999, S. 1, 11 (Tz. 27 f.).

805 Weißbuch 1999, S. 1, 11 f. (Tz. 29 ff.).

806 Weißbuch 1999, S. 1, 12 f. (Tz. 34 f.).

807 Diese stellten einen informellen Abschluss des Verfahrens dar, indem sie entweder mitteilten, dass die angemeldete Vereinbarung nach derzeitigem Sachstand die Voraussetzungen für die Anwendbarkeit des Art. 85 Abs. 1 EGV nicht erfüllte, oder dass sie den Voraussetzungen des Art. 85 Abs. 3 EGV entsprach; allerdings entfalteten sie keine Bindungswirkung gegenüber den nationalen Behörden und Gerichten, sondern wurden als Tatsache im allgemeinen berücksichtigt und führten zu einer Selbstbindung der Kommission – Weißbuch 1999, S. 1, 12 f. (Tz. 34 f.); *Schwarze/Weitbrecht*, Grundzüge des europäischen Kartellverfahrensrechts, § 6 Rn. 9; vgl. auch *Zuber*, Die EG-Kommission als amicus curiae, 2001, S. 78 ff.

808 Vgl. Weißbuch 1999, S. 1, 13 (Tz. 36 ff.).

809 Vgl. Weißbuch 1999, S. 1, 13 (Tz. 37).

810 EuGH, Urteil v. 28.2.1991 – C-234/89, Tz. 43 ff. = Juris = JZ 1991, 976, 979 f. = Slg. 1991, I-977 ff. – Delimitis.

Im Nachgang und aufbauend auf dieser Entscheidung erließ die Kommission 1993 die „Bekanntmachung über die Zusammenarbeit zwischen der Kommission und den Gerichten der Mitgliedstaaten bei der Anwendung der Artikel 85 und 86 des EWG-Vertrags“[811] (im Folgenden: Bekanntmachung ABl. 1993 Nr. C 39/6), die bereits weite inhaltliche Überschneidungen mit der späteren VO Nr. 1/2003 zeigte. Ausgehend von einem bereits vollendeten gemeinsamen Binnenmarkt, will sie dessen einwandfreies Funktionieren durch eine engere Zusammenarbeit der nationalen Gerichte (als der für den Schutz der subjektiven Rechte der Privatpersonen untereinander zuständigen Stellen) und ihr selbst (als der im öffentlichen Interesse zur Durchführung und Ausrichtung der Wettbewerbspolitik handelnden Verwaltungsbehörde) sicherstellen.[812] Die Bekanntmachung ABl. 1993 Nr. C 39/6 sieht detaillierte, den Ausführungen des EuGH im *Delimitis*-Urteil entsprechende Regelungen über die Anwendung der Artt. 85 und 86 EWG (= Artt. 101 und 102 AEUV) durch die nationalen Gerichte vor.[813] Sie teilt weiter mit, wie die vom EuGH dort gleichermaßen in den wesentlichen Zügen umrissene loyale Zusammenarbeit nach Art. 5 EWG (= Art. 4 Abs. 3 EUV) zwischen der Kommission und den nationalen Gerichten konkret auszusehen hat.[814] Die Bekanntmachung nimmt dabei insbesondere die später in Art. 15 VO Nr. 1/2003 verbindlich getroffenen Regelungen und die diesen zugrunde liegenden Überlegungen teilweise vorweg (vgl. dazu unten Teil 2, D II 2) 4. b.): Sie sieht in diesen Grundsätzen der Zusammenarbeit die wesentliche Bedingung für eine kohärente Anwendung des Wettbewerbsrechts der Gemeinschaft;[815] ausdrücklich spricht sie zudem von der Kommission als *„amicus curiae“*, an die sich der einzelstaatliche Richter mit einem *„Ersuchen um Auskünfte rechtlicher oder tatsächlicher Art“* wenden kann.[816] Daneben trat 1997 eine entsprechende, die Zusammenarbeit der Kommission und der nationalen Wettbewerbsbehörden bei der Bearbeitung von Fällen im Anwendungsbereich der Artt. 85 und 86 EWG regelnde Bekanntmachung.[817]

---

811 ABl. (EG) Nr. C 39, S. 6 ff. v. 13.2.1993.

812 Bekanntmachung ABl. 1993 Nr. C 39/6 (Tz. 1 ff.).

813 Vgl. Bekanntmachung ABl. 1993 Nr. C 39/6/8 f. (Tz. 17 ff.).

814 Vgl. Bekanntmachung ABl. 1993 Nr. C 39/6/9 ff. (Tz. 33 ff.).

815 Bekanntmachung ABl. 1993 Nr. C 39/6/10 (Tz. 34).

816 Bekanntmachung ABl. 1993 Nr. C 39/6/10 f. (Tz. 37 ff., insbes. 41 f.).

817 Bekanntmachung der Kommission über die Zusammenarbeit zwischen der Kommission und den Wettbewerbsbehörden der Mitgliedstaaten bei der Bearbeitung von Fällen im Anwendungsbereich der Artikel 85 und 86 EG-Vertrag, ABl. (EG) Nr. C 313, S. 3 ff. v. 15.10.1997; Tz. 3 a. E. und 4 (S. 3) betonen deren Entsprechung mit der Bekanntmachung ABl. 2004 Nr. C 39, S. 6 ff. v. 13.2.1993.

Indes erreichte auch die Gesamtheit dieser ergriffenen Maßnahmen nicht ihr Ziel, die Zahl der nach Art. 4 VO Nr. 17/62 angemeldeten Fälle und damit die Arbeitslast der Kommission zu verringern, denn deren ausschließliche Zuständigkeit, eine Freistellung nach Art. 85 Abs. 3 EWG (= Art. 101 Abs. 3 AEUV) zu erklären, setzte der angestrebten Dezentralisierung nach wie vor Grenzen.[818] Überdies wurde weiterhin nur zögerlich um dezentralisierten Rechtschutz ersucht, denn die an einem bei einem nationalen Gericht anhängigen Kartellverfahren beteiligten Unternehmen konnten auch zu diesem Zeitpunkt noch einen Antrag nach Art. 4 VO Nr. 17/62 bei der Kommission stellen, was zu deren Zuständigkeit (vgl. Art. 9 Abs. 3 VO Nr. 17/62) und der Aussetzung, also Blockierung des gerichtlichen Verfahrens führte.[819]

Im Hinblick auf die im Jahr 1999 bevorstehende Erweiterung der Gemeinschaft um die mittel- und osteuropäischen Staaten sowie Zypern, die Wirtschafts- und Währungsunion, die Globalisierung der Wirtschaft insgesamt und die damit zu erwartende Verschärfung des bereits bestehenden Problems sah sich die Kommission schließlich veranlasst, auf eine konzeptionelle Neugestaltung des an seine Grenzen gelangten und seit über 35 Jahren unveränderten Systems der Durchführung des Wettbewerbsrechts der Gemeinschaft nach den Vorgaben der VO Nr. 17/62 hinzuwirken.[820]

War in den frühen Jahren der Gemeinschaft das Ziel der Wettbewerbspolitik, aus mehreren auf unterschiedlichstem Niveau des Wettbewerbsschutzes befindlichen Volkswirtschaften einen gemeinsamen Markt zu bilden, und das geeignete Mittel hierfür in einem streng zentralisierten Genehmigungssystem gesehen worden, um eine kohärente Entwicklung und Anwendung der Wettbewerbsregeln zu ermöglichen und dadurch Rechtssicherheit zu gewährleisten, sah man nun angesichts der dramatisch veränderten Rahmenbedingungen eine zufrieden stellende Lösung nur in der Etablierung eines dezentralisierten Systems.[821] Denn den Schwerpunkt der Durchführung des gemeinschaftlichen Wettbewerbsrechts sah man nun in der tatsächlichen und vereinfachten Anwendung des klaren, durch die Praxis mittlerweile präzisierten Regelwerks, die nur durch eine verstärkte Zuständigkeit der nationalen Gerichte (und Kartellbehörden) erreichbar schien.[822]

---

818 Vgl. Weißbuch 1999, S. 1, 13 f. (Tz. 39 f.).

819 Vgl. Bekanntmachung ABl. 1993 Nr. C 39/6 (Tz. 6) und 13 f. (Tz. 39).

820 Vgl. Weißbuch 1999, S. 1, 4 (Tz. 10), 6 f. (Tz. 5 ff.) und 14 (Tz. 40).

821 Vgl. Weißbuch 1999, S. 1, 3 (Tz. 4 f.) und 15 (Tz. 46 f.).

822 Vgl. Weißbuch 1999, S. 1, 16 (Tz. 50 f.); vgl. auch bereits Bekanntmachung der Kommission über die Zusammenarbeit zwischen der Kommission und den

Anders gewendet könnte man diese Entwicklung etwa folgendermaßen zusammenfassen: Die Problematik der Rechtsanwendung (und damit Rechtssicherheit) der frühen Jahre war eine solche der „qualitativen Kohärenz" wegen noch fehlender einheitlicher Rechtsstandards; diese war indes zum Jahr 1999 nach jahrelanger Rechtsanwendung praktisch beseitigt, an ihre Stelle trat stattdessen eine Herausforderung hinsichtlich der „quantitativen Kohärenz", denn eine einheitliche Rechtsanwendung war wegen der Zahl der Fälle durch nur eine zentrale Behörde (nahezu) nicht mehr möglich und gefährdete dadurch die Rechtssicherheit.

Die Kommission sprach sich daher zunächst in ihrem Weißbuch und später in einem konkreten Vorschlag einer Verordnung für die Einführung eines Systems der Legalausnahme, basierend auf drei Pfeilern aus:[823] der Abschaffung des Genehmigungs- und Anmeldesystems wie es der VO Nr. 17/62 zugrunde lag, der Dezentralisierung der Anwendung der Wettbewerbsregeln und der Verstärkung der nachherigen Kontrolle der Einhaltung der Wettbewerbsregeln durch die Kommission. Sie sieht sich dabei v. a. in der Rolle der „Hüterin der Verträge und Garantin des Gemeinschaftsinteresses", legt die Wettbewerbspolitik fest und konzentriert ihre Tätigkeit auf die Bekämpfung der besonders schweren Kartellrechtsverstöße.[824] Da dem Erfordernis hinreichender Kohärenz in einem dezentralisierten System der Legalausnahme gerade nicht mehr durch die ausschließliche Zuständigkeit der Kommission für die Anwendung des Art. 85 Abs. 3 EWG (= Art. 101 Abs. 3 AEUV) Rechnung getragen werden wird, diese vielmehr damit einer grundsätzlich stärkeren Gefährdung ausgesetzt ist, sieht das Konzept der Kommission in Anlehnung an ihre Bekanntmachung ABl. 1993 Nr. C 39/6 Formen der Zusammenarbeit mit den (Gerichten der) Mitgliedsstaaten vor, in denen der Kommission wiederum die maßgebliche Rolle – u. a. die eines Amicus curiae – zukommt (dazu unten Teil 2, D II 2)).[825]

Wettbewerbsbehörden der Mitgliedstaaten bei der Bearbeitung von Fällen im Anwendungsbereich der Artikel 85 und 86 EG-Vertrag, ABl. (EG) Nr. C 313, S. 3, 4 (Tz. 6) v. 15.10.1997.

823 Weißbuch 1999, S. 1, 19 f. (Tz. 69 ff.); vgl. auch die Erwägungsgründe 4, 7, 9, 18, 20 f. und 29 des Vorschlag für eine Verordnung des Rates zur Durchführung der in den Artikeln 81 und 82 EG-Vertrag niedergelegten Wettbewerbsregeln und zur Änderung der Verordnungen (EWG) Nr. 1017/68, (EWG) Nr. 2988/74, (EWG) Nr. 4056/86 und (EWG) Nr. 3975/87 („Durchführungsverordnung zu den Artikeln 81 und 82 EG-Vertrag"), KOM(2000) 582 endg., ABl. (EG) Nr. C 365 E, S. 284 ff.

824 Vgl. Weißbuch 1999, S. 1, 20 (Tz. 72 und 74), 22 (Tz. 83 ff.).

825 Vgl. Weißbuch 1999, S. 1, 21 (Tz. 78) und 25 f. (Tz. 104 ff., insbes. 107).

Besonderes Gewicht erlangt diese die kohärente Rechtsanwendung sichernde Tätigkeit der Kommission zusätzlich noch dadurch, dass auf europäischer Ebene eine oberste Rechtsmittelinstanz, die den nationalen obersten Gerichten vergleichbar für eine einheitliche Rechtsanwendung in ihrem Zuständigkeitsbereich sorgt, gerade fehlt.[826]

Diesem neuen Konzept zur Durchsetzung der gemeinschaftlichen Wettbewerbsregeln ist der Rat der Europäischen Union durch Erlass der VO Nr. 1/2003 trotz zum Teil erheblicher Kritik, insbesondere aus Deutschland,[827] im Wesentlichen gefolgt.

II. Die Konzeption der Kartellverfahrensordnung und insbesondere die Funktion des Art. 15 VO Nr. 1/2003, des § 90a GWB und des § 90 GWB innerhalb dieser

Aufbauend auf den geschilderten Erfahrungen und Empfehlungen der Kommission (vgl. soeben Teil 2, D I) wurde mit der VO Nr. 1/2003 ein gänzlich neues System der wirksamen und einheitlichen Anwendung der ex-Artt. 81 und 82 EG (= Artt. 101 und 102 AEUV) zum Schutz des Wettbewerbs im Gemeinsamen (Binnen-)Markt vor Verfälschungen eingeführt,[828] das neben den bereits umrissenen weitere erhebliche Änderungen für die Kartellrechtsdurchsetzung mit sich brachte (sogleich Teil 2, D II 1) und 2)).[829]

Eine wichtige Rolle spielen insoweit die Regelungen über die Zusammenarbeit, insbesondere Art. 15 VO Nr. 1/2003 sowie §§ 90, 90a GWB, auf deren Funktionen daher im Einzelnen eingegangen werden wird (unten Teil 2, D II 2) 4.). Dass die Regelung des Art. 15 VO Nr. 1/2003 in der Praxis zwischenzeitlich eine gewisse – v. a. auch funktionale – Entwicklung genommen hat, zeigt deutlich eine Entscheidung des EuGH aus dem Jahr 2009, die vor dem Hintergrund der gewonnenen Erkenntnisse im Anschluss nähere Betrachtung findet (unten Teil 2, D II 3)).

---

826 *Bornkamm/Becker*, ZWeR 2005, 213, 216; ähnlich *Topel*, GRUR 2000, 985, 987 f.

827 Diese Kritik bezog sich v. a. auf die Einführung eines Legalausnahmesystems, die gegen den Wortlaut des Art. 81 Abs. 3 EG, der zwingend eine administrative Ausnahmeentscheidung voraussetzen sollte, verstoßen und daher ohne Vertragsänderung nicht möglich sein sollte. Vgl. insgesamt nur Monopolkommission, Sondergutachten 28, Kartellpolitische Wende in der Europäischen Union? – Zum Weißbuch der Kommission vom 28. April 1999, 1999, S. 16 ff. und passim.

828 Vgl. Erwägungsgrund 1 der VO Nr. 1/2003.

829 Vgl. Weißbuch 1999, S. 1, 32 (Tz. 138): „[…] *eine tiefgreifende Reform des gegenwärtigen Systems* […]".

1) *Dezentralisierung und System der Legalausnahme*

Entsprechend dem mit der Neuregelung verfolgten Hauptziel, der Entlastung der Kommission, stand dabei die künftige Anwendung des ex-Art. 81 Abs. 3 EG (= Art. 101 Abs. 3 AEUV) im Zentrum der Überlegungen, die laut dem Verordnungsgeber der Vorgabe aus ex-Art. 83 Abs. 2 Lit. b EG (= Art. 103 Abs. 2 Lit. b AEUV) folgend eine wirksame Überwachung bei möglichst einfacher Verwaltungskontrolle bieten sollte.[830] Das bisherige System der zentralisierten Genehmigung und Anmeldung nach der VO Nr. 17/62 (dazu oben Teil 2, D I) wurde daher zugunsten eines Systems der Legalausnahme aufgehoben (vgl. Art. 1 VO Nr. 1/2003), indem einerseits die mitgliedsstaatlichen Wettbewerbsbehörden und Gerichte zur Anwendung auch des ex-Art. 81 Abs. 3 EG (= Art. 101 Abs. 3 AEUV) befugt sind (vgl. Artt. 5 und 6 VO Nr. 1/2003), andererseits diese insgesamt mehr an der Anwendung der gemeinschaftlichen Wettbewerbsregeln beteiligt sind als bisher.[831]

Diese Dezentralisierung ist in der VO Nr. 1/2003 in mehrfacher Hinsicht umgesetzt: Einmal wird der Durchsetzung der Wettbewerbsregeln durch die Gerichte in *Zivil*rechtsstreitigkeiten eine größere Bedeutung zugemessen (sog. *private enforcement* oder *direct enforcement*),[832] sie wird insoweit als eine zu den von den mitgliedsstaatlichen Wettbewerbsbehörden durchgeführten (Kartell-) Verwaltungsverfahren hinzutretende Ergänzung betrachtet.[833] Ausdrücklich

830 Erwägungsgrund 2 der VO Nr. 1/2003.

831 Erwägungsgründe 4 und 6 der VO Nr. 1/2003.

832 Dazu ausführlich *Bornkamm/Becker*, ZWeR 2005, 213, 214 ff.; *K. Schmidt*, in: FS Schumann, 2001, S. 405, 410 ff. Vgl. auch bereits EuGH, Urteil v. 20.9.2001, C-453/99, Tz. 27 = Juris = Slg. 2001, I-6314 – Courage und Crehan.

833 Erwägungsgrund 7 der VO Nr. 1/2003. Dass die Erreichung des Ziels einer vermehrten Durchsetzung der Wettbewerbsregeln im Zivilrechtsstreit unter diesen Umständen realisierbar war, wurde indes von verschiedenen Seiten aus unterschiedlichen Gründen bezweifelt – vgl. dazu nur *Klees*, Europäisches Kartellverfahrensrecht mit Fusionskontrollverfahren, § 8 Rn. 31 ff. Auf den Ausbau und Umsetzungsprozess dieser Politik des *private enforcement* soll hier im Einzelnen nicht näher eingegangen werden; hingewiesen sei aber auf deren zuletzt Mitte des Jahres 2013 erfolgte weitere Stärkung auf nationaler Ebene durch die Verbesserung der Position der Verbraucherverbände hierbei im Zuge der sog. 8. GWB-Novelle – vgl. Begründung zum Entwurf eines Achten Gesetzes zur Änderung des Gesetzes gegen Wettbewerbsbeschränkungen (8. GWB-ÄndG) BT-Drucks. 17/9852, S. 1 und 21, rechte Spalte) sowie BGBl. I 2013, S. 1738, 1742. Auf europäischer Ebene stellt der am 11.6.2013 beschlossene „Vorschlag [der Kommission] für eine Richtlinie des Europäischen Parlaments und des Rates über bestimmte Vorschriften für

Bezug genommen wird dabei auf den Schadensersatzprozess eines durch wettbewerbswidriges Handeln Geschädigten,[834] für den eine Verfolgung dieser seiner Rechte unter dem alten Regelungssystem der VO Nr. 17/62 wegen des Freistellungsmonopols der Kommission und der damit verbundenen Gefahr der Blockierung des Verfahrens durch den beklagten Schädiger wenig attraktiv war (vgl. dazu oben Teil 2, D I). Neben der Abschaffung dieses Freistellungsmonopols stellte auch die Einführung der Beweislastregelung nach Art. 2 VO Nr. 1/2003 einen wesentlichen Schritt in diesem Prozess dar.[835] Den ex-Artt. 81 und 82 EG (= Artt. 101 und 102 AEUV) soll damit – ähnlich dem US-amerikanischen Antitrust-Recht – auf zwei Wegen Geltung verschafft werden:[836] Zum einen indem die Gerichte juristischen oder natürlichen Personen die Durchsetzung ihrer subjektiven Rechte ermöglichen, zum anderen indem die Kommission bzw. die nationalen Kartellbehörden die ex-Artt. 81 und 82 EG (= Artt. 101 und 102 AEUV) im öffentlichen Interesse durchsetzen.[837] Es lässt sich folglich insoweit von einem System der „Zweispurigkeit" der Kartellrechtsdurchsetzung sprechen.

Diese dezentralisierte Anwendung der ex-Artt. 81 f. EG (= Artt. 101 f. AEUV) findet eine Verstärkung in der Regelung des Art. 3 VO Nr. 1/2003, die erstmals eine einheitliche materiell-rechtliche Grundlage für das nationale und gemeinschaftliche Wettbewerbsrecht (sog. *level playing field*)[838] begründet. Von der Ermächtigung des ex-Art. 83 Abs. 2 Lit. e EG (= Art. 103 Abs. 2 Lit. e AEUV) war bislang kein Gebrauch gemacht worden, insbesondere traf auch die VO Nr. 17/62 zum Verhältnis der beiden Wettbewerbsordnungen keine Regelung, so dass

---

Schadensersatzklagen nach einzelstaatlichem Recht wegen Zuwiderhandlungen gegen wettbewerbsrechtliche Bestimmungen der Mitgliedstaaten und der Europäischen Union", COM(2013) 404 final, einen weiteren wesentlichen Schritt insoweit dar.

834 Erwägungsgrund 7 der VO Nr. 1/2003; dazu bereits das Weißbuch 1999, S. 1, 24 (Tz. 100).

835 Ebenso *Klees*, Europäisches Kartellverfahrensrecht mit Fusionskontrollverfahren, § 8 Rn. 28.

836 Vgl. *Hamer*, EWS 2003, 415, 416; *Hempel*, WuW 2004, 362, 366 f. und passim., der die Erfolgsaussichten dieser Bestrebungen kritisch sieht; *Hess*, JZ 2011, 66, 67. Vgl. in diesem Zusammenhang zur Umsetzung im deutschen Recht durch die sog. 7. GWB-Novelle: Begründung zum Entwurf eines Siebten Gesetzes zur Änderung des Gesetzes gegen Wettbewerbsbeschränkungen BT-Drucks. 15/3640, S. 1, 29 (linke Spalte) und 35 f.

837 Bekanntmachung ABl. 2004 Nr. C 101/54 (Tz. 4).

838 *Schwarze/Weitbrecht*, Grundzüge des europäischen Kartellverfahrensrechts, § 3 Rn. 14.

mangels einer gesetzlichen Grundlage im Anschluss an die *Walt-Wilhelm*-Entscheidung[839] des EuGH von 1969 die sog. modifizierte Zwei-Schranken-Theorie galt.[840] Mit dem Übergang auf ein System der Legalausnahme entfallen indes für die Zukunft die Einzelfreistellungen durch die Kommission als danach wesentliche Grundlage für einen Vorrang des Gemeinschaftsrechts, so dass in Befürchtung, dieses verliere gegenüber den nationalen Wettbewerbsordnungen seine praktische Bedeutung und die gewünschte Einheitlichkeit der Rechtsanwendung würde dadurch verhindert, das Verhältnis der ex-Artt. 81 f. EG (= Artt. 101 f. AEUV) und der einzelstaatlichen Wettbewerbsrechte in Art. 3 VO Nr. 1/2003 geregelt wurde.[841] Und so bestimmt Art. 3 Abs. 1 S. 1 VO Nr. 1/2003, dass die nationalen Kartellbehörden und Gerichte zwingend ex-Art. 81 EG (= Art. 101 AEUV) anwenden müssen, wenn unternehmerische Vereinbarungen, Beschlüsse oder abgestimmte Verhaltensweisen i. S. dieser Vorschrift geeignet sind, den Handel zwischen den Mitgliedsstaaten (spürbar)[842] zu beeinträchtigen, also die Anwendungsvoraussetzung für das gemeinschaftliche Wettbewerbsrecht erfüllt ist. Nach Art. 3 Abs. 2 S. 1 VO Nr. 1/2003 setzt sich insoweit milderes Unionsrecht gegenüber einem auf strengerem nationalem Recht beruhenden Ergebnis durch. Dass sich strengeres Unionsrecht gegenüber milderem nationalen Recht durchsetzt, folgt aus den in der *Walt-Wilhelm*-Entscheidung entwickelten primärrechtlich begründeten Grundsätzen, nach denen milderes nationales Recht

839 EuGH, Urteil v. 13.2.1969 – C-14/68, insbes. Tz. 3 ff., Juris = Slg. 1969, 1, 13 ff. = NJW 1969, 1000 – Walt Wilhelm.

840 *Rehbinder*, in: Immenga/Mestmäcker, Wettbewerbsrecht, Bd. 1, EU/Teil 2, VO 1/2003, Art. 3 Rn. 1 und 5 f.; *Wiedemann*, Handbuch des Kartellrechts, § 6 Rn. 3: Danach waren grundsätzlich beide Wettbewerbsordnungen nebeneinander zu beachten und anwendbar, das nationale Recht durfte indes die einheitliche Anwendung des gemeinschaftlichen Rechts und die zu dessen Wirksamkeit getroffenen Maßnahmen nicht beeinträchtigen, es galt also insoweit ein Anwendungsvorrang im Kollisionsfall, insbesondere sog. „positive Eingriffe“ (Einzelfreistellungsentscheidungen, Gruppenfreistellungen nach Art. 81 Abs. 3 EG) setzten sich gegenüber schärferem nationalem Recht durch. Während sich wiederum in Fällen der Tatbestandverneinung der Artt. 81 f. EG nach gemeinschaftlichem milderem Recht das schärfere nationale Recht durchsetzte (verfahrensrechtliche Vorranglehre der h. M.).

841 *Rehbinder*, in: Immenga/Mestmäcker, Wettbewerbsrecht, Bd. 1, EU/Teil 2, VO 1/2003, Art. 3 Rn. 2 ff.; vgl. auch *Wiedemann*, Handbuch des Kartellrechts, § 6 Rn. 4 unter Verweis auf den Erwägungsgrund 8 der VO Nr. 1/2003.

842 *Rehbinder*, in: Immenga/Mestmäcker, Wettbewerbsrecht, Bd. 1, EU/Teil 2, VO 1/2003, Art. 3 Rn. 16.

nicht die Effektivität und einheitliche Anwendung des Unionsrechts beeinträchtigen darf.[843] Eine Art. 3 Abs. 1 S. 1 VO Nr. 1/2003 entsprechende Anwendungspflicht sieht Abs. 1 S. 2 der Norm auch für die Missbrauchsaufsicht nach ex-Art. 82 EG (= Art. 102 AEUV) vor.[844] Ausdrücklich lässt jedoch Art. 3 Abs. 2 S. 2 VO Nr. 1/2003 strengeres nationales Recht für einseitiges unternehmerisches Handeln zu. Insgesamt hat damit das europäische gegenüber dem nationalen Kartellrecht deutlich an Bedeutung gewonnen.

Konsequenterweise wurde durch die Neuregelung auch die Zuständigkeit der nationalen Wettbewerbsbehörden und Gerichte erweitert, wofür v. a. die grundsätzlich größere Sachnähe und effektivere Bearbeitung der Fälle sprechen.[845] Die VO Nr. 1/2003 geht danach von der grundsätzlich parallelen Zuständigkeit der Kommission (Art. 4), der einzelstaatlichen Wettbewerbsbehörden (Art. 5 S. 1) und der Gerichte (Art. 6) für die Anwendung der ex-Artt. 81 und 82 EG (= Artt. 101 und 102 AEUV) in Einzelfällen aus.[846] Wobei der Kommission insoweit eine Sonderstellung zukommt, als eine Wettbewerbsbehörde der Mitgliedsstaaten in einem Verfahren keine einer Kommissionsentscheidung zuwiderlaufende Entscheidung treffen darf, Art. 16 Abs. 2 VO Nr. 1/2003.[847] Überdies kann sie nach Art. 11 Abs. 6 VO Nr. 1/2003 ein Verfahren an sich ziehen und dadurch die bisherige Zuständigkeit der nationalen Wettbewerbsbehörde beenden (zum Verhältnis der nationalen Wettbewerbsbehörden und der Kommission unten noch ausführlich Teil 2, D II 2) 1. bis 3.).[848]

Auch die mitgliedsstaatlichen Gerichte dürfen in einem Verfahren über ex-Art. 81 oder 82 EG (= Art. 101 oder 102 AEUV) keine gegen eine bereits ergangene oder beabsichtigte Entscheidung der Kommission widersprechende

---

843 *Rehbinder*, in: Immenga/Mestmäcker, Wettbewerbsrecht, Bd. 1, EU/Teil 2, VO 1/2003, Art. 3 Rn. 28 m. w. N.

844 Wobei auch insoweit – entgegen dem Wortlaut der Norm – die „Zwischenstaatlichkeitsklausel" als Anwendungsvoraussetzung für das Gemeinschaftsrecht erfüllt sein muss, weil die Verweisung auf „nach Art. 82 des Vertrags verbotene Missbräuche" diese in Bezug nimmt – *Rehbinder*, in: Immenga/Mestmäcker, Wettbewerbsrecht, Bd. 1, EU/Teil 2, VO 1/2003, Art. 3 Rn. 16.

845 Vgl. Weißbuch 1999, S. 1, 15 (Tz. 46 f.).

846 Erwägungsgrund 22 der VO Nr. 1/2003; vgl. auch *Wiedemann*, Handbuch des Kartellrechts, § 2 Rn. 27 f. und 30; *Ritter*, in: Immenga/Mestmäcker, Wettbewerbsrecht, Bd. 1, EU/Teil 2, VO 1/2003, Art. 4 Rn. 1.

847 *Ritter*, in: Immenga/Mestmäcker, Wettbewerbsrecht, Bd. 1, EU/Teil 2, VO 1/2003, Art. 16 Rn. 11.

848 *Ritter*, in: Immenga/Mestmäcker, Wettbewerbsrecht, Bd. 1, EU/Teil 2, VO 1/2003, Art. 16 Rn. 12; *Wiedemann*, Handbuch des Kartellrechts, § 2 Rn. 28.

Entscheidung erlassen,[849] ggf. muss das Gericht sein Verfahren aussetzen, Art. 16 Abs. 1 VO Nr. 1/2003 (dazu unten Teil 2, D II 2) 3.).[850]

Da diese die erstrebte Dezentralisierung bewirkenden, die Kommission entlastenden und teilweise die Effektivität der Kartellrechtsdurchsetzung steigernden Veränderungen zugleich auch eine Gefahr für die Einheitlichkeit der Anwendung der Artt. 101 und 102 AEUV auf dem Gemeinsamen Markt bedeuten, sieht die Kartellverfahrensordnung – neben Art. 3 Abs. 2 S. 1 VO Nr. 1/2003 – noch weitere auf die Kohärenz der Rechtsanwendung abzielende Regelungen vor (dazu sogleich Teil 2, D II 2)).

2) Die die Kohärenz der Rechtsanwendung sichernden Regelungen der Kartellverfahrensordnung, insbesondere Art. 15 VO Nr. 1/2003

In diesem System der parallelen Zuständigkeiten von Kommission, nationalen Wettbewerbsbehörden und nationalen Gerichten sind es v. a. die in Kapitel IV der Verordnung getroffenen Regelungen über die Zusammenarbeit, die die einheitliche Anwendung der gemeinschaftlichen Wettbewerbsregeln, ex-Artt. 81 und 81 EG (= Artt. 101 und 102 AEUV), sicherstellen sollen – insbesondere auch der in dieser Arbeit hauptsächlich interessierende Art. 15 VO Nr. 1/2003, ergänzt durch die diesbezügliche Bekanntmachung ABl. 2004 Nr. C 101/54.[851] Während insbesondere die Regelungen des Kapitel V (Artt. 17 ff.) der VO Nr. 1/2003 die erweiterten Ermittlungsbefugnisse der Kommission[852] und allein darauf bezogene Vorschriften über die Zusammenarbeit der Mitgliedsstaaten bzw. ihrer Wettbewerbsbehörden vorsehen (vgl. beispielsweise Artt. 18 Abs. 5, 19 Abs. 2, 20 Abs. 5 und 6, 21 Abs. 3, 22 VO Nr. 1/2003) und v. a. das Ziel der effektiven Durchsetzung der Wettbewerbsregeln verfolgen,[853] folglich nicht unmittelbar in diesem Kontext stehen und daher insoweit außer Betracht bleiben.

Wie die Systematik der VO Nr. 1/2003 zeigt, steht Art. 15 VO Nr. 1/2003 keineswegs als Einzelvorschrift isoliert für sich allein, tritt vielmehr unter der Kapitelüberschrift „Zusammenarbeit" ergänzend neben die Regelungen der Artt. 11 ff.

---

849 *Wiedemann*, Handbuch des Kartellrechts, § 2 Rn. 30.

850 *Ritter*, in: Immenga/Mestmäcker, Wettbewerbsrecht, Bd. 1, EU/Teil 2, VO 1/2003, Art. 16 Rn. 5 ff.

851 Vgl. *K. Schmidt*, in: Immenga/Mestmäcker, Wettbewerbsrecht, Bd. 1, EU/Teil 2, VO 1/2003, Art. 1 Rn. 16.

852 Vgl. die Erwägungsgründe 23 ff., insbes. Erwägungsgrund 25 der VO Nr. 1/2003.

853 Vgl. Erwägungsgrund 28 der VO Nr. 1/2003.

VO Nr. 1/2003;[854] zusammen mit dem Vorabentscheidungsverfahren gemäß Art. 267 AEUV bildet sich hieraus ein aus drei Komponenten zusammengesetzter, die Kohärenz der Rechtsanwendung sichernder Regelungsmechanismus: Die Artt. 11 ff. VO Nr. 1/2003 sichern dabei die Kohärenz im Verhältnis der nationalen Wettbewerbsbehörden untereinander und zur Kommission, Art. 15 VO Nr. 1/2003 dient diesem Zweck im Verhältnis der nationalen Gerichte zur Kommission (dazu unten Teil 2, D II 2) 3. und 4.), ebenso wie das Vorabentscheidungsverfahren, das die Möglichkeit einer verbindlichen gerichtlichen Klärung von Fragen über die Anwendung der gemeinschaftlichen Wettbewerbsregeln – insbesondere bei diesbezüglichen Meinungsverschiedenheiten von Gerichten und Kommission – (vgl. dazu auch unten Teil 2, D II 2) 3. und 4. b.) bietet. Der diesem zugrunde liegende Gedanke findet unmittelbaren Ausdruck in Erwägungsgrund 22 der VO Nr. 1/2003, nach dem „[i]*n einem System paralleler Zuständigkeiten* [...] *im Interesse der Rechtssicherheit und der einheitlichen Anwendung der Wettbewerbsregeln der Gemeinschaft einander widersprechende Entscheidungen vermieden werden* [... und die ...] *Wirkungen von Entscheidungen und Verfahren der Kommission auf Gerichte und Wettbewerbsbehörden der Mitgliedstaaten* [...] *daher im Einklang mit der Rechtsprechung des Gerichtshofs geklärt werden* [müssen]" (Hinzufügungen durch die Verf.).

Die Zusammenarbeit einerseits der Wettbewerbsbehörden untereinander, andererseits mit den Gerichten ist nach den jeweils einschlägigen Regelungen gekennzeichnet durch Information und Kooperation, zeigt somit nicht nur in funktionaler Hinsicht deutliche Parallelen (vgl. unten Teil 2, D II 2) 4.). Wegen der insoweit aber auch bestehenden Unterschiede und nicht zuletzt im Hinblick auf den Gewaltenteilungsgrundsatz sowie die Unabhängigkeit des Richters verbot sich indes eine Erstreckung der die Wettbewerbsbehörden betreffenden Artt. 11 ff. VO Nr. 1/2003 auch auf die Gerichte, war vielmehr eine differenzierende Regelung erforderlich – bezüglich Letzterer gilt daher Art. 15 VO Nr. 1/2003.[855]

1. Das Europäische Wettbewerbsnetz (ECN), insbesondere Artt. 11 ff. VO Nr. 1/2003

Die Wettbewerbsbehörden der Mitgliedsstaaten und die Kommission bilden nach den Artt. 11 ff. VO Nr. 1/2003 ein „Netz von Behörden", das über die

---

854 Vgl. EuGH, Urteil v. 11.6.2009, C-429/07, Tz. 20 ff. = WuW/E EU-R 1572, 1574 = WuW 2009, 850, 852 – Inspecteur van de Belastingdienst.

855 Im Ergebnis ebenso *Bornkamm/Becker*, ZWeR 2005, 213, 216 f.; *Klees*, Europäisches Kartellverfahrensrecht mit Fusionskontrollverfahren, § 8 Rn. 44 und 47; vgl. ferner *Durner*, EuR 2004, 547, 569; ähnlich auch *Baudenbacher*, ELR 2009, 258, 260; *Wright*, [2009] E.C.L.R. 309 und 313.

Vorstellungen des Weißbuchs der Kommission von 1999 hinaus nicht nur ein „Informationsnetz" darstellt,[856] sondern in enger Zusammenarbeit die EG-Wettbewerbsregeln anwendet, wofür Informations- und Konsultationsverfahren eingeführt wurden.[857] Die Grundsätze dieses Europäischen Wettbewerbsnetzes (sog. *ECN - European Competition Network*) wurden erstmals grob in der zwar keinerlei rechtliche Bindung entfaltenden, jedoch den politischen Willen aller Mitgliedsstaaten und der Kommission zu seiner Etablierung bekundenden Gemeinsamen Erklärung des Rates und der Kommission vom 10.12.2002 dargelegt.[858] Eine detaillierte Regelung erfuhr es neben den Regelungen der VO Nr. 1/2003 insbesondere durch die Bekanntmachung der Kommission Nr. C 101/43[859] im Jahr 2004. Danach handelt es sich dabei um ein „Diskussions- und Kooperationsforum für die Anwendung und Durchsetzung der EG-Wettbewerbspolitik", in dessen Rahmen die europäischen Wettbewerbsbehörden in Fällen, in denen die ex-Artt. 81 und 82 EG (= Artt. 101 und 102 AEUV) angewendet werden, zusammenarbeiten, stellt somit die „Basis für die Schaffung und Wahrung einer gemeinsamen Wettbewerbskultur in Europa" dar; ausdrücklich handelt das ECN im öffentlichen Interesse.[860]

Die Bekanntmachung ABl. 2004 Nr. C 101/43 trifft zudem detaillierte Regelungen über die Fallverteilung innerhalb des Systems der parallelen Zuständigkeiten: Denn die Kartellverfahrensordnung lässt dieses weitgehend offen, sieht lediglich in Art. 13 VO Nr. 1/2003 die Aussetzung bzw. Einstellung für den Fall vor, dass mehrere einzelstaatliche Behörden zugleich mit einem Verfahren gegen dieselbe Vereinbarung, denselben Beschluss oder dieselbe Verfahrensweise befasst sind (Abs. 1) bzw. eine einzelstaatliche Behörde oder die Kommission mit einem solchen bereits von einer anderen Kartellbehörde behandelten befasst ist (Abs. 2). Maßgeblich ist nach der Bekanntmachung ABl. 2004 Nr. C 101/43 das Kriterium der „guten Eignung", das wiederum wesentlich von der Verknüpfung der Zuwiderhandlung gegen ex-Artt. 81 und 82 EG (= Art. 101 und Art. 102 AEUV) mit dem Hoheitsgebiet des Mitgliedsstaats, dem die jeweilige Behörde angehört, abhängt.[861] Im Regelfall soll daher eine nationale Wettbewerbsbehörde gut geeignet und

856 Vgl. Weißbuch 1999, S. 1, 26 (Tz. 106).

857 Erwägungsgrund 15 der VO Nr. 1/2003.

858 Vgl. Gemeinsame Erklärung des Rates und der Kommission zur Arbeitsweise des Netzes der Wettbewerbsbehörden v. 10.12.2002, Dokument 15435/02 ADD 1 RC 22, passim.

859 Bekanntmachung ABl. 2004 Nr. C 101/43.

860 Bekanntmachung der Kommission ABl. 2004 Nr. C 101/43 (Tz. 1).

861 Vgl. Bekanntmachung ABl. 2004 Nr. C 101/43 f. (Tz. 6 und 8 f.).

folglich zur Durchführung eines Verfahrens berufen sein, wenn hauptsächlich der Wettbewerb innerhalb ihres Hoheitsgebietes beeinträchtigt ist.[862] Während eine grundsätzliche Zuständigkeit der Kommission wegen guter Eignung dann besteht, wenn eine oder mehrere Vereinbarungen oder Verhaltensweisen sich in mehr als drei Mitgliedsstaaten auswirken, wenn der konkrete Fall mit anderen Bestimmungen der Gemeinschaft, die ausschließlich oder effizienter von der Kommission angewandt werden können, eng verknüpft ist, oder wenn das Gemeinschaftsinteresse eine Entscheidung dieser im Hinblick auf die Weiterentwicklung der Wettbewerbspolitik, neu auftretende Wettbewerbsfragen oder die wirksame Durchsetzung der Wettbewerbsregeln erfordert.[863] Darüber hinaus kann sie ausnahmsweise dann ein Verfahren nach Art. 11 Abs. 6 VO Nr. 1/2003 einleiten und damit die Zuständigkeit der einzelstaatlichen Behörde beenden, wenn einer der in Tz. 54 der Bekanntmachung ABl. 2004 Nr. C 101/43/50 genannten, nicht abschließend aufgezählten Fälle – wie etwa die Gefahr sich widersprechender Entscheidungen mehrerer Netzmitglieder bzw. einer der gesicherten Rechtsprechung widersprechenden Entscheidung, der unangemessenen Verfahrenslänge oder (wiederum) der Erforderlichkeit zur Weiterentwicklung der Wettbewerbspolitik – vorliegt.

Diese Zuständigkeit der Kommission nur in den bedeutendsten Fällen entspricht ihrer (neuen) Rolle als „Hüterin der Verträge“ und europäische Instanz, die sich auf die Aufrechterhaltung wettbewerbsfähiger Marktstrukturen, die Bekämpfung schwerer Rechtsverletzungen und die Festlegung der Wettbewerbspolitik insgesamt konzentriert.[864] Weil die Entwicklung der Wettbewerbspolitik und die Sicherung der Effektivität und Kohärenz der Durchsetzung zwar sämtlichen Mitgliedern des Netzwerkes obliegt, die letzte Verantwortung hierfür aber die Kommission trifft, hat diese eine Sonderrolle mit entsprechend weiteren Befugnissen innerhalb des ECN.[865] Die Kommission wird daher mitunter

---

862 Bekanntmachung ABl. 2004 Nr. C 101/43/44 (Tz. 10).

863 Vgl. Bekanntmachung ABl. 2004 Nr. C 101/43/44 f. (Tz. 14 f.). Eine Verteilung der Zuständigkeiten zwischen der Kommission und den einzelstaatlichen Wettbewerbsbehörden anhand ähnlicher Gesichtspunkte sah bereits die frühere Bekanntmachung der Kommission über die Zusammenarbeit zwischen der Kommission und den Wettbewerbsbehörden der Mitgliedstaaten bei der Bearbeitung von Fällen im Anwendungsbereich der Artikel 85 und 86 EG-Vertrag, ABl. (EG) Nr. C 313, S. 3, 6 (Tz. 26) v. 15.10.1997 vor.

864 Vgl. Weißbuch 1999, S. 1, 4 f. (Tz. 8 f. und 13 f.), 14 (Tz. 42), 20 (Tz. 74) 22 ff. (Tz. 83 ff.) und 28 (Tz. 118).

865 Vgl. Gemeinsame Erklärung des Rates und der Kommission zur Arbeitsweise des Netzes der Wettbewerbsbehörden v. 10.12.2002, Dokument 15435/02 ADD 1 RC 22, S. 3 (Tz. 9); Bekanntmachung ABl. 2004 Nr. C 101/43/49 (Tz. 43).

anschaulich als „*Spinne im Netz*“ bezeichnet.[866] So kann sie gemäß Art. 10 VO Nr. 1/2003 aus Gründen des öffentlichen Interesses der Gemeinschaft durch deklaratorische Entscheidung im Einzelfall – und dem der Verordnung zugrunde liegenden Charakter eines Legalausnahmessystems eigentlich widersprechend – feststellen, dass die Voraussetzungen der ex-Artt. 81 und 82 EG (= Artt. 101 und 102 AEUV) nicht vorliegen. Diese an ihr früheres Freistellungsmonopol erinnernde Befugnis soll nach Erwägungsgrund 14 der VO Nr. 1/2003 der Klärung der Rechtslage und einheitlichen Rechtsanwendung bei neuen Formen von Vereinbarungen oder Verhaltensweisen, die von Rechtsprechung und Verwaltung noch keine einheitliche Behandlung erfahren haben, dienen.

Darüber hinaus teilt die Kommission durch Verordnungen und v. a. Bekanntmachungen, die jedenfalls eine faktische Bindung gegenüber den weiteren Netzwerkmitgliedern entfalten, ihre Wettbewerbspolitik mit und erläutert ihre Auslegung der Wettbewerbsregeln,[867] sorgt also auch dadurch für Kohärenz; hingewiesen sei insofern nur auf die Bekanntmachung „Leitlinien zur Anwendung von Artikel 81 Absatz 3 EG-Vertrag“[868].[869]

Grundsätzlich arbeitet das ECN indes v. a. vermittels in Artt. 11 und 12 VO Nr. 1/2003 geregelter umfassender und wechselseitiger Informations- und Kooperationspflichten, die teilweise an die früheren Regelungen der VO Nr. 17/62 und der Bekanntmachung Nr. C 313/3 anknüpfen.[870] Dadurch soll v. a. die Tätigkeiten innerhalb des ECN möglichst frühzeitig koordiniert und eine eventuell erforderliche Umverteilung des Verfahrens zu der einen, „gut geeigneten“ Behörde ermöglicht werden.[871] Insbesondere eröffnet dies der Kommission auch die Möglichkeit, mit der Wirkung des Art. 11 Abs. 6 VO Nr. 1/2003 selbst ein Verfahren einzuleiten. So begründet Art. 11 Abs. 2 VO Nr. 1/2003 – ähnlich dem früheren Art. 10 VO Nr. 17/62 – die Pflicht der Kommission, die Wettbewerbsbehörden der

---

866 Vgl. *Schwarze/Weitbrecht*, Grundzüge des europäischen Kartellverfahrensrechts, § 9 Rn. 9 (dort Fn. 586) m. w. N.

867 Vgl. Bekanntmachung ABl. 2004 Nr. C 101/43/51 (Tz. 64). So bereits im Weißbuch 1999, S. 1, 4 f. (Tz. 14).

868 Bekanntmachung der Kommission, Leitlinien zur Anwendung von Artikel 81 Absatz 3 EG-Vertrag, ABl. (EU) Nr. C 101, S. 97 ff. v. 27.04.2004.

869 Vgl. *K. Schmidt*, in: Immenga/Mestmäcker, Wettbewerbsrecht, Bd. 1, EU/Teil 2, VO 1/2003, Art. 1 Rn. 19 f. Kritisch dazu im Hinblick auf die fehlende formelle Rechtssatzqualität *Schwarze/Weitbrecht*, Grundzüge des europäischen Kartellverfahrensrechts, § 2 Rn. 26.

870 Die Zusammenarbeit der deutschen Kartellbehörden im ECN regelt der dem Art. 12 VO Nr. 1 /2003 sehr ähnliche § 50a GWB näher.

871 Bekanntmachung ABl. 2004 Nr. C 101/43/45 (Tz. 16 ff.).

Mitgliedsstaaten, also die übrigen Netzwerkmitglieder, über ihre auf eine Tätigkeit nach Artt. 7 ff. VO Nr. 1/2003 gerichteten Aktivitäten zu unterrichten (Satz 1 der Norm). Nach Art. 11 Abs. 2 S. 2 VO Nr. 1/2003 übermittelt sie auf Ersuchen einer einzelstaatlichen Wettbewerbsbehörde weitere bestehende, für die Beurteilung des Falls erforderliche Unterlagen; insoweit zeigt sich eine deutliche Parallele zur Regelung des Art. 15 Abs. 1 VO Nr. 1/2003 (vgl. oben Teil 2, C III 3) sowie insbes. unten D II 2) 4. b.). Gleichermaßen informieren nunmehr auch die mitgliedsstaatlichen Behörden spätestens nach Beginn der ersten förmlichen Ermittlungshandlung jedenfalls die Kommission, ggf. auch die anderen Mitglieder des Netzwerkes, wenn sie aufgrund der ex-Artt. 81 und 82 EG (= Artt. 101 und 102 AEUV) tätig werden, Art. 11 Abs. 3 VO Nr. 1/2003; nach der VO Nr. 17/62 bestand eine solche Pflicht nicht.[872] Eine weitere Unterrichtungspflicht besteht zudem nach Art. 11 Abs. 4 VO Nr. 1/2003, die unmittelbar auf die Wahrung der Kohärenz seitens der die Artt. 101 und 102 AEUV dezentral anwendenden Wettbewerbsbehörden gerichtet ist.[873] Danach muss spätestens 30 Tage vor Erlass einer der in der Norm benannten Entscheidungen die Kommission durch Übermittlung einer zusammenfassenden Darstellung des Falls, der beabsichtigten Behördenentscheidung und der diesbezüglichen Unterlagen unterrichtet werden; insoweit bestehen Parallelen zur Unterrichtungspflicht der Gerichte nach Art. 15 Abs. 2 VO Nr. 1/2003 (oben Teil 2, C III 1)). Nach Abs. 4 S. 4 des Art. 11 VO Nr. 1/2003 kann die Kommission weitere zur Beurteilung des Falls erforderliche Unterlagen von der Behörde anfordern, um ggf. bis zum Erlass der Entscheidung gegenüber der nationalen Wettbewerbsbehörde eine schriftliche Stellungnahme zum Verfahren abzugeben, Tz. 46 der Bekanntmachung ABl. 2004 Nr. C 101/43/49. Sämtliche Informationen können auch den anderen Netzwerkmitgliedern mitgeteilt bzw. unter diesen ausgetauscht werden, Art. 11 Abs. 4 S. 3, 5 und 6 VO Nr. 1/2003. Nach Art. 11 Abs. 5 VO Nr. 1/2003 schließlich besteht ein Konsultationsrecht der Wettbewerbsbehörden gegenüber der Kommission in sämtlichen das Gemeinschaftsrecht betreffenden Verfahren, das insoweit Ähnlichkeit mit der Befugnis der Gerichte nach Art. 15 Abs. 1 VO Nr. 1/2003, bei der Kommission um Stellungnahmen zu ersuchen, zeigt (dazu unten Teil 2, D II 2) 4. b.). Nach Tz. 48 der Bekanntmachung ABl. 2004 Nr. C 101/43/49 kann das ECN vermittels des Art. 11 Abs. 6 VO Nr. 1/2003 über jeden Fall, in dem EG-Wettbewerbsrecht (bzw. EU-Wettbewerbsrecht) angewandt wird, in Kenntnis gesetzt werden.

---

872 Nach Tz. 17 (S. 45) der Bekanntmachung ABl. 2004 Nr. C 101/43 erfolgt dieses mittels eines Standardformblattes, das so für die Mitteilung bestimmter Informationen des Falls sorgt.

873 Vgl. Bekanntmachung ABl. Nr. C 101/43/49 (Tz. 43 ff.).

Grundlage dieses Informationsaustausches als „zentrales Element“ des Netzwerkes ist Art. 12 VO Nr. 1/2003, nach dem die Netzwerkmitglieder tatsächliche und rechtliche Informationen, insbesondere auch vertrauliche Angaben, zum Zweck der Anwendung der ex-Artt. 81 und 82 EG (= Artt. 101 und 102 AEUV) mitteilen und zudem als Beweismittel verwenden können,[874] weil sonst eine effektive Verteilung und Bearbeitung der Fälle im Netzwerk nicht denkbar wäre.[875] Der Informationsaustausch erfolgt dabei nach dem Ermessen der weitergebenden Behörde, das indes durch deren Zusammenarbeitspflicht aus Art. 11 VO Nr. 1/2003 gebunden ist.[876] Eine der Regelung des Art. 15 Abs. 3 Unterabs. 1 S. 4 VO Nr. 1/2003 entsprechende Beschränkung des Informationsaustauschs begründet Art. 12 Abs. 2 S. 1 VO Nr. 1/2003 insoweit, als einmal eine andere Zweckverfolgung als die in Abs. 1 genannte nicht zulässig ist, und zum anderen die Verwertung als Beweismittel ausschließlich hinsichtlich des bereits der Beweis*erhebung* seitens der übermittelnden Behörde zugrunde gelegten Untersuchungsgegenstands erlaubt sein soll.[877] Der Pflicht aus Art. 3 Abs. 1 VO Nr. 1/2003 entsprechend, ist eine Beweisverwertung bei paralleler Anwendung des mitgliedsstaatlichen Rechts und gleichem Ergebnis hinsichtlich der Feststellung einer Zuwiderhandlung jedoch möglich, Art. 12 Abs. 2 S. 2 VO Nr. 1/2003.[878]

2. Der Beratende Ausschuss, Art. 14 VO Nr. 1/2003

Zu diesem tritt nach Art. 14 VO Nr. 1/2003 der sog. *Beratende Ausschuss* (im Folgenden: Ausschuss) hinzu, der mit gegenüber seiner früheren Regelung in Art. 10 Abs. 3 bis 6 VO Nr. 17/62 erweiterten Rechten ebenfalls der Kohärenz im

874 Damit begründet diese Regelung eine deutlich weitere Befugnis der nationalen Wettbewerbsbehörden zur Beweisverwertung als sie noch unter Geltung der VO Nr. 17/62 bestand; diese sah eine Verwertungsbefugnis hinsichtlich von der Kommission erhaltener Informationen nicht vor, so dass nach der Rechtsprechung des EuGH eine unmittelbare Verwertung als Beweismittel durch die nationalen Wettbewerbsbehörden nicht zulässig war – *Ritter*, in: Immenga/Mestmäcker, Wettbewerbsrecht, Bd. 1, EU/Teil 2, VO 1/2003, Art. 11 Rn. 12 f. und Art. 12 Rn. 1, jew. m. w. N.

875 Vgl. Bekanntmachung der Kommission über die Zusammenarbeit innerhalb des Netzes der Wettbewerbsbehörden, ABl. (EU) Nr. C 101, S. 43, 46 (Tz. 26) v. 27.4.2004.

876 *Dieckmann*, Handbuch des Kartellrechts, § 41 Rn. 48a.

877 Eine Schutzvorschrift zugunsten des Berufsgeheimnisses stellt daneben Art. 28 VO Nr. 1/2003 dar.

878 Vgl. *Dieckmann*, Handbuch des Kartellrechts, § 41 Rn. 48b.

dezentralisierten System der Rechtsanwendung dienen soll:[879] Er ist das Forum, in dem Fachleute aus den verschiedenen Wettbewerbsbehörden – also den Netzwerkmitgliedern – allgemeine Fragen und Einzelfälle zum europäischen Wettbewerbsrecht erörtern, und stellt insbesondere ein Diskussionsforum auch für die wichtigeren Verfahren nach Artt. 101 f. AEUV der nationalen Wettbewerbsbehörden (vgl. insoweit Art. 14 Abs. 7 S. 1 und 5 VO Nr. 1/2003) dar.[880] Bevor eine der in Art. 14 Abs. 1 VO Nr. 1/2003 genannten Entscheidungen der Kommission ergeht, wird der Ausschuss hierzu angehört; das diesbezügliche Verfahren ist in Art. 14 Abs. 3 und 4 VO Nr. 1/2003 näher geregelt. Insbesondere sieht Art. 14 Abs. 3 S. 4 und 6 VO Nr. 1/2003 eine schriftliche Stellungnahme des Ausschusses zum vorläufigen Entscheidungsvorschlag der Kommission vor, also die Mitteilung seiner diesbezüglichen einhelligen oder mitunter geteilten Auffassung,[881] die auf Antrag zu begründen ist. Nach Abs. 5 der Norm ist diese soweit wie möglich bei der Entscheidung zu berücksichtigen; hinsichtlich des Umfangs der Berücksichtigung besteht eine nachträgliche Informationspflicht der Kommission gegenüber dem Ausschuss. Die Stellungnahme ist zudem nach Art. 14 Abs. 6 VO Nr. 1/2003 der Entscheidung beizufügen und zusammen mit dieser zu veröffentlichen, wenn der Ausschuss dies empfohlen hat (vgl. auch Tz. 68 der Bekanntmachung ABl. 2004 Nr. C 101/43/51). Der Ausschuss setzt sich in diesen Angelegenheiten, die Einzelfälle betreffen, nach Art. 14 Abs. 2 S. 1 VO Nr. 1/2003 aus Vertretern der Mitgliedsstaaten zusammen.[882] Werden grundsätzliche Fragen erörtert, wie beispielweise gemäß Art. 14 Abs. 7 S. 6 VO Nr. 1/2003 zum gemeinschaftlichen Wettbewerbsrecht, oder wird der Ausschuss zu einer Verordnung oder Bekanntmachung der Kommission nach Tz. 63 der Bekanntmachung ABl. 2004 Nr. C 101/43/51 angehört, kann nach Art. 14 Abs. 1 S. 2 VO Nr. 1/2003 ein weiterer Vertreter des jeweiligen Mitgliedsstaates benannt werden.

Auch innerhalb dieses Ausschusses, der Plattform der Kommission und v. a. der Mitgliedsstaaten einerseits für Erörterungen, andererseits für letztere der

879 Vgl. Erwägungsgrund 19 der VO Nr. 1/2003; ferner bereits das Weißbuch 1999, S. 1, 26 (Tz. 106).

880 Bekanntmachung ABl. 2004 Nr. C 101/43/51 (Tz. 58 und 61).

881 *Ritter*, in: Immenga/Mestmäcker, Wettbewerbsrecht, Bd. 1, EU/Teil 2, VO 1/2003, Art. 14 Rn. 11.

882 Nach § 50 Abs. 2 S. 3 GWB nimmt die deutsche Vertretung im Beratenden Ausschuss nach Art. 14 Abs. 2 S. 1 und Abs. 7 VO Nr. 1/2003 das Bundeskartellamt wahr.

Entscheidungsbeteiligung ist,[883] kommt der Kommission eine wesentliche Rolle zu: So beruft sie die nach Art. 14 Abs. 3 VO Nr. 1/2003 durchzuführenden Sitzungen ein und hat in diesen den Vorsitz. Hinsichtlich der einzelstaatlichen Fälle, die im Ausschuss erörtert werden sollen, entscheidet sie gemäß Art. 14 Abs. 7 VO Nr. 1/2003 aus eigenem Initiativrecht (Satz 2) oder auf Antrag des Mitgliedsstaats (Satz 1) über die Aufnahme in die Tagesordnung und zwar insbesondere auch dann, wenn dieser Antrag die Erörterung einer von ihr selbst beabsichtigten Verfahrenseinleitung mit den Wirkungen des Art. 11 Abs. 6 VO Nr. 1/2003, die nach Tz. 62 der Bekanntmachung ABl. 2004 Nr. C 101/43/51 auch noch nach der ersten Verteilungsphase der Verfahren möglich ist, zum Gegenstand hat. An der Erarbeitung der eigentlichen Stellungnahmen, die nur zu von der Kommission selbst behandelten Einzelfällen ergehen (vgl. Art. 14 Abs. 7 S. 5 VO Nr. 1/2003), ist die Kommission indes naturgemäß nicht beteiligt.[884]

3. Schlussfolgerungen, insbesondere unter Berücksichtigung des Art. 16 VO Nr. 1/2003

Es handelt sich bei den Artt. 11 bis 13 VO Nr. 1/2003 somit um Regelungen, die in dem zu diesem Zweck neu geschaffenen Europäischen Wettbewerbsnetz ECN, bestehend aus einer Vielzahl von mitgliedsstaatlichen Wettbewerbsbehörden und der Kommission, für eine effektive und v. a. einheitliche Anwendung der Artt. 101 und 102 AEUV sorgen sollen. Dieses einmal, indem umfangreiche Informations- und Kooperationspflichten sämtlicher Netzwerkmitglieder bei der Bearbeitung der Einzelfälle mit Bezug zum europäischen Wettbewerbsrecht bestehen. Zum anderen über den Beratenden Ausschuss (Art. 14 VO Nr. 1/2003), in dem v. a. die sich in Einzelfällen herauskristallisierenden grundsätzlichen Fragen von Kommission und einzelstaatlichen Wettbewerbsbehörden erörtert und ggf. einer durch eine entsprechende Stellungnahme beeinflussten Entscheidung zugeführt werden können.

Diese Formen der Zusammenarbeit erfüllen damit das durch die Dezentralisierung und Einführung des Legalausnahmesystems in besonderer Weise bestehende Erfordernis einer kohärenten Anwendung des Wettbewerbsrechts durch die allein im öffentlichen Interesse tätig werdenden Wettbewerbsbehörden. Wobei der Kommission insofern eine Sonderrolle zukommt, als sie als „Garantin des Gemeinschaftsinteresses“ nicht nur insgesamt bei der behördlichen

883 Vgl. *Dieckmann*, Handbuch des Kartellrechts, § 41 Rn. 47.

884 Vgl. *Ritter*, in: Immenga/Mestmäcker, Wettbewerbsrecht, Bd. 1, EU/Teil 2, VO 1/2003, Art. 14 Rn. 10 f.

Kartellrechtsanwendung und -durchsetzung besondere Befugnisse hat, beispielweise eine deklaratorische Entscheidung nach Art. 10 VO Nr. 1/2003 erlassen oder ein Verfahren nach Art. 11 Abs. 6 VO Nr. 1/2003 an sich ziehen kann. Sondern ihre Entscheidungen nach Art. 16 Abs. 2 VO Nr. 1/2003 gegenüber den mitgliedsstaatlichen Wettbewerbsbehörden Bindungswirkung entfalten.

Insbesondere auch an der Regelung des Art. 16 VO Nr. 1/2003 zeigt sich mittelbar, dass Art. 15 VO Nr. 1/2003 – seiner systematischen Stellung in der Verordnung entsprechend – in diesem Gesamtkontext der Zusammenarbeit gesehen werden muss. Denn Art. 16 Abs. 1 VO Nr. 1/2003 begründet eine entsprechende Bindungswirkung der Kommissionsentscheidungen im Einzelfall für die Gerichte der Mitgliedsstaaten.[885] Auch diese und ihre Entscheidungen sollen nach der Systematik der Verordnung und dem Willen des Verordnungsgebers also in den auf die Kohärenz der Rechtsanwendung gerichteten Sicherungs-mechanismus der Zusammenarbeit unter Federführung der Kommission – dabei aber der richterlichen Unabhängigkeit Rechnung tragend (dazu unten Teil 2, E I) – einbezogen werden.[886] Erforderlich ist dieses deshalb, weil über die Artt. 10 und 11 ff. VO Nr. 1/2003 eine Abstimmung nur unter den Wettbewerbs*behörden*, die *verwaltungs*rechtlich zur Kartellrechtsdurchsetzung tätig werden, erfolgt.[887] Die durch das System der parallelen Zuständigkeiten begründete Gefahr einer Doppelbefassung mit demselben Fall und damit auch die divergierender Entscheidungen wird auf Ebene der Kartellrechtsbehörden durch die Regelungen zur Fallverteilung innerhalb des ECN aufgefangen, die ja gerade auf die Befassung der einen „gut geeigneten" Behörde abzielt (oben Teil 2, D II 2) 1.).[888]

Die mitgliedsstaatlichen Gerichte hingegen wenden Artt. 101 und 102 AEUV ebenfalls an, wenn sie einmal in Beschwerdeverfahren über das Verwaltungshandeln

---

885 Mit Art. 16 Abs. 1 VO Nr. 1/2003 hat der Verordnungsgeber die im *Masterfood*-Urteil des EuGH auf Grundlage der Verpflichtung zu loyaler Zusammenarbeit (Art. 10 EG) aufgestellten Grundsätze kodifiziert: EuGH, Urteil v. 14.12.2000, C-344/98, Tz. 48 ff. = WuW/E EU-R 389, 391 f. – Masterfoods/HB Ice Cream. Vgl. im deutschen Recht insoweit auch § 33 Abs. 4 GWB.

886 Ähnlich auch *Nothdurft*, in: Münchener Kommentar zum Kartellrecht, Bd. 1, Art. 15 VO 1/2003 Rn. 1.

887 Soweit einzelne Mitgliedsstaaten für die verwaltungsrechtliche Anwendung und Durchsetzung der Wettbewerbsregeln (vgl. Art. 5 VO Nr. 1/2003) Gerichte als zuständig bestimmt haben, gelten für diese die Vorschriften für Wettbewerbsbehörden gleichermaßen, Art. 35 VO Nr. 1/2003 – vgl. *Ritter*, in: Immenga/Mestmäcker, Wettbewerbsrecht, Bd. 1, EU/Teil 2, VO 1/2003, Art. 35 Rn. 1.

888 Vgl. *Ritter*, in: Immenga/Mestmäcker, Wettbewerbsrecht, Bd. 1, EU/Teil 2, VO 1/2003, Art. 16 Rn. 12.

der (mitgliedsstaatlichen) Wettbewerbsbehörden,[889] sonstigen Verfahren, insbesondere aber auch in Zivilrechtsstreitigkeiten Privater entscheiden. Und mangels anderweitiger Regelungen bleibt es gerade in den durch die Dezentralisierungsbestrebungen und die Verstärkung des private enforcement, dem zunehmenden Ausbau dieses Teils der „zweispurigen" Kartellrechtsdurchsetzung, in den letzten Jahren an Bedeutung gewonnenen zivilrechtlichen Kartellverfahren bei dem Grundsatz der parallelen Zuständigkeiten[890]. So dass wegen ein und desselben wettbewerbswidrigen Verhaltens einerseits von einem geschädigten Dritten ein Schadensersatzprozess, insbesondere nach § 33 Abs. 3 S. 1 GWB, vor dem mitgliedsstaatlichen Gericht, andererseits von einer Wettbewerbsbehörde im öffentlichen Interesse ein Kartellverfahren betrieben werden kann. Die damit einhergehende Gefahr einer widersprüchlichen Anwendung der Artt. 101 und 102 AEUV will Art. 16 Abs. 1 VO Nr. 1/2003 beseitigen, indem er gerichtliche Entscheidungen untersagt, die einer ergangenen (Satz 1) oder einer in einem zwar eingeleiteten Verfahren bislang jedoch nur beabsichtigten (Satz 2) Kommissionsentscheidung widersprechen.[891] Im letzteren Fall kann das Gericht das Verfahren solange aussetzen, bis die Kommission entschieden hat, Art. 16 Abs. 1 S. 3 VO Nr. 1/2003. Die Kommission bemüht sich dann um eine vorrangige Behandlung dieses Falls.[892] Daneben verbleibt dem Gericht gemäß Art. 16 Abs. 1 S. 4 VO Nr. 1/2003 stets die Möglichkeit eines Vorabentscheidungsverfahrens zum EuGH nach ex-Art. 234 EG (= Art. 267 AEUV).[893]

In der Regelung des Art. 16 VO Nr. 1/2003 werden damit die zwei prinzipiell bestehenden und parallel laufenden „Spuren" der Kartellrechtsanwendung und -durchsetzung dergestalt zusammengeführt, dass die Norm bezüglich Entscheidungen – gleichgültig ob diese ein Verwaltungsverfahren oder ein

889 Art. 16 Abs. 1 VO Nr. 1/2003 kann indes kaum Bedeutung für deutsche Gerichte haben, soweit diese in einem Beschwerdeverfahren nach §§ 63 ff. GWB oder Rechtsbeschwerdeverfahren nach §§ 74 ff. GWB über kartellrechtliches Verwaltungshandeln zu entscheiden haben, denn es fehlt insoweit regelmäßig an einer (auch beabsichtigten) Entscheidung der Kommission, zu der sie sich in Widerspruch setzen könnten. Im Ergebnis ebenso *Hirsch*, ZWeR 2003, 233, 248; a. A. wohl *Ritter*, in: Immenga/Mestmäcker, Wettbewerbsrecht, Bd. 1, EU/Teil 2, VO 1/2003, Art. 16 Rn. 9 a. E.

890 *Ritter*, in: Immenga/Mestmäcker, Wettbewerbsrecht, Bd. 1, EU/Teil 2, VO 1/2003, Art. 16 Rn. 1 f.

891 Vgl. Erwägungsgrund 22 der VO Nr. 1/2003; Bekanntmachung ABl. 2004 Nr. C 101/54/56 (Tz. 11 f.); *Ritter*, in: Immenga/Mestmäcker, Wettbewerbsrecht, Bd. 1, EU/Teil 2, VO 1/2003, Art. 16 Rn. 2 und 6 f.

892 Bekanntmachung ABl. 2004 Nr. C 101/54/56 (Tz. 12).

893 Bekanntmachung ABl. 2004 Nr. C 101/54/56 (Tz. 13).

Gerichtsverfahren in einem Mitgliedsstaat abschließen – deutlich zum Ausdruck bringt, dass sich in beiden jedenfalls die Meinung der Kommission, wie ein Fall im Hinblick auf Artt. 101 und 102 AEUV im Ergebnis zu entscheiden ist, durchsetzt.

Während Art. 16 Abs. 1 VO Nr. 1/2003 unmittelbar – wie oben gesehen – die Einheitlichkeit der Anwendung der Artt. 101 und 102 AEUV im Verhältnis zwischen einem mitgliedsstaatlichen Gericht und der Kommission bezogen auf die *Entscheidung* eines konkreten Einzelfalls als solche im Falle der parallelen Zuständigkeiten beider betrifft,[894] hat Art. 15 VO Nr. 1/2003 das der Entscheidung vorausgehende gerichtliche *Verfahren* zum Gegenstand.[895] Wobei das mittels einer Beteiligung nach Art. 15 VO Nr. 1/2003 durch eine Wettbewerbsbehörde Vorgebrachte das Gericht nicht bindet.[896] Er steht damit in Parallelität zu den für die Verwaltungsverfahren der Wettbewerbsbehörden geltenden Artt. 11 ff. VO Nr. 1/2003. Diese systematische Stellung des Art. 15 VO Nr. 1/2003 innerhalb der Verordnung zieht entsprechende Rückschlüsse im Hinblick auf seine funktionale Bedeutung nach sich.

4. Funktionale Betrachtung des Art. 15 VO Nr. 1/2003, insbesondere der Abs. 1 und 3, sowie des § 90a GWB und des § 90 GWB

a. Überblick

Auch Art. 15 VO Nr. 1/2003 soll der Kohärenz und Zusammenarbeit, nämlich der mitgliedsstaatlichen Gerichte und der Kommission bzw. der mitgliedsstaatlichen Wettbewerbsbehörden bei der Anwendung der Artt. 101 und 102 AEUV im gerichtlichen Kartellverfahren dienen.[897] Dabei stellen die einzelnen die Zusammenarbeit ausgestaltenden Regelungen einmal das *Mittel* zur Herbeiführung der Kohärenz dar; die Zusammenarbeit erlangt daneben aber auch eine selbständige, obgleich eng damit verbundene, funktionale Bedeutung, nämlich im Hinblick

---

894 Vgl. *Bornkamm/Becker*, ZWeR 2005, 213, 220; *Durner*, EuR 2004, 547, 549; ferner *Klees*, Europäisches Kartellverfahrensrecht mit Fusionskontrollverfahren, § 8 Rn. 95.

895 Die Zusammenarbeit zwischen den mitgliedsstaatlichen Gerichten und der Kommission fand in Art. 15 VO Nr. 1/2003 erstmals eine gesetzliche Grundlage, bis dahin wurde eine dahingehende wechselseitige Pflicht aus Art. 10 EG abgeleitet und lediglich in der Bekanntmachung ABl. 1993 Nr. C 39/6 rechtlich näher ausgestaltet.

896 Vgl. Bekanntmachung ABl. 2004 Nr. C 101/54/58 (Tz. 29); *Hirsch*, ZWeR 2003, 233, 240; *Sura*, in: Langen/Bunte, Bd. 2, Europäisches Kartellrecht, Art. 15 VO Nr. 1/2003 Rn. 16; *Zuber*, in: Loewenheim/Meessen/Riesenkampff, Kartellrecht, Art. 15 VerfVO Rn. 23.

897 Vgl. *Zuber*, in: Loewenheim/Meessen/Riesenkampff, Kartellrecht, Art. 15 VerfVO Rn. 1 und 3.

auf die *Unterstützung* der mitgliedsstaatlichen Gerichte bei der Anwendung der Artt. 101 und 102 AEUV.

Den verschiedenen Beteiligungsmöglichkeiten nach Art. 15 Abs. 1 und 3 VO Nr. 1/2003 liegen dabei jeweils unterschiedliche Gewichtungen dieser beiden Zielsetzungen zugrunde:

Bei einer Beteiligung der Kommission nach Art. 15 Abs. 1 VO Nr. 1/2003 (bzw. § 90a Abs. 3 GWB) steht die Unterstützung des um Informationen oder eine Stellungnahme bittenden Gerichts im Vordergrund,[898] während bei einer auf Eigeninitiative erfolgenden Stellungnahme der Kommission nach Art. 15 Abs. 3 Unterabs. 1 S. 3 und 4 VO Nr. 1/2003 (bzw. § 90a Abs. 2 GWB) die kohärente Rechtsanwendung primäre Zielsetzung ist.[899]

Dies macht neben den insoweit wesentlichen Umständen, wer Veranlasser und was Gegenstand (nur eine Stellungnahme oder auch die Informationsübermittlung) der für das Gericht nicht bindenden Beteiligung (dazu ausführlich unten Teil 2, E I) ist, insbesondere ein Vergleich des Wortlauts dieser beiden Regelungen deutlich: Allein Art. 15 Abs. 3 Unterabs. 1 S. 3 (und 4) VO Nr. 1/2003 – der sich insoweit auch auf den ihn konkretisierenden § 90a Abs. 2 GWB erstreckt (oben Teil 2, C III 2)) – sieht als Voraussetzung der Stellungnahme die Erforderlichkeit für die „kohärente Anwendung der Artikel 81 oder 82 des Vertrags [= Art. 101 oder 102 AEUV]" vor.

Art. 15 Abs. 1 VO Nr. 1/2003 (vgl. auch § 90a Abs. 3 GWB) verlangt hingegen nur, dass „Artikel 81 oder 82 des Vertrags zur Anwendung kommt".

Letzteres gilt nach Art. 15 Abs. 3 Unterabs. 1 S. 1 und 2 VO Nr. 1/2003 entsprechend auch für die auf Eigeninitiative mit einer Stellungnahme beteiligte mitgliedsstaatliche Wettbewerbsbehörde, so dass man insoweit ein Überwiegen des einen oder des anderen Aspektes der verfolgten Zielsetzung nicht unmittelbar feststellen kann, vielmehr davon ausgehen muss, dass der europäische Gesetzgeber die Kohärenz und Unterstützung des Gerichts bei der Rechtsanwendung grundsätzlich gleichermaßen gewichten und dieses der näheren Ausgestaltung der einzelnen Mitgliedsstaaten überlassen wollte. Auf die entsprechende Regelung des § 90 GWB wird daher im Anschluss und unter besonderer Berücksichtigung auch der praktischen Anwendung des § 90 Abs. 2 GWB eingegangen (unten Teil 2, D II 2) 4. e.).

---

898 *Klees*, Europäisches Kartellverfahrensrecht mit Fusionskontrollverfahren, § 8 Rn. 43 und 48; im Ergebnis ebenso *Sura*, in: Langen/Bunte, Bd. 2, Europäisches Kartellrecht, Art. 15 VO Nr. 1/2003 Rn. 4; ähnlich auch *Zuber*, Die EG-Kommission als amicus curiae, 2001, S. 91.

899 Vgl. *Klees*, Europäisches Kartellverfahrensrecht mit Fusionskontrollverfahren, § 8 Rn. 76.

Gemeinsam ist sämtlichen Formen der Beteiligung nach Art. 15 VO Nr. 1/2003, dass die Wettbewerbsbehörden dabei stets im öffentlichen Interesse handeln;[900] dem entsprechend trägt die Kosten einer Amicus-curiae-Beteiligung die öffentliche Hand[901].

b. Art. 15 Abs. 1 VO Nr. 1/2003

Art. 15 Abs. 1 Alt. 1 VO Nr. 1/2003 (bzw. die konkretisierende Regelung des § 90a Abs. 3 S. 1 Alt. 1 GWB) gibt den mitgliedsstaatlichen Gerichten die Befugnis, in Verfahren, in denen ex-Art. 81 oder 82 EG (= Art. 101 oder 102 AEUV) zur Anwendung kommt, die Kommission um Übermittlung der in ihrem Besitz befindlichen Informationen zu bitten (dazu auch oben Teil 2, C III 3)). Was genau Gegenstand dieser Informationen sein kann, teilt indes weder die Verordnung selbst noch die Bekanntmachung ABl. 2004 Nr. C 101/54 ausdrücklich mit. Letztere nennt lediglich beispielhaft und ersichtlich nicht abschließend im „Besitz [der Kommission] befindliche Unterlagen" sowie „Auskünfte verfahrensmäßiger Art" und zählt insoweit solche auf, die dem Gericht die Beurteilung des Falls insgesamt im Hinblick auf die Wahrung des Verbots aus Art. 16 Abs. 1 VO Nr. 1/2003 ermöglichen sollen.[902] Damit übernimmt sie, den Vorstellungen des Weißbuchs entsprechend,[903] die vor Erlass der VO Nr. 1/2003 geltende, nahezu inhaltsgleiche Regelung aus der Bekanntmachung ABl. 1993 Nr. C 39/6/10 (Tz. 37).

Art. 15 Abs. 1 Alt. 1 VO Nr. 1/2003 zeigt indes deutliche Parallelen zu Art. 11 Abs. 2 und 4 S. 3 bis 6 sowie Art. 12 Abs. 1 und 2 VO Nr. 1/2003, denn jeweils geht es um die Weitergabe bei einer Wettbewerbsbehörde vorhandener Informationen. Während die Artt. 11 und 12 VO Nr. 1/2003 mit der Weitergabe der im Besitz einer Wettbewerbsbehörde befindlichen Informationen an sämtliche Netzwerkmitglieder des ECN, v. a. aber an die Kommission, einmal die Fallverteilung innerhalb des Systems der parallelen Zuständigkeiten bezwecken (oben Teil 2, D II 2) 1.), haben sie insbesondere auch das Ziel, diese in einem Verfahren in Erfahrung gebrachten Informationen den übrigen das Europäische Wettbewerbsrecht anwendenden Wettbewerbsbehörden (zu Beweiszwecken) zur Verfügung zu stellen. Denn Art. 11 Abs. 2 und 4 VO Nr. 1/2003 spezifiziert den Begriff der „Informationen" in unterschiedlichen Varianten dahingehend, dass diese zur Beurteilung des nach ex-Art. 81 oder 82 EG (= Art. 101 oder

900 Vgl. Bekanntmachung ABl. 2004 Nr. C 101/54/57 (Tz. 19).

901 *Nothdurft*, in: Münchener Kommentar zum Kartellrecht, Bd. 2, § 90 GWB Rn. 15 m. w. N.

902 Vgl. Bekanntmachung ABl. 2004 Nr. C 101/54/56 (Tz. 21).

903 Weißbuch 1999, S. 1, 26 (Tz. 107).

102 AEUV) behandelten Falls erforderlich sind; Art. 12 VO Nr. 1/2003 nennt insoweit konkret „tatsächliche oder rechtliche Umstände einschließlich vertraulicher Angaben“ (Abs. 1) und stellt in der Zweckbeschränkung wiederum den Bezug zur Anwendung der Artt. 81 f. EG und zum konkreten Verfahren her (Abs. 2).

Vor diesem Hintergrund kann es sich bei den nach Art. 15 Abs. 1 Alt. 1 VO Nr. 1/2003 erbetenen Informationen nur um die von der Kommission im Rahmen des ECN für ein konkretes Verfahren im Hinblick auf die Anwendung der Art. 101 oder 102 AEUV (= ex-Art. 81 oder 82 EG) relevanten Informationen handeln,[904] also „tatsächliche und rechtliche Umstände“. Neben den bereits genannten Informationen hinsichtlich eines ggf. parallel bei der Kommission geführten Verfahrens in derselben Sache, handelt es sich dabei in der Regel um wirtschaftliche Auskünfte; die Bekanntmachung ABl. 1993 Nr. C 39/6/10 (Tz. 40) sprach noch von „Unterlagen [über schädliche Vorgänge], wie Statistiken, Marktstudien und Wirtschaftsanalysen“. Denkbar sind weiter allgemeine Studien oder auch Urkunden und Dokumente aus der Verfahrensakte der Kommission, jedenfalls aber Tatsachen.[905] Dieses insbesondere auch in Abgrenzung zu den in Art. 15 Abs. 1 Alt. 2 VO Nr. 1/2003 genannten Stellungnahmen (dazu sogleich). Die besondere Problematik der Weitergabe von im Rahmen des Kronzeugenprogramms in den Besitz der Kommission gelangtem Material wird im Zusammenhang mit der Frage der gerichtlichen Verwertung der Informationen (unten Teil 2, E II 2) 1. b.) näher erörtert.

Die mitgliedsstaatlichen Gerichte können – alternativ zu der Übermittlung von Informationen – die Kommission auch nach Art. 15 Abs. 1 Alt. 2 VO Nr. 1/2003 (bzw. § 90a Abs. 3 S. 1 Alt. 2 GWB) um Stellungnahmen zu Fragen hinsichtlich der „Anwendung der Wettbewerbsregeln der Gemeinschaft“, konkret der Artt. 101 und 102 AEUV, bitten. Nach der Bekanntmachung ABl. 2004 Nr. C 101/54/58 (Tz. 27) kann eine Stellungnahme wirtschaftliche, sachliche und rechtliche Aspekte betreffen. Wiederum gibt die frühere Bekanntmachung ABl.

---

904 So auch *Klees*, Europäisches Kartellverfahrensrecht mit Fusionskontrollverfahren, § 8 Rn. 52; a. A. wohl, zumindest aber missverständlich und unter Hinweis auf den Untersuchungsgrundsatz und Art. 28 Abs. 2 VO Nr. 1/2003 *de Bronett*, Europäisches Kartellverfahrensrecht – Kommentar zur VO 1/2003, Artikel 15 Rn. 7.

905 *Hirsch*, ZWeR 2003, 233, 240; *Nothdurft*, in: Münchener Kommentar zum Kartellrecht, Bd. 1, Art. 15 VO 1/2003 Rn. 12 f.; vgl. *de Bronett*, Europäisches Kartellverfahrensrecht – Kommentar zur VO 1/2003, Artikel 15 Rn. 4; *Zuber*, in: Loewenheim/Meessen/Riesenkampff, Kartellrecht, Art. 15 VerfVO Rn. 17. Wohl auch *Sura*, in: Langen/Bunte, Bd. 2, Europäisches Kartellrecht, Art. 15 VO Nr. 1/2003 Rn. 4 ff.

1993 Nr. C 39/6/10 (Tz. 38) hierzu näheren Aufschluss, sie sprach insoweit von der Möglichkeit des „*nationale*[n] *Richter*[s,] *die Kommission zu Rechtsfragen* [zu] *konsultieren*" und davon, dass er, wenn ihm „*die Anwendung des Artikels 85 Absatz 1 oder des Artikels 86* […] *besondere Schwierigkeiten bereitet*[,] […] *die Kommission zu ihrer Verwaltungspraxis im Hinblick auf die einschlägigen Vorschriften des Gemeinschaftsrechts befragen* [kann]." Sie zeigt insoweit zudem eine große Ähnlichkeit mit der heutigen Regelung des Art. 11 Abs. 5 VO Nr. 1/2003, die ein Konsultationsrecht der mitgliedsstaatlichen Wettbewerbsbehörden bei Fragen zur Anwendung des Gemeinschaftsrechts vorsieht und damit wiederum in direkter Nähe zu Art. 15 Abs. 1 VO Nr. 1/2003 steht.

Betrachtet man überdies den Begriff der Stellungnahme, wie er in Art. 14 VO Nr. 1/2003 verwendet wird, als Bezeichnung für die in seinen Sitzungen erarbeitete Auffassung des Beratenden Ausschusses insbesondere zu einem Entscheidungsvorschlag der Kommission in einem Einzelfall nach Art. 14 Abs. 3 S. 4 VO Nr. 1/2003, so folgt daraus, dass der Stellungnahme das Element der Wertung bzw. Interpretation inne wohnt, das diese damit maßgeblich von der Information unterscheidet.

Es handelt sich dabei also um die *Würdigung* der Tatsachen.[906] Diese kann in Form einer wirtschaftlichen oder rechtlichen Analyse des Sachverhalts[907] oder durch Hinweise auf oder Erläuterungen von einschlägigen Urteilen der europäischen Gerichte, aber auch zur Rechtsanwendungspraxis der Kommission erfolgen.[908]

Es wird damit dem mitgliedsstaatlichen Gericht jedenfalls die Möglichkeit eröffnet, die Kommission um ihre rechtliche Meinung zur Anwendung der gemeinschaftlichen Wettbewerbsregeln zu befragen, wenn Art. 101 oder 102 AEUV im Verfahren angewendet wird. Gegenstand der Stellungnahme ist damit die Erteilung eines praktischen Rechtsrats zu einem konkreten Verfahren. Die Verfolgung übergeordneter, wettbewerbspolitischer Ziele mittels einer Stellungnahme durch die Kommission ist dagegen nicht beabsichtigt.[909]

Nach den Vorstellungen des Verordnungsgebers sollen diese nach Art. 15 Abs. 1 VO Nr. 1/2003 den Gerichten eingeräumten Befugnisse der einheitlichen

---

906 *Nothdurft*, in: Münchener Kommentar zum Kartellrecht, Bd. 1, Art. 15 VO 1/2003 Rn. 18 und 30.

907 So ausdrücklich die Bekanntmachung ABl. 2004 Nr. C 101/54/59 (Tz. 32).

908 *De Bronett*, Europäisches Kartellverfahrensrecht – Kommentar zur VO 1/2003, Artikel 15 Rn. 4 a. E. und 8.

909 *Sura*, in: Langen/Bunte, Bd. 2, Europäisches Kartellrecht, Art. 15 VO Nr. 1/2003 Rn. 12.

Anwendung der Wettbewerbsregeln dienen.[910] Dieses ist auch der Fall, denn sie ermöglichen einerseits, dass das Gericht sich eine umfassende Kenntnis des Sachverhalts und des entsprechenden wirtschaftlichen Hintergrundes verschafft, insbesondere seine Entscheidung im Idealfall aufgrund desselben Wissensstands wie die ggf. parallel mit demselben Fall befasste Wettbewerbsbehörde trifft. Ein Ziel, das im Beschwerdeverfahren nach §§ 63 ff. GWB von untergeordneter Bedeutung ist, denn dort ist die nationale Wettbewerbsbehörde stets beteiligt, wodurch bereits aufgrund des Informationsnetzes des ECN die maßgeblichen Informationen sämtlicher Wettbewerbsbehörden im Regelfall zur Verfügung stehen und v. a. wegen des insoweit geltenden Untersuchungsgrundsatzes nach § 70 GWB unproblematisch Eingang in das Verfahren finden können.

Anderes gilt indes im kartellrechtlichen Zivilverfahren, in dem sich zwei Private gegenüberstehen und dem Beibringungsgrundsatz entsprechend die Tatsachengrundlage der Entscheidung grundsätzlich allein bestimmen. Hier besteht naturgemäß eine erhöhte Wahrscheinlichkeit für eine Diskrepanz zwischen einerseits der Kenntnis des Gerichts von den Umständen des Falls und andererseits der Kenntnis der Wettbewerbsbehörden, somit ungleich mehr Raum für die Weitergabe zusätzlich vorhandener Sachinformationen. Insoweit zielt Art. 15 Abs. 1 VO Nr. 1/2003 dann auch auf die Stärkung der privaten Kartellrechtsdurchsetzung ab.[911] Wobei dieses zugleich das Problem der Verwertbarkeit nicht von den Parteien mitgeteilter Tatsachen im Zivilrechtsstreit im Hinblick auf einen denkbaren Konflikt mit dem Beibringungsgrundsatz aufwirft. Diese Frage, die vornehmlich eine solche des nationalen Verfahrensrechts ist, soll indes hier noch dahinstehen (dazu unten Teil 2, E II 2) 1. a.); zunächst gilt es, die in Art. 15 VO Nr. 1/2003 eingeräumten Befugnisse und Pflichten insgesamt funktional einzuordnen.

Dass zudem insbesondere auch die nach Art. 15 Abs. 1 Alt. 2 VO Nr. 1/2003 eingeräumte Möglichkeit, um eine Stellungnahme zu bitten, eine kohärente Rechtsanwendung bewirkt, leuchtet unmittelbar ein. Denn dadurch teilt die Kommission, als für die Bestimmung der Wettbewerbspolitik maßgebliche Institution und mit einer entsprechenden Sonderrolle ausgestattet (vgl. oben Teil 2, D I sowie II 2) 1. bis 3.), ihre Auffassung, wie ein konkreter Fall mit Bezug zu Art. 101 oder 102 AEUV nach ihrer Rechtsanwendungspraxis rechtlich zu behandeln ist, dem Gericht unmittelbar mit, versetzt dieses somit in die Lage,

---

910 Erwägungsgrund 21 der VO Nr. 1/2003.

911 *Klees*, Europäisches Kartellverfahrensrecht mit Fusionskontrollverfahren, § 8 Rn. 42 und 48; *Poelzig*, Normdurchsetzung durch Privatrecht, 2012, S. 198.

dieser zu folgen, anders zu entscheiden oder ggf. mittels eines Vorabentscheidungsverfahrens zum EuGH nach Art. 267 AEUV eine allgemein verbindliche Klärung der Rechtsfrage herbeizuführen (vgl. oben unter Teil 2, D II 2) 3.).

Wie eingangs ausgeführt, dient die Beteiligung der Kommission nach Art. 15 Abs. 1 VO Nr. 1/2003 daneben und nach hier vertretener Ansicht vorrangig der Unterstützung des Art. 101 oder 102 AEUV anwendenden mitgliedsstaatlichen Gerichts.[912]

Das ergibt sich einmal daraus, dass dem Gericht die Möglichkeit eröffnet wird, sich an die Kommission mit seiner Bitte zu wenden, es davon also nicht Gebrauch machen muss, sondern insoweit ein Ermessen hat.[913] Während die Kommission, als die Garantin des Gemeinschaftsinteresses und maßgeblich mit der Sicherstellung der kohärenten Rechtsanwendung in der Union und im dezentralisierten Legalausnahmesystem betraute Institution,[914] ihrerseits aufgrund des Grundsatzes der loyalen Zusammenarbeit (Art. 4 Abs. 3 EUV) verpflichtet ist, einer solchen an sie herangetragenen Bitte Folge zu leisten (vgl. oben Teil 2, C III 3)).[915] Mitunter wird die Beteiligungsmöglichkeit nach Art. 15 Abs. 1 Alt. 2 VO Nr. 1/2003 – in Anlehnung an das Vorabentscheidungsverfahren nach Art. 267 AEUV – daher auch als „kleines Vorlageverfahren" bezeichnet.[916]

---

912 Ebenso *Klees*, Europäisches Kartellverfahrensrecht mit Fusionskontrollverfahren, § 8 Rn. 43; wohl auch *Hirsch*, ZWeR 2003, 233, 240 f.; *Ritter*, in: Immenga/Mestmäcker, Wettbewerbsrecht, Bd. 1, EU/Teil 2, VO 1/2003, Art. 15 Rn. 3. Besonders deutlich zum Ausdruck gebracht wird diese Funktion in dem Urteil des britischen High Court of Justice (London) vom 4.4.2012, (2012) EWHC 869 (Ch), Tz. 18 f. = Juris = WuW/E KRInt 403, 406 f.: „[...] *those submissions, on what is believed to be the first occasion when the Commission has intervened pursuant to Article 15(3) in the English courts, have been of considerable assistance. I am also grateful to* [...]" – dass hier statt Art. 15 Abs. 1 VO Nr. 1/2003 dessen Abs. 3 genannt wird, kann dem Zusammenhang nach nur ein Redaktionsversehen sein (Anm. der Verf.).

913 Vgl. nur *Nothdurft*, in: Münchener Kommentar zum Kartellrecht, Bd. 1, Art. 15 VO 1/2003 Rn. 10; *Sura*, in: Langen/Bunte, Bd. 2, Europäisches Kartellrecht, Art. 15 VO Nr. 1/2003 Rn. 4; *Behrens*, in: FS Everling, Bd. 1, 1995, S. 83, 98.

914 Vgl. nur Weißbuch 1999, S. 1, 5 (Tz. 15) und 22 (Tz. 83 ff.).

915 Vgl. *Klees*, Europäisches Kartellverfahrensrecht mit Fusionskontrollverfahren, § 8 Rn. 75; *Nothdurft*, in: Münchener Kommentar zum Kartellrecht, Bd. 1, Art. 15 VO 1/2003 Rn. 10 f.; *Sura*, in: Langen/Bunte, Bd. 2, Europäisches Kartellrecht, Art. 15 VO Nr. 1/2003 Rn. 5; *Zuber*, in: Loewenheim/Meessen/Riesenkampff, Kartellrecht, Art. 15 VerfVO Rn. 27 f.

916 *Zuber*, in: Loewenheim/Meessen/Riesenkampff, Kartellrecht, Art. 15 VerfVO Rn. 15; *ders.*, Die EG-Kommission als amicus curiae, 2001, S. 119; den Begriff verwendet schon *Behrens*, in: FS Everling, Bd. 1, 1995, S. 83, 98.

Vor allem aber die zum Erlass der Kartellverfahrensordnung führenden Gründe und deren Konzeption begründen diese Annahme: Der Übergang von einem zentralisierten Anmelde- und Genehmigungssystem zu einem System, das die Anwendung der Artt. 101 und 102 AEUV vollständig und wegen Artt. 3 und 6 VO Nr. 1/2003 stets in die Zuständigkeit der mitgliedsstaatlichen Gerichte verlagert (oben Teil 2, D II 1)), stellte und stellt diese vor neue und erhebliche Herausforderungen. Sie wenden wegen des Vorrangs des europäischen Wettbewerbsrechts dieses parallel und weit häufiger als das nationale Wettbewerbsrecht an (oben Teil 2, D II 1)), was eine Angleichung bei der Auslegung und Anwendung der autonom gebildeten Rechtsbegriffe nach gemeinschaftsrechtlichen Auslegungsmethoden mit sich bringt.[917] Insbesondere in den ersten Jahren verfügten die Gerichte dabei wegen des bisherigen Freistellungsmonopols der Kommission noch über wenig Erfahrung bei der Anwendung des ex-Art. 81 Abs. 3 EG (= Art. 101 Abs. 3 AEUV). Überdies sind die mitgliedsstaatlichen Gerichte dabei gegenüber den an die europäischen Gerichte früher gestellten noch gesteigerten Anforderungen ausgesetzt:[918] Während letztere die Entscheidungen der Kommission nur auf die Beachtung der Verfahrens- und Begründungsregeln, die richtige Feststellung des Tatbestands und das Fehlen eines offenkundigen Beurteilungsfehlers und Ermessensfehlgebrauchs hin überprüften,[919] müssen die Gerichte das Vorliegen der einzelnen Tatbestandsmerkmale des Art. 101 Abs. 3 AEUV im Einzelnen selbst beurteilen. Es ist dieses eine wegen der unbestimmten Rechtsbegriffe und der dadurch vorzunehmenden Klärung und Beurteilung wirtschaftlicher Sachverhalte anspruchsvolle und komplexe Aufgabe für die Gerichte,[920] insbesondere in Zivilrechtsstreitigkeiten, weil die Gerichte dort bei ihrer Prüfung nicht auf Vorarbeiten der Wettbewerbsbehörden aufbauen können.[921] Zugleich kommt ihnen eine erhöhte Verantwortung bei dieser gerichtlichen Beurteilung zu, denn durch die frühere grundsätzliche Anmeldung der Vereinbarung und Genehmigungserteilung konnten die Unternehmen bereits im Vorfeld Sicherheit über das Vorliegen der Voraussetzungen des

---

917 Vgl. *Hirsch*, ZWeR 2003, 233, 243 f.

918 *Hirsch*, ZWeR 2003, 233, 238; *Mestmäcker/Schweitzer*, Europäisches Wettbewerbsrecht, § 13 Rn. 14 ff; vgl. auch *Ackermann*, in: Riesenhuber, Europäische Methodenlehre, § 21 Rn. 29; *Jaeger*, WuW 2000, 1062, 1070 ff.

919 Vgl. EuG, Urteil v. 21.2.1995, T-29/92, Tz. 288 = Juris = Slg. 1995, II-289, 382 – SPO u. a./Kommission; dazu auch *Ackermann*, in: Riesenhuber, Europäische Methodenlehre, § 21 Rn. 28 m. w. N. zur einschlägigen Rspr. des EuGH.

920 *Ackermann*, in: Riesenhuber, Europäische Methodenlehre, § 21 Rn. 5.

921 *Jaeger*, WuW 2000, 1062, 1072 ff.

Freistellungstatbestands erlangen – diese Möglichkeit ist zugunsten der in der Regel nur ex-post erfolgenden gerichtlichen Überprüfung entfallen;[922] mit der Konzeption der VO Nr. 1/2003 geht damit ein erhöhtes Unsicherheitspotenzial für die Unternehmen einher.[923]

Eine zusätzliche Verschärfung tritt insoweit ein, als insbesondere die Kommission in ihrer Anwendungspraxis zunehmend eine stärker auf die Marktwirkungen konzentrierte Betrachtung vornimmt (sog. more economic approach)[924], die eine intensivere Untersuchung des wirtschaftlichen Kontextes eines Marktverhaltens im Hinblick auf Effizienz und anhand von wohlfahrtsökonomischen Kriterien erfordert.[925]

Ausdrücklich sah auch das Weißbuch der Kommission von 1999 – wie schon an anderer Stelle erwähnt – die Anknüpfung an die in der Bekanntmachung ABl. 1993 Nr. C 39/6 zur Zusammenarbeit von Gerichten und Kommission getroffenen Regelungen vor.[926]

Bereits in dieser noch von den früheren, grundsätzlich anderen Bedingungen der Anwendung der ex-Artt. 85 und 86 EWG (= Artt. 101 und 102 AEUV) ausgehenden Bekanntmachung hatte man die Schwierigkeit für die Gerichte, diese komplexen gemeinschaftlichen Regelungen trotz entsprechender allgemeiner Erläuterungen durch die Kommission anzuwenden, erkannt und daher die aus dem Grundsatz der loyalen Zusammenarbeit nach ex-Art. 5 EWG (= Art. 4 Abs. 3 EUV) folgende Möglichkeit, bei der Kommission um „Amtshilfe" zu ersuchen, in Form der Einholung von Auskünften und Stellungnahmen näher ausgestaltet.[927] Ausdrücklich sieht die Kommission in den Stellungnahmen eine „nützliche Hilfestellung für die Urteilsfindung" und verknüpft die unverzügliche Erteilung rechtlicher und tatsächlicher Auskünfte mit dem „Interesse einer ordnungsgemäßen Rechtspflege".[928] Ihre Rolle hierbei bezeichnet sie selbst als die eines „amicus curiae" und betont deshalb ihre Pflicht zur Neutralität und Objektivität.[929]

---

922 *Hirsch*, ZWeR 2003, 233, 236.

923 Vgl. dazu *Dreher/Thomas*, WuW 2004, 8 passim.

924 *Ackermann*, in: Riesenhuber, Europäische Methodenlehre, § 21 Rn. 8 und 22.

925 Vgl. *Ackermann*, in: Riesenhuber, Europäische Methodenlehre, § 21 Rn. 7 a. E.

926 Weißbuch 1999, S. 1, 26 (Tz. 107).

927 Vgl. Bekanntmachung ABl. 1993 Nr. C 39/6/9 (Tz. 32 ff.). Vgl. auch EuGH, Beschluss v. 13.7.1990, C-2/88 Imm., Tz. 17 f. = Slg. 1990, I-3365, 3372 – Zwartveld u. a.; EuGH, Urteil v. 11.6.2009, C-429/07, Tz. 21 ff. = WuW/E EU-R 1572, 1574 = WuW 2009, 850, 852 – Inspecteur van de Belastingdienst.

928 Vgl. Bekanntmachung ABl. 1993 Nr. C 39/6/10 (Tz. 39 und 41).

929 Bekanntmachung ABl. 1993 Nr. C 39/6/11 (Tz. 42).

Dieser Konzeption folgt auch die die Bekanntmachung ABl. 1993 Nr. C 39/6 ersetzende Bekanntmachung ABl. 2004 Nr. C 101/54. Auch sie betont die Komplexität der mit der Anwendung der ex-Artt. 81 f. EG (= Artt. 101 f. AEUV) häufig verbundenen wirtschaftlichen und rechtlichen Bewertungen und die nach Art. 16 VO Nr. 1/2003 bestehende Bindung der Gerichte, die einmal allgemein gültige Orientierungshilfen wie Verordnungen, Gruppenfreistellungsverordnungen, Bekanntmachungen und Leitlinien zur Anwendung der genannten Normen für die Gerichte erforderlich machen.[930] Ebenfalls unter Verweis auf den Grundsatz der loyalen Zusammenarbeit geht sie zudem detailliert auf die einzelnen Rechte und Pflichten nach Art. 15 VO Nr. 1/2003 ein.[931] Ausdrücklich bezeichnet sich die Kommission darin wiederum als „Amicus curiae" und diesen weiter als „sachverständigen Beistand".[932] Noch deutlicher als die vorherige Bekanntmachung ABl. 1993 Nr. C 39/6 geht sie von deren – und damit auch der der Regelung des Art. 15 Abs. 1 VO Nr. 1/2003 – unterstützenden Funktion aus:[933] Die Aufgabe der Kommission besteht danach generell darin, *„den Gerichten Hilfestellung zu gewähren, wenn* [sie] *dies für die Entscheidung des Falles als notwendig erachten"*; ausdrücklich nennt sie insoweit die Übermittlung von Informationen und einer Stellungnahme auf Ersuchen eines Gerichts als in der Kartellverfahrensordnung vorgesehene Arten der Unterstützung.[934] Der Unterstützung durch Erteilung einer Stellungnahme seitens der Kommission liegt indes erkennbar die Vorstellung der Nachrangigkeit bzw. der Hilfe der Kommission bei der Anwendung der Wettbewerbsregeln insgesamt ein zweistufiges Modell zugrunde: Denn erst wenn das Gericht auch in Rückgriff auf die oben genannten, allgemein gültigen Orientierungshilfen sich keine Klarheit über die (richtige) Anwendung des gemeinschaftlichen Wettbewerbsrechts verschaffen konnte, soll es von der Möglichkeit, sich mit der Bitte um eine Stellungnahme in dem Verfahren an die Kommission zu wenden, Gebrauch machen.[935] Dieses entspricht dem allgemeinen Ziel der Kartellverfahrensordnung nach einer dezentralisierten, aber kohärenten Rechtsdurchsetzung und der prinzipiellen Unabhängigkeit und Eigenverantwortlichkeit der Gerichte, verdeutlicht aber auch die unterstützende Funktion dieser Regelung noch zusätzlich.

---

930 Vgl. Bekanntmachung ABl. 2004 Nr. C 101/54/55 (Tz. 8).

931 Vgl. Bekanntmachung ABl. 2004 Nr. C 101/5/56 ff. (Tz. 15 ff.).

932 Vgl. Bekanntmachung ABl. 2004 Nr. C 101/54/57 (linke Spalte).

933 Vgl. Bekanntmachung ABl. 2004 Nr. C 101/54/57 f. (Tz. 17 ff.).

934 Bekanntmachung ABl. 2004 Nr. C 101/54/57 (Tz. 17).

935 Bekanntmachung ABl. 2004 Nr. C 101/54/58 (Tz. 27). Von einer solchen Konzeption ging auch die frühere Bekanntmachung ABl. 1993 Nr. C 39/6/10 (Tz. 35 ff.) aus.

Auch nach dieser Bekanntmachung ist die Unterstützung der einzelstaatlichen Gerichte durch die Kommission bei der Anwendung der gemeinschaftlichen Wettbewerbsregeln Ausfluss ihrer generellen Pflicht, das öffentliche Interesse zu wahren, so dass diese neutral und objektiv zu leisten ist.[936] Um die durch Informationsübermittlung gewährte Unterstützung effektiv zu gestalten, soll diese spätestens binnen eines Monats nach Eingang des Ersuchens des Gerichts erfolgen.[937] Für die Erteilung einer Stellungnahme beträgt diese Frist grundsätzlich vier Monate.[938]

Es offenbart sich damit in der Regelung des Art. 15 Abs. 1 VO Nr. 1/2003 (bzw. § 90a Abs. 3 GWB) ein der Rechtsfigur des klassischen Amicus curiae, wie er aus dem Common Law bekannt ist (vgl. oben Teil 1, B II 1) bis 3)), entsprechendes Verständnis.

c. Art. 15 Abs. 3 Unterabs. 1 S. 3 und 4 VO Nr. 1/2003 (sowie § 90a Abs. 2 GWB)

Gleichsam spiegelbildlich zur Regelung des Art. 15 Abs. 1 VO Nr. 1/2003 sieht Abs. 3 S. 3 und 4 der Norm (konkretisiert für das deutsche Recht in § 90a Abs. 2 GWB) die Beteiligung der Kommission am mitgliedsstaatlichen Kartellgerichtsverfahren auf Eigeninitiative vor; insoweit bestehen indes zwei wesentliche Einschränkungen gegenüber der ersuchten Beteiligung nach Abs. 1 (vgl. dazu insgesamt oben Teil 2, C III 2) und 3)): Die Kommission hat lediglich die Befugnis zur (schriftlichen oder mündlichen) Stellungnahme, nicht aber zur Informationsübermittlung an das Gericht. Und eine solche Stellungnahme darf ausschließlich dann erfolgen, wenn die kohärente Anwendung des ex-Art. 81 oder 82 EG (= Art. 101 oder 102 AEUV) dies erfordert.

Die erstgenannte Einschränkung hängt dabei ganz wesentlich mit der letzteren zusammen, denn wenn eine Beteiligung der Kommission ausschließlich zur Sicherung der kohärenten Anwendung der Wettbewerbsregeln in einem Verfahren auf mitgliedsstaatlicher Ebene zulässig sein soll, dann bedarf es auch keiner weiteren Übermittlung von Tatsachen an das Gericht, da diese bezogen auf die Erreichung dieses Ziels keinen Mehrwert brächte. Überdies gilt auch insoweit das bereits oben Ausgeführte (oben Teil 2, D II 2) 4. b.), nach dem im verwaltungsrechtlichen Beschwerdeverfahren nach §§ 63 ff. GWB die im ECN verfügbaren Informationen ohnehin stets auch Berücksichtigung im gerichtlichen

---

936 Bekanntmachung ABl. 2004 Nr. C 101/54/57 (Tz. 19).

937 Bekanntmachung der Kommission ABl. 2004 Nr. C 101/54/57 (Tz. 21 f.).

938 Bekanntmachung ABl. Nr. C 101/54/58 (Tz. 28).

Verfahren finden können und in der Regel auch werden. Zudem ist durch die Regelung des Art. 15 Abs. 1 VO Nr. 1/2003 hinreichend sichergestellt, dass das Gericht und eine ggf. parallel befasste Wettbewerbsbehörde von derselben Tatsachengrundlage in einem Fall ausgehen (dazu oben Teil 2, C III 3)), denn danach kann das unmittelbar befasste Gericht selbst und nach eigenem Ermessen entscheiden, ob es zur Entscheidungsfindung weiterer Informationen bedarf und um diese bei der Kommission ersuchen will. Es ist dieses eine gesetzgeberische Abwägung der verfolgten Ziele der Kohärenz und Konvergenz der gemeinschaftlichen Kartellrechtsdurchsetzung einerseits, und der Verfahrenshoheit der Mitgliedsstaaten, des Parteiprinzips im Zivilverfahren und der Unabhängigkeit der Gerichte andererseits, die als angemessen erscheint.

Vor diesem Hintergrund ist denn auch die weitere oben genannte Beschränkung der Befugnis der Kommission zu sehen. Während der Entwurf der Verordnung das Recht zur Abgabe einer Stellungnahme *„aus Gründen des öffentlichen Interesses der Gemeinschaft"* vorgesehen hatte,[939] erfuhr dieses Verfahrensrecht in der endgültigen Fassung der Kartellverfahrensordnung demgegenüber eine Restriktion, indem stattdessen als Voraussetzung das Erfordernis der kohärenten Anwendung der Art. 81 oder 82 EG (= Art. 101 oder 102 AEUV) normiert wurde. An der Entstehungsgeschichte der Norm wird damit nicht nur deutlich, dass die kohärente Rechtsanwendung eine konkretisierte Form des öffentlichen Interesses ist,[940] und dass die Kommission als Garantin des Gemeinschaftsinteresses diesem auch in einem vor einem mitgliedsstaatlichen Gericht geführten Rechtsstreit erforderlichenfalls Geltung verschaffen soll. Es zeigen sich hier auch wiederum Überlegungen des Verordnungsgebers zur Abwägung und zur Gewichtung der mit der Norm verfolgten Zielsetzungen: Denn die im Laufe des Verfahrens erfolgte Restriktion der Regelung bringt einerseits zum Ausdruck, welch hoher Stellenwert insoweit der Kohärenz unter den mit der Verordnung verfolgten Zielsetzungen eingeräumt wird. Zum anderen wird auch deutlich, dass nach dem Verordnungsgeber letztlich nur diese Zielsetzung eine Beteiligung der Kommission auf Eigeninitiative im mitgliedsstaatlichen Gerichtsverfahren rechtfertigt und sich im Ergebnis gegen die oben genannten hiergegen

---

939 Vorschlag für eine Verordnung des Rates zur Durchführung der in den Artikeln 81 und 82 EG-Vertrag niedergelegten Wettbewerbsregeln und zur Änderung der Verordnungen (EWG) Nr. 1017/68, (EWG) Nr. 2988/74, (EWG) Nr. 4056/86 und (EWG) Nr. 3975/87 („Durchführungsverordnung zu den Artikeln 81 und 82 EG-Vertrag"), KOM(2000) 582 endg., ABl. (EG) Nr. C 365 E, S. 284, 290, linke Spalte.

940 Im Ergebnis ebenso *Zuber*, in: Loewenheim/Meessen/Riesenkampff, Kartellrecht, Art. 15 VerfVO Rn. 18.

stets abzuwägenden Bedenken durchsetzen soll. Dass daneben mit der Regelung ggf. noch weitere, untergeordnete Zwecke verfolgt und durchgesetzt werden (dazu sogleich unten), steht dem nicht entgegen.

Diese Abwägung liegt entsprechend auch der Regelung des Art. 15 Abs. 3 Unterabs. 2 S. 5 VO Nr. 1/2003 (dazu oben Teil 2, C III 2)) zugrunde: Sie räumt einerseits der Kommission die Befugnis ein, das Gericht um die Übermittlung der für die Ausarbeitung ihrer Stellungnahmen notwendigen Schriftstücke zu ersuchen, um deren Effektivität zu gewährleisten, andererseits wird diese Befugnis einer darauf bezogenen strengen Zweckbindung unterworfen, nämlich der Verwendung des übermittelten Materials ausschließlich hierfür.

Neben diesem vorrangig verfolgten Ziel der Kohärenz, haben die gemäß Art. 15 Abs. 3 Unterabs. 1 S. 3 und 4 VO Nr. 1/2003 erfolgenden Stellungnahmen der Kommission nach den obigen Ausführungen, die insoweit entsprechend gelten müssen (vgl. oben Teil 2, D II 2) 4. b.), auch die damit unmittelbar zusammenhängende Funktion, die Gerichte bei der Anwendung der Wettbewerbsregeln zu unterstützen.[941] Denn Art. 15 VO Nr. 1/2003 liegt die generelle Zielsetzung, den Gerichten die Anwendung der gemeinschaftlichen Wettbewerbsregeln zu erleichtern, zugrunde.[942]

Ebenso wie die Kommission innerhalb des ECN kraft ihrer Sonderstellung die Kohärenz der Rechtsanwendung durch die einzelnen mitgliedsstaatlichen Wettbewerbsbehörden sichert (oben Teil 2, D II 2) 1.), kann sie dieses also auch, indem sie von ihrer Befugnis nach Art. 15 Abs. 3 Unterabs. 1 S. 3 und 4 VO Nr. 1/2003 Gebrauch macht, wenn die mitgliedsstaatlichen Gerichte für die dezentralisierte Durchsetzung des Kartellrechts zuständig sind.[943] Es sind dies zum einen die Beschwerdeverfahren nach §§ 63 ff. GWB, insbesondere aber die allein von Privaten geführten zivilrechtlichen Kartellrechtsstreitigkeiten,[944] in denen weder die mitgliedsstaatliche Kartellrechtsbehörde noch die Kommission als im öffentlichen Interesse handelnde Institutionen formal Beteiligte sind. Gerade in dieser „zweiten Spur" der Kartellrechtsdurchsetzung (private enforcement), die im Zuge der mit der Kartellverfahrensordnung einhergehenden

941 So auch *Bergmann*, in: Frankfurter Komm. zum Kartellrecht, Lfg. 65 (April 2008), GWB 2005 § 90a Rn. 3 f. und 14; wohl auch *Jaeger*, WuW 2000, 1062, 1070.

942 Vgl. Bekanntmachung ABl. 2004 Nr. C 101/54 (Tz. 4).

943 Ausdrücklich von einer *„Intervention als ‚amicus curiae' […] zur kohärenten Anwendung der Wettbewerbsregeln"* spricht insoweit das 1999, S. 1, 26 (Tz. 107). Vgl. *Nothdurft*, in: Münchener Kommentar zum Kartellrecht, Bd. 1, Art. 15 VO 1/2003 Rn. 1.

944 Vgl. Bekanntmachung ABl. 2004 Nr. C 101/54/57 (Tz. 17).

Dezentralisierung wesentlich an Bedeutung gewonnen hat (oben Teil 2, D II 1)), besteht damit ein grundsätzlich gesteigertes Bedürfnis, auch das öffentliche Interesse am Verfahren, wenn nötig, zum Ausdruck zu bringen.[945] Dieses v. a. auch dann, wenn wie in Deutschland, für sämtliche kartellgerichtlichen Verfahren – in Zivilrechtsstreitigkeiten ab der Berufungsinstanz (§ 93 GWB), in Verwaltungssachen ab dem Beschwerdeverfahren (§ 63 Abs. 4 GWB) und im Bußgeldverfahren gleichermaßen (§ 83 Abs. 1 GWB) – eine Zuständigkeitskonzentration zunächst beim OLG (§§ 92 f. GWB), danach beim BGH (§§ 74 Abs. 1, 84, 94 GWB) erfolgt, so dass die Rechtsprechung und Gerichtspraxis in sämtlichen Verfahrensarten von denselben Gerichten bestimmt wird, also auch eigentlich „rechtswegfremde" Entscheidungen – solche in Zivilrechtsstreitigkeiten – für die Kartellbehörden wegen der Entwicklung des Kartellrechts insgesamt praktisch von unmittelbarem Interesse sind.[946]

d. Art. 15 Abs. 3 Unterabs. 1 S. 1 und 2 GWB

Damit ist bereits eine wesentliche Funktion auch der Regelung des Art. 15 Abs. 3 Unterabs. 1 S. 1 und 2 VO Nr. 1/2003 benannt,[947] die indes ihre wesentliche Ausgestaltung für das deutsche Recht in § 90 GWB,[948] insbesondere dessen Abs. 2 findet (oben Teil 2, C II). Denn Art. 15 VO Nr. 1/2003 selbst begründet in seinem Abs. 3 S. 1 und 2 für die mitgliedsstaatlichen Wettbewerbsbehörden lediglich ein Minimum an Beteiligungsbefugnis hinsichtlich eines in ihrem Mitgliedsstaat geführten Gerichtsverfahrens, indem er schriftliche Stellungnahmen grundsätzlich und mündliche nur mit Erlaubnis des Gerichts zulässt, zugleich aber in Abs. 4 eine ausdrückliche Öffnungsklausel für die Einräumung weiterer Befugnisse nach nationalem Recht enthält (oben Teil 2, C III 2)).[949] Inwieweit der deutsche Gesetzgeber davon in § 90 GWB Gebrauch gemacht hat bzw. die bereits seit 1958

---

945 Vgl. *Hess*, JZ 2011, 66, 67 und 73.

946 Vgl. *Zuber*, in: Loewenheim/Meessen/Riesenkampff, Kartellrecht, Art. 15 VerfVO Rn. 2.

947 Vgl. *Nothdurft*, in: Münchener Kommentar zum Kartellrecht, Bd. 1, Art. 15 VO 1/2003 Rn. 1.

948 Dies entspricht der in der Bekanntmachung ABl. 2004 Nr. C 101/54/57 (Tz. 16) geäußerten Auffassung zum Verhältnis des diesbezüglichen mitgliedsstaatlichen Rechts und den Vorgaben der VO Nr. 1/2003 hierzu.

949 Ähnlich auch GK/*Schütz*, Gesetz gegen Wettbewerbsbeschränkungen und Europäisches Kartellrecht, 5. Aufl., 9. Lieferung (2004), EG-Kartellverfahrensrecht, VO Nr. 1/2003, Artikel 15 Rn 4 a. E.; vgl. auch Commission Staff Working Paper, Report on the functioning of Regulation 1/2003 v. 29.4.2009, SEC(2009)574 final, Tz. 283 (S. 81).

existierende Norm unter diesen Vorgaben aufrechterhalten hat, wurde bereits dargestellt (oben Teil 2, C II und III 2)). An dieser Stelle von Interesse ist, welche Funktion einmal dem vorrangigen und damit zwingend zu beachtenden Art. 15 Abs. 3 Unterabs. 1 S. 1 und 2 VO Nr. 1/2003 zugrunde liegt (dazu sogleich); und insbesondere inwieweit diese durch Eingang in § 90 GWB zu einer Veränderung dieser Regelung in funktionaler Hinsicht gegenüber ihrer ursprünglichen Fassung geführt hat (unten Teil 2, D II 2) 4. e.).

Anders als zur Beteiligung der Kommission als Amicus curiae finden sich Regelungen oder Erläuterungen offizieller Seite zur Beteiligung der mitgliedsstaatlichen Wettbewerbsbehörden nach Art. 15 Abs. 3 VO Nr. 1/2003 kaum: Ebenso wie die Norm selbst weisen auch Erwägungsgrund 21 der VO Nr. 1/2003 und das Weißbuch von 1999[950] lediglich im Zusammenhang mit den im Hinblick auf die Verwirklichung der allgemeinen Zielsetzungen der Kohärenz und Unterstützung der Gerichte zu ergreifenden Maßnahmen auf diese den Wettbewerbsbehörden einzuräumende Möglichkeit der Beteiligung hin. Und auch die Bekanntmachung der Kommission ABl. 2004 Nr. C 101/54 trifft hierzu nur einige wenige Aussagen, die im Wesentlichen auf die Ausgestaltung durch das nationale Recht verweisen.[951] Dieses ist indes nur folgerichtig, da sich jede auf europäischer Ebene insoweit getroffene konkrete Verfahrensregel und -vorgabe in besonderer Weise der Gefahr aussetzte, allzu sehr in die grundsätzlich bei den Mitgliedsstaaten liegende Verfahrenshoheit einzugreifen (vgl. dazu auch unten Teil 2, D 3) sowie E II 1)).

Wie an anderer Stelle bereits ausgeführt (oben Teil 2, D II 2) 4. a.), lässt sich Art. 15 Abs. 3 Unterabs. 1 S. 1 und 2 VO Nr. 1/2003 – anders als bei den anderen Beteiligungsrechten – auch nicht entnehmen, dass einer dieser Zwecke offenkundig Vorrang genießen soll.

Vor dem Hintergrund des zur Konzeption und Systematik der Kartellverfahrensordnung und insbesondere der Regelung des Art. 15 VO Nr. 1/2003 insgesamt bereits Ausgeführten lassen sich jedoch zur Funktion auch dieser europarechtlich begründeten Existenz einer Amicus-curiae-Regelung konkrete Aussagen treffen.

Art. 15 Abs. 3 Unterabs. 1 S. 1 und 2 VO Nr. 1/2003 stellt eine in gewisser Weise parallele Regelung zu Art. 15 Abs. 3 Unterabs. 1 S. 3 und 4 VO Nr. 1/2003 dar. Beiden Regelungen liegt das Ziel der Unterstützung der Gerichte und der Herbeiführung der einheitlichen Anwendung der Artt. 101 und 102 AEUV durch

950 Vgl. Weißbuch 1999, S. 1, 26 (Tz. 107).

951 Vgl. Bekanntmachung ABl. 2004 Nr. C 101/54/57 und 59 (Tz. 16 und 31 bis 35).

Stellungnahmen der Wettbewerbsbehörden zugrunde; es bestehen insoweit aber auch wesentliche Unterschiede.

Während die Beteiligung der Kommission als Amicus curiae nach Art. 15 Abs. 3 Unterabs. 1 S. 3 und 4 VO Nr. 1/2003 primär die Kohärenz der dezentralisierten Rechtsanwendung durch die Gerichte in den einzelnen Mitgliedsstaaten insgesamt und entsprechend den Vorgaben der Kommission sicherstellen sowie daneben den Gerichten dabei eine Unterstützung bieten will (oben Teil 2, D II 2) 4. a. und c.), sind die Schwerpunkte der von Art. 15 Abs. 3 Unterabs. 1 S. 1 und 2 VO Nr. 1/2003 verfolgten Ziele anders, nicht eindeutig gelagert. Das ergibt einmal ein Umkehrschluss aus dem Gesetzeswortlaut, der die ausdrückliche Voraussetzung der Erforderlichkeit der Stellungnahme für die Kohärenz anders als Satz 3 und 4 der Norm gerade nicht enthält. Überdies kann es im Verhältnis zwischen den mitgliedsstaatlichen Wettbewerbsbehörden und Gerichten jedenfalls nicht unmittelbar um die Herbeiführung einer solchen Kohärenz gehen, denn diese ist ja gerade der Kommission in ihrer besonderen Position und Funktion als zentrale Garantin des Gemeinschaftsinteresses zugewiesen, während die nationalen Wettbewerbsbehörden zur Erfüllung einer solchen Aufgabe ersichtlich nicht in der Lage wären.

Die Regelung des Art. 15 Abs. 3 Unterabs. 1 S. 1 und 2 VO Nr. 1/2003 zielt vielmehr vordergründig auf eine einheitliche Anwendung der Artt. 101 und 102 AEUV auf *mitgliedsstaatlicher* Ebene, also im Verhältnis zwischen den nationalen Wettbewerbsbehörden und den Gerichten ab.[952] Die Kartellrechtsdurchsetzung durch die Gerichte, insbesondere in Zivilrechtsstreitigkeiten, einerseits und die behördliche Kartellrechtsdurchsetzung andererseits sollen auf diesem Wege harmonisiert werden, und zwar ausdrücklich dann, wenn ex-Art. 81 oder 82 EG (= Art. 101 oder 102 AEUV) zur Anwendung kommt. Der Gefahr von Divergenzen bei der – wegen Art. 3 VO Nr. 1/2003 zwingenden – Anwendung der ex-Artt. 81 und 82 EG (= Artt. 101 und 102 AEUV) in einem System der verstärkten „Zweispurigkeit" der Kartellrechtsdurchsetzung soll dadurch begegnet werden, dass auch die mitgliedsstaatlichen Wettbewerbsbehörden Stellungnahmen im gerichtlichen Verfahren abgeben können. Sie kann auf diesem Weg einmal das konkrete Verfahren, insbesondere aber auch die Kartellrechtsentwicklung generell beeinflussen,[953] indem sie das öffentliche Interesse dort vertritt – woran gerade in Deutschland wegen der Zuständigkeitskonzentration für gerichtliche

---

952 Vgl. *Nothdurft*, in: Münchener Kommentar zum Kartellrecht, Bd. 1, Art. 15 VO 1/2003 Rn. 31.

953 Vgl. *Nothdurft*, in: Münchener Kommentar zum Kartellrecht, Bd. 1, Art. 15 VO 1/2003 Rn. 31.

Kartellverfahren beider „Spuren“ bei OLG und BGH (dazu oben Teil 2, D II 2) 4. c.) ein besonderes Interesse bestehen dürfte[954] (vgl. insoweit auch unten Teil 2, D II 2) 4. e.).

Dadurch dass die mitgliedsstaatlichen Wettbewerbsbehörden im gemeinsamen System des ECN, in dem der Kommission eine maßgebliche Führungsrolle zukommt, miteinander verbunden sind (oben Teil 2, D II 2) 1.), wird es sich dabei in aller Regel um eine wiederum der Auffassung der Kommission entsprechende Stellungnahme handeln; so dass auch diese Regelung jedenfalls mittelbar auf eine Kohärenz der Rechtsanwendung, wie sie von Art. 15 Abs. 3 Unterabs. 1 S. 3 und 4 VO Nr. 1/2003 direkt hergestellt werden soll, hinwirkt.

Es besteht damit in Art. 15 Abs. 3 Unterabs. 1 S. 1 und 2 VO Nr. 1/2003 ein auf die Kohärenz bezogener doppelter Sicherungsmechanismus: Einmal wirken die nationalen Wettbewerbsbehörden auf die Kohärenz mit ihrer eigenen Rechtsanwendung hin; und weil diese grundsätzlich mit der Auffassung der Kommission korrespondiert, zielen sie dabei zugleich auf die Kohärenz mit deren Rechtsanwendungspraxis. Unabhängig davon besteht daneben die weitere auf die Sicherung der einheitlichen Rechtsanwendung abzielende Möglichkeit der Kommission, sich selbst mit einer Stellungnahme einzuschalten.

Deutlich zeigt sich, dass auch diesen Regelungen der allgemeine Dezentralisierungsgedanke der Kartellverfahrensordnung zugrunde liegt:[955] Die Kohärenz der Anwendung der Artt. 101 und 102 AEUV (= ex-Artt. 81 und 82 EG) soll nicht nur und erst durch eine Stellungnahme der Kommission, wenn dieses *erforderlich* ist, nach Art. 15 Abs. 3 Unterabs. 1 S. 3 und 4 VO Nr. 1/2003 sichergestellt werden. Primär sind die mitgliedsstaatlichen, und damit sachnäheren Wettbewerbsbehörden zur Abgabe einer Stellungnahme unter den geringeren Voraussetzungen hierfür nach Art. 15 Abs. 3 Unterabs. 1 S. 1 und 2 VO Nr. 1/2003 berufen; das macht nicht zuletzt die Systematik des Art. 15 Abs. 3 VO Nr. 1/2003 deutlich, der die Beteiligung der mitgliedsstaatlichen Wettbewerbsbehörden vor der der Kommission regelt.[956] Der Gedanke der Parallelität zur Zuständigkeitsverteilung der Fälle innerhalb des ECN (oben Teil 2, D II 2) 1.) drängt sich insoweit auf.

---

954 Vgl. *Zuber*, in: Loewenheim/Meessen/Riesenkampff, Kartellrecht, Art. 15 VerfVO Rn. 2.

955 Auf diesen weist in diesem Zusammenhang auch *de Bronett*, Europäisches Kartellverfahrensrecht – Kommentar zur VO 1/2003, Artikel 15 Rn. 3 hin.

956 *De Bronett*, Europäisches Kartellverfahrensrecht – Kommentar zur VO 1/2003, Artikel 15 Rn. 15; *Nothdurft*, in: Münchener Kommentar zum Kartellrecht, Bd. 1, Art. 15 VO 1/2003 Rn. 34.

Die Zwecksetzung dieser Beteiligung der mitgliedsstaatlichen Wettbewerbsbehörden erschöpft sich jedoch nicht in der Verfolgung der kohärenten Anwendung der Artt. 102 und 102 AEUV in diesen verschiedenen Facetten, sondern hat gleichermaßen die Unterstützung der diese Regelungen anwendenden Gerichte zum Gegenstand.[957] Die obigen Ausführungen hierzu (vgl. oben Teil 2, D II 2) 4. b.) gelten insoweit entsprechend: denn ebenso wie durch eine Stellungnahme der Kommission nach Art. 15 Abs. 3 Unterabs. 1 S. 3 und 4 VO Nr. 1/2003 den Gerichten bei den besonderen Schwierigkeiten infolge der dezentralisierten Durchsetzung der Wettbewerbsregeln Hilfe zuteil wird (oben Teil 2, D II 2) 4. c.), kommt auch den Stellungnahmen der nationalen Wettbewerbsbehörden auf der nach dem soeben Ausgeführten „vorgelagerten Stufe" eine unterstützende Funktion zu.

Art. 15 Abs. 3 Unterabs. 1 S. 1 und 2 VO Nr. 1/2003 ermöglicht somit die Berücksichtigung des öffentlichen Interesses in der Konkretisierung der Kohärenz der Rechtsanwendung einerseits zwischen den das Kartellrecht durchsetzenden Wettbewerbsbehörden und Gerichten auf Ebene der Mitgliedsstaaten, mittelbar aber auch mit der Anwendungspraxis der Kommission. Daneben wird den Gerichten eine Unterstützung bei der Rechtsanwendung zuteil, die letztlich wiederum die Herstellung der Kohärenz fördert.

Neben diesen dem Art. 15 Abs. 3 Unterabs. 1 S. 1 und 2 VO Nr. 1/2003 vom Verordnungsgeber europarechtlich zugrunde gelegten Funktionen, sind nach mitgliedsstaatlichem Recht insoweit eingeräumte umfassendere Befugnisse gemäß Abs. 4 der Norm ausdrücklich zulässig. Möglich sind auf diesem Weg damit auch die Verfolgung weiterer Ziele und eine Gewichtung der Zielsetzungen insgesamt.

e. § 90 Abs. 2 GWB

Von der Regelung des Art. 15 Abs. 4 VO Nr. 1/2003 hat der deutsche Gesetzgeber mit § 90 GWB Gebrauch gemacht. Wie bereits an anderer Stelle ausgeführt (oben Teil 2, C II und III 2)), konkretisiert der ursprünglich als Vorbild für Art. 15 VO Nr. 1/2003 dienende § 90 (Abs. 2) GWB in seiner heute geltenden Fassung v. a. die Regelung des Art. 15 Abs. 3 Unterabs. 1 S. 1 und 2 VO Nr. 1/2003 für das deutsche Kartellrecht. Die funktionale Betrachtung dieser in ihrer ersten Fassung von 1958 noch lediglich in nationalem Kontext stehenden Norm hat also nunmehr vor diesem Hintergrund zu erfolgen, da dieser ggf. insgesamt eine funktionale Neubewertung erforderlich macht.

---

957 Ähnlich, indes wohl nur auf die Beteiligung der Kommission abstellend *Zuber*, in: Loewenheim/Meessen/Riesenkampff, Kartellrecht, Art. 15 VerfVO Rn. 3.

Einigkeit besteht über die Funktion des § 90 GWB heute insoweit, als – in Anlehnung an die aus dem Jahr 1952 stammende Gesetzesbegründung zur Norm in ihrer ersten Fassung –[958] die Kartellbehörde vermittels § 90 Abs. 2 GWB das öffentliche Interesse insbesondere in kartellrechtlichen Zivilrechtsstreitigkeiten wahrnehmen soll. Welche konkreten Funktionen der Amicus curiae unter Geltung des § 90 Abs. 2 GWB in seiner geltenden Fassung und im Kontext der Regelungen der VO Nr. 1/2003 damit erfüllt, wird allerdings unterschiedlich beurteilt; insbesondere die auf die Hilfe gegenüber dem Gericht abzielende Zweckverfolgung steht dabei im Streit:

Teilweise sieht man die Aufgabe des § 90 GWB recht wage darin, *„der Publizität von Wettbewerbsbeschränkungen* [zu dienen] *und im Zusammenhang damit zugleich der Effektivierung der verwaltungsrechtlichen Kartellaufsicht“*[959]. In eine ähnliche Richtung geht auch die dem gegenüber konkretere Auffassung, das öffentliche Interesse i. S. des § 90 GWB beziehe sich nicht primär darauf, die Kartellgerichte mittels sachkundiger Stellungnahmen zu unterstützen und dadurch Einfluss auf die Zivilverfahren zu nehmen, sondern die Regelung solle „[i]*n erster Linie* [...] *erreichen, dass die KartB im öffentlichen Interesse Kenntnis von interessierenden Sachverhalten erhalten*“.[960] Die wohl extremste Ansicht vertritt heute insoweit v. a. *Meyer-Lindemann*, danach *„soll § 90* [GWB] *allein gewährleisten, dass die Kartellbehörden von interessierenden Sachverhalten Kenntnis erhalten*“; ausdrücklich spricht er sich zudem gegen eine in der Unterstützung des Gerichts bei der Rechtsfindung liegende Funktion aus.[961] Dieses bestritt schon früher auch insbesondere *Hitzler*, nach dem die Beteiligung der Kartellbehörden nach § 90 GWB nicht dazu diene, dem Gericht die Rechtsfindung zu erleichtern.[962]

---

958 Begründung zu dem Entwurf eines Gesetzes gegen Wettbewerbsbeschränkungen, Anlage 1 zur BT-Drucks. 1/3462, S. 48, linke Spalte.

959 *K. Schmidt*, in: Immenga/Mestmäcker, Wettbewerbsrecht, Bd. 2, GWB, § 90 Rn. 1.

960 *Bornkamm*, in: Langen/Bunte, Bd. 1, Deutsches Kartellrecht, § 90 Rn. 1 – Hervorhebungen durch die Verf.; ebenso schon KG, Beschluss v. 27.3.1981, Az. Kart 15/81 = WuW/E OLG 2446, 2448 – Heizölhandel.

961 *Meyer-Lindemann*, in: Frankfurter Komm. zum Kartellrecht, Lfg. 69 (Aug. 2009), GWB 2005 § 90 Rn. 1 und 17; im Anschluss an diesen *Dicks*, in: Loewenheim/Meessen/Riesenkampff, Kartellrecht, § 90 GWB Rn. 1 und 4, der in der Hilfe des Gerichts einen bloßen „Reflex“ des eigentlich beabsichtigten Wettbewerbsinteresses sieht. Im Ergebnis ebenso, jedoch ohne Begründung *Hempel*, WuW 2004, 362, 364.

962 *Hitzler*, WuW 1982, 509; so auch *Zuber*, Die EG-Kommission als amicus curiae, 2001, S. 100.

Gegen eine Solches vertretende Meinung sprechen indes verschiedene gewichtige Gründe.

§ 90 Abs. 2 GWB konkretisiert heute Art. 15 Abs. 3 Unterabs. 1 S. 1 und 2 VO Nr. 1/2003 auf nationaler Ebene, dem wie gesehen auch die Unterstützung der Gerichte bei der dezentralisierten Kartellrechtsdurchsetzung insbesondere in Zivilrechtsstreitigkeiten als Zweck zugrunde liegt (oben Teil 2, D II 2) 4. d.). Dieses kann dann aber wiederum im Rahmen des § 90 Abs. 2 GWB nicht unberücksichtigt bleiben, zumal Art. 15 Abs. 4 VO Nr. 1/2003 ausdrücklich nur eine Erweiterung der Beteiligungsbefugnisse („Umfassendere Befugnisse") nach nationalem Recht vorsieht, nicht aber eine die den eingeräumten Befugnissen zugrunde liegenden Zielsetzungen berührende Verkürzung zulässt. Die Funktion des § 90 GWB primär oder gar allein darin zu sehen, die Kartellbehörden über diese ggf. interessierende Verfahren zu informieren, kann schon deshalb nicht überzeugen, weil dieses dann einen (reinen) Selbstzweck darstellte, dessen Gewinn im Hinblick auf das einstmals gesetzgeberisch klar formulierte und auch heute außer Streit stehende Ziel,[963] die Wahrung des öffentlichen Interesses im Verfahren, völlig unklar ist. Überdies bedürfte es dann neben der Mitteilungspflicht des § 90 Abs. 1 GWB nicht auch der detailliert normierten Verfahrensbefugnisse.[964] Die Systematik der Abs. 1 und 2 des § 90 GWB spricht vielmehr dafür, wie an anderer Stelle bereits ausgeführt (vgl. oben Teil 2, C III 1) und B I), der Informationspflicht nach Abs. 1 der Norm eine im Hinblick auf die Beteiligung nach § 90 Abs. 2 GWB dienende Funktion zuzuschreiben, stellt sie doch gerade die Grundlage für die Entscheidung der Behörde dar, sich entweder am Verfahren zu beteiligen oder von den Befugnissen nach § 90 Abs. 2 GWB keinen Gebrauch zu machen.[965]

Überdies geht auch *Meyer-Lindemann* davon aus, dass es einerseits Aufgabe der Kartellbehörden ist, im öffentlichen Interesse auf einen funktionsfähigen Wettbewerb zu achten, andererseits dass die Kartellbehörde sich sachverständig durch insbesondere rechtliche Stellungnahmen am Verfahren beteiligt und

---

963 Vgl. in diesem Zusammenhang insbesondere *Hitzler*, WuW 1982, 509; *Meyer-Lindemann*, in: Frankfurter Komm. zum Kartellrecht, Lfg. 69 (Aug. 2009), GWB 2005 § 90 Rn. 1; ferner *Bornkamm*, in: Langen/Bunte, Bd. 1, Deutsches Kartellrecht, § 90 Rn. 1; *K. Schmidt*, in: Immenga/Mestmäcker, Wettbewerbsrecht, Bd. 2, GWB, § 90 Rn. 1.

964 Darauf weist auch *Nothdurft*, in: Münchener Kommentar zum Kartellrecht, Bd. 2, § 90 GWB Rn. 1 (dort Fn. 3) hin.

965 Bezüglichem Letzterem ebenso *Hitzler*, WuW 1982, 509, 510; *Meyer-Lindemann*, in: Frankfurter Komm. zum Kartellrecht, Lfg. 69 (Aug. 2009), GWB 2005 § 90 Rn. 10 f.

diese tatsächlich in die gerichtliche Entscheidung eingehen können.[966] Und nach *Hitzler* kann die Kartellbehörde nach § 90 Abs. 2 GWB *„im öffentlichen Interesse ihre besondere Sachkunde und ihre spezielle Rechtskenntnis in den Rechtsstreit einbringen"*.[967] Weiter führt er aus „[D]*as Kartellgericht* [sei] *in jedem Verfahrensstadium frei, sich von der besonders sach- und rechtskundigen beteiligten Kartellbehörde von einer bestimmten rechtlichen Beurteilung des Sachverhalts überzeugen zu lassen.*"[968] Worin aber sollte der Sinn einer solchermaßen erfolgenden Beteiligung liegen, gerade wenn es sich um rechtliche Ausführungen aufgrund besonderer Sachkenntnis handelt, über deren Berücksichtigung noch dazu das Gericht frei entscheidet, wenn nicht in dem konkreten Angebot, dadurch das Gericht bei der Beurteilung des Falls zu unterstützen. Und so räumt *Hitzler* selbst – freilich in anderem Zusammenhang, nämlich dem der Frage, ob die Beteiligung der Kartellbehörde eine unzulässige Prozesshilfe darstelle – ein, dass eine solche sich nur auf die Herbeiführung einer dem Kartellrecht entsprechende und damit objektiv richtige Entscheidung beziehen könne, was durchaus dem öffentlichen Interesse entspräche, denn die Kartellbehörde wolle dem Wettbewerb zum Sieg verhelfen.[969] Indem er solchermaßen eine unzulässige Prozesshilfe verneint, bringt er jedoch zugleich zum Ausdruck, dass die Beteiligung der Kartellbehörde einen Beitrag zur Rechtsfindung darstellt und damit im öffentlichen Interesse liegt. Einen auf die Unterstützung des Gerichts bezogenen Zweck des § 90 GWB gleichzeitig auszuschließen, ist dann aber widersprüchlich und kann folglich nicht überzeugen.

Es ist vielmehr davon auszugehen, dass das zu wahrende öffentliche Interesse i. S. des § 90 Abs. 2 GWB heute maßgeblich durch die von Art. 15 (Abs. 3 S. 1 und 2) VO Nr. 1/2003 verfolgten Ziele der kohärenten Rechtsanwendung und Unterstützung des Gerichts hierbei konkretisiert wird.[970] Dafür spricht neben der jüngeren Entwicklungsgeschichte dieser Norm (vgl. oben Teil 2, C I und II) v. a. der Umstand, dass § 90 GWB grundsätzlich in sämtlichen Rechtsstreitigkeiten anwendbar ist, und als einschränkende Voraussetzung insoweit praktisch

---

966 Vgl. *Meyer-Lindemann*, in: Frankfurter Komm. zum Kartellrecht, Lfg. 69 (Aug. 2009), GWB 2005 § 90 Rn. 2 f. und 14.

967 *Hitzler*, WuW 1982, 509, 511 f.

968 *Hitzler*, WuW 1982, 509, 512.

969 *Hitzler*, WuW 1982, 509, 513.

970 Vgl. *Nothdurft*, in: Münchener Kommentar zum Kartellrecht, Bd. 2, § 90 GWB Rn. 1. Das Ziel der Unterstützung des Gerichts im Ergebnis ebenfalls bejahend *Bornkamm*, in: Langen/Bunte, Bd. 1, Deutsches Kartellrecht, § 90 Rn. 1; dieses betonend *ders.*, in: 50 Jahre Bundeskartellamt, 2008, S. 36, 37.

nur die Anwendung des Art. 101 oder 102 AEUV voraussetzt.[971] Den obigen Ausführungen entsprechend dient das Beteiligungsrecht nach § 90 Abs. 2 GWB somit insbesondere dazu, im System der dezentralisierten Kartellrechtsanwendung und -durchsetzung der mitgliedsstaatlichen Kartellbehörde eine Möglichkeit zu eröffnen, ihre nicht zuletzt innerhalb des ECN gewonnenen besonderen Sach- und Rechtskenntnisse gerade im Zivilprozess, in dem sie sonst nicht mitwirken würde, gleichermaßen dem Gericht zur Verfügung zu stellen.[972] Dieses im Hinblick auch auf das weitere Ziel, auf eine einheitliche Rechtsanwendung auf nationaler Ebene zwischen einerseits eigener verwaltungsrechtlicher und andererseits zivilrechtlicher Kartellrechtsdurchsetzung durch Private,[973] aber auch entsprechend mit der Rechtsanwendung auf europäischer Ebene hinzuwirken.[974]

Bestätigung finden diese auf eher „rechtstheoretischer" Basis getroffenen Erkenntnisse, wenn man sich die tatsächliche Rechtsanwendungspraxis betrachtet: So beschränkt sich das Bundeskartellamt aus Kapazitätsgründen darauf, seine Beteiligungsbefugnis umfassend nur im Revisionsverfahren vor dem BGH und mündlich wahrzunehmen; nur ausnahmsweise erfolgt eine Beteiligung – dann in der Regel durch schriftliche Stellungnahmen – auch bei den Instanzgerichten (dort ca. drei- bis zehnmal jährlich).[975] Eine Nachfrage der Verf. beim Bundeskartellamt im Juli 2013 ergab, dass zumindest seit 20 Jahren in nahezu jedem Fall, der den BGH erreicht und mündlich verhandelt wird, eine Stellungnahme abgegeben wird; insgesamt erfolgt eine Stellungnahme danach im langjährigen Mittel etwa fünf- bis zehnmal im Jahr.[976] Dieses v. a. deshalb, weil beim BGH wegen des im deutschen Kartellrecht einheitlichen Rechtswegs auch für die

---

971 Zur Anwendbarkeit auf Verfahren, die Art. 53 oder 54 EWR-Abkommen betreffen, nach § 90 Abs. 1 i. V. m. § 87 GWB vgl. oben Teil 2, C II (Fn. 754).

972 Vgl. *Nothdurft*, in: Münchener Kommentar zum Kartellrecht, Bd. 2, § 90 GWB Rn. 1; vgl. ferner auch *Klees*, Europäisches Kartellverfahrensrecht mit Fusionskontrollverfahren, 2005, § 8 Rn. 42; *Wright*, [2009] E.C.L.R. 309, 313; *Zuber*, Die EG-Kommission als amicus curiae, 2001, S. 91.

973 Ähnlich *Zuber*, Die EG-Kommission als amicus curiae, 2001, S. 102, der insoweit eine Parallele zur Amicus-curiae-Beteiligung des Department of Justice im US-amerikanischen Recht und seiner Zielsetzung, *„bad precedents"* zu verhindern, zieht.

974 *Nothdurft*, in: Münchener Kommentar zum Kartellrecht, Bd. 2, § 90 GWB Rn. 1. Vgl. ferner *Topel*, GRUR 2000, 985, 987 f.

975 *Nothdurft*, in: Münchener Kommentar zum Kartellrecht, Bd. 2, § 90 GWB Rn. 7; vgl. auch *Bornkamm*, in: Langen/Bunte, Bd. 1, Deutsches Kartellrecht, § 90 Rn. 1, 6 und 8.

976 Beantwortung der Anfrage der Verf. durch das Bundeskartellamt (Referat für Öffentlichkeitsarbeit) vom 25. Juli 2013, auszugsweise abgedruckt als Anhang.

behördliche Kartellrechtsdurchsetzung verbindlich über sich stellende Rechtsfragen entschieden wird.[977] Durch diese deutsche Besonderheit der Spezialisierung und Einheitlichkeit des Rechtswegs in Kartellrechtsstreitigkeiten wird überdies die Einheitlichkeit der Rechtsanwendung hinreichend sichergestellt, weshalb das Bundeskartellamt ein bei ihm geführtes Verwaltungsverfahren, an dem ein öffentliches Interesse besteht und das zugleich als Zivilrechtsstreits anhängig ist, immer zurück- oder einstellt, um sich allein an diesem Gerichtsverfahren nach § 90 GWB zu beteiligen.[978] Gründe, sich für die Beteiligung in einem Verfahren zu entscheiden, also das öffentliche Interesse zu bejahen, können dabei insbesondere die große wirtschaftliche oder wettbewerbspolitische Bedeutung eines Verfahrens, sein Charakter eines Musterverfahrens, die Anhängigkeit vieler gleichgelagerter Fälle bei den Gerichten bzw. eine Vielzahl gleichgelagerter Beschwerden bei den Kartellbehörden,[979] also insgesamt die Breitenwirkung von Wettbewerbsbeschränkungen bzw. grundsätzliche Fragen sein.[980] Diese erhöhte Relevanz für die Allgemeinheit und die weitere Entwicklung des Kartellrechts als maßgebliche Kriterien für die Entscheidung über eine Beteiligung seitens des Bundeskartellamts erklärt die Konzentration auf eine Beteiligung in der Revisionsinstanz, in der nur Rechtsfragen Gegenstand des Verfahrens sind (vgl. §§ 545 f. ZPO). Damit stehen zugleich die rechtliche Ausführungen beinhaltenden Stellungnahmen nach § 90 Abs. 2 GWB klar im Vordergrund; was einen faktischen Gleichlauf mit der Regelung des Art. 15 Abs. 3 Unterabs. 1 S. 1 und 2 VO Nr. 1/2003 bewirkt. Es soll insoweit der kartellrechtliche und ökonomische Sachverstand des Bundeskartellamts eingebracht werden, dessen Stellungnahmen vor dem BGH nach *Bornkamm*, selbst Vorsitzender Richter am BGH und stellvertretender Vorsitzender des Kartellsenats des BGH, ein den Schlussanträgen des Generalanwalts vor dem EuGH vergleichbares Gewicht haben.[981] Ausdrücklich bezeichnet er das Bundeskartellamt insoweit als *„Beistand des Gerichts, eben als amicus curiae"*.[982] Nicht selten nehmen die Entscheidungen denn auch ausdrücklich Bezug auf die Stellungnahmen des Amicus curiae.[983] Nach dem Ausgeführten liegt der Beteiligung nach § 90 Abs. 2 GWB die Funktion der Unterstützung

---

977 *Nothdurft*, in: Münchener Kommentar zum Kartellrecht, Bd. 2, § 90 GWB Rn. 7.
978 *Topel*, GRUR 2000, 985, 987.
979 *Nothdurft*, in: Münchener Kommentar zum Kartellrecht, Bd. 2, § 90 GWB Rn. 7.
980 Vgl. *Topel*, GRUR 2000, 985, 987.
981 *Bornkamm*, in: 50 Jahre Bundeskartellamt, 2008, S. 36, 37.
982 *Bornkamm*, in: 50 Jahre Bundeskartellamt, 2008, S. 36, 37.
983 *Bornkamm*, in: Langen/Bunte, Bd. 1, Deutsches Kartellrecht, § 90 Rn. 8; *ders.*, in: 50 Jahre Bundeskartellamt, 2008, S. 36, 37 – jew. m. w. N.

des Gerichts nicht nur zugrunde, sondern sie steht als zumindest gleichberechtigt neben der Absicht eines Hinwirkens auf eine einheitliche Rechtsanwendung.

3) *Die Entscheidung des EuGH im Verfahren* Inspecteur van de Belastingdienst

Im Jahr 2009 wurde der EuGH im Rahmen eines Vorabentscheidungsverfahrens nach ex-Art. 234 EG (= Art. 267 AEUV) erstmals mit der Frage konfrontiert, unter welchen Voraussetzungen genau eine schriftliche Stellungnahme der Kommission in Eigeninitiative gegenüber einem mitgliedsstaatlichen Gericht nach Art. 15 Abs. 3 Unterabs. 1 S. 1 VO Nr. 1/2003 erfolgen darf.[984] Insbesondere stellte sich insoweit die Frage, wie die im Gesetz enthaltene Voraussetzung der „[Erforderlichkeit für] die kohärente Anwendung der Artikel 81 oder 82 des Vertrags" auszulegen ist. Wie schon in anderem Zusammenhang angemerkt (oben Teil 2, C III 2)), ging der EuGH gestützt auf eine v. a. systematisch-teleologische Begründung insoweit von einem sehr weiten Begriffsverständnis aus, das sich im Hinblick auf die mitgliedsstaatlichen Interessen, v. a. deren Verfahrensautonomie, als nicht unproblematisch darstellt (vgl. unten Teil 2, D II 3) 2. a. und b.).

So nahm die Kommission infolge dieser Entscheidung nicht nur im Ausgangsverfahren Stellung, sondern gab auch in dem anschließenden Rechtsmittelverfahren vor dem Obersten Gerichtshof der Niederlande eine weitere ergänzende Stellungnahme ab.[985] Neben den Fragen, die insbesondere die Begründung des Urteils bei näherer Betrachtung aufwirft (unten Teil 2, D II 3) 2.), bestätigt dieses aber auch die obigen Ausführungen zur Bedeutung der Regelung des Art. 15 VO Nr. 1/2003 im Gesamtgefüge der Kartellverfahrensordnung und der europäischen Wettbewerbsregeln insgesamt. Durchaus nicht untypisch knüpft die Urteilsbegründung des EuGH teilweise (ausdrücklich) an die Ausführungen in den Schlussanträge des Generalanwalts an, die sich weitaus eingehender mit den die Bedeutung dieses Verfahrens ausmachenden Problemen im Einzelnen auseinander setzen.[986] Auch die Argumentation des Generalanwalts

---

984 EuGH, Urteil v. 11.6.2009, C-429/07 = WuW/E EU-R 1572 = WuW 2009, 850 – Inspecteur van de Belastingdienst.

985 Europäische Kommission, Bericht über die Wettbewerbspolitik 2009, Luxemburg: Amt für Veröffentlichungen der Europäischen Union, 2010, Tz. 154 (S. 106) und 509 (S. 210); Arbeitsdokument der Kommissionsdienststellen begleitend zum Bericht der Kommission über die Wettbewerbspolitik 2010 v. 10.6.2011, I. Teil, SEK(2011) 690 endg., Tz. 409 (S. 131 f.).

986 Vgl. *Gebauer*, in: Gebauer/Wiedmann, Zivilrecht unter europäischem Einfluss, Kapitel 4 Rn. 12.

in den Schlussanträgen in dieser Sache findet hier daher ergänzend eine nähere Betrachtung.

1. Das Ausgangsverfahren und die Vorlagefrage an den EuGH

Dem Vorabentscheidungsverfahren liegt folgendes Ausgangsverfahren zugrunde:[987] Im Jahr 2002 verhängte die Kommission gegen insgesamt vier Unternehmen wegen Verstoßes gegen ex-Art. 81 EG (= Art. 101 Abs. 1 AEUV) jeweils eine Geldbuße im zum Teil dreistelligen Millionen-Euro-Bereich; diese wurden vorläufig gezahlt oder durch Bankbürgschaft gesichert. Eines dieser Unternehmen, die X KG, mit Sitz in Deutschland wälzte als Konzernmutter die Geldbuße teilweise auf ihre in den Niederlanden ansässige Tochtergesellschaft, die X BV, ab. Alle vier verhängten Geldbußen wurden gerichtlich angegriffen, jedoch vom EuG 2008 bestätigt. Zwei der Unternehmen legten gegen diese klageabweisenden Urteile Rechtsmittel zum EuGH ein.

Bereits im März 2004 hatte die niederländische Steuerverwaltung gegen die X BV einen Körperschaftssteuerbescheid für das Steuerjahr 2002 erlassen, gegen den diese Einspruch beim sog. Inspecteur van de Belastingdienst (im Folgenden: Inspecteur), der Steuerverwaltungsbehörde, einlegte. Sie begründete diesen damit, dass die von der Konzernmutter X KG auf sie zum Teil abgewälzte, von der Kommission verhängte Geldbuße nicht unter die Regelung des Art. 3.14 Abs. 1 Lit. c des Einkommensteuergesetzes 2001 fiele. Nach dieser Regelung sind von Einrichtungen der Gemeinschaft verhängte Geldbußen im Rahmen der Ermittlung des steuerbaren Gewinns einer Gesellschaft nicht abzugsfähig. Dieser Einspruch wurde durch Bescheid im März 2005 zurückgewiesen. Auf die im April desselben Jahres hiergegen erhobene Klage der X BV erkannte das Gericht, die Rechtbank Haarlem, die teilweise Abzugsfähigkeit der Geldbuße mit Urteil vom 22.5.2006 an. Gegen dieses Urteil legte wiederum der Inspecteur im Juni 2006 Rechtsmittel beim Gerechtshof te Amsterdam ein. Die Kommission erfuhr durch die Presse und die nationalen Wettbewerbsbehörden von diesem Verfahren und teilte dem Gericht daraufhin im März 2007 mit, sie wolle sich an diesem als Amicus curiae nach Art. 15 Abs. 3 VO Nr. 1/2003 und Art. 89h Mededingingswet [der entsprechenden niederländischen Regelung – Anm. der Verf.] beteiligen. Sie beantragte beim Gericht, ihr insoweit eine Frist zu setzen und die für das Verständnis des Verfahrens notwendigen Unterlagen zu übermitteln.

987 Vgl. EuGH, Urteil v. 11.6.2009, C-429/07, Tz. 9 ff. = WuW/E EU-R 1572 f. = WuW 2009, 850 f. – Inspecteur van de Belastingdienst.

Nachdem das Gericht die Parteien des Rechtsstreits und die Kommission im August 2007 aufgefordert hatte, sich zu der Frage zu äußern, ob der Kommission nach Art. 15 Abs. 3 VO Nr. 1/2003 die Befugnis zukäme, in diesem Verfahren eine schriftliche Stellungnahme in Eigeninitiative abzugeben, setzte es dieses aus und legte die entsprechende Frage dem EuGH im Wege eines Vorabentscheidungsverfahren vor, nämlich: „Ist die Kommission nach Art. 15 Abs. 3 VO Nr. 1/2003 befugt, von sich aus eine schriftliche Stellungnahme in einem Verfahren zu übermitteln, in dem es darum geht, ob eine Geldbuße, die die Kommission gegen die X KG wegen Zuwiderhandlung gegen das europäische Wettbewerbsrecht verhängt hat und die von dem Unternehmen (teilweise) auf die Steuerpflichtige abgewälzt worden ist, von dem (steuerlichen) Gewinn, den die Steuerpflichtige 2002 erzielt hat, abgezogen werden kann?“[988]

2. Das Urteil des EuGH

Der EuGH bejahte in seinem Urteil eine solche Befugnis der Kommission nach Art. 15 Abs. 3 VO Nr. 1/2003.[989]

In seiner Begründung äußerte er sich dabei zum ersten Mal zur Auslegung der Regelung des Art. 15 Abs. 3 VO Nr. 1/2003, insbesondere zu der Frage, unter welchen Voraussetzungen eine schriftliche Stellungnahme der Kommission auf Eigeninitiative erfolgen darf, genauer, was insoweit unter der Voraussetzung der Erforderlichkeit für die kohärente Anwendung der ex-Art. 81 oder 82 EG (= Art. 101 oder 102 AEUV) zu verstehen ist.[990] Er geht insoweit von einem sehr weiten Verständnis aus, denn er hält die Erfüllung dieser Voraussetzung auch dann für möglich – und bejaht sie dementsprechend in diesem Fall –, wenn das Verfahren, in dem die Stellungnahme erfolgt, selbst *nicht* die Anwendung der ex-Art. 81 oder 82 EG (= Art. 101 oder 102 AEUV) betrifft.[991]

Dieses erkennbar im Wesentlichen in Anwendung des Grundsatzes des sog. „Effet utile“ begründete Ergebnis (unten Teil 2, D II 3) 2. b.) indes erweist sich nicht nur im Hinblick auf den Wortlaut der Regelung und die Systematik der Kartellverfahrensordnung als problematisch; auch die ihm zugrunde liegende

---

988 EuGH, Urteil v. 11.6.2009, C-429/07, Tz. 18 = WuW/E EU-R 1572, 1573 = WuW 2009, 850, 851 – Inspecteur van de Belastingdienst.

989 EuGH, Urteil v. 11.6.2009, C-429/07, Leitsatz (Antwort des EuGH auf die Vorlagefrage) = WuW/E EU-R 1572 = WuW 2009, 850 – Inspecteur van de Belastingdienst.

990 EuGH, Urteil v. 11.6.2009, C-429/07, Tz. 20 ff. = WuW/E EU-R 1572, 1573 ff. = WuW 2009, 850, 851 ff. – Inspecteur van de Belastingdienst.

991 Vgl. EuGH, Urteil v. 11.6.2009, C-429/07, Tz. 30 = WuW/E EU-R 1572, 1574 = WuW 2009, 850, 852 – Inspecteur van de Belastingdienst.

Begründung insgesamt ist – ebenso wie die Schlussanträge des Generalanwalts *Mengozzi* in dieser Sache – in wesentlichen Teilen nicht überzeugend. Was automatisch die Frage nach sich zieht, ob der Verfahrensautonomie der Mitgliedsstaaten im Rahmen dieser Entscheidung hinreichend Rechnung getragen ist. Eine Frage, die erneut und ganz konkret insoweit Bedeutung erlangt, als sich die Kommission im März 2012 mit einer schriftlichen Stellungnahme nach Art. 15 Abs. 3 Unterabs. 1 S. 3 VO Nr. 1/2003 und unter Verweis auf dieses Urteil des EuGH an einem ähnlich gelagerten, beim Verfassungsgericht Belgiens anhängigen Verfahren, in dem sich gleichermaßen die Frage stellte, ob von der Kommission verhängte Bußgelder steuerlich abzugsfähig sind, als Amicus curiae beteiligte.[992]

a. Die auf Systematik und Wortlaut des Art. 15 Abs. 3 VO Nr. 1/2003 bezogene Urteilsbegründung

In dem vorliegend im Zentrum des Interesses stehenden Verfahren beginnt der EuGH seine auf die Vorlagefrage bezogenen Ausführungen mit einer recht ausführlichen allgemeinen Beschreibung des in Kapitel IV der VO Nr. 1/2003 geschaffenen „Mechanismus der Zusammenarbeit" (vgl. insoweit auch oben Teil 2, D II 2)):[993] Er weist dabei auf den durch den Grundsatz der loyalen Zusammenarbeit nach ex-Art. 10 EG (= Art. 4 Abs. 3 EUV) vorgegebenen Rahmen und die besondere Rolle und Bedeutung, die daraus den mitgliedsstaatlichen Gerichten nach seiner Rechtsprechung im Hinblick auf die Anwendung und Wahrung des Gemeinschaftsrechts auf nationaler Ebene zukommen, hin (Tz. 20–22). Danach steht Art. 15 VO Nr. 1/2003 als Regelung über die Zusammenarbeit der mitgliedsstaatlichen Gerichte, die ex-Art. 81 oder 82 EG (= Art. 101 oder 102 AEUV) anwenden, und der Kommission in Parallele zu den die Zusammenarbeit der Kommission und der mitgliedsstaatlichen Wettbewerbsbehörden regelnden Artt. 11 bis 14 VO Nr. 1/2003 (Tz. 22–25).

Nach einer inhaltlichen Zusammenfassung der Regelungen des Art. 15 VO Nr. 1/2003 (Tz. 26 f.) und einer nahezu wörtlichen Wiedergabe von dessen Abs. 3 S. 1 bis 4 (Tz. 27) zieht er aus der Regelungssystematik und dem Wortlaut der

992 Vgl. den Schriftsatz der Kommission vom 8. März 2012 im Verfahren Tessenderlo Chemie NV v. Belgien, sj.e(2012)227414, in englischer Sprache verfügbar im Internet unter ec.europa.eu/competition/court/amicus_curiae_2012_tessenderlo_en.pdf (zuletzt abgerufen am 12.1.2014).

993 Vgl. EuGH, Urteil v. 11.6.2009, C-429/07, Tz. 20 ff. = WuW/E EU-R 1572, 1573 f. = WuW 2009, 850, 851 f. – Inspecteur van de Belastingdienst. Die Tz. im Folgenden beziehen sich auf diese Entscheidung, soweit nicht anders kenntlich gemacht.

Norm den Schluss, dass es sich insoweit um zwei Beteiligungsbefugnisse mit jeweils verschiedenem Anwendungsbereich und unterschiedlichen Voraussetzungen handelt (Tz. 28 f.). Für die Beteiligungsbefugnis der Kommission durch eine schriftliche Stellungnahme ergebe sich aus der wörtlichen Auslegung des Art. 15 Abs. 3 Unterabs. 1 VO Nr. 1/2003, dass diese allein unter dem Vorbehalt stehe, dass die kohärente Anwendung der Art. 81 EG oder 82 EG dies erfordere (Tz. 30). Insoweit ist dem EuGH in seinen Ausführungen zuzustimmen, diese entsprechen der in dieser Arbeit vertretenen Ansicht (vgl. oben Teil 2, C III 2)). Anderes gilt indes hinsichtlich seiner weiteren Ausführungen, insbesondere wenn er unmittelbar im Anschluss hieran und ohne dies näher zu begründen zu dem weiteren Schluss kommt (Tz. 30): *„Diese Voraussetzung kann auch dann erfüllt sein, wenn das betreffende Verfahren nicht die Anwendung der Art. 81 EG oder 82 EG betrifft."*

Denn diese weite Auslegung der Norm ist weder nach dem Wortlaut noch nach der Systematik des Gesetzes zwingend und in mehrererlei Hinsicht problematisch.

Art. 15 Abs. 3 Unterabs. 1 S. 3 VO Nr. 1/2003 lässt sich durchaus auch so lesen, dass die Betonung auf „kohärente" liegt, dass also wie bei der Beteiligung der mitgliedsstaatlichen Wettbewerbsbehörden nach Satz 1 und 2 der Regelung eine Anwendung der Art. 101 oder 102 AEUV (= ex-Art. 81 oder 82 EG) vorausgesetzt ist, darüber hinaus aber auch die Erforderlichkeit einer Stellungnahme der Kommission im Hinblick auf die darauf bezogene Kohärenz verlangt wird. Ein Vergleich mit den Formulierungen der Art. 15 Abs. 1, 2 und 3 S. 1 VO Nr. 1/2003 lässt insoweit jedenfalls nicht den vom Generalanwalt in seinen Schlussanträgen[994] wohl gezogenen Rückschluss und die entsprechende Auslegung des EuGH zu: Denn Abs. 2 und Abs. 3 S. 1 sprechen beide gleichermaßen und ebenso wie Abs. 3 S. 3 nur von der „Anwendung des Artikels 81 oder 82 des Vertrags", so dass die Regelung des Abs. 3 S. 3 jedenfalls hinsichtlich dieser Formulierung nicht für sich steht. Dieses gilt vielmehr für die Formulierung des ersten Teils des Abs. 1, der man indes schon wegen ihres Standortes durchaus auch eine Ausstrahlungswirkung auf den gesamten Artikel zuschreiben könnte, wofür die im zweiten Teil des Abs. 1 verwendete weitere Wendung spricht.[995]

---

994 Vgl. Schlussanträge des GA *Mengozzi* vom 5. März 2009 in der Rechtssache C-429/07, Tz. 43.

995 Nur ergänzend sei an dieser Stelle auf die Vorbildnorm des § 90 GWB a. F. verwiesen, deren Abs. 1 den Anwendungsbereich ebenfalls für die gesamte Regelung bestimmt; sie kann daher zumindest als Anhaltspunkt bei der Auslegung dienen – vgl. dazu *Riesenhuber*, in: Riesenhuber, Europäische Methodenlehre, § 11 Rn. 38.

Die jeweiligen Regelungen zu einer mündlich erteilten Stellungnahme nach Art. 15 Abs. 3 Unterabs. 1 S. 2 und 4 VO Nr. 1/2003 wiederum enthalten keinerlei Angabe zu deren Inhalt knüpfen vielmehr insoweit – soweit ersichtlich unstreitig – an die entsprechende Befugnis zur schriftlichen Stellungnahme an (vgl. oben Teil 2, C III 2)); warum also nicht auch Satz 3 (und 4) bezogen auf die „Anwendung“ mit Satz 1 (und 2) des Abs. 3 übereinstimmen, und sich nur durch die zusätzliche Voraussetzung der Erforderlichkeit für die Kohärenz von diesem unterscheiden sollte, ist aus dem Wortlaut jedenfalls nicht ersichtlich. Eine Stütze findet diese gleichermaßen denkbare wörtliche Auslegung in einem Arbeitspapier der Kommission aus dem Jahr 2009, in dem diese von einer prinzipiell weiteren Beteiligungsbefugnis der nationalen Wettbewerbsbehörden als der eigenen ausgeht: „*Whereas the Commission has the power to intervene pursuant to Article 15(3)* ***‚where the coherent application of Article 81 or Article 82 of the Treaty so requires‘****, national competition authorities have broader scope to do so on any* ***‚issues relating to the application‘ of Article 81 or 82 EC‘****.*“[996] Dieses entspräche zudem dem in der Kartellverfahrensordnung vor dem Hintergrund der dezentralisierten Anwendung der Artt. 101 f. AEUV (= ex-Artt. 81 f. EG) konsequent umgesetzten Grundverständnis der besonderen Rolle der Kommission als zentrale Hüterin des Gemeinschaftsinteresses bei grundsätzlicher Zuständigkeit der mitgliedsstaatlichen Behörden und Gerichte und v. a. der im Laufe des Gesetzgebungsverfahrens erfolgten Restriktion des Beteiligungsrechts der Kommission dahingehend, dass sie nicht „*aus Gründen des öffentlichen Interesses*“, sondern gerade nur, wenn die kohärente Anwendung dies erfordert, sich beteiligen kann (oben Teil 2, D II 2) 4. c.).[997]

Überlegungen zur dezentralisierten Durchführung des Wettbewerbsrechts stellt denn auch der Generalanwalt in diesem Zusammenhang an und räumt ein, dass der in Art. 15 Abs. 3 Unterabs. 1 S. 3 VO Nr. 1/2003 eingeführte Mechanismus „*zweifellos* ***im Wesentlichen***“ für die Fälle der gerichtlichen Entscheidung über die Anwendung der ex-Artt. 81 f. EG (= Art. 101 f. AEUV) vorgesehen ist,

---

996 Commission Staff Working Paper, Report on the functioning of Regulation 1/2003 v. 29.4.2009, SEC(2009) 574 final, Tz. 283 (S. 81) – Hervorhebungen im Original. Für eine gegenüber der der nationalen Wettbewerbsbehörden eingeschränkte Beteiligungsbefugnis der Kommission auch *Nothdurft*, in: Münchener Kommentar zum Kartellrecht, Bd. 1, Art. 15 VO 1/2003 Rn. 34.

997 Ein Verordnungsentwurf der Kommission kann als bestätigende Begründung eines Auslegungsergebnisses Beachtung finden – vgl. *Riesenhuber*, in: Riesenhuber, Europäische Methodenlehre, § 11 Rn. 28 f.

dieser Fall also ein „*atypischer*" sei.[998] Und wenn er im Anschluss weiter betont, die Regelung spreche von kohärenter Anwendung, nicht von Auslegung,[999] so wirft das die Frage auf, ob nicht genau dieses vielmehr dafür spricht, eine tatsächliche Anwendung der ex-Artt. 81 f. EG (= Artt. 101 f. AEUV) durch das Gericht als schon rein begrifflich vorausgesetzt anzunehmen: Denn es besteht grundsätzlich ein Unterschied zwischen einerseits der Auslegung des Rechts und andererseits seiner Anwendung, den auch das europäische Primärrecht in Art. 19 Abs. 1 S. 2 EUV (= ex-Art. 220 Abs. 1 EG) kennt und den der EuGH[1000] selbst in ständiger Rechtsprechung bei der Frage der Zuständigkeitsverteilung im Verhältnis zum vorlegenden mitgliedsstaatlichen Gericht im Rahmen eines Vorabentscheidungsverfahrens als Kriterium heranzieht. Beide bilden gemeinsam den Rechtsdurchsetzungsprozess; nach der allgemeinen juristischen Methodologie bezeichnet *Auslegung* dabei die Ermittlung der Bedeutung, des Inhalts und der Reichweite einer Regelung, während die *Anwendung* den Prozess der Subsumtion eines konkreten Sachverhalts hierunter meint.[1001] Letztere hat also die Verbindung einer Tatsachenebene mit einer abstrakten Rechtsnorm zum Gegenstand und damit nicht nur die Erlangung eines bestimmten Normverständnisses.

Geradezu widersprüchlich ist es aber weiter, wenn der Generalanwalt und ihm folgend der EuGH – bereits vom Ergebnis ihrer extensiven wörtlichen Auslegung der Regelung ausgehend – die gegen ein solch weites Verständnis des Beteiligungsrechts von der Klägerin des Ausgangsverfahrens und der niederländischen Regierung eingewendeten Tz. 31 bis 35 der Bekanntmachung ABl. 2004 Nr. C 101/54 sowie Erwägungsgrund 21 der VO Nr. 1/2003 schlicht damit abtun, letzterer stelle selbst keine Regelung dar und könne nur zur Auslegung einer solchen beitragen (Tz. 31) bzw. der Inhalt einer Bekanntmachung habe gegenüber einer Verordnung jedenfalls keinen Vorrang (Tz. 32). Denn Satz 4 dieses Erwägungsgrundes geht ausdrücklich davon aus, dass sämtlichen Wettbewerbsbehörden die Möglichkeit zur Stellungnahme gegeben werden muss, „*wenn Artikel 81 oder 82 des Vertrags zur Anwendung kommt.*" Einerseits im Rahmen der wörtlichen Auslegung des Art. 15 Abs. 3 Unterabs. 1 S. 3 VO Nr. 1/2003 den entsprechenden Wortlaut anderer Beteiligungsbefugnisse entgegen zu halten, andererseits den

998 Vgl. Schlussanträge des GA *Mengozzi* vom 5. März 2009 in der Rechtssache C-429/07, Tz. 39–41 und 24 – Hervorhebungen im Original.

999 Schlussanträge des GA *Mengozzi* vom 5. März 2009 in der Rechtssache C-429/07, Tz. 26.

1000 Vgl. *Stotz*, in: Riesenhuber, Europäische Methodenlehre, § 22 Rn. 20 m. w. N.

1001 *Groh*, Die Auslegungsbefugnis des EuGH im Vorabentscheidungsverfahren, 2005, S. 33 f.

Erwägungsgrund – der als solcher unstreitig[1002] und insbesondere nach vorliegend geäußerter Ansicht des EuGH und des Generalanwalts zur Auslegung beitragen kann – hierbei unberücksichtigt zu lassen, vielmehr nur auf dessen fehlende Eignung, eine Verordnungsregelung einzuschränken, zu verweisen, ist nicht überzeugend im Hinblick auf das so gefundene Ergebnis. Denn bei der Auslegung geht es ja zunächst darum, überhaupt einmal den Inhalt der Regelung festzustellen; zudem bezieht sich der EuGH selbst sonst regelmäßig bei der Interpretation sekundären Unionsrechts auf die Begründungserwägungen[1003]. Dass – wie der Generalanwalt weiter ausführt – der Erwägungsgrund 21 den Wortlaut des Art. 15 Abs. 3 VO Nr. 1/2003 nur ungenau widerspiegelt,[1004] entspricht diesem seinem Charakter als Quelle v. a. des gesetzgeberischen Willens,[1005] ist insoweit also grundsätzlich unschädlich und hätte ggf. im Rahmen der Auslegung erörternd Berücksichtigung finden können.

Entsprechendes gilt auch hinsichtlich der Urteilsgründe, soweit sie die oben genannte Bekanntmachung betreffen (Tz. 32), die in ihrer Tz. 31 ausdrücklich von *„einem einzelstaatlichen Gericht, das zur Anwendung der Artikel 81 oder 82 des Vertrags berufen ist“*, spricht.[1006]

1002 Vgl. *Leisner*, EuR 2007, 689, 703; *Müller/Christensen*, Juristische Methodik, Bd. II, Europarecht, 232.3 Rn. 76; *Riesenhuber*, in: Riesenhuber, Europäische Methodenlehre, § 11 Rn. 36.

1003 Vgl. *Müller/Christensen*, Juristische Methodik, Bd. II, Europarecht, 242.3 Rn. 102; *Stotz*, in: Riesenhuber, Europäische Methodenlehre, § 22 Rn. 19 m. w. N.

1004 Vgl. Schlussanträge des GA *Mengozzi* vom 5. März 2009 in der Rechtssache C-429/07, Tz. 45.

1005 *Riesenhuber*, in: Riesenhuber, Europäische Methodenlehre, § 11 Rn. 33. Vgl. auch Gemeinsamer Leitfaden des Europäischen Parlaments, des Rates und der Kommission für Personen, die in den Gemeinschaftsorganen an der Abfassung von Rechtstexten mitwirken, Allgemeine Grundsätze: *„10. Zweck der Erwägungsgründe ist es, die wichtigsten Bestimmungen des verfügenden Teils in knapper Form zu begründen, ohne deren Wortlaut wiederzugeben oder zu paraphrasieren. […] 10.5. Die Erwägungsgründe müssen in möglichst knapper Form die Gründe für die wesentlichen Vorschriften des verfügenden Teils des Rechtsakts angeben. Daraus folgt: 10.5.1. Die Erwägungsgründe müssen eine echte Begründung darstellen. Sie sollten daher weder die Angabe von Rechtsgrundlagen enthalten (die in die Bezugsvermerke gehören) noch eine bloße Wiederholung des Teils einer Vorschrift, die als zuständigkeitsbegründende Rechtsgrundlage dient. Erwägungsgründe sind nutzlos oder verfehlen ihren Zweck, wenn sie nur den Gegenstand des Textes ankündigen oder nur dessen Bestimmungen im Wortlaut wiedergeben oder paraphrasieren, ohne die eigentlichen Gründe anzugeben.“*.

1006 Zur Bedeutung der Bekanntmachungen für die Auslegung des Rechts allgemein vgl. *Ackermann*, in: Riesenhuber, Europäische Methodenlehre, § 21 Rn. 10 f.

Die wörtliche Auslegung des Art. 15 Abs. 3 Unterabs. 1 S. 3 VO Nr. 1/2003 von EuGH und Generalanwalt ist somit keineswegs zwingend und aus den genannten Gründen wenig überzeugend. Gleiches gilt damit hinsichtlich des Schlusses aus diesem extensiven Normverständnis, dass es sich bei dem vorliegenden Fall lediglich um einen „atypischen" der Regelung handelt; aus guten Gründen anzunehmen ist vielmehr, dass dieser nicht mehr vom Wortlaut der Norm erfasst ist.[1007]

b. Die teleologische Urteilsbegründung des EuGH, insbesondere anhand des „Effet utile"

Die weiteren Ausführungen der Urteilsbegründung schließlich stellen das eng an die Schlussanträge des Generalanwalts[1008] anknüpfende Hauptargument des EuGH dar, nach dem zwischen der Geldbuße und der Anwendung der ex-Artt. 81 f. EG (= Artt. 101 f. AEUV) „ein innerer Zusammenhang" derart bestehe (Tz. 37), dass die Wirksamkeit seitens der Wettbewerbsbehörden verhängter Sanktionen die Voraussetzung für eine kohärente Anwendung letzterer sei (Tz. 36 f.). Es ist dieses damit eine einerseits auf die Funktion des Art. 15 VO Nr. 1/2003 bezogene, andererseits v. a. allgemein die Wirksamkeit der wegen kartellrechtswidrigen Verhaltens verhängten Sanktionen verfolgende teleologische Argumentation und Auslegung in der besonderen, europarechtsspezifischen Ausformung des „Effet utile"[1009]. Diese Auslegung geht dabei über die von der niederländischen Regierung und der X BV im Verfahren geäußerte Ansicht hinaus, Art. 15 Abs. 3 VO Nr. 1/2003 habe die Funktion, einerseits eine kohärente Auslegung der ex-Artt. 81 und 82 EG (= Artt. 101 und 102 AEUV) zu gewähren, andererseits den nationalen Gerichten bei der Anwendung dieser zu helfen, so dass die Kommission nur den Zweck einer effektiven Anwendung dieser Regelungen verfolgen dürfe.[1010] Denn sie misst damit der Regelung des Art. 15 Abs. 3 Unterabs. 1

1007 Die Kommission selbst spricht insoweit von einer *„extensiven Auslegung der Möglichkeiten für ein Einschreiten der Kommission als Amicus curiae in nationalen Verfahren"* – Europäische Kommission, Bericht über die Wettbewerbspolitik 2009, Luxemburg: Amt für Veröffentlichungen der Europäischen Union, 2010, Tz. 154 (S. 106). Eine über den Wortlaut hinausgehende Auslegung in diesem Fall bejaht auch *W.-H. Roth*, wrp 2013, 257, Tz. 32.

1008 Vgl. Schlussanträge des GA *Mengozzi* vom 5. März 2009 in der Rechtssache C-429/07, Tz. 53 ff. und 27 ff., die wiederum insoweit im Wesentlichen die Argumentation der Kommission aufgreifen, vgl. Tz. 22 a. E.

1009 Vgl. *Honsell*, in: FS Krejci, 2. Band, 2001, S. 1919, 1933; *Potacs*, EuR 2009, 465, 469.

1010 Wiedergegeben in den Schlussanträgen des GA *Mengozzi* vom 5. März 2009 in der Rechtssache C-429/07, Tz. 21.

S. 3 VO Nr. 1/2003 eine die Kohärenz sichernde Funktion nicht nur im Fall der unmittelbaren Anwendung der Artt. 101 f. AEUV (= ex-Artt. 81 f. EG) in einem Verfahren zu, sondern in jedem Rechtsstreit vor einem mitgliedsstaatlichen Gericht, in dem die Wirksamkeit der Kartellrechtsdurchsetzung auch nur mittelbar betroffen ist. Das Ergebnis der teleologischen Auslegung des EuGH steht damit auch in Widerspruch zu der hier vertretenen, aufgrund der wörtlichen Auslegung gebildeten Ansicht (oben Teil 2, D II 3) 2. a.). Überdies sieht sich die Urteilsbegründung des EuGH bei näherer Betrachtung insoweit ebenfalls ernsthaften Bedenken ausgesetzt, wie die nachfolgenden Ausführungen zeigen werden.

Die teleologische Auslegung durch den EuGH vollzieht sich im Einzelnen folgendermaßen:[1011] Das Gemeinschaftsrecht habe ein umfassendes Überwachungssystem im Hinblick auf Kartelle und Missbräuche marktbeherrschender Stellungen entwickelt, bestehend aus grundsätzlichen Verboten nach ex-Artt. 81 f. EG (= Artt. 101 f. AEUV) und Sanktionen aufgrund von ex-Art. 83 EG (= Art. 103 AEUV), die gemeinsam ein umfassendes Regelungswerk zur Ahndung verbotener wettbewerbswidriger Praktiken bildeten (Tz. 33). Dabei habe ex-Art. 83 Abs. 2 Lit. a EG insbesondere die Gewährleistung einer wirksamen Überwachung hinsichtlich Kartellen und Missbräuchen beherrschender Stellungen zum Ziel (Tz. 34). Der Kommission seien durch das Gemeinschaftsrecht eine Überwachungsaufgabe übertragen und im Hinblick auf deren Erfüllung Befugnisse eingeräumt worden, insbesondere gegenüber gegen ex-Art. 81 oder 82 EG (= Art. 101 oder 102 AEUV) verstoßenden Unternehmen Bußgelder zu verhängen (Tz. 35). Eine Trennung von einerseits grundsätzlichem Verbot wettbewerbswidriger Praktiken und andererseits im Falle eines Verstoßes hiergegen zu verhängender Sanktion *„würde den Maßnahmen“* der die Einhaltung des Verbots überwachenden und für die Ahndung zuständigen Behörde *„jede Wirksamkeit nehmen“* (Tz. 36). Ohne die Zwangsmaßnahmen nach ex-Art. 83 Abs. 2 Lit. a EG wären die Artt. 81 f. EG wirkungslos, weshalb – wie der Generalanwalt in den Schlussanträgen festgestellt habe – *„zwischen den Geldbußen und der Anwendung der Art. 81 EG und 82 EG ein innerer Zusammenhang* [bestehe]*“* (Tz. 36). Damit sei die Wirksamkeit der von den nationalen und gemeinschaftlichen Wettbewerbsbehörden auf Grundlage des Art. 83 Abs. 2 Lit. a EG verhängten Sanktionen eine Voraussetzung für die kohärente Anwendung der Artt. 81 f. EG (= Artt. 101 f. AEUV) (Tz. 37). Und in einem Sanktionen nach Art. 83 Abs. 2 Lit. a EG betreffenden Verfahren könne die gerichtliche Entscheidung daher nicht nur

1011 Vgl. EuGH, Urteil v. 11.6.2009, C-429/07, Tz. 33 ff. = WuW/E EU-R 1572, 1573 f. = WuW 2009, 850, 851 f. – Inspecteur van de Belastingdienst.

deren Wirksamkeit beeinträchtigen, sondern auch die kohärente Anwendung der Artt. 81 f. EG gefährden (Tz. 38).

Für das Ausgangsverfahren zieht der EuGH daraus den Schluss, dass die Entscheidung über die Frage der teilweisen steuerlichen Abzugsfähigkeit der von der Kommission verhängten Geldbuße deren Wirksamkeit als Sanktion beeinträchtigen könnte, denn durch die Berechtigung des bebußten oder jedenfalls eines mit diesem verbundenen Unternehmens, die Geldbuße beim steuerbaren Gewinn in Abzug zu bringen, würde wegen der dann eintretenden Verringerung der Steuerlast eine Kompensation der durch das Bußgeld bedingten Belastung bewirkt (Tz. 39).

Im Ergebnis bejaht der EuGH daher die Vorlagefrage zur Auslegung des Art. 15 Abs. 3 Unterabs. 1 S. 3 VO Nr. 1/2003 und dementsprechend die Befugnis der Kommission zur Stellungnahme im Ausgangsverfahren (Tz. 40).

Den Ausführungen des EuGH ist insoweit zuzustimmen, als sie von einem durch die ex-Artt. 81 bis 83 EG (= Artt. 101 bis 103 AEUV) gebildeten, umfassenden Regelungswerk zur Ahndung wettbewerbswidriger Praktiken und einer zentralen Rolle der Kommission mit entsprechenden Befugnissen hierbei ausgehen. Auch die Annahme und Begründung eines inneren Zusammenhangs von Verbotsnorm und wegen Verstoßes hiergegen verhängter Sanktion leuchten unmittelbar ein und sind daher überzeugend. Gleiches gilt für die seitens des EuGH hieraus gezogene Schlussfolgerung, soweit er in einem gerichtlichen Verfahren über die teilweise steuerliche Abzugsfähigkeit eines Bußgeldes eine potenzielle Gefahr für deren Wirksamkeit sieht. Aus der Wirksamkeit dieser Sanktion eine Voraussetzung für die kohärente Anwendung der Artt. 81 f. EG (= Artt. 101 f. AEUV) i. S. des Art. 15 Abs. 3 Unterabs. 1 S. 3 VO Nr. 1/2003 und damit in letzter Konsequenz die Beteiligungsbefugnis der Kommission in solchem Fall abzuleiten, ist indes nicht ohne weiteres nachvollziehbar und bedarf daher näherer Erörterung und Nachprüfung.

Die Argumentation des EuGH stützt sich im Wesentlichen auf die (angebliche) Notwendigkeit, die *Wirksamkeit* der im Rahmen des umfassenden Überwachungssystems der ex-Artt. 81 bis 83 EG (= Artt. 101 bis 103 AEUV) verhängten Sanktionen zu sichern. Indem er aber solchermaßen die wirksame Durchsetzung der Sanktion als für die kohärente Anwendung der ex-Artt. 81 f. EG (= Artt. 101 f. AEUV) erforderlich betrachtet, legt er Art. 15 Abs. 3 Unterabs. 1 S. 3 VO Nr. 1/2003 ein teleologisches Verständnis zugrunde, das nicht unmittelbar aus dieser auszulegenden Norm selbst folgt, sondern insbesondere im Hinblick auf die genannten primärrechtlichen Regelungen und v. a.

ex-Art. 83 EG (= Art. 103 AEUV) gebildet wird. Es ist dieses eine vom EuGH[1012] häufig angewandte – wegen ihres kaum greifbaren Maßstabs und ihrer kaum begrenzten Reichweite indes oft kritisch betrachtete –[1013], grundsätzlich aber anerkannte Spielart der teleologischen Auslegung einer Norm. Während sie jedoch üblicherweise in zwei auf die auszulegende Regelung selbst bezogenen Varianten angewendet wird, nämlich derart, dass die Regelung so auszulegen ist, dass sie nicht jede Wirksamkeit verliert bzw. dass das Ziel der Regelung bestmöglich erreicht wird,[1014] findet dieser „Effet utile" mitunter auch derart Berücksichtigung bei der Auslegung einer Regelung, dass an die Ratio des gesamten oder von Teilen des Gemeinschaftsrechts angeknüpft wird und der Regelung die Bedeutung zugrunde gelegt wird, mit der die Ziele des Gemeinschaftsrechts am effektivsten erreicht und die Funktionsfähigkeit der Gemeinschaft bestmöglich gewährleistet wird.[1015] So – wie gesehen – auch hier, indem der EuGH seine Auslegung des Art. 15 Abs. 3 Unterabs. 1 S. 3 VO Nr. 1/2003 v. a. im Hinblick auf die Wirksamkeit der in ex-Art. 83 EG (= Art. 103 AEUV) vorgesehenen Sanktionen vornimmt.[1016]

1012 Vgl. zum Kartellrecht EuGH, Beschluss v. 17.01.1980, C-792/79, Tz. 17 f. = Juris – Camera Care/Kommission; EuGH, Urteil v. 20.9.2001, C-453/99, Tz. 25 f. = Juris = Slg. 2001, I-06297 – Courage und Crehan; einen guten Überblick mit zahlreichen Nachweisen zur kartellrechtlichen Rspr. bietet auch *W.-H. Roth*, wrp 2013, 257. Allgemein s. nur EuGH, Urteil v. 22.11.2005, C-144/05, Tz. 77 = Juris – Mangold.

1013 Vgl. BVerfGE 89, 155, 210 – Maastricht. Aus dem Schrifttum s. insbes. *Honsell*, in: FS Krejci, 2. Band, 2001, S. 1919, 1933 ff. und *Wieland*, NJW 2009, 1841 passim.

1014 *Potacs*, EuR 2009, 465, 467 ff. spricht insoweit von einem „effet utile im engeren Sinne" bzw. einem „effet utile im weiteren Sinne"; vgl. auch *Riesenhuber*, in: Riesenhuber, Europäische Methodenlehre, § 11 Rn. 42a und *Pechstein/Drechsler*, in: Riesenhuber, Europäische Methodenlehre, § 8 Rn. 36.

1015 EuGH, Urteil v. 19.11.1991, Slg. 1991, I-5403, 5413, Tz. 31 ff. – Francovich; *Müller/Christensen*, Juristische Methodik, Bd. II, Europarecht, 441.2 Rn. 439; vgl. *Bumiller*, Handbuch des Kartellrechts, § 63 Rn. 7; *Honsell*, in: FS Krejci, 2. Band, 2001, S. 1919, 1933; vgl. ferner auch *W.-H. Roth*, wrp 2013, 257, Tz. 14 ff. unter Hinweis auf EuGH, Urteil v. 29.6.2006, C-289/04, Tz. 61 = Juris – Showa Denko/Kommission.

1016 Ähnlich die Schlussanträge des GA *Mengozzi* vom 5. März 2009 in der Rechtssache C-429/07, Tz. 28 ff., die insoweit von einer *„äußeren Kohärenz"*, i. S. e. *„Wahrung eines logischen und nachvollziehbaren Platzes dieser Bestimmungen im allgemeineren Rahmen des Systems der Gemeinschaftsregeln für den Wettbewerb oder des Vertrags"* ausgehen und diese von der *„inneren Kohärenz der Art. 81 EG oder 82 EG"* i. S. e. *„kohärente*[n] *Anwendung der in diesen Bestimmungen aufgestellten Voraussetzungen"* abgrenzen.

Es geht mit der Auslegungsmethode nach dem Effet utile aber hier noch ein weiterer anerkannter Auslegungsgrundsatz[1017] einher, nämlich der, dass das sekundäre Unionsrecht im Einklang und unter besonderer Beachtung des Primärrechts ausgelegt werden muss. Nach der Rechtsprechung des EuGH ist „jede Vorschrift des Gemeinschaftsrechts in ihrem Zusammenhang zu sehen und im Lichte des gesamten Gemeinschaftsrechts, seiner Ziele und seines Entwicklungsstands zur Zeit der Anwendung der betreffenden Vorschrift auszulegen".[1018]

In besonderer Weise gilt das im europäischen Wettbewerbsrecht, denn die wettbewerbsrechtlichen Regelungen für Unternehmen (v. a. Artt. 101 und 102 AEUV), denen Verfassungsrang zukommt und die als auf den Wettbewerbsschutz gerichtet konstitutive Bedeutung für die europäische Integration hatten und haben (vgl. insbesondere die früheren Regelungen des Art. 3 Abs. 1 Lit. g EG und Art. 2 EG), werden durch weitere Verordnungen, wie beispielweise die VO Nr. 1/2003, ergänzt und bilden so ein System des Wettbewerbsschutzes.[1019]

Dass aber eine solche Auslegungsmethode und folglich auch das darauf gegründete Ergebnis grundsätzlich problematisch sind, liegt auf der Hand, denn das Telos der Norm, ihre Funktion, wird nicht originär aus dieser heraus bestimmt, sondern aufgrund von zunächst außerhalb der konkreten Norm stehenden Erwägungen und Zielsetzungen. Es drängt sich dann nämlich die Frage auf, ob es sich hierbei überhaupt noch um die Ermittlung des gesetzgeberischen Willens hinsichtlich der konkret auszulegenden Norm handelt. Oder ob dieser nicht vielmehr eine andere, eigene Bedeutung zugeschrieben wird, indem sie in einem weiteren oder gar gänzlich anderen Regelungskontext gesehen wird als vom Gesetzgeber beabsichtigt. Eine solche Methode birgt damit grundsätzlich die Gefahr, die Grenzen der noch zulässigen Auslegung bzw. Rechtsfortbildung und damit die eingeräumten Kompetenzen zu überschreiten.[1020]

Bezogen auf das hier interessierende Urteil bedeutet dieses, dass die grundsätzliche Überlegung des EuGH, nach der die Wirksamkeit der Sanktion Voraussetzung für die kohärente Anwendung der ex-Artt. 81 f. EG (= Artt. 101 f.

1017 Vgl. EuGH, Urteil v. 9.3.2006, C-499/04, Tz. 32 = Juris – Werhof; *Mestmäcker/Schweitzer*, Europäisches Wettbewerbsrecht, § 3 Rn. 47; *Neuner*, in: Riesenhuber, Europäische Methodenlehre, § 13 Rn. 34.

1018 EuGH, Urteil v. 6.10.1982, C-283/81, Tz. 20 = Juris = Slg. 1982, I-3415 – C.I.L.F.I.T. u. a. Siehe auch EuGH, Urteil v. 5.2.1963, C-26/62, S. 24 ff. = Juris – van Gend & Loos.

1019 Vgl. *Ackermann*, in: Riesenhuber, Europäische Methodenlehre, § 21 Rn. 4 und 6; *Mestmäcker/Schweitzer*, Europäisches Wettbewerbsrecht, § 3 Rn. 39 ff.

1020 Ähnlich *Müller/Christensen*, Juristische Methodik, Bd. II, Europarecht, 442. Rn. 448.

AEUV) ist und folglich die Entscheidung eines Verfahrens, die die Wirksamkeit der Sanktion beeinträchtigen kann, zugleich diese Anwendung potenziell gefährdet, einer sorgfältigen Untersuchung vor dem Hintergrund der vom Verordnungsgeber (dem Rat) mit Erlass des Art. 15 Abs. 3 Unterabs. 1 S. 3 VO Nr. 1/2003 subjektiv-historisch wie objektiv verfolgten Zielsetzungen[1021] bedarf.

Dass Art. 15 VO Nr. 1/2003 als im Zuge der Dezentralisierung der Kartellrechtsanwendung zur Sicherung der dadurch in besonderer Weise gefährdeten kohärenten Anwendung der ex-Artt. 81 f. EG (= Artt. 101 f. AEUV) eingeführt worden ist, wurde oben im Zusammenhang mit der wörtlichen Auslegung bereits erwähnt und an anderer Stelle ausführlich dargestellt (dazu oben Teil 2, D II 2)), auf diese Ausführungen sei daher hier verwiesen, indes auf die insoweit wichtigsten Gesichtspunkte nochmals ausdrücklich hingewiesen: Mit der beabsichtigten Entlastung der Kommission durch Aufhebung ihres Freistellungsmonopols und der Einführung eines dezentralisierten Legalausnahmesystems im europäischen Kartellrecht ging zugleich die Entscheidung des Verordnungsgebers für eine verstärkte Kompetenz und mehr Verantwortung seitens der mitgliedsstaatlichen Gerichte bei der Rechtsanwendung einher.[1022] Um die damit verbundenen Schwierigkeiten für die Gerichte zu erleichtern (im Besonderen betrifft dieses die Anwendung des Art. 101 Abs. 3 AEUV), kommt der nach Art. 15 Abs. 3 Unterabs. 1 S. 3 VO Nr. 1/2003 erteilten Stellungnahme der Kommission einerseits eine unterstützende, daneben aber auch eine ganz vordergründig auf die einheitliche Rechtsanwendung abzielende Funktion zu. Dieses v. a. auch im Hinblick auf die durch die verstärkte privatrechtliche Kartellrechtsdurchsetzung gesteigerte Gefahr divergierender Entscheidungen in Parallelverfahren, der insbesondere auch durch die insoweit funktional-parallele Regelung des Art. 16 Abs. 1 VO Nr. 1/2003 entgegen gewirkt werden soll (dazu oben Teil 2, D II 2) 3.). Art. 15 VO Nr. 1/2003 stellt überdies eine der richterlichen Unabhängigkeit besonders Rechnung tragende Parallelregelung zu den Art. 11 ff. VO Nr. 1/2003 für das laufende Verfahren dar (vgl. oben unter Teil 2, D II 2)). Neben dem Wortlaut und der Systematik des Gesetzes macht somit auch die Entstehungsgeschichte der VO Nr. 1/2003 deutlich, dass der Verordnungsgeber gerade diesen mit der dezentralisierten und wegen Art. 3 VO Nr. 1/2003 zwingenden Anwendung der

---

1021 Zur besonderen Bedeutung des gesetzgeberischen Willens bei der Auslegung *Riesenhuber*, in: Riesenhuber, Europäische Methodenlehre, § 11 Rn. 9 ff., 40 f. und 50 ff.; *Stotz*, in: Riesenhuber, Europäische Methodenlehre, § 22 Rn. 13 ff.; zur Methode der teleologischen Auslegung des Gemeinschaftsrechts allgemein *Grundmann/Riesenhuber*, JuS 2001, 529, 531 ff.; *Leisner*, EuR 2007, 689 ff.

1022 Vgl. *Bartels*, ZfRV 2002, 83, 84; *Kamann/Horstkotte*, WuW 2001, 458, 466.

Artt. 101 f. AEUV (= ex-Artt. 81 f. EG) spezifisch verbundenen Problemen einer einheitlichen Anwendung abhelfen wollte.

Der gesetzgeberische Wille bezieht sich damit darauf, bei tatsächlicher Anwendung dieser Wettbewerbsregeln Stellungnahmen zur Sicherung der kohärenten Anwendung zuzulassen, nicht aber stets dann ein Beteiligungsrecht der Kommission zu eröffnen, wenn ein gerichtliches Verfahren diese Regelungen auch nur mittelbar berührt. Besonders deutlich wird dieser Gesetzgebungswille nicht nur an der im Laufe des Gesetzgebungsverfahrens erfolgten Restriktion des Beteiligungsrechts des Kommission und in dem bereits oben erörterten Erwägungsgrund 21 der Kartellverfahrensordnung. Insbesondere den Erwägungsgründen insgesamt lässt sich dieser gesetzgeberische Wille entnehmen, die im Rahmen der teleologischen Auslegung grundsätzlich einen besonderen Aussagewert haben,[1023] die der EuGH indes vorliegend in diesem Zusammenhang gänzlich unberücksichtigt gelassen hat. Denn sprechen sie von „Anwendung“, so ist dieser Ausdruck stets (vgl. Erwägungsgründe 1 Satz 1; 4; 6; 17 Satz 1; 19 Satz 5 (!) und 35 der VO Nr. 1/2003) und gerade im Zusammenhang mit der Tätigkeit der einzelstaatlichen *Gerichte* (vgl. Erwägungsgründe 7 und 34 der VO Nr. 1/2003) im obigen Sinne eines Subsumtionsprozesses eines Sachverhaltes unter diese Regelungen gebraucht. Insbesondere die nach Art. 10 VO Nr. 1/2003 eingeräumte Möglichkeit einer deklaratorischen Nichtanwendungsentscheidung der Kommission als solche und die diesbezüglichen Ausführungen in Erwägungsgrund 14 der VO Nr. 1/2003 machen deutlich, dass der Rat bei Erlass der Verordnung prinzipiell und allein die Situation vor Augen hatte, dass künftig die Wettbewerbsbehörden oder Gerichte vor die Herausforderung einer „richtigen“ Subsumtion eines konkreten Falls unter die Regelungen der ex-Artt. 81 f. EG (= Artt. 101 f. AEUV) gestellt sein werden und folglich die Einheitlichkeit der Anwendung in den einzelnen Mitgliedsstaaten grundsätzlich besonderer Sicherung bedarf. Das Recht der Kommission zur Abgabe einer Stellungnahme nach Art. 15 Abs. 3 Unterabs. 1 S. 3 VO Nr. 1/2003 ist danach auch nur für diesen Fall eröffnet. Ein (historisch-subjektiver) gesetzgeberischer Wille, diese Befugnis weiter zu fassen, insbesondere auf einen – wie den vorliegenden – Fall zu erstrecken, in dem das Gericht über die steuerliche Abzugsfähigkeit einer von der Kommission nach Art. 23 VO Nr. 1/2003 verhängten Geldbuße, also mittelbar deren praktische Wirksamkeit, zu entscheiden hat, ist nicht ersichtlich. Denn das Gericht ist dann nicht mit

1023 *Pechstein/Drechsler*, in: Riesenhuber, Europäische Methodenlehre, § 8 Rn. 31; *Riesenhuber*, in: Riesenhuber, Europäische Methodenlehre, § 11 Rn. 33 und 36.

der Anwendung der Artt. 101 f. AEUV (= ex-Artt. 81 f. EG) befasst und folglich auch nicht vor die damit spezifisch verbundenen Schwierigkeiten gestellt, sondern seine Entscheidung berührt nur die *Durchsetzung* einer in Anwendung der Regelungen seitens der Kommission verhängten Sanktion.

Oder anders gewendet: Während Art. 15 Abs. 3 Unterabs. 1 S. 3 VO Nr. 1/2003 auf die unmittelbare Anwendung der Artt. 101 f. AEUV (= ex-Artt. 81 f. EG) abzielt, sozusagen die „Primärebene" betrifft, spielt sich dieser der Vorlagefrage zugrunde liegende Fall allein auf der „Sekundärebene" ab – unmittelbar angewendet hat die Regelungen allein die Kommission, das mitgliedsstaatliche Gericht hingegen kann durch seine Entscheidung nur die nachfolgende tatsächliche Durchsetzung beeinträchtigen. Insoweit aber noch – wie der EuGH in diesem Fall – von einer Normanwendung zu sprechen, findet weder im Wortlaut des Gesetzes noch in der Zielsetzung des Verordnungsgebers einen Anknüpfungspunkt. Im Gegenteil, Art. 103 Abs. 2 Lit. a AEUV (= ex-Art. 83 Abs. 2 Lit. a EG), der einmal die Geldbuße als Mittel der Durchsetzung der Artt. 101 f. AEUV (= ex-Artt. 81 f. EG) beschreibt sowie deren inneren Zusammenhang insoweit herstellt und zudem die Grundlage der Sanktionsbefugnis der Kommission darstellt, wird gerade nicht durch Art. 15 VO Nr. 1/2003 mit in Bezug genommen.[1024] Im Umkehrschluss kann man daraus auch objektiv ableiten, dass der Verordnungsgeber nur bei unmittelbarer Anwendung der Artt. 101 f. AEUV (= ex-Artt. 81 f. EG) durch die Gerichte (und wenn die Kohärenz dieser Anwendung es erfordert) eine Befugnis der Kommission zur Abgabe einer Stellungnahme einräumen wollte.

Diese daher – jedenfalls nach hier vertretener Ansicht – gegen den Wortlaut und gegen die subjektiv-historische wie auch objektive gesetzgeberische Zielsetzung erfolgte Auslegung des Art. 15 Abs. 3 Unterabs. 1 S. 3 VO Nr. 1/2003 durch den EuGH erweist sich indes nicht nur insoweit als zweifelhaft.

Ernsthafte Bedenken bestehen gegen die teleologischen Begründungen auch, soweit sie die Wirksamkeit der auf Grundlage des ex-Art. 83 EG (= Art. 103 AEUV) ergangenen Sanktionen und den darauf bezogenen Effet utile betreffen; denn auch dieser gilt nicht schrankenlos (dazu noch unten).

1024 Auf diesen Einwand weisen auch die Schlussanträge des GA *Mengozzi* vom 5. März 2009 in der Rechtssache C-429/07, Tz. 36 f. hin; sein hiergegen gerichtetes Argument, es würde dann der *„‚zweckgerichtete Charakter' der Geldbußen"* verkannt, die eines der Mittel der Kommission darstellten, ihre durch das Gemeinschaftsrecht übertragene Überwachungsaufgabe zu erfüllen, vermag diesen aus den oben genannten Gründen indes nicht zu entkräften.

Wobei ausdrücklich darauf hingewiesen sei, dass bei den diesbezüglichen, folgenden Ausführungen nicht die methodologische Frage im Zentrum stehen soll, ob es sich um eine unzulässige Rechtsfortbildung durch den EuGH handelt, weil Art. 15 Abs. 3 Unterabs. 1 S. 3 VO Nr. 1/2003 fehlerhaft ausgelegt ist oder weil die Voraussetzungen der zulässigen Rechtsfortbildung überschritten wurden. Gegenstand der Darstellung sind vielmehr die sich in diesem Fall spezifisch (kartellverfahrensrechtlich) stellenden Fragen. Denn die grundsätzliche Befugnis des EuGH zur Rechtsfortbildung ist anerkannt[1025] und findet eine (gesetzliche) Grundlage in Art. 2 EUV und Art. 19 Abs. 1 S. 2 EUV sowie historisch in dem auf die fortschreitende Entwicklung auch durch die Rechtsprechung gerichteten Charakter des Gemeinschaftsrechts.[1026] Gerade im Hinblick darauf ist die Abgrenzung von Auslegung und Rechtsfortbildung überdies mitunter nicht leicht vorzunehmen;[1027] der EuGH selbst differenziert zudem terminologisch insoweit nicht, sondern spricht einheitlich von „interprétation" (= Auslegung)[1028]. Der Sache nach kommt es zwar grundsätzlich auf die Unterscheidung an, weil die Rechtsfortbildung anders als die Auslegung der Rechtfertigung – konkret einer planwidrigen Regelungslücke – bedarf, denn sie tangiert nicht nur den Kompetenzbereich des Gesetzgebers, sondern betrifft auch die Kompetenzabgrenzung zwischen Union und Mitgliedsstaaten.[1029] Ob man aber aufgrund der nachfolgenden Ausführungen im vorliegenden Fall eine solche Legitimation verneinen oder statt dessen eine fehlerhafte Auslegung seitens des EuGH annehmen möchte, weil dem Primärrecht nicht in jeder Hinsicht Rechnung getragen wird, ist letztlich für die im Interesse dieser Arbeit stehenden Fragen bedeutungslos.

Dass dem Primärrecht bei der Auslegung in besonderer Weise Rechnung zu tragen ist, wurde bereits ausgeführt; unter weiterem Rückgriff auf den Effet utile

---

1025 BVerfG, Beschluss vom 8.4.1987, 2 BvR 687/85, Tz. 51 ff. = Juris = BVerfGE 75, 223, 242 ff. – Kloppenburg; *Neuner*, in: Riesenhuber, Europäische Methodenlehre, § 13 Rn. 8.

1026 Vgl. *Mestmäcker/Schweitzer*, Europäisches Wettbewerbsrecht, § 3 Rn. 30.

1027 Vgl. *Mestmäcker/Schweitzer*, Europäisches Wettbewerbsrecht, § 3 Rn. 30; *Potacs*, EuR 2009, 465, 470 f.

1028 *Neuner*, in: Riesenhuber, Europäische Methodenlehre, § 13 Rn. 2; *Riesenhuber*, in: Riesenhuber, Europäische Methodenlehre, § 11 Rn. 3. Nach *Stotz*, in: Riesenhuber, Europäische Methodenlehre, § 22 Rn. 17 *„liegt auch die Rechtsfortbildung im Spektrum der teleologischen Auslegung"*.

1029 *Grundmann/Riesenhuber*, JuS 2001, 529, 535; *Neuner*, in: Riesenhuber, Europäische Methodenlehre, § 13 Rn. 2.

wird dessen (größtmögliche) Wirksamkeit im Wege der teleologischen Auslegung hergestellt, der unter den Auslegungsmethoden eine besondere (vorrangige) Bedeutung zukommt.[1030] Innerhalb des Primärrechts wiederum haben die Wettbewerbsregeln als für die Integration und die Errichtung des Binnenmarkts (vgl. Art. 3 Abs. 3 EUV) elementare Regelungen einen wichtigen Stellenwert,[1031] dieses gilt daher auch für deren kohärente Anwendung als notwendige Voraussetzung für die Erreichung dieser Zielsetzung.[1032] Indes darf (sekundäres) Unionsrecht nicht einseitig, sondern muss im Lichte des *gesamten* Primärrechts ausgelegt werden. Gegen dieses – sein eigenes Postulat – könnte der EuGH hier verstoßen, indem er Art. 15 Abs. 3 Unterabs. 1 S. 3 VO Nr. 1/2003 allein im Hinblick auf das Ziel auslegt, insbesondere ex-Art. 83 EG (= Art. 103 AEUV) seine Wirksamkeit und dadurch die kohärente Anwendung der ex-Artt. 81 f. EG (= Artt. 101 f. AEUV) zu sichern. Denn auch der Rückgriff auf den Effet utile erfolgt nicht grenzenlos, vielmehr sind bei der Auslegung prinzipiell auch die rechtsstaatlichen Grundsätze,[1033] insbesondere der in Art. 5 Abs. 4 EUV (= ex-Art. 5 Abs. 3 EG)[1034] geregelte Verhältnismäßigkeitsgrundsatz zu berücksichtigen.[1035]

Und weil die Befugnis der Kommission zur Abgabe einer Stellungnahme in einem mitgliedsstaatlichen Gerichtsverfahren automatisch auch Interessen des entsprechenden Mitgliedsstaats berührt, wirft das die Frage auf, ob sich die seitens des EuGH vorgenommene Auslegung des Art. 15 Abs. 3 Unterabs. 1 S. 3 VO Nr. 1/2003 und das dadurch gewonnene sehr weite Verständnis der Befugnis der Kommission als verhältnismäßig im Bezug auf die Verfahrensautonomie der Mitgliedsstaaten darstellt (vgl. insoweit Erwägungsgrund 21 Satz 5 der VO Nr. 1/2003).[1036] Wobei heute als anerkannt vorausgesetzt werden kann, dass der

---

1030 Vgl. nur *Riesenhuber*, in: Riesenhuber, Europäische Methodenlehre, § 11 Rn. 47 ff.

1031 Vgl. *Mestmäcker/Schweitzer*, Europäisches Wettbewerbsrecht, § 3 Rn. 65.

1032 Vgl. *Riesenhuber*, in: Riesenhuber, Europäische Methodenlehre § 21 Rn. 4 und 24 f.

1033 Vgl. EuGH, Beschluss vom 19.2.2009, C-557/07, Tz. 29 = Juris – LSG-Gesellschaft zur Wahrnehmung von Leistungsschutzrechten; EuGH, Urteil v. 10.7.2008, C-413/06, Tz. 174 = Juris – Bertelsmann und Sony Corporation of America/Impala.

1034 Dazu *Calliess*, in Calliess/Ruffert, EUV/AEUV, Kommentar, Art. 5 EUV Rn. 44 m. w. N.

1035 *Potacs*, EuR 2009, 465, 476 ff.; vgl. auch *Neuner*, in: Riesenhuber, Europäische Methodenlehre, § 13 Rn. 35; *Stotz*, in: Riesenhuber, Europäische Methodenlehre, § 22 Rn. 19a f.; vgl. auch EuGH, Urteil v. 19.10.2004, C-200/02, Tz. 32 f. = Juris = Slg. 2004, I-9951 – Zhu und Chen.

1036 Die Befugnis, sich an einem gerichtlichen Verfahren in Eigeninitiative mit einer (rechtlichen) Stellungnahme zu beteiligen, wirft automatisch auch die Frage nach der Unabhängigkeit des Gerichts (vgl. Art. 6 EUV i. V. m. Art. 6 Abs. 1 EMRK; Art. 47

Grundsatz der Verhältnismäßigkeit grundsätzlich auch im Verhältnis von Union und Mitgliedsstaat Geltung beansprucht.[1037] Gleichermaßen ist vorliegend von der Prämisse der grundsätzlichen Verfahrensautonomie der Mitgliedsstaaten auszugehen;[1038] die für den Vollzug von Unionsrecht heute eine primärrechtliche Verankerung in Art. 291 Abs. 1 AEUV findet.[1039] Auf die denn auch allgemein von der niederländischen Regierung geltend gemachte Missachtung der Verfahrensautonomie im Falle einer Beteiligung der Kommission im Ausgangsverfahren geht der EuGH in seinem Urteil nicht ein; während die Schlussanträge des Generalanwalts diese Rüge mit dem zirkelschlussartigen Argument zurückweisen, „dass eine solche Überschreitung nicht vorliegen kann, wenn wie im vorliegenden Fall, das Vorgehen der Kommission in den Anwendungsbereich von Art. 15 Abs. 3 Unterabs. 1 Satz 3 der Verordnung Nr. 1/2003 fällt."[1040] Indes ist Letzteres gerade die Frage, die es zu klären gilt.

Im Wesentlichen wie aus dem deutschen Recht bekannt, prüft der EuGH die Verhältnismäßigkeit einer Maßnahme in einem Dreischritt, nämlich auf ihre Geeignetheit, Erforderlichkeit und Angemessenheit bzw. Verhältnismäßigkeit i. e. S. hin.[1041] Schwerpunkt der Prüfung ist dabei in der Regel die Frage der Erforderlichkeit, während sich bezüglich der Angemessenheit einer Maßnahme stellende Fragen häufig mit dieser zusammen oder gar nicht[1042] erörtert und auf

Abs. 2 EU-GR-Charta bzw. Art. 97 Abs. 1 GG; § 1 GVG) auf; dieser soll indes in diesem Zusammenhang nur am Rande, vielmehr an anderer Stelle und grundsätzlich nachgegangen werden (unten Teil 2, E I). Denn die Bedeutung der vorliegend interessierenden Entscheidung liegt weniger in der Befugnis zu einer Beteiligung als solcher als v. a. in der politischen Dimension der durch den EuGH solchermaßen bestimmten Reichweite der Befugnis (dazu noch unten Teil 2, D II 3) 4.).

1037 Vgl. BVerfGE 89, 155, 212 – Maastricht. Dazu und zur früheren Diskussion um diese Frage *Calliess*, in Calliess/Ruffert, EUV/AEUV, Kommentar, Art. 5 EUV Rn. 46 m. w. N.; vgl. auch EuGH, Urteil v. 22.10.1998, C-37/97, Tz. 33 f. = Juris.

1038 Vgl. EuGH, Urteil v. 7.12.2010, C-439/08, Tz. 63 f. – VEBIC; EuGH, Urteil v. 16.12.1976, C-33/76, Tz. 5 f. = Juris – Rewe-Zentralfinanz und Rewe-Zentral; *Bumiller*, Handbuch des Kartellrechts, § 62 Rn. 3. Vgl. auch *Calliess*, in Calliess/Ruffert, EUV/AEUV, Kommentar, Art. 4 EUV Rn. 77 m. w. N.: „[...] *Ausgestaltung des gerichtlichen Verfahrens* [...] *sind* [...] *grundsätzlich Sache der innerstaatlichen Rechtsordnungen der Mitgliedsstaaten.*".

1039 Vgl. *Calliess*, in Calliess/Ruffert, EUV/AEUV, Kommentar, Art. 4 EUV Rn. 61.

1040 Vgl. Schlussanträge des GA *Mengozzi* vom 5. März 2009 in der Rechtssache C-429/07, Tz. 58 und 65.

1041 Vgl. *Kischel*, EuR 2000, 380, 383 und 391 sowie passim.

1042 Vgl. EuGH, Urteil v. 22.10.1998, C-37/97, Tz. 33 = Juris.

die Geeignetheit nur kurz eingegangen wird; durch Letztere werden regelmäßig nur Extremfälle ausgeschieden, also Maßnahmen, die offensichtlich als für die verfolgte Zielsetzung ungeeignet erscheinen.[1043]

Im vorliegenden Fall erscheint die Abgabe einer Stellungnahme der Kommission im gerichtlichen Verfahren zu der Frage der (teilweisen) steuerlichen Abzugsfähigkeit eines von ihr verhängten Bußgeldes jedenfalls nicht von vornherein ungeeignet, das Erreichen des Ziels – die Wirksamkeit dieser Sanktion durch eine entsprechende Entscheidung des Gerichts zu sichern – zumindest zu fördern. Indes ist jedenfalls eine derart weite Auslegung der Beteiligungsbefugnis der Kommission nach Art. 15 Abs. 3 Unterabs. 1 S. 3 VO Nr. 1/2003, dass die kohärente Anwendung der ex-Artt. 81 f. EG (= Artt. 101 f. AEUV) eine Stellungnahme auch dann erfordern soll, wenn das gerichtliche Verfahren diese nicht betrifft, mit der Folge, dass die Kommission sich auf Eigeninitiative in einem solchen steuerrechtlichen Verfahren beteiligen kann, weder erforderlich noch angemessen. Als erforderlich gilt, was für die Erreichung des Zwecks notwendig ist, insoweit sind insbesondere mögliche andere – weniger einschneidende – Mittel zu erwägen.[1044] Die Angemessenheit bestimmt sich generell durch eine Abwägung von einerseits dem Nutzen der Maßnahme und andererseits der dadurch beeinträchtigten Position,[1045] also hier der sehr weiten Auslegung der Befugnisnorm und der Verfahrensautonomie der Mitgliedsstaaten.

Eine Ausweitung der Befugnis der Kommission auf Verfahrenskonstellationen wie die vorliegende ist danach nicht erforderlich, weil es zur Sicherung der Wirksamkeit der Geldbußen nicht der Stellungnahme der Kommission im Verfahren bedarf. Denn bereits aus dem Grundsatz der loyalen Zusammenarbeit nach Art. 4 Abs. 3 EUV (= ex-Art. 10 EG), der als allgemeiner und für die Funktionsfähigkeit der Union fundamentaler Rechtsgrundsatz im gesamten Unionsrecht gilt,[1046] folgen für die Mitgliedsstaaten und insbesondere auch deren Gerichte sämtlicher Gerichtszweige Treuepflichten gegenüber der Union.[1047] Dazu gehört neben der Pflicht des nationalen Gesetzgebers, sein Recht so auszugestalten,

1043 Vgl. *Calliess*, in Calliess/Ruffert, EUV/AEUV, Kommentar, Art. 5 EUV Rn. 45 m. w. N.; *Kischel*, EuR 2000, 380, 386 f.

1044 *Calliess*, in Calliess/Ruffert, EUV/AEUV, Kommentar, Art. 5 EUV Rn. 45 m. w. N.; vgl. auch *Kischel*, EuR 2000, 380, 383 f.

1045 Vgl. *Calliess*, in Calliess/Ruffert, EUV/AEUV, Kommentar, Art. 5 EUV Rn. 45 m. w. N.; *Kischel*, EuR 2000, 380, 383 f.

1046 Vgl. *Calliess*, in Calliess/Ruffert, EUV/AEUV, Kommentar, Art. 5 EUV Rn. 34 f. m. w. N.

1047 Vgl. *Calliess*, in Calliess/Ruffert, EUV/AEUV, Kommentar, Art. 5 EUV Rn. 76.

dass die unionsrechtlichen Vorgaben ihre volle praktische Wirksamkeit entfalten können,[1048] insbesondere auch die Pflicht der Gerichte,[1049] das nationale Recht unionsrechtskonform auszulegen. Ebenso besteht nach Art. 4 Abs. 3 Unterabs. 2 letzter Satz EUV (= ex-Art. 5 Abs. 2 EG), die allgemeine Pflicht der Mitgliedsstaaten, die Verwirklichung der Vertragsziele potenziell gefährdende Maßnahmen zu unterlassen, wobei vom Schutz dieses allgemeinen Beeinträchtigungsverbots insbesondere auch zum Vollzug des Unionsrechts ergangene Maßnahmen erfasst sind.[1050] Damit lässt sich aus diesen allgemeinen Grundsätzen bezogen auf den vorliegenden Ausgangsfall die konkrete Pflicht der mitgliedsstaatlichen Gerichte ableiten, die Frage, ob nach einer nationalen Regelung die wegen Verstoßes gegen ex-Art. 81 oder 82 EG (= Art. 101 oder 102 AEUV) aufgrund von ex-Art. 83 EG (= Art. 103 AEUV) verhängten Bußgelder steuerlich abzugsfähig sind, mit der Maßgabe, dass die volle Wirksamkeit der zur Durchsetzung der unionsrechtlichen Wettbewerbsregeln verhängten Sanktionen erhalten bleiben muss, zu beantworten. Gegebenenfalls muss das Gericht dem Anwendungsvorrang des Primärrechts der Union Rechnung tragen und die entsprechende mitgliedsstaatliche Norm unangewendet lassen bzw. bei Unsicherheit darüber, ob Artt. 101 ff. AEUV (= ex-Artt. 81 ff. EG) dieser Regelung entgegenstehen, sich mit einer entsprechenden Vorlage nach Art. 267 Abs. 1 AEUV (= ex-Art. 243 Abs. 1 EG) an den EuGH wenden.[1051] Kommt das Gericht diesen Pflichten nicht nach, besteht die Möglichkeit eines Vertragsverletzungsverfahrens nach Art. 258 AEUV (= ex-Art. 226 EG). Einer extensiven Auslegung des Art. 15 Abs. 3 Unterabs. 1 S. 3 VO Nr. 1/2003 und der damit begründeten Befugnis der Kommission zu Stellungnahmen in Fällen wie dem des Ausgangsverfahrens hätte es damit nicht bedurft. Denn der Schutz der Wirksamkeit der Bußgelder ist über andere – im Übrigen neben dem Dezentralisierungsbestreben auch der allgemeinen Wertung des Subsidiaritätsprinzips gemäß Art. 5 Abs. 3 EUV (= ex-Art. 5 Abs. 2 EG) eher entsprechende –[1052] Mechanismen hinreichend gewährleistet.

1048 *Calliess*, in Calliess/Ruffert, EUV/AEUV, Kommentar, Art. 5 EUV Rn. 54 m. w. N.

1049 EuGH, Urteil v. 9.3.1978, C-106/77, Tz 14/16 f. = Juris – Simmenthal; EuGH, Urteil v. 10.4.1984, C-14/83, Tz. 26 = Juris – von Colson und Kamann; EuGH, Urteil v. 18.3.2004, C-8/02, Tz. 58 = Juris = Slg. 2004, I-2659 – Leichtle; *Stotz*, in: Riesenhuber, Europäische Methodenlehre, § 22 Rn. 30 ff.

1050 Vgl. *Calliess*, in Calliess/Ruffert, EUV/AEUV, Kommentar, Art. 5 EUV Rn. 96.

1051 Auf letztere Möglichkeit weisen ausdrücklich auch die Schlussanträge des GA *Mengozzi* vom 5. März 2009 in der Rechtssache C-429/07, Tz. 66 hin.

1052 Zur Relativierung der Auslegung nach dem Effet utile durch das Subsidiaritätsprinzip *Potacs*, EuR 2009, 465, 477 f.

Überdies führt eine Stellungnahme zur Frage der steuerlichen Abzugsfähigkeit des Bußgelds keineswegs zur definitiven Sicherung der Wirksamkeit dieser Sanktion und damit insbesondere auch nicht zwingend zur kohärenten Anwendung der Wettbewerbsregeln. Eine Stellungnahme liefert wegen ihrer Unverbindlichkeit letztlich überhaupt nur einen rechtlichen Informationsgewinn, dem das Gericht nicht zwingend folgen muss (dazu insbes. unten Teil 2, E I).[1053] Trotz einer vielleicht bestehenden faktischen Bindung[1054] wird es letztlich – wie *Bornkamm* (nunmehr) betont – maßgeblich darauf ankommen, ob die Kommission in ihrer Stellungnahme überzeugend argumentiert, also nicht auf die Autorität ihres Amtes.[1055] Dass Gericht wird dieser also nicht blind folgen, sondern ggf. abweichend hiervon entscheiden. Die Kohärenz vollständig sichern kann eine Stellungnahme folglich nicht.[1056] Daran vermag auch die sich regelmäßig im Falle einer Divergenz der Ansichten des Gerichts und der Kommission gleichermaßen aufdrängende Frage einer Vorlage der konkreten Rechtsfrage an den EuGH zur Vorabentscheidung nach Art. 267 Abs. 1 AEUV (= ex-Art. 243 Abs. 1 EG),[1057] die sich jedenfalls für letztinstanzliche Gerichte dann sogar zu einer entsprechenden Pflicht nach Abs. 3 dieser Vorschrift verdichten kann,[1058] nichts zu ändern, im Gegenteil. Es ist dann nämlich der EuGH, der durch seine (verbindliche!) Entscheidung die Klärung und Kohärenz herstellt; die Stellungnahme provoziert lediglich, was das Gericht ohnehin durch Ausübung seines Rechts bzw. seiner Pflicht nach Art. 267 AEUV (= ex-Art. 243 EG) herbeiführen kann. Dieses gilt zwar stets für Stellungnahmen nach Art. 15 (Abs. 3 Unterabs. 1 S. 3) VO Nr. 1/2003. In einem Fall wie dem vorliegenden entfällt darüber hinaus aber auch die Funktion der Unterstützung des Gerichts (vgl. oben Teil 2, D II 2) 4. c.), denn mangels unmittelbarer Anwendung der Artt. 101 f. AEUV (= ex-Artt. 81 f. EG) kann diese an die spezifisch hieraus folgenden Schwierigkeiten anknüpfende Funktion nicht Raum greifen.

1053 Vgl. *de Bronett*, Europäisches Kartellverfahrensrecht – Kommentar zur VO 1/2003, Artikel 15. Rn. 13; *Nothdurft*, in: Münchener Kommentar zum Kartellrecht, Bd. 1, Art. 15 VO 1/2003 Rn. 26; *Zuber*, in: Loewenheim/Meessen/Riesenkampff, Kartellrecht, Art. 15 VerfVO Rn. 23.

1054 *Durner*, EuR 2004, 547, 550; vgl. auch *Bornkamm/Becker*, ZWeR 2005, 213, 230.

1055 *Bornkamm*, in: Langen/Bunte, Bd. 1, Deutsches Kartellrecht, § 90a Rn. 3.

1056 Darauf weist auch *Bartels*, ZfRV 2002, 83, 94 in anderem Zusammenhang hin.

1057 Vgl. *Bornkamm/Becker*, ZWeR 2005, 213, 230.

1058 *Bornkamm*, in: Langen/Bunte, Bd. 1, Deutsches Kartellrecht, § 90a Rn. 2; *Nothdurft*, in: Münchener Kommentar zum Kartellrecht, Bd. 1, Art. 15 VO 1/2003 Rn. 26; *Zuber*, in: Loewenheim/Meessen/Riesenkampff, Kartellrecht, Art. 15 VerfVO Rn. 23.

Entsprechendes gilt teilweise für die Funktion der Kohärenzsicherung, denn gesichert wird nur noch die *Wirksamkeit* einer schon getroffenen Entscheidung (vgl. vorstehend). Dem stets bei der Erteilung einer Stellungnahme gegebenen Eingriff in die Verfahrensautonomie der Mitgliedsstaaten steht damit in einer solchen Konstellation eine funktional verkürzte Beteiligung der Kommission gegenüber. Durch die Ausweitung der Norm auf einen solch atypischen Fall ist damit aber nicht nur das der Vorstellung des Verordnungsgebers zugrunde liegende, von dem typischen Fall ausgehende Verhältnis von mit der Regelung grundsätzlich verbundenem Nutzen und Eingriff in die Verfahrensautonomie verschoben (vgl. Erwägungsgrund 34 der VO Nr. 1/2003). Nach dem oben Ausgeführten stehen insbesondere auch bei der für die Frage der Angemessenheit maßgeblichen absoluten Betrachtung einerseits des Eingriffs aufgrund einer infolge der Auslegung durch den EuGH zulässigen Stellungnahme, andererseits des damit konkret verbundenen Nutzens diese in einem Missverhältnis, so dass eine solch weit eingeräumte Befugnis nicht mehr als angemessen erscheint. Von einer *Erforderlichkeit* für die kohärente Anwendung – wie sie die Befugnis nach Art. 15 Abs. 3 Unterabs. 1 S. 3 VO Nr. 1/2003 ausdrücklich voraussetzt – kann dann ebenfalls nicht mehr gesprochen werden.

Überdies nähert sich diese ursprünglich aus dem Grundsatz der loyalen Zusammenarbeit erwachsene und auf Kooperation abzielende Verfahrensbefugnis (vgl. oben Teil 2, D I) dadurch funktional einem Instrument der Kontrolle der Kommission gegenüber dem Gericht an (dazu näher unten Teil 2, D II 3) 4.).

Damit stellt sich die gegen die gesetzgeberische Zielsetzung und unter Rückgriff auf den Effet utile erfolgte teleologische Auslegung des Art. 15 Abs. 3 Unterabs. 1 S. 3 VO Nr. 1/2003 durch den EuGH als insgesamt unzulässig dar, denn es wird hierbei einseitig auf die Wirksamkeit der ex-Artt. 81 ff. EG (= Artt. 101 ff. AEUV) abgestellt und dem übrigen Primärrecht, konkret dem Verhältnismäßigkeitsgrundsatz aus Art. 5 Abs. 4 EUV (= ex-Art. 5 Abs. 3 EG) und damit insbesondere der Verfahrensautonomie der Mitgliedsstaaten nicht hinreichend Rechnung getragen.

c. Zwischenergebnis

Sowohl die wörtliche, systematische wie auch die teleologische Auslegung des Art. 15 Abs. 3 Unterabs. 1 S.3 VO Nr. 1/2003 durch den EuGH überzeugen nicht. Die vom EuGH danach bejahte Befugnis der Kommission zur Abgabe einer Stellungnahme in einem Fall wie dem hier im Ausgangsverfahren vorliegenden ist von der Regelung des Art. 15 Abs. 3 Unterabs. 1 S. 3 VO Nr. 1/2003 nicht mehr erfasst.

3. Die Schlussanträge des Generalanwalts

Interessant für die Frage des funktionalen Verständnisses des Amicus curiae ist noch ein weiterer Einwand, der von der X BV vorgebracht, indes vom EuGH in der Urteilsbegründung nicht, sondern allein vom Generalanwalt aufgegriffen wird; auf diesen Einwand soll daher an dieser Stelle ergänzend eingegangen werden.

Die X BV argumentiert gegen eine Befugnis der Kommission in diesem Fall damit, dass diese zwar nicht Partei des Ausgangsverfahrens sei, jedoch ein eigenes Interesse an dessen Entscheidung habe, nämlich dass die steuerliche Abzugsfähigkeit der Geldbuße durch das Gericht verneint würde. Sie geht daher von einer in dieser Fallkonstellation erfolgenden Überschreitung der dem Amicus curiae nach Art. 15 Abs. 3 VO Nr. 1/2003 eingeräumten Befugnis und einer Verfälschung des in Art. 15 Abs. 3 Unterabs. 1 S. 3 vorgesehenen Mechanismus aus.[1059] Der Generalanwalt hält diesem v. a. zwei eng miteinander zusammenhängende Argumente entgegen, die im Wesentlichen – ebenso wie seine Ansicht, dass dieser Einwand im Ergebnis unberechtigt ist – Zustimmung verdienen, jedoch einer gewissen Differenzierung bedürfen.

So verweist er – wenn auch sprachlich unpräzise – einmal darauf, dass Art. 15 Abs. 3 Unterabs. 1 S. 3 VO Nr. 1/2003 als einzige Voraussetzung vorsieht, *„dass die kohärente Anwendung der Art. 81 EG oder 82 EG* [= Art. 101 oder 102 AEUV] *gefährdet würde"*, ein mehr oder weniger unmittelbares, daneben bestehendes Interesse an einer bestimmten Entscheidung des Rechtsstreits damit aber nicht unvereinbar und eine daran anknüpfende Beschränkung der Befugnis nicht erfolgversprechend sei.[1060]

Zudem sei es wegen der besonderen, der Kommission obliegenden Aufgabe der Überwachung des Gemeinschaftsrechts, insbesondere ihres Wettbewerbsrechts, außerordentlich schwierig bzw. gar unmöglich, zwischen einerseits dem öffentlichen Interesse der Gemeinschaft, andererseits einem individuelleren Interesse der Kommission selbst, wenn es ein solches überhaupt gebe, zu unterscheiden.[1061] Im vorliegenden Fall erkenne er jedenfalls „eindeutig ein öffentliches Interesse daran", dass die wegen eines Verstoßes gegen Art. 81 Abs. 1 (= Art. 101 Abs. 1 AEUV) von der Kommission erlassene Entscheidung der Verhängung einer Geldbuße, *„in der gesamten Gemeinschaft kohärente, einheitliche und zweckdienliche Wirkungen*

1059 Vgl. Schlussanträge des GA *Mengozzi* vom 5. März 2009 in der Rechtssache C-429/07, Tz. 58 f.

1060 Schlussanträge des GA *Mengozzi* vom 5. März 2009 in der Rechtssache C-429/07, Tz. 61 f.

1061 Schlussanträge des GA *Mengozzi* vom 5. März 2009 in der Rechtssache C-429/07, Tz. 61.

zeitigt."[1062] Dem ist insoweit zuzustimmen, als eine Trennung von öffentlichem Interesse der Union und Interesse der Kommission nicht möglich sein soll.[1063] Eine Beteiligung der Kommission am Erlass der den Gegenstand des Gerichtsverfahrens darstellenden Entscheidung, sei es im Rahmen des ECN[1064] oder – wie hier – als selbst erlassende Wettbewerbsbehörde, steht als solches daher der Abgabe einer Stellungnahme grundsätzlich nicht entgegen (wobei allerdings die Rolle als Amicus curiae und zugleich als formal Verfahrensbeteiligte nicht miteinander vereinbar sind)[1065]. Denn die Aufgabe der Kommission in der Union und insbesondere bei der Kartellrechtsanwendung und -durchsetzung ist es gerade, hierbei als oberste Wettbewerbsbehörde eine *zentrale* Rolle mit den entsprechend vielfältig eingeräumten Handlungsbefugnissen einzunehmen (vgl. oben Teil 2, D I und II),[1066] so dass die Wahrscheinlichkeit einer „Vorbefassung" durchaus nicht gering ist. An diese besondere, umfassende Aufgabenzuweisung knüpft die Befugnis, als Amicus curiae an einem Rechtsstreit beteiligt zu sein, vielmehr gerade an. Ihre besondere Sachkunde als im ECN eingebundene, das Wettbewerbsrecht v. a. in besonderen Fällen und mit Bindungswirkung (vgl. Art. 16 VO Nr. 1/2003) selbst anwendende Wettbewerbsbehörde befähigt sie erst, das öffentliche Interesse kompetent auch in gerichtlichen Verfahren zur Geltung zu bringen. Dass sie dabei ein Interesse an einem bestimmten Ausgang der Verfahren hat, ist eine nur logische Konsequenz hieraus. Ebenso zwangsläufig wird sich eine Stellungnahme in einem Zivilprozess immer zum Vor- oder Nachteil einer der Parteien auswirken können;[1067] maßgeblich kann es daher wohl nur darauf ankommen, dass die Kommission ihre insoweit neutrale Rolle nicht verliert, sich also nicht allein oder v. a. zu einem *Individual*interessenvertreter macht.[1068]

Besonderer Betonung bedarf es indes in diesem Zusammenhang, dass ein „öffentliches Interesse" an einer Stellungnahme gerade im Falle des Art. 15 Abs. 3

1062 Schlussanträge des GA *Mengozzi* vom 5. März 2009 in der Rechtssache C-429/07, Tz. 61.

1063 Vgl. Weißbuch 1999, S. 1, 25 (Tz. 91): *„Die Tätigkeit der Wettbewerbsbehörden der Mitgliedstaaten und der Kommission liegt im öffentlichen Interesse."*.

1064 Vgl. *de Bronett*, Europäisches Kartellverfahrensrecht – Kommentar zur VO 1/2003, Artikel 12.

1065 Vgl. *Nothdurft*, in: Münchener Kommentar zum Kartellrecht, Bd. 1, Art. 15 VO 1/2003 Rn. 35; ferner auch EuGH, Urteil v. 7.12.2010, C-439/08, Tz. 53 ff. – VEBIC.

1066 Vgl. nur Weißbuch 1999, S. 1, 20 (Tz. 72 und 74), 22 (Tz. 83 ff.); Erwägungsgrund 11 der VO Nr. 1/2003.

1067 *Zuber*, in: Loewenheim/Meessen/Riesenkampff, Kartellrecht, Art. 15 VerfVO Rn. 18.

1068 Vgl. Bekanntmachung ABl. 2004 Nr. C 101/54/57 (Tz. 19).

Unterabs. 1 S. 3 VO Nr. 1/2003 nicht ausreichend ist; diese vielmehr im Hinblick auf die kohärente Anwendung der ex-Artt. 81 f. EG (= Artt. 101 f. AEUV) erforderlich sein muss, der Verordnungsgeber hier also für die Befugnis zur Stellungnahme bewusst einen engeren Rahmen gezogen hat (vgl. oben Teil 2, D II 2) 4. c.). Es ist dies ein Unterschied, auf den es gerade in diesem Verfahren maßgeblich ankommt. Denn nach dem Dargestellten wäre dann eine Befugnis der Kommission hier wohl unproblematisch zu bejahen gewesen (vgl. oben Teil 2, D II 3) 2.). Es soll nicht eine Beteiligung der Kommission im gerichtlichen Verfahren nach Art. 15 Abs. 3 Unterabs. 1 S. 3 VO Nr. 1/2003 „nur" im allgemeinen öffentlichen Interesse stattfinden; vielmehr wird ein Handeln im öffentlichen Interesse seitens der Kommission – wie im Übrigen bei jeder Beteiligung als Amicus curiae nach Art. 15 VO Nr. 1/2003 bzw. §§ 90 f. GWB – als zwingende, jedoch im Rahmen des Art. 15 Abs. 3 Unterabs. 1 S. 3 VO Nr. 1/2003 nicht hinreichende Voraussetzung verlangt.

4. Einordnung der Entscheidung

Die Entscheidung des EuGH in dem Verfahren *„Inspecteur van de Belastingdienst"* bringt wie gesehen ein neues, sehr weites Verständnis des Begriffs „kohärente Anwendung der Artikel 81 oder 82 des Vertrags" aus Art. 15 Abs. 3 Unterabs. 1 S. 3 VO Nr. 1/2003. Im Wege einer extensiven Auslegung, die sich v. a. an der Zielsetzung, die Wirksamkeit seitens der Kommission verhängter Bußgelder zu sichern, orientiert, erstreckt der EuGH die Befugnis zur Abgabe einer Stellungnahme auch auf Fälle, in denen die genannten Wettbewerbsregeln keine unmittelbare Anwendung finden. Damit finden auch die vom Verordnungsgeber mit der Regelung beabsichtigten Funktionen, insbesondere die, den Gerichten bei der Bewältigung der spezifisch aus der Dezentralisierung der Kartellrechtsanwendung folgenden Schwierigkeiten zu helfen, keinen Anknüpfungspunkt mehr. Die Stellungnahme soll v. a. die Wirksamkeit der von der Kommission selbst getroffenen Entscheidungen sichern, indem dieser auch in mitgliedsstaatlichen Gerichtsverfahren, die nur *mittelbar* Artt. 101 f. AEUV betreffen, eine Befugnis zur Stellungnahme eingeräumt wird. Es geht bei dieser damit um die Durchsetzung der eigenen Entscheidung. Eine solchermaßen erfolgende Stellungnahme hat dann aber für das Gericht primär kontrollierenden Charakter,[1069] der bei Erlass

1069 Eine Überwachungs- und Hinweisfunktion des Art. 15 Abs. 3 VO Nr. 1/2003 hingegen bejahend *Klees*, Europäisches Kartellverfahrensrecht mit Fusionskontrollverfahren, § 8 Rn. 43; bezogen auf jedes behördliche Beteiligungsrecht von Amts wegen ebenso *Zuber*, Die EG-Kommission als amicus curiae, 2001, S. 91. Die Möglichkeit gar eines „dringenden Bedürfnisses" der Parteien eines nationalen

der Verordnung nicht beabsichtigt, auf dessen Gefahr aber an verschiedener Stelle hingewiesen worden war.[1070]

Dieses Urteil fügt sich damit – dem Ruf des EuGH als integrationsfreundlich folgend –[1071] in eine ganze Reihe von Entscheidungen ein, die die generelle Entwicklung einer Ausdehnung der Kompetenzen der Union auf Kosten der mitgliedsstaatlichen Kompetenzen – insbesondere in Anwendung des Effet utile – weiter vorangetrieben und v. a. der Kommission eine immer größere Bedeutung bei der europäischen Kartellrechtsdurchsetzung verschafft haben.[1072] Zu nennen sind in diesem Zusammenhang exemplarische Entscheidungen wie der *Camera Care*-Beschluss[1073], das *Delimitis*-Urteil[1074], das *Masterfood*-Urteil[1075] und das *Showa Denko*-Urteil[1076] – Entscheidungen, die teilweise in der VO Nr. 1/2003 eine gesetzliche Umsetzung erfahren haben. Die Kartellverfahrensordnung räumt der Kommission nicht nur eine zentrale Rolle innerhalb des ECN mit weiten Befugnissen ein, sie verschafft ihren Entscheidungen auch Bindungswirkung gegenüber den mitgliedsstaatlichen Gerichten, Art. 16 Abs. 1 VO Nr. 1/2003. Die in Art. 15 VO Nr. 1/2003 eröffnete Möglichkeit, auf mitgliedsstaatliche Gerichtsverfahren Einfluss zu nehmen, hat durch dieses Urteil eine Ausdehnung erfahren und damit die dominante Rolle der Kommission weiter verstärkt. Anzumerken ist an dieser

---

Zivilverfahrens oder des Gerichts, von der Kommission in einem Fall ohne Gemeinschaftsinteresse „geleitet“ zu werden, anerkannt ohne weitere Ausführungen *Ritter*, in: Immenga/Mestmäcker, Wettbewerbsrecht, Bd. 1, EU/Teil 2, VO 1/2003, Art. 15 Rn. 14 (dort Fn. 50).

1070 Vgl. *Bornkamm/Becker*, ZWeR 2005, 213, 216; *de Bronett*, Europäisches Kartellverfahrensrecht – Kommentar zur VO 1/2003, Artikel 15 Rn. 11; vgl. insoweit auch *Bornkamm*, in: Langen/Bunte, Bd. 1, Deutsches Kartellrecht, § 90a Rn. 19.

1071 Vgl. *Durner*, EuR 2004, 547, 548; *von Danwitz*, EuR 2008, 769, passim.

1072 *Baudenbacher*, ELR 2009, 258, 259 nennt diese Entscheidung nicht überraschend und weist in diesem Zusammenhang auf die sehr kurze Zeit von ca. drei Monaten zwischen der Veröffentlichung der Schlussanträge des GA Mengozzi und dem Urteil hin. Allgemein zu dieser Tendenz mit zahlreichen Nachweisen *Wieland*, NJW 2009, 1841 passim; *Honsell*, in: FS Krejci, 2. Band, 2001, S. 191 passim; vor einer Ausweitung der Macht der Kommission durch die VO Nr. 1/2003 warnend *Rittner*, EuZW 2000, 129.

1073 EuGH, Beschluss v. 17.1.1980, C-792/79 = Juris – Camera Care/Kommission.

1074 EuGH, Urteil v. 28.2.1991 – C-234/89 = Juris = JZ 1991, 976 = Slg. 1991, I-977 – Delimitis.

1075 EuGH, Urteil v. 14.12.2000, C-344/98 = WuW/E EU-R 389 – Masterfoods/HB Ice Cream.

1076 EuGH, Urteil v. 29.6.2006, C-289/0 = Juris – Showa Denko/Kommission.

Stelle überdies, dass der EuGH in diesem Urteil – ebenso wie der Generalanwalt[1077] – auch in der Sache zum Ausgangsverfahren Stellung genommen hat.[1078]

Man kann diese extensive Auslegung als Sicherung der kohärenten Rechtsanwendung vorbehaltlos begrüßen[1079] oder sich skeptisch fragen, wie weit diese Ausdehnung tatsächlich geht[1080]; im Hinblick auf die Funktion des Amicus curiae stellt dieses erste Urteil des EuGH zu den Voraussetzungen des Art. 15 Abs. 3 VO Nr. 1/2003 jedenfalls einen wesentlichen Entwicklungsschritt dar. Denn es ist damit eine Tür aufgestoßen, durch die der Kommission nicht nur ein insgesamt breiteres Feld für eine Beteiligung an einem Gerichtsverfahren vermittels Stellungnahme eröffnet ist, ihrer Beteiligung kommt nun auch eine kontrollierende Bedeutung zu.[1081] Tatsächlich hat die Kommission von ihrer Befugnis bislang nur selten Gebrauch gemacht; das vorliegend dargestellte Verfahren war überhaupt erst der dritte Fall, in dem sich die Kommission nach Art. 15 Abs. 3 VO Nr. 1/2003 beteiligt hat.[1082] Dieser Umstand ändert jedoch nichts daran, dass ihr künftig prinzipiell ein so weitreichendes Recht eröffnet ist; inwieweit die Kommission dieses auch im Einzelfall ausübt, bleibt abzuwarten.

Anlässlich dieses Urteils und seiner Begründung sollte jedoch in Erinnerung gerufen werden, dass „[d]*as Gemeinschaftsrecht* [...] [zwar] *in Bezug auf Kartelle und Missbräuche einer beherrschenden Stellung ein umfassendes System der Überwachung eingeführt*“ (Tz. 33) und der Kommission eine „*Überwachungsaufgabe*“ (Tz. 35) übertragen hat, Objekte der Überwachung indes die am Wettbewerb beteiligten Unternehmen sein soll(t)en – nicht die Gerichte[1083].

1077 Vgl. Schlussanträge des GA *Mengozzi* vom 5. März 2009 in der Rechtssache C-429/07, Tz. 53 ff.

1078 So auch *Baudenbacher*, ELR 2009, 258, 260.

1079 *Baudenbacher*, ELR 2009, 258, 260.

1080 *Wright*, [2009] E.C.L.R. 309 und 313.

1081 *Odersky*, in: FS Mestmäcker, 1996, S. 699, 709 bemerkte noch zur Befugnis der Kommission nach der damaligen Bekanntmachung ABl. 1993 Nr. C 39/6 trotz insoweit auch bestehender Skepsis: „*Die Kommission will dies als amicus curiae tun und die Neutralität und Objektivität wahren und sich nicht in die Entscheidung des Falles einmischen.*“.

1082 Anders (zweiter Fall der Beteiligung) *Baudenbacher*, ELR 2009, 258, 260. Einen Überblick über die Verfahren, in denen die Kommission eine Stellungnahme nach Art. 15 Abs. 3 VO Nr. 1/2003 abgegeben hat, bietet die Homepage der Kommission unter ec.europa.eu/competition/court/antitrust_amicus_curiae.html (zuletzt abgerufen am 29.10.2013).

1083 Anders sehen dies *Karmann/Horstkotte*, WuW 2001, 458, 465.

III. Zwischenergebnis

Die den einzelnen Beteiligungsbefugnissen aus Art. 15 VO Nr. 1/2003, sowie §§ 90 und 90a GWB jeweils zukommenden Funktionen sind sämtlich im Kontext der zum Erlass der VO Nr. 1/2003 führenden Gründe und im Zusammenhang mit deren Gesamtkonzeption zu sehen (Teil 2, D II).

Um die Zielsetzung eines Gemeinsamen Binnenmarkts innerhalb der EU zu erreichen, regelt sie die Durchführung und Durchsetzung der hierfür wesentlichen Wettbewerbsregeln der Artt. 101 und 102 AEUV. Ihr liegt dabei ein System der dezentralisierten Legalausnahme zugrunde, das einerseits der Kommission eine zentrale und steuernde Rolle bei der Kartellrechtsanwendung und -durchsetzung, andererseits den Wettbewerbsbehörden und Gerichten der Mitgliedsstaaten die grundsätzliche Verantwortung und Zuständigkeit bei der Kartellrechtsanwendung zuweist, Art. 3 ff. VO Nr. 1/2003 (Teil 2, D II 1)). Neben der durch die Wettbewerbsbehörden verwaltungsrechtlich wahrgenommenen Durchsetzung der Wettbewerbsregeln steht die privatrechtliche Kartellrechtsdurchsetzung als zweite, gleichberechtigte Spur (sog. private enforcement), die in die Zuständigkeit der mitgliedsstaatlichen Gerichte fällt (Teil 2, D II 1)). Um insbesondere auch im Falle von Parallelverfahren und trotz der mit der Einführung des Legalausnahmesystems entstandenen Schwierigkeiten der Kartellrechtsanwendung, v. a. im Hinblick auf Art. 101 Abs. 3 AEUV, eine insgesamt kohärente Anwendung der Artt. 101 und 102 AEUV zu sichern, sieht die VO Nr. 1/2003 verschiedene Sicherungsmechanismen vor (Teil 2, D II 2)).

Neben der Sicherung im Verhältnis der Wettbewerbsbehörden untereinander (Artt. 10, 11 ff. VO Nr. 1/2003) und der stets gegebenen Möglichkeit, Zweifel im Hinblick auf die Auslegung der Wettbewerbsregeln mittels eines Vorabentscheidungsverfahrens nach Art. 267 AEUV verbindlich, gerichtlich klären zu lassen, sieht Art. 15 VO Nr. 1/2003 verschiedene Formen der Zusammenarbeit zwischen den Wettbewerbsbehörden und den mitgliedsstaatlichen Gerichten vor (Teil 2, D II 2)).

Diese erfüllen nach dem Willen des Verordnungsgebers sämtlich die Funktionen einmal der Unterstützung des Gerichts bei der Bewältigung der mit der Kartellrechtsanwendung spezifisch verbundenen Schwierigkeiten und zudem der Sicherung der kohärenten Anwendung der Artt. 101 und 102 AEUV (Teil 2, D II 2) 4.). Daneben erleichtern sie mittelbar auch die privatrechtliche Kartellrechtsdurchsetzung. Innerhalb der einzelnen Beteiligungsbefugnisse des Art. 15 VO Nr. 1/2003 und der ergänzend hinzutretenden §§ 90, 90a GWB finden die beiden genannten Hauptfunktionen eine jeweils unterschiedliche Gewichtung (Teil 2, D II 2) 4. a.).

Im Rahmen des Art. 15 Abs. 1 VO Nr. 1/2003 dominiert die unterstützende Funktion gegenüber der Kohärenzsicherungsfunktion (Teil 2, D II 2) 4. b.).

Die Beteiligung der nationalen Wettbewerbsbehörden nach Art. 15 Abs. 3 Unterabs. 1 S. 1 und 2 VO Nr. 1/2003 dient jedenfalls nicht vordergründig besonders einer der beiden Funktionen, ihre Funktion bestimmt sich zudem wesentlich durch die ergänzende nationale Regelung, konkret § 90 Abs. 2 GWB (Teil 2, D II 2) 4. d.). Die Kohärenz der Rechtsanwendung sichert sie danach einmal und v. a. auf mitgliedsstaatlicher Ebene, mittelbar aber auch im Hinblick auf die Rechtsanwendungspraxis der Kommission, insoweit besteht also eine Art „doppelter Sicherungsmechanismus". Daneben besteht insoweit eine die Gerichte unterstützende Funktion, insbesondere nach richtiger Ansicht auch im Rahmen des § 90 Abs. 2 GWB, der in seiner heutigen Fassung als Art. 15 Abs. 3 Unterabs. 1 S. 1 und 2 VO Nr. 1/2003 ergänzende Regelung v. a. in diesem Kontext auszulegen ist (Teil 2, D II 2) 4. e.). Die Voraussetzung der „Wahrung des öffentlichen Interesses" aus § 90 Abs. 2 GWB bestimmt sich daher maßgeblich nach der europarechtlichen Vorgabe aus Art. 15 VO Nr. 1/2003.

Art. 15 Abs. 3 Unterabs. 1 S. 3 und 4 VO Nr. 1/2003 dient vorrangig, aber nicht ausschließlich, der Sicherung der Kohärenz der Anwendung der Artt. 101 und 102 AEUV, denn er lässt eine Stellungnahme der Kommission im gerichtlichen Verfahren ausdrücklich nur zu, wenn dies im Hinblick auf die kohärente Anwendung der beiden genannten Wettbewerbsregelungen erforderlich ist (Teil 2, D II 2) 4. c.). Durch die extensive wörtliche und teleologische Auslegung des EuGH ist diese Verfahrensbefugnis der Kommission indes auf Fälle, in denen Artt. 101 f. AEUV nicht unmittelbar angewendet werden, entgegen den Vorstellungen des Verordnungsgebers ausgedehnt worden. Damit hat die Regelung des Art. 15 Abs. 3 Unterabs. 1 S. 3 und 4 VO Nr. 1/2003 zugleich einen das mitgliedsstaatliche Gericht kontrollierenden Charakter erhalten (Teil 2, D II 3)).

E. Die Berücksichtigung der Stellungnahmen und Informationen des Amicus curiae im deutschen Zivilrechtsstreit und sich daraus ergebende Problemstellungen

Nach der Analyse der funktionalen Bedeutung der Amicus-curiae-Regelungen aus Art. 15 VO Nr. 1/2003 und §§ 90, 90a GWB anhand der Gesetzgebungsmaterialien und der Regelungen selbst, andererseits aber auch ihrer praktischen Anwendung soll nun die eigentliche Berücksichtigung des Vorbringens des Amicus curiae, die Einführung der Informationen und Stellungnahmen in den Prozess und deren Verwertung durch das Gericht, nähere Betrachtung finden.

Die Darstellung konzentriert sich dabei auf den am deutschen Kartellzivilverfahren beteiligten Amicus curiae und sich in diesem Verhältnis ergebende Fragestellungen. Dass im Rahmen dieser Arbeit insoweit keine vollständige, sondern nur eine exemplarische Untersuchung erfolgen kann, versteht sich; Entsprechendes gilt hinsichtlich der Beteiligung des Amicus curiae an sonstigen Verfahren, diese findet bei den nachfolgenden Ausführungen daher lediglich ergänzend und gegenüberstellend Berücksichtigung.

Im Folgenden wird zunächst der oben bereits aufgeworfenen (vgl. Teil 2, D II 3) 2. b.), sich im Falle einer Stellungnahme einer Wettbewerbsbehörde als Amicus curiae in einem gerichtlichen Verfahren grundsätzlich und gleichsam aufdrängenden Frage der Unabhängigkeit des Gerichts bzw. Richters nachgegangen (sogleich unter Teil 2, E I). Die prozessualen Wege, die übermittelten Informationen und Stellungnahmen eines Amicus curiae im Zivilprozess zu berücksichtigen, dabei bestehende Schwierigkeiten und Grenzen sowie die eng damit zusammenhängende Frage, welche Rechtsstellung der Amicus curiae im Zivilrechtsstreit hat, werden im Anschluss dargestellt (unten Teil 2, E II) und insbesondere im Hinblick auf den Beibringungs- und Dispositionsgrundsatz sowie das Problem der unzulässigen Prozesshilfe näher betrachtet (dazu unten Teil 2, E II 3) 2.).

I. Die Unabhängigkeit des Richters bzw. Gerichts

Insbesondere wenn ein Vertreter des Bundeskartellamts nach Art. 15 Abs. 3 Unterabs. 1 S. 1 und 2 VO Nr. 1/2003 bzw. nach § 90 Abs. 2 GWB eine schriftliche Erklärung gegenüber dem Gericht abgibt oder in der Verhandlung mündliche Ausführungen macht, gleichermaßen wenn die Kommission nach Art. 15 Abs. 3 Unterabs. 1 S. 3 und 4 VO Nr. 1/2003 bzw. § 90a Abs. 2 S. 1 und 4 GWB in Eigeninitiative eine schriftliche oder mündliche Stellungnahme abgibt, stellt sich die Frage, ob diese Verfahrensbefugnisse überhaupt mit der richterlichen Unabhängigkeit vereinbar sind. Denn dass die Wettbewerbsbehörden durch die unmittelbare Mitteilung ihrer Rechtsansichten in einem konkreten Rechtsstreit versuchen, auf diesen und insbesondere sein Ergebnis einzuwirken, liegt auf der Hand. Diese Verfahrensbefugnisse stehen somit in einem grundsätzlichen Spannungsverhältnis mit dem sowohl auf nationaler wie auch auf unionsrechtlicher Ebene Geltung beanspruchenden Prinzip der Unabhängigkeit des Richters bzw. Gerichts.

Das Bundesverfassungsgericht sieht in der richterlichen Unabhängigkeit nach Art. 97 Abs. 1 GG einen wesentlichen Grundsatz des Staatsaufbaus, dem erhöhte Bedeutung zukommt;[1084] eine einfach-gesetzliche Regelung hat sie zudem in

1084 BVerfGE 3, 225, 247.

§ 1 GVG gefunden. Als Konkretisierung des Rechtsstaatsprinzips und im Hinblick auf den Grundsatz der Gewaltenteilung nach Art. 20 Abs. 2 S. 2 GG bzw. Art. 92 GG ist sie von der Ewigkeitsgarantie des Art. 79 Abs. 3 GG erfasst,[1085] die nach Art. 23 Abs. 1 S. 3 GG wiederum auch im Verhältnis zur Europäischen Union wirkt.[1086] Im Unionsrecht selbst gilt die Unabhängigkeit des Gerichts über die Verweisung des Art. 6 Abs. 1 S. 1 EUV auf Art. 6 Abs. 1 S. 1 EMRK bzw. auf Artt. 47 Abs. 2 S. 1, 51 Abs. 1 EU-GR-Charta. Nach Art. 216 Abs. 2 AEUV gelten die Regelungen der EMRK als zwischen einfachem und Primärrecht stehendes Recht, die der EU-GR-Charta sind kraft der Verweisung in Art. 6 Abs. 1 S. 1 EUV Bestandteil des Primärrechts der Union.[1087] Die nach deutschem Recht wie auch nach Unionsrecht den jeweiligen Wettbewerbsbehörden eingeräumten Befugnisse zur Beteiligung am gerichtlichen Verfahren müssen sich daher am Prinzip der Unabhängigkeit des Richters messen lassen. Für die sich hier stellende Frage von Interesse ist die nach dem GG[1088] wie auch der EU-GR-Charta[1089] und der EMRK[1090] gleichermaßen normierte und inhaltlich im Wesentlichen übereinstimmende richterliche Unabhängigkeit in ihrer Ausprägung der sachlichen Unabhängigkeit: Maßgeblich ist insoweit insbesondere die Weisungsfreiheit des Spruchkörpers bei der rechtsprechenden Tätigkeit v. a. gegenüber der Exekutive.

Wie in anderem Zusammenhang bereits ausgeführt (vgl. oben Teil 2, D II 3) 2. b.), entfaltet eine nach Art. 15 Abs. 3 Unterabs. 1 S. 3 VO Nr. 1/2003 erteilte Stellungnahme dem Gericht gegenüber keine formale Bindung; dieses verlangt indes an dieser Stelle eine eingehendere Betrachtung der tatsächlichen Entscheidungsfreiheit der Gerichte.

Auf die insbesondere im Vorfeld des Inkrafttretens der VO Nr. 1/2003 geäußerte Skepsis, ob diese im Einzelnen der Unabhängigkeit der Gerichte hinreichend Rechnung trage, die sich zwar v. a. auf die Regelung des Art. 16 Abs. 1 VO

1085 Vgl. *Detterbeck*, in: Sachs, Grundgesetz, Kommentar, Art. 97 Rn. 1 und 6.

1086 *Durner*, EuR 2004, 547, 563 f.

1087 Vgl. *Kingreen*, in Calliess/Ruffert, EUV/AEUV, Kommentar, Art. 6 EUV Rn. 12 und 27.

1088 Vgl. BVerfGE 103, 111, 140; *Detterbeck*, in: Sachs, Grundgesetz, Kommentar, Art. 97 Rn. 1 und 13; *Pieroth*, in: Jarass/Pieroth, Grundgesetz für die Bundesrepublik Deutschland, Kommentar, Art. 97 Rn. 3.

1089 Vgl. *Jarass*, Charta der Grundrechte der EU, EU-GRCharta Art. 47 Rn. 20 f.

1090 Vgl. *Meyer-Ladewig*, Europäische Menschenrechtskonvention, EMRK Artikel 6 Rn. 67 f.; vgl. auch EuGH, Urteil v. 11.1.2000, C-174/98, Tz. 17 = Juris = Slg. 2000, I-0047 – Niederlande und van der Wal/Kommission.

Nr. 1/2003 konzentrierte,[1091] aber auch Art. 15 VO Nr. 1/2003 betraf, beteuerte die Kommission wiederholt, dass sie weder die Absicht noch ein Interesse habe, an diesem Prinzip zu rütteln, und verwies insoweit auf entsprechende in einzelnen Mitgliedsstaaten (insbes. Deutschland – Anm. der Verf.) bereits bestehende Regelungen.[1092] Ausdrücklich betont sie dieses zudem in ihrer Bekanntmachung ABl. 2004 Nr. C 101/54/57 (Tz. 19).[1093] Insoweit teilt sie weiter mit, dass „*das einzelstaatliche Gericht – anders als bei der verbindlichen Auslegung des Gemeinschaftsrechts durch die Gemeinschaftsgerichte – nicht an die Stellungnahme der Kommission gebunden* […]" ist. Und es ist diese fehlende formale Bindungswirkung, aufgrund der die heute ganz h. M. in der Erteilung einer Stellungnahme der Kommission nach Art. 15 VO Nr. 1/2003 sowie § 90a GWB, ebenso wie im Rahmen einer Beteiligung der nationalen Wettbewerbsbehörden nach Art. 15 VO Nr. 1/2003 sowie § 90 Abs. 2 GWB keinen Verstoß gegen die Unabhängigkeit der Gerichte sieht.[1094]

Dieses ist sicherlich zutreffend. Entsprechend dem oben Ausgeführten (oben Teil 2, D II 3) 2. b.) wird das Gericht bei überzeugender Argumentation die Ansicht der Wettbewerbsbehörde teilen und in diesem Sinne entscheiden; andernfalls trifft es eine davon abweichende Entscheidung. Bei Zweifeln des Gerichts, wie es richtigerweise zu entscheiden hat, wird es eine Vorlage nach Art. 267 AEUV zur verbindlichen Entscheidung an den EuGH richten. In jedem Fall trifft das Gericht nach der gesetzlichen Konzeption seine Entscheidung aber frei und nicht aufgrund einer irgendwie gearteten Anweisung der Wettbewerbsbehörde. Das gebietet jedenfalls für die deutschen Gerichte nicht zuletzt die Bindung der rechtsprechenden Gewalt an das Gesetz und Recht, Artt. 20 Abs. 3, 97 Abs. 1 GG. Die Stellungnahmen haben danach lediglich vorschlagenden Charakter; insoweit besteht eine gewisse Nähe zu den Schlussanträgen der Generalanwälte[1095]

1091 Vgl. nur *Durner*, EuR 2004, 547, 552 ff.

1092 Vgl. *Monti*, The application of Community competition law by the national courts, Trier 27.11.2000, SPEECH/00/466, S. 8; *Hamer*, EWS 2003, 415, 416.

1093 Bekanntmachung ABl. 2004 Nr. C 101/54/57.

1094 *K. Schmidt*, in: Immenga/Mestmäcker, Wettbewerbsrecht, Bd. 2, GWB, § 90 Rn. 8; *Bergmann*, in: Frankfurter Komm. zum Kartellrecht, Lfg. 65 (April 2008), GWB 2005 § 90a Rn. 4; *Bornkamm*, in: Langen/Bunte, Bd. 1, Deutsches Kartellrecht, § 90a Rn. 3 ff.; *Karmann/Horstkotte*, WuW 2001, 458, 467 f.; *Sura*, in: Langen/Bunte, Bd. 2, Europäisches Kartellrecht, Art. 15 VO Nr. 1/2003 Rn. 16; *Ritter*, in: Immenga/Mestmäcker, Wettbewerbsrecht, Bd. 1, EU/Teil 2, VO 1/2003, Art. 15 Rn. 15; vgl. auch *Zuber*, Die EG-Kommission als amicus curiae, 2001, S. 139.

1095 Allgemein zu diesen *Gräfin von Brühl/Wienhues*, in: Gebauer/Wiedmann, Zivilrecht unter europäischem Einfluss, Kapitel 39 Rn. 16 f.

(Art. 252 AEUV),[1096] die ebenfalls eine – wenn auch allein dem Recht, nicht dem öffentlichen Interesse dienende – rechtsberatende Funktion im Verfahren haben.

Mitunter werden indes Zweifel an der Unabhängigkeit der Gerichte wegen einer „faktischen Bindung" der Stellungnahmen geäußert.[1097] Soweit auf diese gerichtliche Bindung aus der Bindung der mitgliedsstaatlichen Wettbewerbsbehörden an die Rechtsanwendungspraxis und Auffassung der Kommission rückgeschlossen wird,[1098] ist dem entgegen zu halten, dass die Kontrolle der Kommission in diesem Verhältnis eine deutlich ausgeprägtere ist (vgl. oben Teil 2, D II 2) 1.); hingewiesen sei insoweit nur auf die Regelungen des Art. 11 VO Nr. 1/2003,[1099] insbesondere dessen Abs. 6. Ob eine faktische Bindung nach dem Ausgeführten überhaupt anzunehmen ist, kann bislang nicht definitiv beurteilt werden. Dass die Gerichte sich der Ansicht der Behörde allein aufgrund ihres Amtes anschließen, ist danach aber weniger wahrscheinlich,[1100] als dass die Gerichte ggf. ein Vorabentscheidungsverfahren nach Art. 267 AEUV beantragen.[1101] Und dass auch im Hinblick darauf eine Bindungswirkung gegenüber den Gerichten nicht angenommen werden kann, wurde bereits ausgeführt (vgl. oben Teil 2, D II 3) 2. b.); ergänzt sei daher in diesem Zusammenhang nur noch, dass die Stellungnahme lediglich ermöglicht, bestehende abweichende Rechtsauffassungen früh zu erkennen und zu vermeiden.[1102]

Auch die deutschen, langjährigen Erfahrungen mit der Regelung des § 90 GWB sprechen im Übrigen gegen eine solche faktische Bindung; eine Bindungswirkung wird von Praktikern beider Seiten übereinstimmend verneint.[1103] Die Zivilgerichte wichen durchaus auch ausdrücklich von der Stellungnahme des Bundeskartellamts ab.[1104]

1096 Ähnlich *Bornkamm*, in: 50 Jahre Bundeskartellamt, 2008, S. 36, 37 unter Verweis auf diesen auch *Nothdurft*, in: Münchener Kommentar zum Kartellrecht, Bd. 2, § 90 GWB Rn. 10.

1097 *Durner*, EuR 2004, 547, 550; *Karmann/Horstkotte*, WuW 2001, 458, 468; *Pijetlovic*, [2004] E.C.L.R. 356, 362; vgl. auch *Ritter*, in: Immenga/Mestmäcker, Wettbewerbsrecht, Bd. 1, EU/Teil 2, VO 1/2003, Art. 15 Rn. 15; *Topel*, GRUR 2000, 985, 988.

1098 *Pijetlovic*, [2004] E.C.L.R. 356, 362.

1099 Auf diesen Unterschied weisen auch *Bornkamm/Becker*, ZWeR 2005, 213, 230 hin.

1100 Vgl. *Bornkamm*, in: Langen/Bunte, Bd. 1, Deutsches Kartellrecht, § 90a Rn. 3.

1101 Vgl. *Topel*, GRUR 2000, 985, 988.

1102 Vgl. *Zuber*, Die EG-Kommission als amicus curiae, 2001, S. 139.

1103 Einerseits *Bornkamm*, in: 50 Jahre Bundeskartellamt, 2008, S. 36, 37; andererseits *Topel*, GRUR 2000, 985, 988. Vgl. ferner auch *Hamer*, EWS 2003, 415, 418.

1104 OLG Stuttgart BB 1983, 269, 271; darauf verweist auch *Zuber*, Die EG-Kommission als amicus curiae, 2001, S. 101.

Ein Widerspruch der Regelungen des Art. 15 VO Nr. 1/2003 sowie der §§ 90, 90a GWB zur Unabhängigkeit des Gerichts bzw. Richters besteht folglich nicht.

II. Die Einführung in den und die Verwertung im Zivilrechtsstreit

1) Überblick

Der Verordnungsgeber trifft in der VO Nr. 1/2003 allein Regelungen zu der Frage, welche Verfahrensrechte den Wettbewerbsbehörden unter welchen Voraussetzungen zustehen. Die konkrete verfahrensrechtliche Ausgestaltung dieser danach begründeten und unmittelbare Geltung beanspruchenden Befugnisse belässt er in der Verfahrensautonomie der Mitgliedsstaaten. Geregelt ist in der VO Nr. 1/2003 also jeweils, *dass* überhaupt eine Beteiligung stattfindet, nicht aber *wie* dieses prozessual erfolgen soll. Sehr deutlich wird dieses in Erwägungsgrund 21 Satz 5 und 6 der VO Nr. 1/2003, ebenso wie das dahinter stehende Bestreben, eine jeder der einzelnen mitgliedsstaatlichen Rechtsordnungen sachgerechte Umsetzung der als Mindeststandard zu verstehenden Vorgaben zu ermöglichen. Auf den Grundsatz der in Ermangelung entsprechender gemeinschaftsrechtlicher Verfahrensregelungen bestehenden mitgliedsstaatlichen Verfahrensautonomie sowie die bei der Durchsetzung des Gemeinschaftsrechts stets zu beachtenden Grundsätze der Wirksamkeit und der Gleichwertigkeit weist zudem die Bekanntmachung Nr. C 101/54/55 f. (Tz. 9 f.)[1105] hin: Danach darf die Durchsetzung des Gemeinschaftsrechts vermittels nationalen Verfahrensrechts nicht übermäßig erschwert oder praktisch unmöglich gemacht werden und dieses darf nicht weniger günstig sein als die Vorschriften, die für die Durchsetzung gleichwertigen innerstaatlichen Rechts gelten.[1106] Konkret bezogen auf die Amicus-curiae-Regelung des Art. 15 VO Nr. 1/2003 wird dieses nochmals in den Tz. 17, 30 und 34 f. der Bekanntmachung ABl. 2004 Nr. C 101/54 ausgeführt. Das führt dazu, dass sich die Kommission, wenn sie sich an einem mitgliedsstaatlichen Verfahren beteiligt, auf das jeweilige nationale Verfahrensrecht einstellen muss.

Die deutsche Rechtsordnung insgesamt und insbesondere das Zivilverfahrensrecht sehen indes neben den Art. 15 VO Nr. 1/2003 konkretisierenden und ergänzenden §§ 90, 90a GWB keine weiteren den Amicus curiae ausdrücklich regelnden Vorschriften vor.

1105 Bekanntmachung ABl. 2004 Nr. C 101/54.

1106 Vgl. auch EuGH, Urteil v. 14.12.1995, C-430/93, Tz. 17 = Juris = Slg. 1995, I4728 – van Schijndel und van Veen.

So dass sich nicht nur die Frage stellt, wie im deutschen Recht diesen unionsrechtlichen Vorgaben entsprochen, wie also die Einbringung und Verwertung der nach Art. 15 VO Nr. 1/2003 übermittelten Informationen und Stellungnahmen in den Zivilprozess verfahrensrechtlich umgesetzt werden kann (dazu sogleich unten Teil 2, E II 2) und 3)). Insoweit liegt ein Rückgriff auf die langgeübte Praxis bei der Anwendung des § 90 GWB nahe. Es fragt sich zugleich auch, ob diese Rechtsfigur des Amicus curiae, die doch so offensichtlich ein „Unikum" im deutschen (Kartell-)Zivilverfahrensrecht darstellt, nicht vielleicht auch ein gewisses Konfliktpotenzial im Hinblick auf das übrige Verfahrensrecht mit sich bringt.

Hinsichtlich der konkreten verfahrensrechtlichen Umsetzung besteht keine Einigkeit, vertreten wird insoweit Vieles (vgl. dazu sogleich näher Teil 2, E II 2) und 3)). Einig ist man sich in dieser Frage jedoch jedenfalls darüber, dass der Beibringungsgrundsatz – als den Zivilprozess wesentlich prägende Prozessmaxime – Beachtung finden muss. Eine gewisse Systematisierung erreicht man insoweit, indem man einmal grundsätzlich zwischen der Frage, wie der Beitrag des Amicus curiae überhaupt verfahrensrechtlich in den Prozess eingebracht werden kann („Einführung"), und der sich daran anschließenden Frage, ob und wie dieser auch tatsächlich berücksichtigt werden kann („Verwertung"), unterscheidet. Überdies ist infolge der grundsätzlichen Geltung des Beibringungsgrundsatzes hierbei zwischen übermittelten Informationen und Stellungnahmen der Wettbewerbsbehörden zu differenzieren.

2) *Aufgrund gerichtlichen Ersuchens von der Kommission übermittelte Informationen und Stellungnahmen, Art. 15 Abs. 1 VO Nr. 1/2003 bzw. § 90a Abs. 3 GWB*

Artikel 15 Abs. 1 VO Nr. 1 /2003 begründet für die mitgliedsstaatlichen Gerichte die Befugnis als solche, die Kommission nach ihrem Ermessen um die Übermittlung dort vorhandener Informationen oder um die Abgabe einer Stellungnahme zu bitten. In welcher Verfahrenssituation ein solches Ersuchen zulässig ist, bestimmt der mitgliedsstaatlichen Verfahrensautonomie entsprechend indes das nationale Prozessrecht unter Berücksichtigung der oben genannten (Teil 2, E II 1)) Grundsätze der Wirksamkeit und Gleichwertigkeit.

1. Informationen

a. Einführung und Verwertung

Bei der Beantwortung der Frage, wann ein Gericht um die Übermittlung von *Informationen*, also insbesondere Tatsachenmitteilungen (vgl. oben Teil 2, D II 2) 4. b.), bitten darf, ist im deutschen Zivilverfahrensrecht – anders als insbesondere im Beschwerdeverfahren (§ 70 Abs. 1 GWB) – zunächst der Beibringungsgrundsatz zu beachten.

Danach führen allein die Parteien den Streitstoff in den Prozess ein, sie entscheiden darüber, ob es seiner Feststellung bedarf und betreiben diese; das Gericht darf grundsätzlich nur solche Tatsachen berücksichtigen, die von den *Parteien* vorgebracht sind.[1107] Ein Ersuchen kann daher nur dann erfolgen, wenn dem ein Tatsachenvortrag einer der Parteien vorausgegangen ist, an den es anknüpft. Denn sonst würde das Gericht eine Sachverhaltsermittlung von Amts wegen vornehmen, deren Einführung der Verordnungsgeber nicht beabsichtigt hat; Letzteres ergibt sich aus Erwägungsgrund 5 der VO Nr. 1/2003 und indirekt aus Art. 2 VO Nr. 1/2003, der eine Regelung zur Beweislast enthält.

Als unproblematisch zulässig wird man indes das Erfragen verfahrensmäßiger Auskünfte betrachten können,[1108] insbesondere solcher zum Stand eines ggf. parallel eingeleiteten Kommissionsverfahrens; dieses v. a. im Hinblick auf die Bindung des Gerichts an eine darin ergehende Entscheidung nach Art. 16 Abs. 1 VO Nr. 1/2003.

Aufgrund des Vorbringens einer Partei kann ein Ersuchen in diesem Fall, aber auch hinsichtlich *sachverhalts*bezogener Tatsachen im Wege einmal einer prozessleitenden Verfügung durch den Vorsitzenden nach § 273 Abs. 2 Nr. 2 ZPO erfolgen, gerichtet auf die Herausgabe bei der Kommission befindlicher Urkunden oder auf die Erteilung einer amtlichen Auskunft.[1109] Nach *Zuber* soll diese prozessuale Vorgehensweise jedoch allein für Auskünfte über den Stand eines Verfahrens der Kommission zulässig sein; für sachverhaltsbezogene Tatsachen schließt er ein *„solches Vorgehen von Amts wegen"* unter Hinweis auf den Beibringungsgrundsatz aus, weil tatsächliche Auskünfte im deutschen Zivilprozess regelmäßig nur aufgrund eines Beweisantrages einer Partei eingeholt würden.[1110] Er betrachtet einen in Anlehnung an §§ 358a S. 2 Nr. 2, 432 ZPO erlassenen Beweisbeschluss als notwendige, aber auch hinreichende Voraussetzung für

---

1107 *Rosenberg/Schwab/Gottwald*, Zivilprozessrecht, § 77 Rn. 7.

1108 *Klees*, Europäisches Kartellverfahrensrecht mit Fusionskontrollverfahren, § 8 Rn. 62.

1109 Vgl. *Bornkamm*, in: Langen/Bunte, Bd. 1, Deutsches Kartellrecht, § 90a Rn. 11; *Holm-Hadulla*, Private Kartellrechtsdurchsetzung unter der VO Nr. 1/2003, 2009, S. 62; *Lampert/Weidenbach*, wrp 2007, 152, 160; *Nothdurft*, in: Münchener Kommentar zum Kartellrecht, Bd. 1, Art. 15 VO 1/2003 Rn. 19 f.

1110 *Zuber*, in: Loewenheim/Meessen/Riesenkampff, Kartellrecht, Art. 15 VerfVO Rn. 9; *ders.*, Die EG-Kommission als amicus curiae, 2001, S. 109 und 115 ff.

ein gerichtliches Ersuchen.[1111] Jedoch gilt auch im Rahmen des § 273 ZPO die Verhandlungsmaxime; dieser setzt einen zu klärenden Parteivortrag voraus und stellt keineswegs eine Regelung der Amtsermittlung dar,[1112] so dass dieser Ansicht bereits eine unzutreffende Ausgangsprämisse zugrunde liegt. Überdies erscheint es – nicht zuletzt im Hinblick auf eine dem Grundsatz der Wirksamkeit entsprechende Auslegung des Art. 15 Abs. 1 VO Nr. 1/2003 – als nicht angemessen, schon bei der Frage, ob überhaupt ein Ersuchen zulässig ist, zwingend auch einen Beweisantrag der Partei vorauszusetzen. Denn die eingeholten Auskünfte finden dadurch nicht unmittelbar und sicher Eingang in den Prozessstoff, sondern nur und erst dann, wenn zumindest eine der Parteien sich diese auch zu Eigen macht (dazu auch noch im Folgenden).

Liegt hingegen streitiger Vortrag vor und hat die beweisbelastete Partei einen entsprechenden Beweisantrag gestellt, kann unproblematisch ein Ersuchen auch im Wege eines entsprechenden förmlichen Beweisbeschlusses des Gerichts (§ 358 ZPO i. V. m. § 432 ZPO) – ggf. auch schon vor der mündlichen Verhandlung (§ 358a S. 2 Nr. 2 ZPO) – erfolgen.[1113] In Betracht kommt zudem eine Anordnung der Urkundenvorlegung nach §§ 273 Abs. 2 Nr. 5, 142 Abs. 1 und 2 ZPO, wenn hinreichender Tatsachenvortrag einer Partei vorliegt.[1114] Jedenfalls darf das Ersuchen des Gerichts aber keinen ausforschenden Charakter haben, erforderlich ist damit ein substantiierter Parteivortrag als Grundlage,[1115] Gleiches gilt für einen entsprechenden Beweisantrag. Ein pauschales Verweisen auf die Unterlagen der Kommission ist damit jedenfalls nicht hinreichend.[1116]

1111 *Zuber*, in: Loewenheim/Meessen/Riesenkampff, Kartellrecht, Art. 15 VerfVO Rn. 10; *Zuber*, Die EG-Kommission als amicus curiae, 2001, S. 117.

1112 Vgl. BVerfG NJW 1994, 1210, 1211; unter Verweis darauf und sehr deutlich *Prütting*, in: Münchener Kommentar, Zivilprozessordnung, Bd. 1, § 273 Rn. 3.

1113 Vgl. *Bornkamm*, in: Langen/Bunte, Bd. 1, Deutsches Kartellrecht, § 90a Rn. 11; *Nothdurft*, in: Münchener Kommentar zum Kartellrecht, Bd. 1, Art. 15 VO 1/2003 Rn. 19 f.; *Ritter*, in: Immenga/Mestmäcker, Wettbewerbsrecht, Bd. 1, EU/Teil 2, VO 1/2003, Art. 15 Rn. 2; *Zuber*, in: Loewenheim/Meessen/Riesenkampff, Kartellrecht, Art. 15 VerfVO Rn. 9; ferner *Lampert/Weidenbach*, wrp 2007, 152, 160; wohl auch *Bergmann*, in: Frankfurter Komm. zum Kartellrecht, Lfg. 65 (April 2008), GWB 2005 § 90a Rn. 27.

1114 Vgl. *Rosenberg/Schwab/Gottwald*, Zivilprozessrecht, § 119 Rn. 44; Stein/Jonas/*Leipold*, ZPO, Bd. 3, § 142 Rn. 4.

1115 Vgl. *Bornkamm*, in: Langen/Bunte, Bd. 1, Deutsches Kartellrecht, § 90a Rn. 11; *Zuber*, in: Loewenheim/Meessen/Riesenkampff, Kartellrecht, Art. 15 VerfVO Rn. 9.

1116 Vgl. BGH NJW 1994, 3295, 3296; OLG Stuttgart, Urteil v. 14.12.1987, 2 U 51/87 = WuW/E OLG 4214, 4215 – City-Reisebüro; *Lampert/Weidenbach*, wrp 2007, 152, 160; *Zuber*, Die EG-Kommission als amicus curiae, 2001, S. 95 und 117 f.

Gerade diese Substantiierung des Vorbringens stellt aber ein ganz wesentliches Problem bei der privatrechtlichen Kartellrechtsdurchsetzung dar: Denn anders als im Kartellverwaltungsverfahren, in dem neben dem wettbewerbswidrig Handelnden die Wettbewerbsbehörde formal beteiligt ist, stehen sich im zivilrechtlichen Verfahren – in der Regel ein Unterlassungsverfahren nach § 33 Abs. 1 GWB, seltener ein Schadensersatzprozess nach § 33 Abs. 3 GWB – zwei Private als Kläger und Beklagter gegenüber. Insbesondere dem Kläger wird es dabei vergleichsweise schwer fallen, seine Darlegungs- und Beweislast im Hinblick auf eine zunehmend in Anwendung des „more economic approach" bestimmte Verletzung der Artt. 101 f. AEUV (vgl. Art. 2 S. 1 VO Nr. 1/2003)[1117] und etwa die Höhe seines Schadens, insbesondere wenn er nur mittelbar Geschädigter ist,[1118] zu erfüllen. Häufig wird er gerade das mit der Verletzungshandlung verbundene unternehmerische Handeln des Beklagten (Handelsabläufe, Marktposition usw.) schon nicht erkennen können; er ist diesem daher im Bezug auf den Zugang zu den relevanten Informationen strukturell unterlegen.[1119] Er ist daneben aber auch den Wettbewerbsbehörden grundsätzlich unterlegen, denn diese haben nicht nur selbst Ermittlungsbefugnisse (vgl. Art. 17 ff. VO Nr. 1/2003; §§ 57 ff. GWB), sie können auch auf die über das ECN verfügbaren Informationen anderer Behörden zurückgreifen.

Ebenso kann es aber auch dem Beklagten, der nach Art. 2 S. 2 VO Nr. 1/2003 die Darlegungs- und Beweislast v. a. für das Vorliegen der Freistellungsvoraussetzungen nach Art. 101 Abs. 3 AEUV trägt, mitunter schwer fallen, diesem insbesondere im Hinblick auf die beiden positiven Voraussetzungen, die jeweils eine komplexe und abwägende Prognose voraussetzen,[1120] zu entsprechen.[1121] Gerade die Substantiierung eines Parteivortrags kann also die bei der Kommission vorliegenden Informationen erfordern.[1122]

Vor diesem Hintergrund wird denn auch teilweise eine Lockerung der an die Substantiierung angelegten Maßstäbe befürwortet und die Ergänzung eines lückenhaften Tatsachenvortrags einer Partei durch Anwendung des Art. 15

1117 *Bornkamm/Becker*, ZWeR 2005, 213, 231.

1118 Vgl. BGH NJW 2012, 928 ff. – ORWI.

1119 Zu diesem „Informationsgefälle" ausführlich *Poelzig*, Normdurchsetzung durch Privatrecht, 2012, S. 139 f.

1120 Vgl. *Ellger*, in: Immenga/Mestmäcker, Wettbewerbsrecht, Bd. 1, EU/Teil 1, Art. 101 Abs. 3 AEUV Rn. 139 ff., 144 ff. und 227 ff.

1121 Vgl. *Jaeger*, WuW 2000, 1062, 1072 f.

1122 *Bornkamm*, in: Langen/Bunte, Bd. 1, Deutsches Kartellrecht, § 90a Rn. 12.

Abs. 1 VO Nr. 1/2003 vorgeschlagen.[1123] Dem wird man indes die in Art. 2 VO Nr. 1/2003 enthaltene Beweislastregelung und den in Erwägungsgrund 5 der VO Nr. 1/2003 zum Ausdruck gekommenen Willen, den Amtsermittlungsgrundsatz nicht einzuführen, entgegen halten müssen. Überdies stünde dieses in Widerspruch zu der allein dem öffentlichen Interesse dienenden Funktion der Beteiligung der Wettbewerbsbehörden und der strikten Objektivität und Neutralität, insbesondere im Bezug auf die Interessen der Parteien im Verfahren, die in Tz. 19 der Bekanntmachung ABl. 2004 Nr. C 101/54/57 ausdrücklich betont werden.[1124] Dass eine Beteiligung als Amicus curiae mittelbar auch der einen oder anderen Partei nutzen kann und somit daneben die private Kartellrechtsdurchsetzung fördert, bedeutet hierzu keinen Widerspruch, soweit das Handeln der Wettbewerbsbehörden darauf nicht abzielt (vgl. dazu noch unten Teil 2, E II 3) 2.). Ein großzügiger Gebrauch der Vorschrift über die materielle Prozessleitung nach § 139 ZPO und ein richterlicher Hinweis auf einen für ein Ersuchen erforderlichen, aber noch fehlenden Beweisantrag in den Grenzen des gesetzlich zulässigen erscheint insoweit als eine gute Lösung.[1125]

Soweit jedoch ein Ersuchen um Informationen verfahrensrechtlich dadurch umgesetzt werden soll, dass seitens des Gerichts einmal ein richterlicher Hinweis nach § 139 ZPO mit der Aufforderung, bestimmte Angaben beizubringen, an die Partei ergeht und zugleich eine richterliche Verfügung, in der diese Angaben für entscheidungserheblich erklärt werden, der Kommission vorgelegt wird,[1126] wird man dieses heute nicht mehr für zulässig halten können. Denn diese Lösung knüpft offensichtlich an die frühere Bekanntmachung der Kommission ABl. 1993 Nr. C 39/6 an, die in Tz. 42 genau diese Möglichkeit eines direkten Ersuchens der Parteien gegenüber der Kommission vorsah. In der heute geltenden Bekanntmachung ABl. 2004 Nr. C 101/54 ist dieses jedoch nicht nur nicht mehr enthalten, sondern es wird stattdessen gerade die Neutralität und Objektivität der Wettbewerbsbehörden besonders hervorgehoben.[1127] Ein direktes Ersuchen durch die Parteien erscheint damit nicht vereinbar, ebenso mit dem Wortlaut des

---

1123 *Hirsch*, ZWeR 2003, 233, 240; vgl. auch *Jaeger*, WuW 2000, 1062, 1073.

1124 Vgl. *Bornkamm*, in: Langen/Bunte, Bd. 1, Deutsches Kartellrecht, § 90a Rn. 12.

1125 Vgl. *Klees*, Europäisches Kartellverfahrensrecht mit Fusionskontrollverfahren, § 8 Rn. 6; ähnlich auch *Jaeger*, WuW 2000, 1062, 1073.

1126 Auf diese Möglichkeit weisen *Zuber*, in: Loewenheim/Meessen/Riesenkampff, Kartellrecht, Art. 15 VerfVO Rn. 10 m. w. N. und – noch auf Grundlage der früheren Bekanntmachung – *ders.*, Die EG-Kommission als amicus curiae, 2001, S. 116; *Odersky*, in: FS Mestmäcker, 1996, S. 699, 709 hin.

1127 *Bornkamm*, in: Langen/Bunte, Bd. 1, Deutsches Kartellrecht, § 90a Rn. 12.

Art. 15 Abs. 1 VO Nr. 1/2003, der eine Bitte des mitgliedsstaatlichen Gerichts voraussetzt.

Auch die eigentliche Verwertung der von der Kommission übermittelten Informationen erfolgt nach nationalem Verfahrensrecht (vgl. insoweit oben Teil 2, E II 1)). Eine Verpflichtung zur Verwertung besteht jedenfalls nach Unionsrecht nicht, vgl. Bekanntmachung ABl. 2004 Nr. C 101/54/57 (Tz. 19).

Auch insoweit ist aber – im Unterschied zum Beschwerdeverfahren (§ 70 Abs. 1 GWB) – der Beibringungsgrundsatz zu beachten, weshalb die Informationen überhaupt nur in den Prozessstoff eingehen und verwertet werden können, wenn sie von zumindest einer der Parteien sich zu Eigen gemacht wurden.[1128] Ihr Beweiswert bestimmt sich ebenfalls nach nationalem Verfahrensrecht (Erwägungsgrund 5 Satz 4 der VO Nr. 1/2003). Übermittelte Urkunden sind als solche nach den entsprechenden Vorschriften (§§ 415 ff. ZPO) zu verwerten.[1129] Die mitgeteilten Informationen sind nach einer Ansicht wie normaler Prozessstoff zu behandeln und unterliegen der richterlichen Beweiswürdigung;[1130] allein bei einfachen Verfahrensanfragen – als Beispiel genannt wird insoweit das (Nicht-)Vorliegen einer Freistellungsentscheidung – sollen die übermittelten Informationen als amtliche Auskunft einen nach § 418 ZPO erhöhten Beweiswert haben.[1131] Der BGH hingegen betrachtet das tatsächliche Vorbringen als amtliche Auskunft,[1132] die stets entweder als Zeugen- oder Sachverständigenbeweis unter angepasster Anwendung der entsprechenden zivilprozessualen Vorschriften Eingang ins Verfahren findet.[1133] Das bietet die nötige Flexibilität, mit der Auskunft eventuell verbundenen weiteren behördlichen Interessen, die den Beweiswert der Auskunft

1128 Vgl. *Klees*, Europäisches Kartellverfahrensrecht mit Fusionskontrollverfahren, 2005, § 8 Rn. 62; *Nothdurft*, in: Münchener Kommentar zum Kartellrecht, Bd. 1, Art. 15 VO 1/2003 Rn. 25; *Sura*, in: Langen/Bunte, Bd. 2, Europäisches Kartellrecht, Art. 15 VO Nr. 1/2003 Rn. 6.

1129 *Zuber*, in: Loewenheim/Meessen/Riesenkampff, Kartellrecht, Art. 15 VerfVO Rn. 25; *ders.*, Die EG-Kommission als amicus curiae, 2001, S. 95 und 118.

1130 *Klees*, Europäisches Kartellverfahrensrecht mit Fusionskontrollverfahren, § 8 Rn. 62.

1131 *Nothdurft*, in: Münchener Kommentar zum Kartellrecht, Bd. 1, Art. 15 VO 1/2003 Rn. 25.

1132 So auch *Jaeger*, WuW 2000, 1062, 1073.

1133 BGH, Urteil v. 12.1.1976, VIII ZR 273/74, Tz. 13 = Juris; *Zuber*, in: Loewenheim/Meessen/Riesenkampff, Kartellrecht, Art. 15 VerfVO Rn. 25; *ders.*, Die EG-Kommission als amicus curiae, 2001, S. 95 und 118 — jew. m. w. N.

beeinträchtigen, Rechnung zu tragen,[1134] und verdient daher Zustimmung (vgl. insoweit zur Problematik der unzulässigen Prozesshilfe unten Teil 2, E II 3) 2.).

Die Anwendung des Art. 15 Abs. 1 VO Nr. 1/2003 wird damit, soweit es um die Übermittlung von Informationen geht, im deutschen Kartellzivilverfahren vom Beibringungsgrundsatz bestimmt; er bildet den Maßstab dafür, wann ein Gericht von dieser Regelung Gebrauch machen darf und inwieweit übermittelte Tatsachen eine Berücksichtigung finden. Er setzt der Anwendung dieser unionsrechtlichen Regelung folglich auch Grenzen; was die Frage der Unionsrechtskonformität dieser verfahrensmäßigen Umsetzung aufwirft.

Dass in einer nationalen Zivilverfahrensordnung, die durch den Beibringungsgrundsatz geprägt ist, dem Gericht auch im Hinblick auf die Anwendung unionsrechtlicher Regelungen gewisse Grenzen gesetzt sind, hat der EuGH grundsätzlich anerkannt:[1135] Von der Annahme ausgehend, dass in den meisten Mitgliedsstaaten ein Grundverständnis von Staat und Individuum vorherrscht, das grundsätzlich den Parteien die Initiative im Prozess zuschreibt und ein gerichtliches Handeln von Amts wegen nur ausnahmsweise vorsieht, sieht der EuGH die Gerichte dann als an den Streitgegenstand und die vorgetragenen Tatsachen gebunden an. Die Anwendung des Unionsrechts ist danach dann nicht geboten, wenn der Richter dafür seine passive Rolle aufgeben und über den von den Parteien bestimmten Rechtsstreit hinausgehend sich auf von der die Darlegungslast tragenden Partei nicht vorgetragene Tatsachen stützen muss.

Trotz dieser grundsätzlichen Anerkennung des Beibringungsgrundsatzes, darf dieser im konkreten Fall aber auch nicht die wirksame Anwendung der unionsrechtlichen Regelung des Art. 15 Abs. 1 VO Nr. 1/2003 praktisch unmöglich machen oder zu einem weniger günstigen Verfahren führen als für gleichwertiges innerstaatliches Recht, vgl. Art. 4 Abs. 3 AEUV. Ausdrücklich eröffnet Art. 15 Abs. 1 VO Nr. 1/2003 den mitgliedsstaatlichen Gerichten eine Befugnis, sich an die Kommission mit ihrer Bitte zu wenden. Weder hinsichtlich der Bitte als solche noch hinsichtlich der Verwertung im Falle des Nachkommens seitens der Kommission besteht – wie gesehen – eine Verpflichtung der Gerichte. So dass eine für das Zivilverfahren allgemein gültige Verfahrensmaxime, die zwar zu gewissen Beschränkungen der Anwendbarkeit der Regelung führt, diese aber nicht

---

1134 Vgl. BGH, Urteil v. 12.1.1976, VIII ZR 273/74, Tz. 13 ff. = Juris; BGH MDR 1964, 223; *Zuber*, in: Loewenheim/Meessen/Riesenkampff, Kartellrecht, Art. 15 VerfVO Rn. 25; *ders.*, Die EG-Kommission als amicus curiae, 2001, S. 118 f.

1135 EuGH, Urteil v. 14.12.1995, C-430/93, Tz. 20 ff. = Juris – van Schijndel und van Veen.

weitgehend oder generell ausschließt, deren verfahrensmäßige Umsetzung nicht unionsrechtswidrig macht.[1136]

b. Grenzen der loyalen Zusammenarbeit: Berufsgeheimnis und Kronzeugenschutz

Indes wird die Kommission trotz ihrer Pflicht zur loyalen Zusammenarbeit aus Art. 4 Abs. 3 EUV (vgl. oben Teil 2, D I) nicht jeder Bitte um die Übermittlung von Informationen uneingeschränkt Folge leisten (dürfen).

Zu beachten ist insoweit einmal Art. 339 AEUV, der nicht nur die Mitglieder der Organe der Union, sondern über seinen Wortlaut hinaus, entsprechend seinem Sinn und Zweck auch diese Organe selbst gleichermaßen zur Geheimhaltung solcher Informationen,[1137] die das Berufsgeheimnis und insbesondere Unternehmen sowie ihre Geschäftsbeziehungen betreffen, verpflichtet. Zwar nimmt der das Berufsgeheimnis im Rahmen der Kartellverfahrensordnung schützende Art. 28 VO Nr. 1/2003 die Regelung des Art. 15 VO Nr. 1/2003 ausdrücklich hiervon aus; jedoch kann diese sekundärrechtliche Norm den primärrechtlich garantierten Schutz nicht aufheben.[1138] Davon geht auch die Bekanntmachung ABl. 2004 Nr. C 101/54 aus, die in Tz. 23 ff. auf ex-Art. 287 des Vertrags (= Art. 339 AEUV) und den im Wesentlichen durch das *Postbank*-Urteil[1139] des EuG entwickelten Schutzmechanismus im Rahmen der Weitergabe von unter das Berufsgeheimnis fallenden Auskünften hinweist: Denn diesem primärrechtlich eingeräumten Schutz des Berufsgeheimnisses (erfasst sind vertrauliche Auskünfte und Geschäftsgeheimnisse)[1140] steht der ebenfalls Primärrecht darstellende Grundsatz der loyalen Zusammenarbeit aus Art. 4 Abs. 3 EUV (= ex-Art. 10 EG) entgegen, der insbesondere die Kommission zur aktiven Unterstützung eines mitgliedsstaatlichen Gerichts bei der Verfolgung der Verletzung einer gemeinschaftsrechtlichen Regelung, ggf. auch durch die Weitergabe

---

1136 So auch *Holm-Hadulla*, Private Kartellrechtsdurchsetzung unter der VO Nr. 1/2003, 2009, S. 63; allgemeiner auch *Nothdurft*, in: Münchener Kommentar zum Kartellrecht, Bd. 1, Art. 15 VO 1/2003 Rn. 20.

1137 *Wegener*, in: Calliess/Ruffert, EUV/AEUV, Kommentar, Art. 339 AEUV Rn. 6.

1138 So auch *Nothdurft*, in: Münchener Kommentar zum Kartellrecht, Bd. 1, Art. 15 VO 1/2003 Rn. 14.

1139 EuG, Urteil v. 18.9.1996, T-353/94 = Juris = Slg. 1996, II-00921 – Postbank/Kommission.

1140 EuG, Urteil v. 18.9.1996, T-353/94, Tz. 86 = Juris = Slg. 1996, II-00921 – Postbank/Kommission.

von Unterlagen, verpflichtet.[1141] Letzteres ist heute im Wesentlichen sekundärrechtlich in Art. 15 VO Nr. 1/2003 geregelt, verliert dadurch jedoch nicht seinen Geltungsanspruch auch auf der Ebene des Primärrechts.

Diese beiden widerstreitenden Interessen sind daher solchermaßen in einen Ausgleich gebracht, dass die Kommission grundsätzlich die ersuchten Informationen weiterleitet, insoweit aber zuvor gewisse Schutzvorkehrungen trifft, nämlich vor der Weiterleitung auf Art. 339 AEUV (= ex-Art. 287 EG) hinweist und Erkundigungen über die Gewährleistung des Schutzes einholt, die Übermittlung also von der Bestätigung der Gewährleistung des Berufsgeheimnisses durch die mitgliedsstaatlichen Gerichte abhängig macht.[1142] Es wird insoweit folglich mit einem zweistufigen Schutzmechanismus vorgegangen: Nur dann, wenn das Gericht diesen Schutz gewährleisten kann und wird, gibt die Kommission die Informationen unter Angabe der von dem Berufsgeheimnis erfassten Teile weiter.[1143] Der Schutz selbst liegt dann in der Verantwortlichkeit der Gerichte. Insoweit ist zu beachten, dass jedenfalls die Verpflichtung aus Art. 339 AEUV nicht auch für mitgliedsstaatliche Gerichte gilt.[1144] Das EuG hat diese Pflicht zur Gewährleistung wiederum aus dem Grundsatz der Zusammenarbeit (ex-Art. 5 EWG) hergeleitet.[1145] Dem wird jedoch zu Recht das in der VO Nr. 1049/2001 (sog. Transparenzverordnung)[1146], die auch in Kartellverfahren Anwendung finden soll,[1147] enthaltene umfassende Akteneinsichtsrecht in einem Erst-Recht-Schluss entgegen gehalten.[1148]

Überdies bestehen gerade im deutschen Kartellverfahrensrecht hinsichtlich der Geheimhaltung erhebliche Bedenken: Im Zivilverfahren jedenfalls können

---

1141 EuG, Urteil v. 18.9.1996, T-353/94, Tz. 64 f. = Juris = Slg. 1996, II-00921 – Postbank/Kommission.

1142 Vgl. EuG, Urteil v. 18.9.1996, T-353/94, Tz. 90 ff. = Juris = Slg. 1996, II-00921 – Postbank/Kommission.

1143 Vgl. EuG, Urteil v. 18.9.1996, T-353/94, Tz. 93 = Juris = Slg. 1996, II-00921 – Postbank/Kommission.

1144 Vgl. *Zuber*, in: Loewenheim/Meessen/Riesenkampff, Kartellrecht, Art. 15 VerfVO Rn. 10.

1145 EuG, Urteil v. 18.9.1996, T-353/94, Tz. 69 = Juris = Slg. 1996, II-00921 – Postbank/Kommission.

1146 Verordnung (EG) Nr. 1049/2001 des Europäischen Parlaments und des Rates vom 30. Mai 2001 über den Zugang der Öffentlichkeit zu Dokumenten des Europäischen Parlaments, des Rates und der Kommission, ABl. (EG) Nr. L 145/43 v. 31.5.2001.

1147 Vgl. *Lampert/Weidenbach*, wrp 2007, 152, 154.

1148 *Zuber*, in: Loewenheim/Meessen/Riesenkampff, Kartellrecht, Art. 15 VerfVO Rn. 11 a. E.

Informationen, zu denen die Parteien keinen Zugang haben, keine Verwertung finden, das gebietet schon der Anspruch auf rechtliches Gehör aus Art. 103 Abs. 1 GG.[1149] Im Kartellverwaltungsverfahren gilt dieses grundsätzlich gleichermaßen; für Beschwerdeverfahren nach §§ 63 ff. GWB stellt das § 72 Abs. 2 S. 3 GWB klar, insoweit gilt aber auch die Ausnahmeregelung des § 72 Abs. 2 S. 4 GWB, wonach eine garantierte Geheimhaltung von Betriebs- oder Geschäftsgeheimnissen nicht besteht, sondern diese von einer Abwägung im Einzelfall abhängig gemacht wird.[1150] Die Übermittlung von unter das Berufsgeheimnis fallenden Informationen ist damit jedenfalls im deutschen zivilrechtlichen Kartellrechtsstreit mangels Verwertbarkeit von vornherein nicht sinnvoll;[1151] im Beschwerdeverfahren ist die Wahrung des Berufsgeheimnisses hingegen wohl grundsätzlich nicht sicher gewährleistet, so dass die Kommission nach dem oben Ausgeführten hier eine Übermittlung ablehnen müsste. *Zuber* spricht sich daher jedenfalls für Zivilprozesse generell gegen eine Weitergabe von auch unter das Berufsgeheimnis fallendem Material und für die Weitergabe allein insoweit bereinigter Unterlagen aus, da ein delegierter Schutz bei in den Mitgliedsstaaten unterschiedlich ausgeprägten Schutzniveaus nicht hinreichend sei.[1152] Dem wird man entgegen halten müssen, dass eine Weitergabe durch die Kommission ohnehin erst erfolgt, wenn die Gewährleistung des Schutzes des Berufsgeheimnisses seitens des Gerichts als hinreichend gesichert erscheint; im Ergebnis überzeugt diese Ansicht jedoch insoweit, als eine Weitergabe solchen Materials jedenfalls in einem deutschen Zivilrechtsstreit aus den oben genannten Gründen von vornherein sinnlos ist.

Überdies darf die Kommission die Übermittlung erbetener Informationen verweigern, wenn hierfür vorrangige, die notwendige Sicherung der Gemeinschaftsinteressen betreffende Gründe bestehen, oder um einen

> *„Eingriff in ihre Funktionsabläufe und ihre Unabhängigkeit, vor allem durch Gefährdung der Erfüllung der ihr übertragenen Aufgaben, zu unterbinden“.*[1153]

Der wichtigste Fall dieses Verweigerungrechts wird sogleich in der Bekanntmachung mitgeteilt: Das freiwillig von einem Kronzeugen zur Verfügung gestellte Informationsmaterial, für das kein Einverständnis zur Weitergabe vorliegt.

1149 BGH, Urteil v. 12.11.1991, KZR 18/90, Tz. 31 f. = Juris = BGHZ 116, 47, 58 – Amtsanzeiger; vgl. auch *Zuber*, Die EG-Kommission als amicus curiae, 2001, S. 95 und 127.

1150 *Zuber*, in: Loewenheim/Meessen/Riesenkampff, Kartellrecht, Art. 15 VerfVO Rn. 12.

1151 So auch *Zuber*, Die EG-Kommission als amicus curiae, 2001, S. 127.

1152 *Zuber*, Die EG-Kommission als amicus curiae, 2001, S. 127 f.

1153 Bekanntmachung ABl. 2004 Nr. C 101/54/58 (Tz. 26).

Auch insoweit knüpft die Bekanntmachung ABl. 2004 Nr. C 101/54/58 (Tz. 26) u. a. an das *Postbank*-Urteil an, das – anders als bei der wegen des Schutzes des Berufsgeheimnisses eingeräumten Verweigerungsmöglichkeit – in diesen Fällen den oben beschriebenen zweistufigen Schutzmechanismus als nicht hinreichend betrachtet.[1154] Es spricht hier von *„aussergewöhnlichen* Fällen" und nennt als zweite Fallgruppe der Verweigerung die, dass diese selbst die einzige geeignete Maßnahme zur Gewährleistung des Schutzes ist.[1155] In diesen Fällen soll zudem die Entscheidung über eine Verweigerung bei dem jeweils betroffenen Organ belassen bleiben,[1156] was mit dessen Sachnähe zu erklären sein wird.

Erkennbar liegt dieser Begründung eine abstrakte Abwägung einerseits des Grundsatzes der loyalen Zusammenarbeit aus Art. 4 Abs. 3 EUV (= ex-Art. 10 EG) und andererseits des insoweit überwiegenden Interesses der Funktionsfähigkeit und Unabhängigkeit der Gemeinschaft bzw. Union zugrunde; deutlich wird aber auch der das Ergebnis begleitende „Ultima-ratio-Gedanke" und nicht zuletzt der hohe Stellenwert der den insoweit überwiegenden Interessen zugeschrieben wird. Bestätigung findet dieses in der Existenz einer hierzu parallelen Regelung zur (Nicht-)Weitergabe von Kronzeugenmaterial innerhalb des ECN (vgl. Tz. 40 der Bekanntmachung ABl. 2004 Nr. C 101/43/48),[1157] die zudem eine Erstreckung auf sonstige, lediglich *infolge* eines Antrags auf Kronzeugenbehandlung erlangte Informationen beinhaltet.[1158] Dieses soll den Kronzeugen, der sich durch seine Kooperation mit der Wettbewerbsbehörde Sanktionsfreiheit verschafft hat, vor privaten Schadensersatzansprüchen, die dadurch nicht auch ausgeschlossen sind, schützen. Deutlich wird daran, welch große Bedeutung den Kronzeugen bei der Durchsetzung der Artt. 101 f. AEUV zugemessen wird,[1159] denn diese Entscheidung für einen Schutz des Kronzeugen bedeutet zugleich eine solche gegen die privatrechtliche Kartellrechtsdurchsetzung seitens eines

---

1154 Vgl. EuG, Urteil v. 18.9.1996, T-353/94, Tz. 93 = Juris = Slg. 1996, II-00921 – Postbank/Kommission.

1155 EuG, Urteil v. 18.9.1996, T-353/94, Tz. 93 = Juris = Slg. 1996, II-00921 – Postbank/Kommission.

1156 EuG, Urteil v. 18.9.1996, T-353/94, Tz. 93 = Juris = Slg. 1996, II-00921 – Postbank/Kommission.

1157 Auf diese weisen auch *Klees*, Europäisches Kartellverfahrensrecht mit Fusionskontrollverfahren, § 8 Rn. 55 (dort Fn. 145) und *Zuber*, in: Loewenheim/Meessen/Riesenkampff, Kartellrecht, Art. 15 VerfVO Rn. 13 hin.

1158 Bekanntmachung der Kommission über die Zusammenarbeit innerhalb des Netzes der Wettbewerbsbehörden, ABl. (EU) Nr. C 101, S. 43, 48 (Tz. 40) v. 27.4.2004.

1159 Vgl. dazu EuGH, Urteil v. 14.6.2011, C-360/09, Tz. 25 ff. = WuW/E EU-R 1975, 1979 – Pfleiderer.

durch wettbewerbswidriges Handeln Geschädigten und daher nach § 33 Abs. 3 GWB zum Schadensersatz Berechtigten.[1160] Überdies wird dadurch im konkreten Fall der verwaltungsrechtlichen Kartellrechtsdurchsetzung der Vorrang vor der privatrechtlichen eingeräumt. Das ist ein deutliches Indiz dafür, dass die Stärkung des private enforcement keine mit Art. 15 VO Nr. 1/2003 primär verfolgte Zielsetzung ist.

Diese in der Bekanntmachung ABl. 2004 Nr. C 101/54/58 bekundete absolute Haltung wirft indes nicht nur grundsätzliche Zweifel deshalb auf, weil die VO Nr. 1/2003 in Anwendung ihres Art. 12 die Weitergabe auch von Kronzeugenmaterial innerhalb des ECN grundsätzlich zulässt. Dass dieses aber im Rahmen des Art. 15 Abs. 1 VO Nr. 1/2003 kategorisch ausgeschlossen sein soll, erschließt sich jedenfalls nicht automatisch. Insbesondere kann aber eine nicht bindende Bekanntmachung der Kommission[1161] die in Art. 15 Abs. 1 VO Nr. 1/2003 als Ausfluss des Grundsatzes der loyalen Zusammenarbeit nach Art. 4 Abs. 3 EUV eingeräumte Befugnis des Gerichts nicht einschränken.[1162] Sehr deutlich wird bereits in einem Urteil des EuGH aus dem Jahr 2002, dass dem Grundsatz der loyalen Zusammenarbeit entsprechend von einer grundsätzlichen Pflicht der Kommission auszugehen ist, einem mitgliedsstaatlichen Gericht die von ihm benötigten, allein bei der Kommission verfügbaren Informationen unverzüglich zu übermitteln, und die oben genannten entgegen stehenden Interessen an der Funktionsfähigkeit und Unabhängigkeit der Gemeinschaften lediglich zwingende Gründe bedeuten, die eine Ausnahme hiervon rechtfertigen können;[1163] die absolute Diktion des EuG aus der *Postbank*-Entscheidung wird insoweit indes nicht geteilt.

Insbesondere auch die jüngere Rechtsprechung des EuGH zu der Frage, ob und inwieweit Dritten ein Recht zur Einsichtnahme in Kronzeugenunterlagen zukommt, lässt Zweifel daran aufkommen, dass der kategorische Ausschluss der Übermittlung freiwillig zur Verfügung gestellten Kronzeugenmaterials seitens

---

1160 Vgl. *Nothdurft*, in: Münchener Kommentar zum Kartellrecht, Bd. 1, Art. 15 VO 1/2003 Rn. 15; *Ritter*, in: Immenga/Mestmäcker, Wettbewerbsrecht, Bd. 1, EU/Teil 2, VO 1/2003, Art. 12 Rn. 11.

1161 Vgl. *Zuber*, Die EG-Kommission als amicus curiae, 2001, S. 75 f.

1162 Vgl. EuGH, Urteil v. 14.6.2011, C-360/09, Tz. 21 = WuW/E EU-R 1975, 1979 – Pfleiderer, bezogen auf die Bekanntmachung der Kommission ABl. 2004 Nr. C 101/43.

1163 EuGH, Urteil v. 26.11.2002, C-275/00, Tz. 49 = Juris = Slg. 2002, I-10960 – First und Franex.

der Kommission im Rahmen des Art. 15 Abs. 1 VO Nr. 1/2003 aufrecht erhalten werden kann:

Mit dem *Pfleiderer*-Urteil aus dem Jahr 2011 entschied der EuGH im Rahmen eines Vorabentscheidungsverfahrens nach Art. 267 AEUV, dass die unionsrechtlichen Bestimmungen, insbesondere die VO Nr. 1/2003, dahingehend auszulegen seien, dass sie den Zugang einer durch einen Verstoß gegen das Wettbewerbsrecht der Union geschädigten und daher Schadensersatz fordernden Person zu Dokumenten aus einem Kronzeugenverfahren nicht ausschlössen; es sei aber Sache der mitgliedsstaatlichen Gerichte in Anwendung des nationalen Rechts zu entscheiden, unter welchen Voraussetzungen dieser Zugang zu gewähren oder zu verweigern sei, und hierbei die unionsrechtlich geschützten Interessen abzuwägen.[1164] Der EuGH verneinte damit die seitens des AG Bonn an ihn gerichtete Vorlagefrage, „[ob] die kartellrechtlichen Bestimmungen des Gemeinschaftrechts – insbesondere die Artt. 11 und 12 der VO Nr. 1/2003 sowie Art. 10 Abs. 2 EG i. V. mit Art. 3 Abs. 1 Buchst. g EG – dahin gehend auszulegen [seien], dass Geschädigte eines Kartells zur Geltendmachung zivilrechtlicher Ansprüche keine Akteneinsicht in Bonusanträge und von Bonusantragsstellern in diesem Zusammenhang freiwillig herausgegebene Informationen und Unterlagen erhalten dürfen, die eine mitgliedsstaatliche Wettbewerbsbehörde nach Maßgabe eines nationalen Bonusprogramms im Rahmen eines (auch) auf die Durchsetzung von Art. 81 EG gerichteten Bußgeldverfahrens erhalten hat?“[1165]

Diese Entscheidung und insbesondere ihre Begründung lassen auch für die in der vorliegenden Arbeit v. a. interessierende Frage, ob – wie von der Kommission praktiziert – eine Übermittlung von freiwillig zur Verfügung gestelltem Kronzeugenmaterial im Rahmen des Art. 15 Abs. 1 VO Nr. 1/2003 generell ausgeschlossen ist, Rückschlüsse zu. Denn anders als noch das EuG in seinem *Postbank*-Urteil und insbesondere die Kommission in den Bekanntmachungen ABl. 2004 Nr. C 101/54/58 (Tz. 26) und Nr. C 101/43/48 (Tz. 40) geht der EuGH keineswegs vom prinzipiell überwiegenden Interesse des Schutzes eines Kronzeugen vor Schadensersatzklagen und damit des Vorrangs der verwaltungsrechtlichen vor der privatrechtlichen Durchsetzung des Kartellrechts im Falle eines insoweit bestehenden Konfliktes aus:

Der EuGH weist zunächst auf die grundsätzliche Pflicht der mitgliedsstaatlichen Wettbewerbsbehörden und Gerichte hin, einerseits Artt. 101 f. AEUV

1164 EuGH, Urteil v. 14.6.2011, C-360/09, Tz. 33 = WuW/E EU-R 1975, 1980 – Pfleiderer.

1165 EuGH, Urteil v. 14.6.2011, C-360/09, Tz. 18 = WuW/E EU-R 1975, 1978 – Pfleiderer [Hinzufügungen durch die Verf.].

anzuwenden, wenn der jeweilige Sachverhalt darunter fällt, und andererseits ihre wirksame Anwendung sicherzustellen.[1166] Weil es an einer unionsrechtlichen Regelung über den Kronzeugen als solchen und über den Zugang zu Unterlagen aus einem Kronzeugenverfahren, die in Anwendung einer nationalen Kronzeugenregelung an eine nationale Wettbewerbsbehörde übermittelt wurden, fehle, sei es Aufgabe der Mitgliedsstaaten, die Frage des Zugangs Kartellgeschädigter zu Dokumenten aus Kronzeugenverfahren zu regeln und diese Regelungen anzuwenden.[1167] Hierbei dürften sie insbesondere die Verwirklichung des Unionsrechts nicht praktisch unmöglich machen oder übermäßig erschweren; speziell im Wettbewerbsrecht dürften diese nationalen Verfahrensregeln die wirksame Anwendung der Art. 101 AEUV und Art. 102 AEUV nicht beeinträchtigen.[1168] Im Folgenden konkretisiert der EuGH dieses, indem er einmal die Bedeutung der Kronzeugenprogramme für die wirksame Anwendung der Artt. 101 f. AEUV herausstellt und zudem die Gefahr für die Wirksamkeit wiederum dieser Programme beschreibt, die mit dem Zugang Schadensersatzklagen vorbereitender Kartellgeschädigter zu Dokumenten aus den Kronzeugenverfahren verbunden ist.[1169] Trotz des Erlasses von Bußgeldern hat dieses nach dem EuGH eine Abschreckungswirkung im Hinblick auf eine Teilnahme am Kronzeugenprogramm.[1170] Dieser Seite der Wirksamkeit der Artt. 101 f. AEUV, die in der Begründung der Ansicht der Kommission als entscheidend angesehen wird (vgl. oben), setzt indes der EuGH hier einen weiteren Aspekt der Wirksamkeit der Wettbewerbsregeln gegenüber – und zwar als grundsätzlich gleichwertig. Er verweist insoweit auf den nach ständiger Rechtsprechung im Falle eines wettbewerbswidrigen Handelns bestehenden Schadensersatzanspruch und betont dessen Bedeutung für die Durchsetzungskraft der unionsrechtlichen Wettbewerbsregeln.[1171] Damit stellt der EuGH die beiden demselben Ziel, der

1166 EuGH, Urteil v. 14.6.2011, C-360/09, Tz. 19 = WuW/E EU-R 1975, 1978 – Pfleiderer.

1167 EuGH, Urteil v. 14.6.2011, C-360/09, Tz. 20 und 23 = WuW/E EU-R 1975, 1979 – Pfleiderer.

1168 EuGH, Urteil v. 14.6.2011, C-360/09, Tz. 24 = WuW/E EU-R 1975, 1979 – Pfleiderer.

1169 EuGH, Urteil v. 14.6.2011, C-360/09, Tz. 25 f. = WuW/E EU-R 1975, 1979 – Pfleiderer.

1170 EuGH, Urteil v. 14.6.2011, C-360/09, Tz. 27 = WuW/E EU-R 1975, 1979 – Pfleiderer.

1171 EuGH, Urteil v. 14.6.2011, C-360/09, Tz. 28 f. = WuW/E EU-R 1975, 1980 – Pfleiderer.

Wirksamkeit der Artt. 101 f. AEUV, dienenden „Spuren" der Kartellrechtsdurchsetzung als grundsätzlich gleichrangig gegenüber. Den sich in der Frage des Zugangs zu Kronzeugenmaterial kristallisierenden Konflikt, welcher der beiden Spuren Vorrang zukommt, führt der EuGH indes nicht einer kategorischen, sondern abwägenden Lösung zu und stellt diese Abwägung überdies in die Zuständigkeit der mitgliedsstaatlichen Gerichte. Diese haben danach bei der Prüfung des Antrags auf Zugang zu Dokumenten eines Kronzeugenverfahrens, der durch einen von dem Kronzeugen Schadensersatz fordernden Geschädigten gestellt wird, einerseits die nationalen Verfahrensregeln so anzuwenden, dass Äquivalenz- und Effektivitätsgrundsatz im Hinblick auf den Schadensersatz berücksichtigt werden, andererseits müssen die Gerichte die konfligierenden Interessen, die die Weitergabe der Kronzeugenunterlagen, aber andererseits auch den Schutz der freiwillig vorgelegten Informationen rechtfertigen, abwägen.

Diese grundsätzlichen Wertungen hat der EuGH in einem Urteil im Juni 2013 bestätigt und bekräftigt:[1172] In diesem Vorabentscheidungsverfahren nach Art. 267 AEUV wurde er – unter ausdrücklicher Bezugnahme auf das *Pfleiderer*-Urteil vor die Frage gestellt, ob das Unionsrecht einer nationalen Kartellrechtsregelung entgegensteht, die die Gewährung der Einsicht in Kartellgerichtsakten zur Vorbereitung von Schadensersatzklagen durch am Verfahren nicht beteiligte Dritte gegen Kartellteilnehmer (auch) in Verfahren, in denen Art. 101 AEUV oder Art. 102 AEUV i. V. m. der VO Nr. 1/2003 „angewendet wurde, ausnahmslos von der Zustimmung aller Verfahrensbeteiligten abhängig macht und dem Gericht eine Abwägung der unionsrechtlich geschützten Interessen zur Festlegung der Voraussetzungen, unter denen die Akteneinsicht gewährt oder verweigert wird, im Einzelfall nicht ermöglicht."[1173]

Weitgehend parallel zu seinem *Pfleiderer*-Urteil und teilweise unter ausdrücklicher Bezugnahme hierauf stellt der EuGH wiederum die Bedeutung des Schadensersatzes des Kartellgeschädigten für die Durchsetzung des Art. 101 Abs. 1 AEUV und die Aufgabe der Mitgliedsstaaten, die Verfahrensregelungen zur Akteneinsicht in Kronzeugenunterlagen entsprechend dem Äquivalenz- und Effektivitätsgrundsatz zu erlassen und anzuwenden, dar.[1174] Als maßgeblich für die Beantwortung der Vorlagefrage sieht er die Abwägung der die Übermittlung

1172 Vgl. EuGH, Urteil v. 6.6.2013, C-5536/11 = WuW/E EU-R 2746 – Donau Chemie u. a.

1173 EuGH, Urteil v. 6.6.2013, C-5536/11 – Tz. 13 = WuW/E EU-R 2746, 2748 – Donau Chemie u. a.

1174 EuGH, Urteil v. 6.6.2013, C-5536/11 – Tz. 20 ff. = WuW/E EU-R 2746, 2749 f. – Donau Chemie u. a.

der Informationen einerseits und den Schutz dieser Informationen andererseits rechtfertigenden Interessen an.[1175] Ausdrücklich betont der EuGH, dass

> *„insbesondere im Wettbewerbsrecht jede starre Regel – sei es im Sinne einer völligen Verweigerung eines Zugangs zu den betreffenden Dokumenten oder im Sinne eines allgemein gewährten Zugangs zu diesen – die wirksame Anwendung des Art. 101 AEUV und der Rechte, die diese Bestimmung den Einzelnen verleiht, beeinträchtigen kann.“*[1176]

Im ersten Fall sieht er die praktische Wirksamkeit des Schadensersatzes wegen der Beweisnot des Geschädigten verhindert, im zweiten Fall sieht er u. a. das öffentliche Interesse im Hinblick auf eine wirksame Politik der Ahndung wettbewerbswidrigen Handelns gefährdet, da ein allgemeiner Zugang die an einem solchen Handeln Beteiligten von einer Kooperation mit den Wettbewerbsbehörden abhalten könnte.[1177] Dieses gebiete eine Abwägung der Interessen im Einzelfall durch die nationalen Gerichte.[1178] Weil eine solche nationale Verfahrensregelung – wie die der Vorlagefrage zugrunde liegende – es den Parteien ermögliche, einen Zugang zu den Akten zu verhindern, ohne das Interesse des Geschädigten zu berücksichtigen, sei sie geneigt, das Recht auf Schadenersatz zu erschweren.[1179] Der EuGH führt weiter aus, dass insbesondere die Wirksamkeit eines Kronzeugenprogramms dieses nicht rechtfertigen kann, denn dadurch könne nur der Zugang zu bestimmten Dokumenten verweigert werden, nicht aber eine systematische Zugangsverweigerung gerechtfertigt werden.[1180] Im nächsten Schritt spricht sich der EuGH sogar indirekt für einen grundsätzlichen Vorrang der privatrechtlichen Kartellrechtsdurchsetzung in diesem Konflikt aus, wenn er feststellt, dass in Anbetracht der Bedeutung der Schadensersatzklagen vor nationalen Gerichten für die Aufrechterhaltung eines wirksamen Wettbewerbs, die bloße Berufung auf die Gefahr, dass durch den Zugang die Wirksamkeit eines Kronzeugenprogramms beeinträchtigt werden könnte, nicht genügen kann, um

---

1175 EuGH, Urteil v. 6.6.2013, C-5536/11 – Tz. 30 = WuW/E EU-R 2746, 2751 – Donau Chemie u. a.

1176 EuGH, Urteil v. 6.6.2013, C-5536/11 – Tz. 31 = WuW/E EU-R 2746, 2751 – Donau Chemie u. a.

1177 EuGH, Urteil v. 6.6.2013, C-5536/11 – Tz. 32 f. = WuW/E EU-R 2746, 2751 – Donau Chemie u. a.

1178 EuGH, Urteil v. 6.6.2013, C-5536/11 – Tz. 34 = WuW/E EU-R 2746, 2751 – Donau Chemie u. a.

1179 EuGH, Urteil v. 6.6.2013, C-5536/11 – Tz. 39 = WuW/E EU-R 2746, 2752 – Donau Chemie u. a.

1180 EuGH, Urteil v. 6.6.2013, C-5536/11 – Tz. 40 f. = WuW/E EU-R 2746, 2748 – Donau Chemie u. a.

die Verweigerung des Zugangs zu den Beweisen zu rechtfertigen.[1181] Diese Verweigerung verlangt nach dem EuGH vielmehr bei jedem einzelnen Dokument zwingende Gründe in Bezug auf den Schutz des geltend gemachten Interesses:

> *„Nur wenn die Gefahr besteht, dass ein bestimmtes Schriftstück konkret das öffentliche Interesse an der Wirksamkeit des nationalen Kronzeugenprogramms beeinträchtigen kann, kann die Nichtweitergabe dieses Schriftstückes gerechtfertigt sein.“*[1182]

Diese auf das Akteneinsichtsrecht zur Vorbereitung eines Schadensersatzprozesses bezogene Argumentation lässt sich in ihren Grundsätzen auch auf die Frage, ob im Rahmen eines Zivilrechtsstreits Kronzeugenmaterial von der Kommission auf Ersuchen weiterzugeben ist, übertragen. Denn deutlich zum Ausdruck kommt in diesen beiden Urteilen, dass dem Schutz des Kronzeugen vor Schadensersatzklagen und damit der verwaltungsrechtlichen Kartellrechtsdurchsetzung – anders als von der Kommission in der Bekanntmachung ABl. 2004 Nr. C 101/54/58 (Tz. 26) zugrunde gelegt – nicht per se ein Vorrang vor dem Interesse des Geschädigten an einer Restitution, also der privatrechtlichen Durchsetzung des Kartellrechts, zukommt. Vielmehr stets eine Abwägung der widerstreitenden Interessen entsprechend der Maßgabe des EuGH aus dem *Pfleiderer*-Urteil[1183] durch das mitgliedsstaatliche Gericht erfolgen muss.

Dieser gleichermaßen bei der Frage, ob dem Ersuchen eines Gerichts nach Art. 15 Abs. 1 VO Nr. 1/2003 um Übermittlung von Informationen aus Kronzeugenverfahren seitens der Kommission gefolgt werden kann, auftretende Konflikt, muss dann aber ebenso durch eine Abwägung im Einzelfall aufgelöst werden. Dieses dann insbesondere unter Berücksichtigung des in diesen Fällen stets zu beachtenden Grundsatzes der loyalen Zusammenarbeit aus Art. 4 Abs. 3 EUV. Denn ob sich bei der Vorbereitung eines Schadensersatzprozesses herausstellt, dass der Geschädigte zur Realisierung seines Schadensersatzanspruchs auf Kronzeugendokumente angewiesen ist, und daher Akteneinsicht nehmen will, oder ob sich im Prozess das Bedürfnis nach weiteren Informationen zeigt und das Gericht entsprechend dem oben Ausgeführten bei der Kommission um die Übermittlung der Informationen ersucht, bedeutet im Hinblick auf die Frage der Zulässigkeit der Verweigerung der Weitergabe im Grunde keinen Unterschied.

1181 EuGH, Urteil v. 6.6.2013, C-5536/11 – Tz. 46 = WuW/E EU-R 2746, 2753 – Donau Chemie u. a.

1182 EuGH, Urteil v. 6.6.2013, C-5536/11 – Tz. 47 f. = WuW/E EU-R 2746, 2753 – Donau Chemie u. a.

1183 EuGH, Urteil v. 14.6.2011, C-360/09, Tz. 33 = WuW/E EU-R 1975, 1980 – Pfleiderer.

Unberührt bleiben hiervon selbstverständlich die dem Gericht durch den Beibringungsgrundsatz gezogenen Grenzen bei der Anwendung des Art. 15 Abs. 1 VO Nr. 1/2003 (dazu oben Teil 2, E II 2) 1. a.).

Die *generelle* Verweigerung der Übermittlung von Kronzeugenmaterial seitens der Kommission – vgl. Bekanntmachung ABl. Nr. C 101/54/58 (Tz. 26) – ist daher nach dem Ausgeführten als unzulässig zu betrachten; erforderlich ist vielmehr, dass die Kommission über die Übermittlung von Kronzeugenmaterial unter Abwägung der widerstreitenden Interessen im Einzelfall entscheidet.

2. Stellungnahmen

Stellungnahmen stellen nach dem oben Ausgeführten wegen dem ihnen eigenen Element der Würdigung und Analyse – insoweit v. a. von wirtschaftlichen und rechtlichen Zusammenhängen – gerade keine Tatsachen dar (vgl. oben Teil 2, D II 2) 4. b.). Sie betreffen die eigentliche Rechtsanwendung, weshalb auf sie der Beibringungsgrundsatz keine Anwendung findet.[1184] Aus Art. 15 Abs. 1 VO Nr. 1/2003 folgt auch insoweit die Befugnis des Gerichts als solche, um Stellungnahmen zu bitten; die Verwertung erfolgt gleichermaßen nach nationalem Verfahrensrecht (vgl. Tz. 30 der Bekanntmachung ABl. 2004 Nr. C 101/54/58).

Da das Gericht das Recht zu kennen hat („iura novit curia") oder sich die nötige Kenntnis zu verschaffen hat, hat es die Pflicht, die sich im Prozess stellenden Rechtsfragen sachgerecht zu entscheiden;[1185] ggf. muss es daher aus allgemeinen verfahrensrechtlichen Gründen – nicht weil unionsrechtlich eine solche Pflicht bestünde – um eine Stellungnahme bitten.[1186] Wegen des Grundsatzes der loyalen Zusammenarbeit aus Art. 4 Abs. 3 EUV wird das Gericht eine Stellungnahme auch nicht gänzlich ignorieren können (vgl. auch Tz. 30 der Bekanntmachung ABl. 2004 Nr. C 101/54/58), eine Bindungswirkung besteht indes insoweit nicht (oben Teil 2, E I).[1187] In Betracht kommt daneben stets auch ein Vorlageverfahren nach Art. 267 AEUV, gegen das zwar der Einwand der Verfahrensverzögerung

---

1184 Vgl. *Rauscher*, in: Münchener Kommentar zur Zivilprozessordnung, Bd. 2, Einleitung Rn. 322.

1185 *Prütting*, in: Münchener Kommentar, Zivilprozessordnung, Bd. 1, § 293 Rn. 2 und 4.

1186 Vgl. *Bechtold*, Kartellgesetz, § 90a GWB Rn. 6.

1187 *Sura*, in: Langen/Bunte, Bd. 2, Europäisches Kartellrecht, Art. 15 VO Nr. 1/2003 Rn. 9; *Ritter*, in: Immenga/Mestmäcker, Wettbewerbsrecht, Bd. 1, EU/Teil 2, VO 1/2003, Art. 15 Rn. 15; ähnlich auch *Klees*, Europäisches Kartellverfahrensrecht mit Fusionskontrollverfahren, § 8 Rn. 61.

spricht, dessen Entscheidung jedoch – im Gegensatz zur Stellungnahme nach Art. 15 VO Nr. 1/2003 – absolute Geltung entfaltet.[1188]

Nach Ansicht des EuGH und der ganz h. M. handelt es sich bei diesen Stellungnahmen der Kommission um eine besondere Form des Sachverständigengutachtens.[1189] Das überzeugt, denn dafür, den Stellungnahmen abgebenden Amicus curiae in die Nähe eines Sachverständigen zu rücken, spricht nicht nur, dass die Kommission sich selbst so betrachtet – in der Bekanntmachung ABl. 2004 Nr. C 101/54/57 bezeichnet sie sich als *„sachverständiger Beistand"*. Auch funktional steht der Amicus curiae nach deutschem Zivilverfahrensrecht dem Sachverständigen sehr nah. Der Sachverständige ist Berater des Gerichts, vermittelt ihm Kenntnis von Rechtsnormen oder Erfahrungssätzen, zieht aufgrund von Fachwissen Schlussfolgerungen, *„ist danach eine Art (neutraler) Richtergehilfe"*.[1190] Gerade im Falle des Art. 15 Abs. 1 VO Nr. 1/2003 bestehen damit weite Parallelen: Die Kommission hat als neutrale, nur dem öffentlichen Interesse dienende Wettbewerbsbehörde eine v. a. das Gericht bei der Rechtsanwendung unterstützende Funktion. Sie leistet auf Bitte des Gerichts, diesem in einem Verfahren, in dem Art. 101 oder 102 AEUV zur Anwendung kommt Hilfestellung (vgl. dazu oben Teil 2, D II 2) 4. b.). Anders als beim Sachverständigen (vgl. § 404 Abs. 1 S. 1 ZPO) ist das Gericht im Fall des Art. 15 VO Nr. 1/2003 bei der Auswahl der Person zwar nicht frei, es kann sich dafür wiederum frei entscheiden, ob es um eine Stellungnahme bitten will. In beiden Fällen ist es gleichermaßen an die Stellungnahme (vgl. oben Teil 2, E I) bzw. an das Gutachten, das nach § 286 ZPO frei zu würdigen ist, nicht gebunden, sondern hat sich allein von der Überzeugungskraft leiten zu lassen.[1191] Zwar geht die ZPO grundsätzlich von einer natürlichen Person als Sachverständigem aus (vgl. § 408 ZPO) und kennt die Bestellung einer Behörde als Sachverständigen nicht, jedoch ist dieses

---

1188 Vgl. *de Bronett*, Europäisches Kartellverfahrensrecht – Kommentar zur VO 1/2003, Artikel 15 Rn. 9; *Zuber*, in: Loewenheim/Meessen/Riesenkampff, Kartellrecht, Art. 15 VerfVO Rn. 15 f.

1189 Vgl. EuGH, Urteil v. 11.1.2000, C-174/98, Tz. 25 = Juris – Niederlande und van der Wal/Kommission; *Klees*, Europäisches Kartellverfahrensrecht mit Fusionskontrollverfahren, § 8 Rn. 61; *Novak-Stief*, ELR 1998, 200, 202; *Ritter*, in: Immenga/Mestmäcker, Wettbewerbsrecht, Bd. 1, EU/Teil 2, VO 1/2003, Art. 15 Rn. 15; *Sura*, in: Langen/Bunte, Bd. 2, Europäisches Kartellrecht, Art. 15 VO Nr. 1/2003 Rn. 9; vgl. auch *Zuber*, in: Loewenheim/Meessen/Riesenkampff, Kartellrecht, Art. 15 VerfVO Rn. 15 und 24; *ders.*, Die EG-Kommission als amicus curiae, 2001, S. 122.

1190 *Rosenberg/Schwab/Gottwald*, Zivilprozessrecht, § 121 Rn. 1.

1191 Vgl. *Rosenberg/Schwab/Gottwald*, Zivilprozessrecht, § 121 Rn. 67.

mit dem Begriff als solchem nicht unvereinbar, das ergibt sich indirekt aus § 1 Abs. 2 JVEG.[1192]

Damit erscheint es nur folgerichtig, Stellungnahmen der Kommission entsprechend den Regelungen über den Sachverständigen (§§ 402 ff. ZPO) im Verfahren zu verwerten.[1193]

3) In Eigeninitiative von den Wettbewerbsbehörden erteilte Stellungnahmen, Art. 15 Abs. 3 VO Nr. 1/2003 i. V. m. § 90a Abs. 2 GWB bzw. § 90 Abs. 2 GWB sowie die weiteren Befugnisse der nationalen Wettbewerbsbehörden nach § 90 Abs. 2 GWB

1. Die Abgabe von Stellungnahmen

Nach Art. 15 Abs. 3 VO Nr. 1/2003 können sowohl die Kommission wie auch die nationalen Wettbewerbsbehörden auch aus Eigeninitiative Stellungnahmen im mitgliedsstaatlichen Gerichtsverfahren abgeben bzw. nach der Diktion des § 90 Abs. 2 GWB dort „Ausführungen" machen; ein inhaltlicher Unterschied besteht insoweit nicht.

Dass § 90a Abs. 2 S. 4 GWB der Kommission weitere Befugnisse als in Art. 15 Abs. 3 Unterabs. 1 S. 4 VO Nr. 1/2003 unionsrechtlich vorgesehen einräumt, wurde bereits ausgeführt (oben Teil 2, C III 2)). Ebenso wie die nationalen Wettbewerbsbehörden nach § 90 Abs. 2 und 3 GWB kann sie damit auch ohne Erlaubnis des Gerichts eine mündliche Stellungnahme abgeben.

Das Gericht ist aus Art. 15 Abs. 3 VO Nr. 1/2003 unmittelbar verpflichtet, diese Stellungnahmen in das Verfahren einzuführen,[1194] das verlangt insbesondere der Grundsatz der loyalen Zusammenarbeit, weil die Befugnis sonst leerliefe. Auch eine Verwertung der Stellungnahme könnte sonst schon deshalb nicht erfolgen, weil die Parteien sich nicht dazu äußern konnten, also der Grundsatz des rechtlichen Gehörs (Art. 103 Abs. 1 GG) verletzt wäre.

1192 *Zimmermann*, in: Münchener Kommentar zur Zivilprozessordnung, Bd. 2, § 404 Rn. 3.

1193 Da das Recht der EU unstreitig dem inländischen Gesetzesrecht gleichsteht, findet § 293 ZPO insoweit keine Anwendung – vgl. Stein/Jonas/*Leipold*, ZPO, Bd. 4, § 293 Rn. 8.; *Prütting*, in: Münchener Kommentar, Zivilprozessordnung, Bd. 1, § 293 Rn. 9.

1194 *Nothdurft*, in: Münchener Kommentar zum Kartellrecht, Bd. 1, Art. 15 VO 1/2003 Rn. 39.

Die Verwertung der Stellungnahmen erfolgt nach ganz h. M. wie im Falle des Art. 15 Abs. 1 VO Nr. 1/2003,[1195] also nach den für Sachverständigengutachten geltenden Regelungen (oben Teil 2, E II 2) 2.).[1196] Ausdrücklich gegen eine solche Einordnung der Äußerungen des Bundeskartellamts im Rahmen des § 90 GWB spricht sich *Dicks* aus, weil es kein „Gehilfe" des Gerichts sei, sondern allein im Wettbewerbsinteresse handle.[1197] Das ist zwar in sich konsequent, nach der in der vorliegenden Arbeit vertretenen Ansicht zur Funktion der Beteiligung der Wettbewerbsbehörden gemäß § 90 Abs. 2 GWB (oben Teil 2, D II 2) 4. e.) indes unzutreffend.

Zweifel an der Vergleichbarkeit des nach Art. 15 Abs. 3 VO Nr. 1/2003 bzw. §§ 90a Abs. 2; 90 Abs. 2 GWB handelnden Amicus curiae mit einem Sachverständigen könnte man allenfalls deshalb haben, weil er sich – anders als im Rahmen des Art. 15 Abs. 1 VO Nr. 1/2003 – aus *Eigen*initiative als Dritter in den Rechtsstreit zweier Privater einschaltet.

Eine insoweit vergleichbare Situation liegt der in §§ 66 ff. ZPO geregelten Nebenintervention zugrunde. Den Nebenintervenienten i. S. des § 66 Abs. 1 ZPO indes zeichnet aus, dass er sich an der Führung eines Rechtsstreits derart beteiligt, dass er zwar ein eigenes Interesse hat, jedoch einer der Hauptparteien bei der Verfolgung ihres Rechtsschutzziels hilft, indem er ihren Prozess führt und hierfür Angriffs- und Verteidigungsmittel geltend machen und alle Prozesshandlungen vornehmen kann (vgl. § 67 ZPO).[1198] Das in § 66 Abs. 1 ZPO vorausgesetzte rechtliche Interesse, der Interventionsgrund, wiederum liegt nur dann vor, wenn er mit einer der Parteien oder dem Verfahrensgegenstand derart verbunden ist, dass seine privat- oder öffentlich-rechtliche Lage durch ein der Hauptpartei ungünstiges Urteil irgendwie rechtlich für ihn nachteilig beeinflusst würde.[1199] Der nach Art. 15 Abs. 3 VO Nr. 1 /2003 bzw. § 90 Abs. 2 GWB handelnde Amicus curiae vertritt zwar als Dritter das öffentliche Interesse in einem Privatrechtsstreit, dieses ist indes nicht derart konkret mit der Entscheidung des einzelnen Rechtsstreits verknüpft, sondern naturgemäß allgemeinerer Natur.[1200]

1195 Vgl. *Nothdurft*, in: Münchener Kommentar zum Kartellrecht, Bd. 1, Art. 15 VO 1/2003 Rn. 39.

1196 *Sura*, in: Langen/Bunte, Bd. 2, Europäisches Kartellrecht, Art. 15 VO Nr. 1/2003 Rn. 14 und 9.

1197 *Dicks*, in: Loewenheim/Meessen/Riesenkampff, Kartellrecht, § 90 GWB Rn. 4 a. E.

1198 Vgl. *Rosenberg/Schwab/Gottwald*, Zivilprozessrecht, § 50 Rn. 1 f.

1199 *Rosenberg/Schwab/Gottwald*, Zivilprozessrecht, § 50 Rn. 13.

1200 Im Ergebnis ebenso *Dicks*, in: Loewenheim/Meessen/Riesenkampff, Kartellrecht, § 90 GWB Rn. 4.

Überdies solidarisiert sich die Wettbewerbsbehörde gerade nicht mit einer der Parteien, sondern betont ihre Neutralität und Objektivität (vgl. oben Teil 2, D II 2) 4. b.). Zudem stehen ihr außer den im Gesetz genannten keine weiteren prozessualen Befugnisse zu, sie wird insbesondere nicht Partei und kann – anders als der Nebenintervenient –[1201] keine Prozesshandlungen vornehmen.

Insofern stellt sich der Amicus curiae auch als im Hinblick auf den Dispositionsgrundsatz unproblematisch dar.[1202]

Für den Amicus curiae kennzeichnend ist vielmehr, auch im Falle einer Stellungnahme auf Eigeninitiative, dass er seine rechtliche und wirtschaftliche Kenntnis, seinen Sachverstand, dem Gericht neutral und beratend allein im öffentlichen Interesse zur Verfügung stellt,[1203] was seine Behandlung entsprechend einem Sachverständigen auch im Rahmen des Art. 15 Abs. 3 VO Nr. 1/2003 rechtfertigt.

2. Die weiteren Befugnisse der nationalen Wettbewerbsbehörden nach § 90 Abs. 2 und 3 GWB und insbesondere die Frage einer unzulässigen Prozesshilfe

Die nationalen Wettbewerbsbehörden dürfen schließlich nach § 90 Abs. 2 und 3 GWB auch v. a. Tatsachen auf Eigeninitiative vorbringen sowie die weiteren dort genannten Befugnisse – Fragerechte an Parteien, Zeugen und Sachverständige – in der mündlichen Verhandlung wahrnehmen. Letzteres sollte entsprechend der Funktion des Amicus curiae sinnvollerweise im Anschluss an die Befragung durch das Gericht nach § 396 ZPO erfolgen.

Hinsichtlich der Befugnis zur Mitteilung von Tatsachen gilt hier im Wesentlichen das oben im Zusammenhang mit Art. 15 Abs. 1 VO Nr. 1/2003 insoweit Ausgeführte (vgl. oben Teil 2, E II 2) 1. a.) entsprechend. Insbesondere auch die aufgrund des § 90 Abs. 2 GWB wirksam in den Prozess eingebrachten Tatsachen werden dem Beibringungsgrundsatz Rechnung tragend nur dann Prozessstoff, wenn sie sich von zumindest einer der Parteien zu Eigen gemacht wurden.[1204]

1201 Vgl. *Rosenberg/Schwab/Gottwald*, Zivilprozessrecht, § 50 Rn. 32 ff.

1202 Ebenso die ganz h. M.: s. nur *Nothdurft*, in: Münchener Kommentar zum Kartellrecht, Bd. 1, Art. 15 VO 1/2003 Rn. 29; *K. Schmidt*, in: Immenga/Mestmäcker, Wettbewerbsrecht, Bd. 2, GWB, § 90 Rn. 2.

1203 Vgl. insoweit insbes. *Bornkamm*, in: 50 Jahre Bundeskartellamt, 2008, S. 36, 37.

1204 *Brose/Helmcke*, WuW 1981, 845, 849; *Nothdurft*, in: Münchener Kommentar zum Kartellrecht, Bd. 2, § 90 GWB Rn. 14; *K. Schmidt*, in: Immenga/Mestmäcker, Wettbewerbsrecht, Bd. 2, GWB, § 90 Rn. 8; *Zuber*, Die EG-Kommission als amicus curiae, S. 101.

Im Fall der unaufgeforderten Mitteilung von Tatsachen im Zivilprozess, die automatisch der einen Partei zuträglich und damit der anderen abträglich ist, liegt dann der Vorwurf letzterer besonders nahe, die Wettbewerbsbehörde leiste eine unzulässige Prozesshilfe an den Gegner.

Dieses insbesondere auch deshalb, weil nur auf diesem Wege die umfassenden Informationen des ECN und v. a. in Anwendung der Ermittlungsbefugnisse aus §§ 57 ff. GWB erlangtes Wissen unmittelbar in den Zivilprozess Eingang finden können.[1205] Zum Teil wird für den Fall der Parallelität von Verwaltungs- und Zivilkartellverfahren deshalb ein Verwertungsverbot der im Zuge des Verwaltungsverfahrens erlangten Informationen für den Zivilprozess befürwortet.[1206] Indirekt war das KG Berlin mit diesem Problem befasst, als es über eine gegen ein Auskunftsverlangen gerichtete Beschwerde zu entscheiden hatte, die die Beschwerdeführerin im Wesentlichen damit begründete, das Auskunftsverlangen sei rechtswidrig, weil die dadurch gewonnenen Auskünfte in einem parallel anhängigen Zivilrechtsstreit zu ihrem Nachteil Verwendung finden könnten.[1207] Es ließ die Frage, wie sich dieser Konflikt konkret auf das Zivilverfahren auswirkt, zwar dahinstehen, weil sich dieses jedenfalls nicht auf die Rechtsmäßigkeit des Verwaltungsverfahrens auswirken könne, die Beschwerdeführerin vielmehr im Zivilrechtsstreit geltend machen müsse, dass durch die Mitteilung des BKartA die Gegnerin ihrer Substantiierungspflicht enthoben würde.[1208]

Das Gericht führt aber weiter aus, dass gerade weil es Aufgabe der Wettbewerbsbehörden sei, im öffentlichen Interesse einen wirksamen Wettbewerb zu sichern, die Wahrnehmung dieser Aufgabe nicht deshalb beeinträchtigt werden dürfe, weil dieses sich mittelbar begünstigend für eine Partei eines Zivilprozesses auswirke.[1209]

Auch hier handelt es sich um eine aus der Zweispurigkeit der Kartellrechtsdurchsetzung folgende Problematik, nur dass in diesem Fall die beiden „Spuren" nicht um ihre möglichst effektive Durchsetzung konkurrieren (vgl. oben Teil 2, E II 2) 1. b.), sondern es um die Frage geht, inwieweit zwischen beiden „Spuren" Synergieeffekte zugelassen werden dürfen.

1205 Vgl. *Brose/Helmcke*, WuW 1981, 845, 848.

1206 *Brose/Helmcke*, WuW 1981, 845, 849.

1207 KG Berlin, Beschluss vom 27.03.1981, Kart 15/81 = WuW/E OLG 2446 – Heizölhandel

1208 KG Berlin, Beschluss vom 27.03.1981, Kart 15/81 = WuW/E OLG 2446, 2447 f. – Heizölhandel.

1209 KG Berlin, Beschluss vom 27.03.1981, Kart 15/81 = WuW/E OLG 2446, 2447 – Heizölhandel.

Nach dem heutigen Verständnis der Kartellrechtsdurchsetzung kann die Antwort insoweit nur derart ausfallen, dass selbstverständlich kein generelles Verwertungsverbot für aus dem Verwaltungsverfahren erlangte Kenntnisse bestehen kann. Denn die Kartellbehörde ist ja gerade mit umfassenden Befugnissen nach § 90 Abs. 2 GWB ausgestattet, um ihre Sachkenntnis in den Zivilprozess einzubringen.[1210] Dieses gerade im Hinblick auf einen möglichst effektiven Wettbewerbsschutz. Zudem wäre sie sonst gezwungen trotz der Regelung des § 90 GWB eine wegen unzutreffender Tatsachengrundlage unrichtige Entscheidung des Zivilverfahrens hinzunehmen, um dieses durch ein paralleles oder anschließendes Verwaltungsverfahren selbst wieder zu korrigieren.[1211] Der Einwand der unzulässigen Prozesshilfe soll danach allenfalls bei einem nur „pro forma" eingeleiteten Verwaltungsverfahren in Betracht zu ziehen sein,[1212] jedoch auch dann im Ergebnis keine Beschränkungen im Hinblick auf die Befugnisse aus § 90 Abs. 2 GWB nach sich ziehen, da auch dann lediglich eine objektiv richtige Entscheidung im Zivilprozess herbeigeführt würde, was dem öffentlichen Interesse an einem Wettbewerb entspräche.[1213] Eine unzulässige Prozesshilfe in diesem Fall schließt *Bergmann* hingegen nicht prinzipiell aus, verneint indes die tatsächliche Möglichkeit eines nur pro forma eingeleiteten Verwaltungsverfahrens seitens einer Wettbewerbsbehörde.[1214]

Richtigerweise wird man wohl sagen müssen, dass gerade weil der Gesetzgeber in § 90 Abs. 2 GWB die Mitteilung von Tatsachen zugelassen hat und diese in aller Regel im Zuge eines bei der Wettbewerbsbehörde geführten Verwaltungsverfahrens zu deren Kenntnis gelangten, man diese Mitteilungsbefugnis nicht durch ein generelles Verwertungsverbot einschränken kann. Die Befugnis aus § 90 Abs. 2 GWB ist der Wettbewerbsbehörde aber ausschließlich zur Vertretung des öffentlichen Interesses eingeräumt. Das Gericht wird daher bei der Würdigung des Tatsachenvortrags der Behörde in besonderer Weise darauf zu achten haben, inwieweit dieser noch von der Neutralität und Objektivität gegenüber den Parteien und der gesetzlich vorgesehen Aufgabenwahrnehmung der Wettbewerbsbehörde getragen ist, und dieses entsprechend berücksichtigen müssen,

1210 So auch *Zuber*, Die EG-Kommission als amicus curiae, 2001, S. 103.
1211 *Hitzler*, WuW 1982, 509, 512.
1212 So *Zuber*, Die EG-Kommission als amicus curiae, 2001, S. 103.
1213 *Hitzler*, WuW 1982, 509, 512 f.
1214 Vgl. *Bergmann*, in: Frankfurter Komm. zum Kartellrecht, Lfg. 65 (April 2008), GWB 2005 § 90a Rn. 16.

soweit Hinweise für eine vorrangig der Unterstützung einer Partei dienende Beteiligung bestehen (vgl. insoweit oben Teil 2, E II 2) 1. a.).[1215]

III. Zwischenergebnis

Die Berücksichtigung der von den Wettbewerbsbehörden mitgeteilten Informationen und abgegebenen Stellungnahmen erfolgt nach dem jeweiligen Verfahrensrecht der Mitgliedsstaaten (oben Teil 2, E II 1)).

Mangels Bindungswirkung – insbesondere auch einer faktischen – gegenüber den Gerichten stellen sich danach abgegebene Stellungnahmen als unproblematisch im Hinblick auf das Prinzip der richterlichen Unabhängigkeit dar (oben Teil 2, E I).

Bei der Berücksichtigung von übermittelten Informationen (Tatsachen), gleichgültig ob auf Ersuchen des Gerichts nach Art. 15 Abs. 1 VO Nr. 1/2003 oder auf Eigeninitiative der nationalen Wettbewerbsbehörden nach § 90 Abs. 2 GWB ist im Zivilprozess anerkanntermaßen zwingend der Beibringungsgrundsatz zu beachten; dieses stellt insbesondere keine unzulässige Beschränkung der Befugnis aus Art. 15 Abs. 1 VO Nr. 1/2003 dar (oben Teil 2, E II 2) 1. a.).

Im Rahmen dieser Regelung kann die Einhaltung des Beibringungsgrundsatzes insoweit Probleme bereiten, als ein Ersuchen des Gerichts um Informationsübermittlung nur bei hinreichender Substantiierung des Vortrags der darlegungs- und beweispflichtigen Partei erfolgen darf, sich aber häufig genau dieses als schwierig erweist und gerade deshalb die Informationen seitens der Kommission benötigt werden. Insoweit ist dann die Regelung der materiellen Prozessleitung aus § 139 ZPO großzügig anzuwenden (oben Teil 2, E II 2) 1. a.).

Die eigentliche Verwertung der mitgeteilten Informationen erfolgt bei übermittelten Urkunden entsprechend §§ 415 ff. ZPO, bei sonstigen Tatsachen dem BGH folgend als amtliche Auskunft entsprechend den Regelungen über den Zeugen- bzw. Sachverständigenbeweis, soweit sich zumindest eine der Parteien den tatsächlichen Vortrag der Behörde zuvor zu Eigen gemacht hat (oben Teil 2, E II 2) 1. a.).

Dem Berufsgeheimnis nach Art. 339 AEUV unterfallende Informationen können nur nach dessen Abwägung mit dem Grundsatz der loyalen Zusammenarbeit aus Art. 4 Abs. 3 EUV durch das Gericht und im Einzelfall verwertet werden. Zudem ist dem Grundsatz des rechtlichen Gehörs aus Art. 103 Abs. 1 GG Rechnung zu tragen, so dass nur den Parteien mitgeteilte Tatsachen berücksichtigt

1215 Vgl. BGH, Urteil v. 12.1.1976, VIII ZR 273/74, Tz. 13 ff. = Juris = BGH MDR 1964, 223.

werden können. Eine Abwägung im Einzelfall ist nach hier vertretener Ansicht und entgegen der Praxis der Kommission auch im Falle von im Rahmen eines Kronzeugenprogramms in den Besitz der Kommission gelangten Materials erforderlich; eine generelle Verweigerung der Weitergabe bei fehlendem Einverständnis des Kronzeugen erscheint nach den in der jüngeren Rechtsprechung des EuGH aufgestellten Grundsätzen zum Zugang zu solchem Material nicht mehr zulässig (oben Teil 2, E II 2) 1. b.).

Die in Eigeninitiative nach § 90 Abs. 2 GWB übermittelten Tatsachen stellen insbesondere auch keine unzulässige Prozesshilfe für eine dadurch ggf. profitierende Partei dar; selbst bei einem nur „pro forma" eingeleiteten parallelen Verwaltungsverfahren der Wettbewerbsbehörde kann das in Anwendung der behördlichen Ermittlungsbefugnisse erlangte Material im Zivilprozess grundsätzlich Verwertung finden, jedoch ist den mit der Informationsgewinnung verbundenen Umständen im Rahmen der Beweiswürdigung Rechnung zu tragen (oben Teil 2, E II 3) 2.). Der Amicus curiae erlangt zudem keine weiteren – außer den im Gesetz genannten – Verfahrensbefugnisse, weshalb der Dispositionsgrundsatz insoweit nicht berührt ist. Insbesondere weil der Amicus curiae sich zudem nicht mit einer der Parteien solidarisiert, sondern objektiv und neutral allein dem öffentlichen Interesse dient, ist er insoweit auch nicht als Nebenintervenient gemäß §§ 66 ff. ZPO anzusehen (oben Teil 2, E II 3) 2.).

Für Stellungnahmen der Wettbewerbsbehörden gilt der Beibringungsgrundsatz nicht; sie gelten als besondere Form eines Sachverständigengutachtens und werden daher als solche verwertet (oben Teil 2, E II 2) 2. und 3) 1.).

Teil 3: Ergebnisse

Die Arbeit hat deutlich gemacht, dass es weder „*den* Amicus curiae" noch „*das* Common Law", andererseits aber auch nicht „*den* Amicus curiae" im deutschen bzw. europäischen Recht als solchen gab und gibt. Stets war diese Rechtsfigur entsprechend den praktischen Bedürfnissen der Rechtsordnung, an der sie Teil hatte, ebenso wie diese selbst Entwicklungen – insbesondere funktionaler Art – unterworfen. Besonders deutlich wird dieses, wie die obigen Ausführungen gezeigt haben, im US-amerikanischen Recht (vgl. oben Teil 1, B III), aber auch im englischen Recht (vgl. oben Teil 1, B II) – nicht zuletzt weil die Rechtsfigur des Amicus curiae dort auf eine lange Geschichte zurückblicken kann.

Vor allem funktionale Entwicklungen haben wie gesehen aber auch in der vergleichsweise kurzen Zeit der Existenz des Amicus curiae im deutschen und später auch europäischen Recht stattgefunden (vgl. Teil 2, B und D II 2) 4. e. und 3)).

Dennoch werden im Folgenden – der bisherigen Darstellungsweise dieser Arbeit entsprechend – vom heutigen deutschen bzw. europäischen Amicus curiae ausgehend v. a. die wesentlichen *funktionalen* Unterschiede und Gemeinsamkeiten mit dem Amicus curiae nach sowohl dem englischen wie auch dem US-amerikanischen Recht insgesamt und die jeweiligen Gründe hierfür zunächst nochmals gegenüberstellend zusammengefasst (unten Teil 3, A). Denn nicht nur das US-amerikanische Recht im Allgemeinen, sondern speziell auch der Amicus curiae hat sich aus dem englischen Recht heraus entwickelt, beide gehören dem Rechtskreis des Common Law an; während andererseits der Amicus curiae im europäischen Recht auf die deutsche Vorbildnorm zurückgeht und diese beiden Rechtsordnungen gerade im Kartellrecht aufs engste miteinander verwoben sind (vgl. oben Teil 2, C und D).

Es schließt sich hieran eine Zusammenfassung der weiteren Ergebnisse der Arbeit an (unten Teil 2, B).

A. Wesentliche Unterschiede und Gemeinsamkeiten der Rechtsfigur des Amicus curiae im Common Law und im deutschen und europäischen (Kartell-)Recht

Erste Unterschiede zwischen dem Amicus curiae im Common Law und dem des deutschen und europäischen (Kartell-)Rechts zeigen sich bereits im Hinblick auf die Gründe und Umstände der Entstehung des Amicus curiae als solchem bzw. für dessen erstmalige Regelung, die sich dem entsprechend auf seine jeweilige Rolle und Funktion im Verfahren auswirk(t)en.

Der Amicus curiae fand mit § 90 GWB 1958 Eingang ins Gesetz, damit auf diesem Wege die besondere Sachkenntnis der Wettbewerbsbehörde auch im kartellrechtlichen Zivilrechtsstreit berücksichtigt werden konnte; es sollte in diesem für die Allgemeinheit so wichtigen Rechtsgebiet das öffentliche Interesse nicht nur im Kartellverwaltungsverfahren durch die Wettbewerbsbehörden als formale Partei, sondern auch insoweit, als Amicus curiae, wahrgenommen und damit zugleich auf eine einheitliche Praxis des Wettbewerbsrechts hingewirkt werden (oben Teil 2, B II 3)) — der Vorbildregelung des § 52 PatG 1936 hatten bereits entsprechende, rechtsgebietsspezifische gesetzgeberische Motive zugrunde gelegen (vgl. oben Teil 2, B II 2)), das US-amerikanische Kartellrecht diente dabei der Orientierung (oben Teil 2, A und B II 1)). Im frühen englischen Common Law entstand der Amicus curiae hingegen aus einer Vielzahl von zusammenwirkenden Gründen heraus, von denen die Ausgestaltung des Prozessrechts nach dem adversary system sicher den Hauptgrund bildete (vgl. oben Teil 1, B II 2)). Das Gericht bedurfte danach einerseits der Unterstützung, eine richtige Entscheidung zu treffen, der Amicus curiae hatte daher einmal eine informierende, fehlerhafte Entscheidungen vermeidende Funktion; zum anderen sollte er Drittinteressen im Zivilrechtsstreits zur Geltung bringen. Diesen aus v. a. den Spezifika des Rechtssystems als solchem entspringenden Gründen entsprechend, stellte der Amicus curiae ein flexibles Mittel zur Lösung verschiedenster prozessualer Probleme dar (vgl. oben Teil 1, B II 1)); während der Amicus curiae mit einem nur kleinen Anwendungsbereich in ein einzelnes Rechtsgebiet der deutschen Rechtsordnung und später auch des europäischen Rechts aufgenommen wurde und damit dort eine Sonderstellung einnimmt. Allein die Wettbewerbsbehörden durften und dürfen danach als Amicus curiae in den durch das Gesetz bestimmten Fällen der Kartellrechtsstreitigkeiten handeln. Anders als im US-amerikanischen Recht, in dem zwar für einen von offizieller Stelle entsandten Amicus curiae — insbesondere den Solicitor General — gewisse Verfahrenserleichterungen bestehen (vgl. Supreme Court Rule 37.4) und dessen Vortrag eine grundsätzliche große Bedeutung zugemessen wird, in dem aber grundsätzlich Jedermann als Amicus curiae auftreten kann, ist dieses nach Art. 15 VO Nr. 1/2003 und §§ 90, 90a GWB allein den Wettbewerbsbehörden vorbehalten. Dahin gehende Einschränkungen kennt auch das heutige englische Recht, in dem der advocate to the court grundsätzlich auf die Abgabe einer rechtlichen Stellungnahme in einer konkreten schwierigen Rechtsfrage und nur nach Ersuchen des Gerichts beschränkt ist und dem entsprechend rechtliche Laien von der Wahrnehmung dieser Funktion heute ausgeschlossen sind (oben Teil 1, B II 4) 1.).

Mit diesem grundsätzlich engen sachlichen und persönlichen Anwendungsbereich der Amicus-curiae-Regelung korrespondiert im englischen wie im deutschen Recht eine gleichermaßen enge, weil unmittelbar damit zusammenhängende Funktion: Im englischen Recht soll dem Gericht eine neutrale und objektive Hilfe zur Beantwortung sich konkret ergebender Rechtsfragen zur Verfügung stehen. Für die ursprünglichen weiteren Befugnisse und Funktionen des Amicus curiae besteht nach den Prozessrechtsreformen entweder kein Bedürfnis oder sie werden mittels der sog. intervention bzw. eines sog. assessors wahrgenommen (vgl. oben Teil 1, B II 4)).

Im deutschen (Kartell-)Recht sollen durch diese Rechtsfigur heute insbesondere die mit der Einführung des dezentralisierten Legalausnahmesystems bei der Anwendung der Artt. 101 und 102 AEUV in besonderer Weise auftretenden Schwierigkeiten für die mitgliedsstaatlichen Gerichte ausgeräumt werden, insofern stellen sich die Regelungen des Art. 15 VO Nr. 1/2003, ebenso wie die auch vor diesem Hintergrund zu sehenden §§ 90, 90a GWB, als stets — wenn auch mit jeweils verschiedener Gewichtung — v. a. zwei Zielen dienend dar: Sie sollen für eine kohärente Anwendung insbesondere dieser Wettbewerbsregeln sorgen und dem Gericht hierbei Unterstützung bieten (oben Teil 2, D II 2) 4.). Sie verfolgen damit als neutrale und objektive Behörde einen spezifischen, im öffentlichen Interesse liegenden Zweck. Während im US-amerikanischen Recht insoweit eine Entwicklung stattgefunden hat, als dass der Amicus curiae nicht mehr wie v. a. zu Beginn (zumindest auch) das öffentliche Interesse verfolgen muss, sondern dieser heute Individualinteressen verfolgen und sich insbesondere klar als auf der Seite einer der Parteien des Rechtsstreits stehend positionieren kann und dann auch muss (vgl. oben Teil 1, B III 3)). Stets muss aber auch dieser Amicus curiae eine Hilfe für das Gericht sein, indem er insbesondere Neues, noch nicht von den Parteien Vorgetragenes tatsächlicher oder rechtlicher Art mitteilt, das folgt aus den Regelungen über seinen Antrag auf Zulassung zum Verfahren (oben Teil 1, B III 3) 3.). Wobei er insoweit grundsätzlich freier ist als im deutschen und europäischen Recht sowie auch im englischen Common Law, weil er im Rahmen der soeben genannten Grenzen auch allgemeiner und ohne unmittelbare Bezugnahme auf die sich im konkreten Verfahren ergebenden spezifischen Fragen vortragen und argumentieren kann.

Die ursprüngliche Funktion, buchstäblich Freund des Gerichts zu sein, indem er diesem Hilfe zur Entscheidungsfindung (unverbindlich) (an-)bietet, wird dort v. a. von den von offizieller Seite kommenden Amici curiae wahrgenommen — auf Ersuchen wie auch auf Eigeninitiative. Insoweit besteht zugleich auch die größte Übereinstimmung mit dem deutschen und europäischen Amicus curiae, der ebenfalls um Beteiligung ersucht werden kann und dessen abgegebene Stellungnahmen nach gerichtlichem Ermessen berücksichtigen werden. Während das englische Recht die vergleichsweise restriktivsten Vorgaben macht und einen auf Eigeninitiative handelnden advocate to the court nur im Ausnahmefall vorsieht (oben Teil 1, B II 4) 1.).

Trotz dieser sehr verschiedenen und weitgehend parallel verlaufenden Entwicklungen (vgl. insoweit aber auch Teil 1, B III 4) 3. sowie Teil 2, A und B II 1)) und trotz der im Einzelnen unterschiedlich ausgestalteten Beteiligungsbefugnisse und Regelungen kann man heute (wie auch früher) doch eine ganz wesentliche Gemeinsamkeit der deutschen und europäischen Amici curiae einerseits und der englischen und US-amerikanischen Amici curiae andererseits ausmachen, als vielleicht die hinter dieser Rechtsfigur stehende „Idee“:

Letztlich geht es immer darum, auf der Ebene der gerichtlichen Rechtsanwendung im Einzelfall eine „richtige“ Entscheidung zu ermöglichen, entweder durch eine einheitliche Rechtsanwendung oder indem man dem Gericht eine möglichst umfassende Kenntnis der Tatsachen und/oder Rechtslage verschafft — als außenstehender Dritter, als besonders sach- und rechtskundige, vorbefasste oder parallel rechtsanwendende Behörde oder als generell sachkundige Person. Es handelt sich damit stets um eine Rechtsfigur, die dieses grundsätzliche und allgemeine Interesse ihrer Rechtsordnung, das öffentliche Interesse in seinen jeweiligen Ausprägungen, auch im konkreten Einzelfall zur Kenntnis bringen will oder soll. Dieses indes immer nur mit dem Ziel, eine unverbindliche Möglichkeit für das Gericht zu eröffnen und ohne dem Amicus curiae einen kontrollierenden Charakter zu verleihen.

B. Weitere Ergebnisse

Der Amicus curiae hat seine Wurzeln entgegen verbreiteter Ansicht nicht im Römischen Recht, sondern es handelt sich bei diesem um eine originär aus dem frühen englischen Recht heraus entstandene Rechtsfigur (oben Teil 1, A sowie B I und II 1) bis 3)): Neben weiteren kumulativ zusammenwirkenden Ursachen stellt insbesondere das das dortige Prozessrecht maßgeblich bestimmende sog. adversary system wohl den Hauptgrund für seine Entstehung dar. Dieses wiederum geht auf das Jury-System zurück und führte zu einer dem Grundsatz „trial by duel“ folgenden Ausgestaltung des Zivilprozesses, weshalb ein flexibles Instrument, das die Wahrnehmung des öffentlichen Interesses und der Individualinteressen am Verfahren Unbeteiligter im Prozess ermöglicht, erforderlich wurde.

Es bildete sich der Amicus curiae als Korrektiv in dieser Situation heraus, der v. a. über Tatsächliches und Rechtliches informierte, der Wahrnehmung von Drittinteressen diente und dadurch insgesamt zur Rechtsfindung und einheitlichen Rechtsentwicklung beitrug.

Im heutigen englischen Recht hat er kaum noch Bedeutung, seine Funktionen werden infolge umfassender Prozessrechtsreformen heute überwiegend auf anderem Wege erfüllt (oben Teil 1, B II 4)). Als sein „Nachfolger" gilt der advocate to the court, dessen Funktion sich indes auf die Abgabe vom Gericht erfragter Stellungnahmen durch einen Rechtskundigen zu konkreten Rechtsfragen eines Verfahrens, also eine insoweit unterstützende Rolle, beschränkt.

Eine gänzlich andere Entwicklung nahm die Rechtsfigur des Amicus curiae im USA-amerikanischen Recht, in dem sie zum ersten Mal 1821 Anwendung fand (oben Teil 1, B III 2)). In diesem Verfahren *Green v. Biddle* des U.S. Supreme Court wurden dem Amicus curiae *Henry Clay* nicht nur sehr weitreichende Verfahrensbefugnisse eingeräumt, indem er in einem schon abgeschlossenen Verfahren erfolgreich ein rehearing beantragen konnte. Er nahm ebenso wie der zweite in diesem rehearing auftretende Amicus curiae *Bibb* gleich mehrere Funktionen wahr: So handelte er nicht nur für den Beklagten, sondern gleichermaßen für die von der ein precedent setzenden Entscheidung ebenfalls betroffenen anderen Landbesitzer Kentuckys in ähnlicher Lage, wie auch für den Staat Kentucky selbst. Die Amici curiae, v. a. *Clay*, vertraten insoweit das öffentliche Interesse, insbesondere das Souveränitätsinteresse des noch jungen Staates Kentucky und das Interesse der gesamten Staatenunion an der Wirksamkeit des sog. *Missouri-Compromise*, bei dessen Erarbeitung *Clay* eine maßgebliche Rolle gespielt hatte.

In der Folge dieser dem Amicus curiae zunächst sehr weite Befugnisse einräumenden Entscheidung erfuhr dieser nach anfänglichen Beschränkungen zunehmend eine Entwicklung der Öffnung (oben Teil 1, B III 3). Ab 1946 musste der Amicus curiae insbesondere nicht mehr unparteiisch handeln, war als taktisches Mittel der Parteien im Prozess anerkannt. Durch die Einflüsse der sog. Sociological Jurisprudence und des sog. Legal Realism erfuhr der Amicus curiae eine besondere Ausweitung und wurde v. a. Mittel zur Verfolgung auch kollektiver Interessen. Die heutigen Supreme Court Rules tragen seiner anerkannten Parteilichkeit durch entsprechende Regelungen Rechnung (oben Teil 1, B III 3) 3.). Einen besonderen Status haben dort von öffentlichen Stellen kommende Amici curiae, deren Beiträge seitens des Gerichts besondere Beachtung finden, da sie noch am ehesten der unterstützenden Funktion eines „Freundes des Gerichts" entsprechen; dies gilt insbesondere für die US-amerikanischen Kartellbehörden (oben Teil 1, B III 4)). Wegen der im US-amerikanischen Antitrust-Recht geltenden effects doctrine hat der Amicus curiae auch Bedeutung außerhalb der USA, insbesondere für ausländische Regierungen bei der Wahrnehmung ihrer Souveränitätsinteressen (oben Teil 1, B III 4) 3.).

In der Bundesrepublik Deutschland existiert mit § 90 GWB seit 1958 eine Amicus-curiae-Regelung, die ihrem Vorbild des § 52 PatG 1936 folgend der Wahrnehmung des öffentlichen Interesses im *zivil*rechtlichen Rechtsstreit diente (oben Teil 2, B). Beiden Regelungen lag die Absicht zugrunde, in einem die Allgemeinheit und die Wirtschaftsinteressen in besonderer Weise betreffenden Rechtsgebiet, das zudem jeweils besondere Sachkunde voraussetzt, durch Kooperation der zuständigen Gerichte und Behörden im gerichtlichen Verfahren auf eine einheitliche Rechtsanwendung und -entwicklung hinzuwirken. Heute ist § 90 GWB im europarechtlichen Kontext, insbesondere Art. 15 VO Nr. 1/2003 zu sehen, für den er wiederum Vorbild war (oben Teil 2, C und D).

Art. 15 VO Nr. 1/2003 steht funktional in direktem Zusammenhang mit der Einführung des dezentralisierten Legalausnahmesystems durch die VO Nr. 1/2003 (oben Teil 2, D). Diese geht dabei von einer zwingenden Anwendung der Artt. 101, 102 AEUV (vgl. Art. 3 VO Nr. 1/2003) und einer verstärkten privatrechtlichen, somit „zweispurigen" Kartellrechtsdurchsetzung aus. Um den Schwierigkeiten der Gerichte mit der Anwendung der Artt. 101, 102 AEUV entgegenzuwirken und eine kohärente Rechtsanwendung in und unter den Mitgliedsstaaten zu sichern, wurde ein System der Kohärenzsicherung eingeführt (oben Teil 2, D II 2)): Artt. 10, 11 ff. VO Nr. 1/2003 betreffen das Verhältnis der Wettbewerbsbehörden untereinander, Art. 15 VO Nr. 1/2003 betrifft das Verhältnis zwischen den mitgliedsstaatlichen Gerichten und der Kommission und Art. 267 AEUV ermöglicht schließlich eine verbindliche Klärung der Rechtsanwendungsfragen insbesondere bei Meinungsverschiedenheiten der letzteren oder Zweifeln. Während Art. 16 VO Nr. 1/2003 die Kohärenz im Bezug auf Entscheidungen sichert, dient Art. 15 VO Nr. 1/2003 der Sicherung im Verfahren. Er knüpft dabei an die in der Bekanntmachung ABl. 1993 Nr. C 39/6 enthaltenen Grundsätze der Zusammenarbeit, die wiederum auf die *Delimitis*-Rechtsprechung des EuGH zurückgehen an; ihm liegt damit der Grundsatz der loyalen Zusammenarbeit zugrunde.

Sämtliche Regelungen des Art. 15 VO Nr. 1/2003 und der ergänzend daneben tretenden §§ 90, 90a GWB dienen dabei nach dem Willen des Verordnungsgebers v. a. zwei Zielen (oben Teil 2, D II 2) 4.): Der Sicherung der kohärenten Anwendung der Artt. 101 und 102 AEUV und der Unterstützung der mitgliedsstaatlichen Gerichte bei der Bewältigung der damit spezifisch verbundenen Schwierigkeiten, insbesondere bei der Anwendung des Art. 101 Abs. 3 AEUV.

Den einzelnen Befugnissen liegt dabei jeweils eine unterschiedliche Gewichtung zugrunde (oben Teil 2, D II 2) 4.):

Art. 15 Abs. 1 VO Nr. 1/2003 dient vorrangig der Unterstützung der Gerichte, daneben der Kohärenzsicherung. Für die Regelung des Art. 15 Abs. 3 Unterabs. 1 S. 3 und 4 VO Nr. 1/2003 stellt sich dieses genau umgekehrt dar. Insbesondere darf die Kommission nur dann eine Stellungnahme abgeben, wenn dies für die kohärente Anwendung der Artt. 101, 102 AEUV erforderlich ist. Eine Anwendung dieser Befugnis in Fällen, in denen Art. 101 AEUV nur mittelbar betroffen ist, wie sie der EuGH in seinem Urteil *„Inspecteur van de Belastingdienst"* unter Anwendung des Effet utile angenommen hat, widerspricht nicht nur dem Wortlaut der Norm, sondern auch dem Willen des Gesetzgebers und greift unverhältnismäßig in die Verfahrensautonomie der Mitgliedsstaaten ein. Handelt die Kommission solchermaßen, verleiht sie überdies dem unterstützenden Amicus curiae einen nicht beabsichtigten kontrollierenden Charakter (oben Teil 2, D II 3)).

Art. 15 Abs. 3 Unterabs. 1 S. 1 und 2 VO Nr. 1/2003 dient neben der Unterstützung der Gerichte unmittelbar der Kohärenzsicherung auf mitgliedsstaatlicher Ebene, nämlich zwischen nationalen Wettbewerbsbehörden und Gerichten; mittelbar wird dadurch aber auch die Kohärenz mit der Rechtsanwendungspraxis der Kommission gesichert – insoweit lässt sich von einem „doppelten Sicherungsmechanismus" sprechen (oben Teil 2, D II 2) 4. d.).

Die in § 90 Abs. 2 GWB vorausgesetzte Wahrnehmung des öffentlichen Interesses ist vor diesem Hintergrund zu sehen, auch dieser dient damit der Kohärenzsicherung und Unterstützung (oben Teil 2, D II 2) 4. e.).

Das Prinzip der Unabhängigkeit der Gerichte bzw. des Richters ist durch die Befugnisse des Art. 15 VO Nr. 1/2003, insbesondere Abs. 3 Unterabs. 1 S. 3 und 4, nicht verletzt, denn eine Bindung der Gerichte, insbesondere eine faktische, besteht nicht (oben Teil 2, E I).

Die Berücksichtigung der Stellungnahmen und vorgetragenen Tatsachen des Amicus curiae erfolgt nach nationalem Verfahrensrecht. Bezüglich letzteren ist hinsichtlich der Einbringung als solcher in den Prozess und der Verwertung in Deutschland anerkanntermaßen und mit dem Unionsrecht vereinbar dem Beibringungsgrundsatz zu entsprechen (oben Teil 2, E II 2) 1. a. und 3) 2.). Problemen im Zusammenhang mit einer hinreichenden Substantiierung des Parteivortrags kann durch großzügiges Gebrauchmachen von § 139 ZPO entgegengewirkt werden.

Die Weitergabe von dem Berufsgeheimnis unterfallenden Informationen ist im deutschen zivilrechtlichen Verfahren nicht sinnvoll, da diese jedenfalls nur

Verwendung finden können, wenn sie den Parteien – dem Grundsatz des rechtlichen Gehörs entsprechend – auch zugänglich gemacht wurden, und wenn diese sich die Tatsachen zuvor zu Eigen gemacht haben. Die von der Kommission praktizierte *generelle* Verweigerung der Übermittlung von freiwillig herausgegebenem Kronzeugenmaterial bei fehlendem Einverständnis ist nach der jüngeren Rechtsprechung des EuGH zum Zugang solchen Materials als nicht mehr zulässig zu betrachten. Erforderlich ist insoweit eine Abwägung im Einzelfall (oben Teil 2, E II 2) 1. b.).

Stellungnahmen des Amicus curiae werden richtigerweise als besondere Form des Sachverständigengutachtens behandelt; insbesondere unterscheidet er sich wesentlich vom Nebenintervenienten nach §§ 66 ff. ZPO (oben Teil 2, E II 2) 2. und 3) 1.).

Im Rahmen des § 90 Abs. 2 GWB kommt ein automatisches Verwertungsverbot wegen einer unzulässigen Prozesshilfe für auf Eigeninitiative mitgeteilte Tatsachen, die bei nur „pro forma" eingeleitetem Verwaltungsverfahren in Anwendung der Ermittlungsbefugnisse erlangt wurden, nicht in Betracht; erforderlich ist eine Würdigung des Materials unter Beachtung dieser besonderen Umstände (oben Teil 2, E II 3) 2.).

Eine funktionale Betrachtung des Amicus curiae im englischen sowie US-amerikanischen Common Law einerseits und im deutschen und europäischen Recht andererseits zeigt, dass dieser stets zumindest der Einheit der Rechtsanwendung, dem Finden einer richtigen bzw. gerechten Entscheidung und der Unterstützung des Gerichts hierbei dienen sollte.

Anhang

Auszug aus der schriftlichen Antwort des Bundeskartellamts (Referat für Öffentlichkeitsarbeit) auf die Anfrage seitens der Verfasserin hinsichtlich der praktischen Bedeutung der Amicus-curiae-Regelung des § 90 Abs. 2 GWB vom 25. Juli 2013:

> *„[…] können wir Ihnen sagen, dass wir im langjährigen Mittel fünf bis zehn Mal pro Jahr Stellung nehmen, meistens mündlich beim BGH, selten auch schriftlich in den unteren Instanzen.*
>
> *Zumindest seit 20 Jahren nehmen wir in nahezu jedem Fall Stellung, der den BGH erreicht und dort mündlich verhandelt wird, nicht aber bei den Fällen, bei denen Nichtzulassungsbeschwerde im schriftlichen Verfahren zurückgewiesen wird."*

Literaturverzeichnis

Ackermann, Adolf, Techniker oder Jurist für Patentsachen?, MdP 1961, 21.

Ala'i, Padideh, Judicial Lobbying at the WTO: The Debate over the Use of Amicus curiae Briefs and the U.S. Experience, 24 Fordham Int'l L.J. 62 (2000–2001).

Ambler, Charles, Reports of Cases, Argued and Determined in the High Court of Chancery with Some Few in Other Courts, London 1790.

Andrews, Neil, Principles of civil procedure, London 1994.

—, The Modern Civil Process in England: Links between Private and Public Forms of Dispute Resolution, ZZPInt 14 (2009), 3.

Angell, Ernest, The Amicus Curiae – American Development of English Institutions, 16 Int. Comp. L. Qu. 1017 (1967).

Areeda, Phillip/*Kaplow*, Louis/*Edlin*, Aaron, Antitrust Analysis – Problems, Text, and Cases, Seventh Edition, New York 2013.

Bailey, S.H./*Ching*, J.P.L./*Taylor*, N.W., Smith, Bailey and Gunn On The Modern English Legal System, Fifth Edition, London 2007.

Barker, Lucius J., Third Parties in Litigation: A Systematic View of the Judicial Function, 29 The Journal of Politics 41 (1967).

Bartels, Wolfgang, Kooperation zwischen EU-Kommission und nationalen Gerichten im europäischen Wettbewerbsverfahren, ZfRV 2002, 83.

Barth, Zur Mitwirkung des Reichspatentamtes in Patentsachen vor den ordentlichen Gerichten, JW 1937, 2888.

Basedow, Jürgen, Kartellrecht im Land der Kartelle, WuW 2008, 270.

Baudenbacher, Carl, Die Kommission als Freundin der nationalen Gerichte (Inspecteur van de Belastingdienst ./. X BV, EuGH (Vierte Kammer) vom 11. Juni 2009, C-429/07), ELR 2009, 258.

Baxter, Maurice G., Henry Clay and the American System, The University Press of Kentucky 1995.

—, Henry Clay the lawyer, The University Press of Kentucky 2000.

Bechtold, Rainer, Kartellgesetz – Gesetz gegen Wettbewerbsbeschränkungen, Kommentar, 7. Aufl., München 2013.

Beckwith, Edmund Ruffin/*Sobernheim*, Rudolf, Amicus Curiae – Minister of Justice, 17 Fordham L. Rev. 38 (1948).

Behrens, Peter, Probleme der zentralen und dezentralen Anwendung der Wettbewerbsregeln der Gemeinschaft, in: Festschrift für Everling, Due, Ole/Lutter, Marcus/Schwarze, Jürgen (Hrsg.), Band 1, 1. Aufl., Baden-Baden 1995, S. 83.

Bellhouse, John/*Lavers*, Anthony, The Modern Amicus Curiae: a Role in Arbitration?, 23 C.J.Q. 187 (2004).

Benckendorff, Gerhard, Opportunitätsprinzip oder Legalitätsprinzip im gegenwärtigen Kartellrecht, WuW 1952, 643.

Bernstein, David E., Brandeis Brief Myths, 15 Green Bag 9 (2011).

Blackstone, William, Commentaries on the Laws of England, A Facsimile of the First Edition of 1765–1769, Volume III Of Private Wrongs (1768), Chicago & London 1979.

Bock, Heinrich K./*Korsch*, Hans, Kartellauflösung und Konzernentflechtung in der westdeutschen Wirtschaft seit 1945, WuW 1957, 411.

Bork, Robert H., The Antitrust Paradox – A Policy at War with Itself, Second Edition, New York 1993.

Bornkamm, Joachim, Amicus curiae, in: Christiane Maahs (Red.), 50 Jahre Bundeskartellamt, 1. Aufl., Bonn 2008, S. 36.

—/*Becker*, Mirko, Die privatrechtliche Durchsetzung des Kartellverbots nach der Modernisierung des EG-Kartellrechts, ZWeR 2005, 213.

Bouvier, John, Bouvier's Law Dictionary and Concise Encyclopedia, Third Revision (being the Eighth Edition) by Francis Rawle, Volume 1, Kansas City, MO./St. Paul, MINN. 1914.

Bremer, Klaus J., Die Kartellverordnung von 1923: Entstehung, Inhalt und praktische Anwendung, in: Hans Pohl (Hrsg.), Kartelle und Kartellgesetzgebung in Praxis und Rechtsprechung vom 19. Jahrhundert bis zur Gegenwart, Stuttgart 1985, S. 111.

Brose, Claus-Detlev/*Helmcke*, Horst, Zur Kollision von Kartellzivilprozeß (§ 90 GWB) und Auskunftsverfahren (§ 46 GWB), WuW 1981, 845.

Buckland, W. W./*McNair*, Arnold D., Roman Law and Common Law – A Comparison in Outline, Second Edition Revised by F. H. Lawson, Cambridge 1965.

Bunge, Jürgen, Zivilprozess und Zwangsvollstreckung in England und Schottland, 2. Aufl., Berlin 2005.

Calliess, Christian/Ruffert, Matthias (Hrsg.), EUV/AEUV, Das Verfassungsrecht der Europäischen Union mit Europäischer Grundrechtscharta, Kommentar, 4. Aufl., München 2011.

Cannon, Andrew J., Effective Fact-finding, (2006) 25 C.J.Q. 327.

Cappelletti, Mauro/*Jolowicz*, J. A., Studies in comparative law – Public interest parties and the active role of the judge in civil litigation, Mailand u. a. 1975.

Couture, Eduardo, The Nature of Judicial Process, (1950) 25 Tulane L.R. 1.

Covey, Frank M., Amicus Curiae: Friend of the Court, 9 DePaul L. Rev. 30 (1959–1960).

Cross, Rupert and *Harris*, J. W., Precedent in English Law, Fourth Edition, Oxford 1991.

von Danwitz, Thomas, Funktionsbedingungen der Rechtsprechung des Europäischen Gerichtshofes, EuR 2008, 769.

David, Lucas, Die Bindung des Richters an das Präjudiz im englischen Recht, Diss. Zürich, Winterthur 1962.

David, René/*Grasmann*, Günther, Einführung in die Rechtssysteme der Gegenwart, 2. deutsche Aufl., München 1988.

Day O'Connor, Sandra, Henry Clay and The Supreme Court, 94 The Register of the Kentucky Historical Society 353 (1996).

de Bronett, Georg-Klaus, Europäisches Kartellverfahrensrecht – Kommentar zur VO 1/2003, 2. Aufl., Köln 2012.

Deringer, Arved, Verordnung Nr. 17/62 und Verordnung Nr. 1/2003 – die historische Perspektive, Vortrag bei dem Seminar „Ein halbes Jahrhundert Europäisches Wettbewerbsrecht" am 17. Juli 2003 in Brüssel.

Dietzi, Hanspeter, Der „amicus curiae brief" im amerikanischen Prozessrecht, SJZ 1985, 91.

Dreher, Meinrad/*Thomas*, Stefan, Rechts- und Tatsachenirrtümer unter der neuen VO 1/2003, WuW 2004, 8.

Drobnig, Ulrich/*Dopffel*, Peter, Die Nutzung der Rechtsvergleichung durch den deutschen Gesetzgeber, RabelsZ 46 (1982) 253.

Durner, Wolfgang, Die Unabhängigkeit nationaler Richter im Binnenmarkt – Zu den Loyalitätspflichten nationaler Gerichte gegenüber der EG-Kommission, insbesondere auf dem Gebiet des Kartellrechts, EuR 2004, 547.

Emmerich, Volker, Kartellrecht, 12. Aufl., München 2012.

Europäische Kommission, Gemeinsamer Leitfaden des Europäischen Parlaments, des Rates und der Kommission für Personen, die in den Gemeinschaftsorganen an der Abfassung von Rechtstexten mitwirken, Luxemburg: Amt für amtliche Veröffentlichungen der Europäischen Gemeinschaften, 2003; Quelle (Internet): http://eur-lex.europa.eu/de/techleg/pdf/de.pdf (zuletzt abgerufen am 12.1.2014).

Europäische Kommission, Bericht über die Wettbewerbspolitik 2009, Luxemburg: Amt für Veröffentlichungen der Europäischen Union, 2010.

Fikentscher, Wolfgang, Die deutsche Kartellrechtswissenschaft 1945–1954, WuW 1955, 205.

Flango, Victor E./*Bross*, Donald C./*Corbally*, Sarah, Amicus Curiae Briefs: The Court's Perspective, 27 Just. Sys. J. 180 (2006).

Frank, Jerome, Courts on Trial – Myth and Reality in American Justice, Princeton University Press, Princeton 1949.

—, Law and the Modern Mind, Gloucester, reprinted 1970.

Frankfurter, Felix, Hours of Labor and Realism in Constitutional Law, 29 Harv. L. Rev. 353 (1916).

Frankfurter Kommentar zum Kartellrecht, Jaeger, Wolfgang/Pohlmann, Petra/Schroeder, Dirk (Hrsg.), Loseblattsammlung.

Freedman, Monroe H., Lawyers's Ethics in an Adversary System, Indianapolis 1975.

Gebauer, Martin/Wiedmann, Thomas (Hrsg.), Zivilrecht unter europäischem Einfluss, 2. Aufl., Stuttgart u. a. 2010.

Gemeinschaftskommentar, Gesetz gegen Wettbewerbsbeschränkungen und Europäisches Kartellrecht, EG-Kartellverfahrensrecht, VO 1/2003, Christian Hootz (Hrsg.), 5. Aufl., 9. Lieferung 2004.

von Götz, Florian, 50 Jahre GWB – Die Geburt des GWB und der amerikanische Einfluss auf das Entstehen einer neuen Wettbewerbsordnung in der Bundesrepublik, wrp 2007, 741.

Goldschmidt, Siegfried u. a. (Hrsg.), Die Zivilgesetze der Gegenwart, Band II: Das Zivilrecht Englands in Einzeldarstellungen, Erster Teil, Mannheim u. a. 1931.

Goldsmith, Peter Henry, The 21st century Amicus curiae – Advocate to the court, Counsel February 2002, 30.

Graf von Bernstorff, Christoph, Einführung in das englische Recht, 4. Aufl., München 2011.

Groh, Thomas, Die Auslegungsbefugnis des EuGH im Vorabentscheidungsverfahren – Plädoyer für eine zielorientierte Konzeption, Diss. Saarland, Berlin 2005.

Grundmann, Stefan/*Riesenhuber*, Karl, Die Auslegung des Europäischen Privat- und Schuldvertragsrecht, JuS 2001, 529.

Günther, Eberhard, Entwurf eines deutschen Gesetzes gegen Wettbewerbsbeschränkungen, WuW 1951, 17.

—, Gesetz gegen Wettbewerbsbeschränkungen, Stand der Verhandlungen mit der Alliierten Hohen Kommission über den deutschen Entwurf, WuW 1952, 281.

Häusser, Erich, Die institutionelle Bedeutung des Deutschen Patentamts und seines Präsidenten für Verfahren, die Patente betreffen, in: 25 Jahre Bundespatentgericht, Köln 1986, S. 63.

Hall, Timothy L., Supreme Court Justices – A Biographical Dictionary, 2001.

Haller, Walter, Supreme Court und Politik in den USA, Bern 1972.

Hamer, Jens, Die Rolle des nationalen Richters im Rahmen der Kartell-Durchführungsverordnung 1/2003/EG – Tagung der Europäischen Rechtsakademie Trier am 8. und 9.5.2003, EWS 2003, 415.

Hannett, Sarah, Third Party Intervention: In the Public Interest?, Public Law (2003) 128.

Hargrave, Francis, A Complete Collection Of State-Trials And Proceedings For High-Treason, And Other Crimes and Misdemeanours; The Fourth Edition; Commencing With The Eleventh Year of the Reign of King Richard II. And Ending with The Sixteenth Year of the Reign of King George III. With Two Alphabetical Tables To The Whole. To Which Is Prefixed, A New Preface, Volume The Fourth, London 1777.

Harke, Jan Dirk, Römisches Recht, München 2008.

Harlow, Carol, Public Law and Popular Justice, The Modern Law Review, Vol. 65, No. 1 (Jan. 2002), 1.

Harper, Fowler V./*Etherington*, Edwin D., Lobbyists Before the Court, 101 U. PA. L. Rev. 1172 (1953).

Harrington, John, Amici Curiae in the Federal Courts of Appeals: How Friendly Are They?, 55 Case W. Res. L. Rev. 667 (2005).

Hausmaninger, Herbert/*Selb*, Walter, Römisches Privatrecht, 9. Aufl., Wien u. a. 2001.

Heidenberger, Peter, Der „Amicus Curiae Brief", RIW 1996, 918.

Hellwig, Generalbericht, Bericht des Ausschusses für Wirtschaftspolitik, Anlage zu BT-Drucks. 2/3644, S. 1.

Hempel, Rolf, Privater Rechtsschutz im deutschen Kartellrecht nach der 7. GWB-Novelle, WuW 2004, 362.

Hess, Burkhard, „Private law enforcement" und Kollektivklagen, JZ 2011, 66.

Hirsch, Günter, Anwendung der Kartellverfahrensordnung (EG) Nr. 1/2003 durch nationale Gerichte, ZWeR 2003, 233.

Hirte, Heribert, Der amicus-curiae-brief – das amerikanische Modell und die deutschen Parallelen, ZZP 104 (1991), 11.

Hitzler, Gerhard, Die Beteiligung der Kartellbehörden an Kartellrechtsstreiten nach § 90 GWB, WuW 1982, 509.

Holdsworth, William Searle, Sources and literature of English law, New reprint of the edition Oxford 1925, Aalen 1977.

—, A History of English Law, Volume I, Seventh Edition, Revised, London 1956.

—, A History of English Law, Volume II, Third Edition, Rewritten, London 1923.

Holm-Hadulla, Moritz, Private Kartellrechtsdurchsetzung unter der VO Nr. 1/2003, 1. Aufl., Baden-Baden 2009.

Holmes, Oliver Wendell, The Path of the Law, 10 Harv. L. Rev. 457 (1897).

—, The Common Law, 1881, Edited by Mark DeWolfe Howe, London 1968.

Honsell, Heinrich, Der „effet utile" und der EuGH, in: Bernat, Erwin/Böhler, Elisabeth/Weilinger, Arthur (Hrsg.), Festschrift Heinz Krejci zum 60. Geburtstag, Zweiter Band – Zum Recht der Wirtschaft, Wien 2001, S. 1919.

—, Römisches Recht, 7. Aufl., Berlin u. a. 2010.

Hopkins, James F. (Editor)/Hargreaves, Mary W. M. (Associate Editor), The Papers of Henry Clay, Volume 2, The Rising Statesman 1815–1820, University of Kentucky Press 1961.

—, The Papers of Henry Clay, Volume 3, Presidential Candidate 1821–1824, University of Kentucky Press 1963.

Hovenkamp, Herbert, The Antitrust Enterprise, Harvard University Press, Cambridge 2005.

Immenga, Ulrich/Mestmäcker, Ernst-Joachim (Hrsg.), Wettbewerbsrecht, Bd. 1, EU/Teil 1, Kommentar zum Europäischen Kartellrecht, 5. Aufl., München 2012.

—, Wettbewerbsrecht, Bd. 1, EU/Teil 2, Kommentar zum Europäischen Kartellrecht, 5. Aufl., München 2012.

—, Wettbewerbsrecht, Bd. 2, GWB, Kommentar zum Deutschen Kartellrecht, 4. Aufl., München 2007.

Ingman, Terence, The English Legal Process, 13th Edition, Oxford 2011.

Jacob, Jack I.H., The Adversary System in Civil Litigation, City of London law review 1983, 17.

—, The fabric of English civil justice – The Hamlyn lectures, London 1987.

Jaeger, Wolfgang, Die möglichen Auswirkungen einer Reform des EG-Wettbewerbsrechts für die nationalen Gerichte, WuW 2000, 1062.

Jarass, Hans D., Charta der Grundrechte der EU, 2. Aufl., München 2013.

—/*Pieroth*, Bodo, Grundgesetz für die Bundesrepublik Deutschland, Kommentar, 12. Aufl., München 2012.

Jolowicz, John Anthony, On Civil Procedure, Cambridge 2000.

—, Adversarial and inquisitorial models of civil procedure, ICLQ, Vol. 52 (April 2003), 281.

—, Civil Procedure in the Common and Civil Law, in: Doeker-Mach, Guenther/Ziegert, Klaus A. (Hrsg.), Law and Legal Culture in Comparative Perspective, 2004, S. 26.

—, The Woolf Report and the Adversary System, (1996) 15 C.J.Q. 198.

Junker, Abbo, Einheit und Vielfalt: Die Zivilprozeßrechte der Vereinigten Staaten von Amerika – Geschichte, Systematik, Rezeption, ZZP 101 (1988), 241.

Karmann, Hans-Georg/*Horstkotte*, Christian, Kommission versus nationale Gerichte – Kooperation oder Konfrontation im Kartellverfahren, WuW 2001, 458.

Kaser, Max/*Hackl*, Karl, Das Römische Zivilprozessrecht, 2. Aufl., München 1996.

Kaysen, Carl/*Turner*, Donald F., Antitrust Policy – An Economic and Legal Analysis, Cambridge 1965.

Kearney, Joseph D./*Merrill*, Thomas W., The Influence of Amicus Curiae Briefs on the Supreme Court, 148 U. Pa. L. Rev. 743 (2000).

Kestenbaum, Lionel/*Olson*, James W., Federal Amicus Intervention in Private Antitrust Litigation Raising Issues of Extraterritoriality: A Modest Proposal, 16 Int'l L. 587 (1982).

Keukenschrijver, Alfred (Hrsg.), Busse Patentgesetz, 7. Aufl., Berlin/Boston 2013.

Kischel, Uwe, Die Kontrolle der Verhältnismäßigkeit durch den Europäischen Gerichtshof, EuR 2000, 380.

Klees, Andreas, Europäisches Kartellverfahrensrecht mit Fusionskontrollverfahren, Köln u. a. 2005.

Kling, Michael/*Thomas*, Stefan, Kartellrecht, München 2007.

Koch, Harald, Prozeßführung im öffentlichen Interesse, Frankfurt a. M. 1983.

Krawielicki, Robert, Verwaltungs- oder Zivilgerichtsbarkeit in Angelegenheiten der Kartellaufsicht?, WuW 1951, 139.

Krislov, Samuel, The Amicus Curiae Brief: From Friendship to Advocacy, 72 Yale L. J. 694 (1963).

Lampert, Thomas/*Weidenbach*, Georg, Akteneinsicht zur Substantiierung einer Schadenersatzklage gegen Mitglieder eines Kartells – Beweisprobleme gibt es nicht!, wrp 2007, 152.

Langen, Eugen, Kommentar zum Kartellgesetz, 3. Aufl., Neuwied u. a. 1958.

—, Kommentar zum deutschen und europäischen Kartellrecht, Bd. 1, Deutsches Kartellrecht, 11. Aufl., Köln 2011.

—, Kommentar zum deutschen und europäischen Kartellrecht, Bd. 2, Europäisches Kartellrecht, 11. Aufl., Köln 2010.

Lanman, Charles, Dictionary of the United States Congress, Containing Biographical Sketches Of Its Members, From The Foundation Of The Government, Published For The Author By J. B. Lippincott & Co., 1859.

Laroche, Matthew, Is the New York State Court of Appeals Still "Friendless?" An Empirical Study of Amicus Curiae Participation, 72 Alb. L. Rev. 701 (2009).

Lehnich, Oswald, Die Wettbewerbsbeschränkung – Eine Grundlegung, Köln u. a. 1956.

Leisner, Walter Georg, Die subjektiv-historische Auslegung des Gemeinschaftsrechts – Der „Wille des Gesetzgebers" in der Judikatur des EuGH, EuR 2007, 689.

Lindenmaier, Über Prüfung auf Patentfähigkeit und über technische Richter, GRUR 1949, 132.

Llewellyn, Karl N., Präjudizienrecht und Rechtsprechung in Amerika, Leipzig 1933.

—, The Bramble Bush, New York 1960.

—, Jurisprudence – Realism in Theory and Practice, The University of Chicago Press, 1962.

Loewenheim, Ulrich/Meessen, Karl M./Riesenkampff, Alexander (Hrsg.), Kartellrecht, Kommentar, 2. Aufl., München 2009.

Lowman, Michael K., Comments – The Litigating Amicus Curiae: When Does the Party Begin After the Friends Leave?, 41 AULR 1243 (1992).

Lundmark, Thomas, Präjudizien im europäischen Vergleich, ZfRV 2012, 272.

MacCormick, D. Neil/Summers, Robert S. (Editors), Interpreting Precedents – A Comparative Study, 1997.

Maultzsch, Felix, Streitentscheidung und Normbildung durch den Zivilprozess – Eine rechtsvergleichende Untersuchung zum deutschen, englischen und US-amerikanischen Recht, Tübingen 2010.

McCloy, John J., Alliierte Dekartellierungspolitik in Deutschland in den Jahren 1949/1952 – Aus dem Deutschlandbericht des amerikanischen Hohen Kommissars für die Zeit vom 21. September 1949 bis 31. Juli 1952, WuW 1953, 107.

Mestmäcker, Ernst-Joachim/*Schweitzer*, Heike, Europäisches Wettbewerbsrecht, 2. Aufl., München 2004.

Metcalfe, Eric, JUSTICE report, To Assist the Court – Third Party Interventions in the UK, 26 October 2009; Quelle (Internet): http://www.justice.org.uk (zuletzt abgerufen am 12.1.2014).

Meyer-Ladewig, Jens, Europäische Menschenrechtskonvention, 3. Aufl., Baden-Baden 2011.

Möschel, Wernhard, Recht der Wettbewerbsbeschränkungen, Köln u. a. 1983.

Monopolkommission, Sondergutachten 28, Kartellpolitische Wende in der Europäischen Union? – Zum Weißbuch der Kommission vom 28. April 1999, Sondergutachten der Monopolkommission gemäß § 44 Abs. 1 Satz 4 GWB, 1. Aufl., Baden-Baden 1999.

Monti, Mario, The application of Community competition law by the national courts, SPEECH/00/466, Conference at the Europäische Rechtsakademie –,

"Towards the Application of Article 81(3) by National Courts", Trier, 27 November 2000; Quelle (Internet): http://ec.europa.eu/competition/speeches/index_speeches_by_the_commissioner.html (zuletzt abgerufen am 12.1.2014).

Müller, Friedrich/*Christensen*, Ralph, Juristische Methodik, Band II, Europarecht, 3. Aufl., Berlin 2012.

Münchener Kommentar zum Europäischen und Deutschen Wettbewerbsrecht (Kartellrecht), Hirsch, Günter/Montag, Frank/Säcker, Franz Jürgen (Hrsg.), Band 1, Europäisches Wettbewerbsrecht, München 2007.

Münchener Kommentar zum Europäischen und Deutschen Wettbewerbsrecht (Kartellrecht), Hirsch, Günter/Montag, Frank/Säcker, Franz Jürgen (Hrsg.), Band 2, Gesetz gegen Wettbewerbsbeschränkungen (GWB), §§ 1–96, 130, 131, München 2008.

Münchener Kommentar zur Zivilprozessordnung mit Gerichtsverfassungsgesetz und Nebengesetzen, Krüger, Wolfgang/Rauscher, Thomas (Hrsg.), Band 1, §§ 1–354, 4. Aufl., München 2013.

Münchener Kommentar zur Zivilprozessordnung mit Gerichtsverfassungsgesetz und Nebengesetzen, Krüger, Wolfgang/Rauscher, Thomas (Hrsg.), Band 2, §§ 355–1024, 4. Aufl., München 2012.

Murach-Brand, Lisa, Antitrust auf deutsch, Tübingen 2004.

Nash, Marian L., Contemporary Practice of the United States Relating to International Law, 73 Am. J. Int'l L. 122 (1997).

Notes – AMICI CURIAE, 34 Harv. L. Rev. 773 (1920).

Novak-Stief, Monika, Veröffentlichung von Dokumenten – Kommission als amica curiae in nationalen Gerichtsverfahren, ELR 1998, 200.

Odersky, Walter, Artikel 85/86 EG-Vertrag und die nationalen Gerichte – Einige Bemerkungen aus der Sicht des Bundesgerichtshofes, in: Immenga, Ulrich/Möschel, Wernhard/Reuter, Dieter (Hrsg.), Festschrift für Ernst-Joachim Mestmäcker, 1. Aufl., Baden-Baden 1996, S. 699.

Otte, Karsten, Amicus curiae: Drittbeteiligung ohne Interventionswirkung auch in Deutschland?, DAJV-NL 3/90, S. 37.

Peter, Hans, Römisches Recht und Englisches Recht, Wiesbaden 1969.

Pijetlovic, Katarina, Reform of EC Antitrust Enforcement: Criticism of the New System is Highly Exaggerated, [2004] E.C.L.R. 356.

Poelzig, Dörte, Normdurchsetzung durch Privatrecht, Tübingen 2012.

Pollock, Frederick/*Maitland*, William, The History of English Law – Before the time of Edward I, Volume I, Second Edition 1898, Reissued Cambridge 1968.

—, The History of English Law – Before the time of Edward I, Volume II, Second Edition 1898, Reissued Cambridge 1968.

Potacs, Michael, Effet utile als Auslegungsgrundsatz, EuR 2009, 465.

Pound, Roscoe, The Need of a Sociological Jurisprudence, 19 Green Bag 607 (1907).

—, Social Problems and the Courts, The American Journal of Sociology, Vol. XVIII (1912), 331.

—, Introduction to the Study of Law, reprinted from the Library of American Law and Practice, 1912; Quelle (Internet): https://www.archive.org/details/cu31924017853775 (zuletzt abgerufen am 12.1.2014).

Reimann, Mathias/*Ackermann*, Hans-Peter, Einführung in das US-amerikanische Privatrecht, 2. Aufl., München 2004.

Reimer, Eduard, Patentgesetz und Gesetz betreffend den Schutz von Gebrauchsmustern, Band II, 1950.

Riesenhuber, Karl (Hrsg.), Europäische Methodenlehre, 2. Aufl. 2010.

Rittner, Fritz, Kartellpolitik und Gewaltenteilung in der EG, EuZW 2000, 129.

Rosenberg, Leo/*Schwab*, Karl Heinz/*Gottwald*, Peter, Zivilprozessrecht, 17. Aufl., München 2010.

Roth, Wulf-Henning, Effet utile im europäischen Kartellrecht, wrp 2013, 257.

Rowedder, Heinz, Kartellrecht, Texte der jetzt in der Bundesrepublik und in West-Berlin geltenden Bestimmungen einschließlich der Texte zum Kartellrecht der Montanunion, Heidelberg 1954.

Sachs, Michael (Hrsg.), Grundgesetz, Kommentar, 6. Aufl. 2011.

Schade, Hans, Zur Entstehungsgeschichte und den gesetzgeberischen Gründen des Fünften Überleitungsgesetzes, GRUR 1954, 85.

Schmidt, Ingo/*Haucap*, Justus, Wettbewerbspolitik und Kartellrecht, 10. Aufl., München 2013.

Schmidt, Karsten, Zivilprozess und Europakartellrecht – Verheißungen und Befürchtungen im Licht von Verfahrensrecht und Wettbewerbspolitik, in: Festschrift für Ekkehard Schumann zum 70. Geburtstag, Peter Gottwald/Herbert Roth (Hrsg.), Tübingen 2001, S. 405.

Schurz, Carl, Henry Clay, Vol. I, Nachdruck der 1899 unter dem Titel „Life of Henry Clay“ in Boston erschienen Ausgabe, in der Reihe „American Statesmen“, John T. Morse (Ed.), New York 1972.

—, Henry Clay, Vol. II, Nachdruck der 1899 unter dem Titel „Life of Henry Clay“ in Boston erschienen Ausgabe, in der Reihe „American Statesmen“, John T. Morse (Ed.), New York 1972.

Schwarze, Jürgen/*Weitbrecht*, Andreas, Grundzüge des europäischen Kartellverfahrensrechts, 1. Aufl., Baden-Baden 2004.

Shapiro, Stephen M., Amicus Briefs in the Supreme Court, 10 Litigation 21 (1983–84).

Simpson, Reagan Wm./*Vasaly*, Mary R., The Amicus Brief – How to Be a Good Friend of the Court, 2nd Edition 2004.

Sobich, Philip, Neuere Entwicklungen im englischen Zivilprozessrecht – Die ersten Jahre nach „Woolf“, ZVglRWiss 103 (2004) 69.

Spiess, Franz, Zum § 52 des Patentgesetzes von 1936, GRUR 1956, 147.

Stauder, Dieter, Aspekte der Durchsetzung der gewerblichen Schutzrechte: Fachkundiger Richter, schnelles Verfahren und europaweites Verletzungsverbot, in: Strauss, Joseph (Hrsg.), Aktuelle Herausforderungen des geistigen Eigentums, Festgabe für Friedrich-Karl Beier zum 70. Geburtstag, Köln 1996, S. 619.

Stein/Jonas, Kommentar zur Zivilprozessordnung, Band 3, §§ 128–252, 22. Aufl., Tübingen 2005.

Stein/Jonas, Kommentar zur Zivilprozessordnung, Band 4, §§ 253–327, 22. Aufl., Tübingen 2008.

Sullivan, Lawrence Anthony, Handbook of the Law of Antitrust, 1977.

Tetzner, Heinrich, Kommentar zum Patentgesetz und zum Gebrauchsmustergesetz, 2. Aufl., Nürnberg u. a. 1951.

Ullrich, Arthur, Der neue Patentgesetzentwurf und die Vorschläge der Akademie für Deutsches Recht, JW 1936, 151.

Viner, Charles, A General Abridgement of Law and Equity Alphabetically digested under proper Titles with Notes and References to the Whole, Volume 9, Aldershot in Hamshire, a reissue of the edition of 1753.

Volkmar, Die künftige Gestaltung der Patentverletzungsprozesse, in: Das Recht des schöpferischen Menschen, Festschrift der Akademie für Deutsches Recht anläßlich des Kongresses der Internationalen Vereinigung für gewerblichen Rechtsschutz in Berlin vom 1. bis 6. Juni 1936, Berlin 1936, S. 161.

Vorläufiger Bericht der Deutschen Kommission zum Studium von Kartell- und Monopolfragen in den Vereinigten Staaten, Beilage zum Bundesanzeiger Nr. 250 vom 29.12.1950.

Wiedemann, Gerhard (Hrsg.), Handbuch des Kartellrechts, 2. Aufl., München 2008.

Wieland, Joachim, Der EuGH im Spannungsfeld zwischen Rechtsanwendung und Rechtsgestaltung, NJW 2009, 1841.

Wiener, Frederick Bernays, The Supreme Court's New Rules, 68 Harv. L. Rev. 20 (1954).

Wiggins, G. Stephen, Comments – Quasi-Party in The Guise of Amicus Curiae, 7 Cumb. L. Rev. 293 (1976–1977).

Woolf, Harry Kenneth, Access to Justice, Interim Report to the Lord Chancellor on the Civil Justice System in England and Wales, 1995; Quelle (Internet): http://webarchive.nationalarchives.gov.uk/+/http://www.dca.gov.uk/civil/interim/contents.htm (zuletzt abgerufen am 12.1.2014).

—, Access to Justice, Final Report to the Lord Chancellor on the Civil Justice System in England and Wales, 1996; Quelle (Internet): http://webarchive.nationalarchives.gov.uk/+/http://www.dca.gov.uk/civil/final/contents.htm (zuletzt abgerufen am 12.1.2014).

Walker, David M., The Oxford Companion to Law, Oxford 1980.

Wright, Kathryn, European Commission Interventions as Amicus Curiae in National Competition Cases: The Preliminary Reference in X BV, [2009] E.C.L.R. 309.

Zander, Michael, The Law-Making Process, Sixth Edition, Cambridge University Press 2004.

Zuber, Andreas, Die EG-Kommission als amicus curiae, Köln u. a. 2001.

Zuckerman, Adrian, Civil Procedure, London u. a. 2003.

Zweigert, Konrad/*Kötz*, Hein, Einführung in die Rechtsvergleichung, 3. Aufl., Tübingen 1996.

Stichwortverzeichnis

[Die Verweise bezeichnen Seiten, soweit nicht anders angegeben.]